残酷的乐观主义

Cruel Optimism

[美]劳伦·贝兰特 著　吴昊 译

中国工人出版社

目 录

致　谢

《残酷的乐观主义》脱胎于我在兰卡斯特大学所做的研究项目，那时我在那里做莱弗休姆研究员（Leverhulme fellow）。与出色而又才华横溢的贝弗利·斯凯格斯（Bev Skeggs）、莎拉·弗兰克林（Sarah Franklin）、萨拉·艾哈迈德（Sara Ahmed）、西莉亚·卢瑞（Celia Lury）、杰西·斯黛茜（Jackie Stacey）、伊莫金·泰勒（Imogen Tyler），以及令人沉痛哀悼的保罗·弗莱切（Paul Fletcher）的交谈（到现在已经十多年了）促成了本书的诞生。说到哀痛，正是我与比尔·雷丁（Bill Reading）关于让-弗朗索瓦·利奥塔（Lyotard）的一次交谈，让我第一次意识到乐观主义就是让事情保持开放的东西，无论它是好的还是坏的。感谢罗杰·罗斯（Roger Rouse）持续与我进行头脑风暴，讨论我的偶然的关于偶然性（aleatoriness）的思考，以及关于资本全球性的问题。感谢伊恩·霍斯维尔（Ian Horswill）与我共同研究有关焦虑与快乐的一切，包括我们关于政治、神经心理学和依恋的长篇大论。Lee Edelman，是本书原稿的出版社读者之一，对本书进行了极为细致的改进。我本已经非常感激他的友谊与合作，而他对本书的批注修改更是珍贵的馈赠——我几乎是彻底拜服。出版社的其他读者同样对本书进行了阅读和出色的修改，我希望在这里强调她/他在完善本书上所作的巨大贡献。

肯·威索克（Ken Wissoker）和拉赫尔·弗纳里（Rahel Furnari），我对你们的帮助和辛劳不胜感激，包括一直敦促我及时完成书稿，以及你们对各项工作的积极参与。我同样非常感激本书的编辑尼尔·麦克蒂格（G. Neal McTighe）以及设计师艾米·布斯·布坎南（Amy Buth Buchanan）沉着、透彻和极富启发性的工作。其他的支持来源于那些阅读以及与我深入探讨这项研究的人们：包括迪佩什·查克拉巴蒂（Dipesh Chakrabarty）、汤姆·米切尔（Tom Mitchell）、克莱尔·潘考斯特（Claire Pentecost）、曼蒂·贝里（Mandy Berry）、德纳·卢西亚诺（Dana Luciano）、阿米莉亚·琼斯（Amelia Jones）、克里斯·科恩（Kris Cohen）和凯蒂·斯图尔特（Katie Stewart）。感谢公共情感讨论组（Public Feelings）和情感库（Feel Tank）的同人，包括山姆·贝克（Sam Baker）、安·切科维奇（Ann Cvetkovich）、丽萨·迪根（Lisa Duggan）、露西·吉尔摩（Ruthie Gilmore）、德比·古尔德（Debbie Gould）、瓦琳娜·格林（Vanalyne Green）、内维尔·霍德（Neville Hoad）、米兰达·约瑟夫（Miranda Joseph）、海瑟·洛芙（Heather Love）、佛瑞德·默顿（Fred Moten）、何塞·穆诺兹（José Muñoz）、艾米·帕特里奇（Amy Partridge）、玛丽·帕滕（Mary Patten）、马提亚·里根（Matthias Regan）、桑迪·索托（Sandy Soto）、凯蒂·斯图尔特、瑞贝卡·佐拉赫（Rebecca Zorach）——你们提供了一个如此慷慨、极富思考力且火花不断的环境，使许多问题和情感都得到阐释和理解。《残酷的乐观主义》是公共情感研究课题组的集体成果。

我将本书献给凯蒂·斯图尔特，一个令人惊叹的思考者、无所畏惧的写作者和宽容且严肃的批判性对话者，是哲学家们使用“朋友”一词时所想象的形象。

导论：此刻的情感

当你渴望实现的事物却成为实现自我的阻碍时，残酷的乐观主 1
义便出现了。它可能涉及食物，或某种爱；它可能是某种关于美好生活或政治理想的幻想。它也可能建立在更简单的东西上，如一种新的习惯，它承诺让你变成更好的自己。这些乐观的依恋本身并不一定是残酷的。只有当吸引你的对象事实上阻碍了最初让你依恋它的期待时，这种关系才是残酷的。

所有的依恋都是乐观的。如果我们将乐观主义描述为一种力量，这种力量让你走出自我，进入周遭世界，从而接近那些美好事物。这些事物不能自行产生，但可以在与一个人、一种生活方式、
一个物件、一个项目、一个概念或者一个情境的相遇中得到激发。 2
但乐观主义**感觉起来**可能不是乐观的。因为乐观主义是雄心勃勃的，在不同的时刻，你可能以不同的方式感受它，也包括毫无感觉：忧心，焦虑，饥饿，好奇，从浏览货架时会心的平静，到激动地期许“即将到来的变化”，无所不有。或者，为那些**不会**产生的变化：乐观主义的一个惯常乐趣是保持传统，在那里，人们的渴望在可预见的舒适中找到归宿。这种舒适产生于人们或社会认为合意的美好生活中。但乐观主义不仅仅简单地表现为无知或头脑简单——依恋的风险体现在其产生的剧痛中，而这背后是超越理性计算的智慧。

那么，无论乐观主义的**具体体验**是什么，乐观主义依恋的**情感**[①]**结构**（affective structure）总是包含一种持续回到最初幻想情境的倾向。这种幻想让你期待**这一次**，接近**这种**事物一定会帮助你或者这个世界以最正确的方式改变。但是，同样地，当那些激发希望的事物/场景在事实上却让改变变得不可能时（这种改变往往承载着一个人或者一个民族冒着风险的努力），这种乐观主义就是残酷的。而且，当无视关系的实质内容，而仅仅把拥有某种关系的满足感当作维系关系的动力时，这种残酷将是双倍的。在这种情况下，一个人或者社会发现其被禁锢在某种情境当中——这种情境一方面意味着深刻的威胁，另一方面又是深刻的确认。

本书讨论残酷的乐观主义关系，范围从浪漫爱情或者阶层流动的期许，到对某种政治理想本身的渴望。但本书研究的核心是一种被称为“美好生活”（the good life）的道德—亲密—经济体（moral-intimate-economic thing）。当越来越多的证据都昭示某种熟悉的美好生活的幻想已经如此不稳定、脆弱和代价高昂，为什么人们仍然对诸如与爱人、家人、政治制度、机构、市场和工作之间持久的依存关系如此眷恋？幻想是一种手段，以便人们积累一些理想化的理论和情境，来确认他们自己和周遭世界“终究还是有意义的”。这种幻想一旦开始磨损褪色，之后会发生什么？忧郁、人格分裂、实用主义、愤世嫉俗、盲目乐观、激进主义，或者是某种不连贯的混合体？

读过我的民族主义情感三部曲——《剖析国家幻想》（*The A-*

---

① 为了理解的通畅，本书中的“affect”译为“情感”（通行的翻译还有“情动”），“emotion”译为“感情”，“feeling”译为“感受”。此外，本书所有页下注皆为译注。

natomy of National Fantasy）、《女性的抱怨》（*The Female Complaint*）、《美国女王去华盛顿》（*The Queen of America Goes to Washington City*）的读者可能会发现，以上问题对考察过去两个世纪美国的美学、欲望和政治研究都十分关键。这些著作讨论了公民身份 3
以及公共领域的情感维度，特别关注了亲密共同体（intimate publics）如何围绕爱和法制的规范模式发挥作用。残酷的乐观主义将关注点扩展到那些具有全球性和时代性的议题上，并把它们延伸到当代。本书涉及的资料跨越美国和当代欧洲，从公民身份、种族、劳工、阶级的安排与错置、性与健康的角度来看待不稳定的身体、主体性和幻想。这些案例与美国和欧洲在过去三十年中对“二战”后社会民主承诺的背弃息息相关。

然而，本书并没有覆盖20世纪下半叶到21世纪的经验，也不是彻底揭露国家从经济机会、社会规范和法律权利的不平衡扩张中退出，正是这些不平衡扩张推动了“二战”后个人民主地获得美好生活的乐观心态。[1] 本书选取了1990年至今出现的大众媒介、文学、电视、电影和视频进行分析，致力于探讨一种迟来的历史感觉系统（historical sensorium），它产生于结构性转变的乐观主义幻想在现实世界失去吸引力之后。这些磨损褪色的幻想包括阶层的流动、就业保障、政治和社会平等，以及富有生机的、持久的亲密关系。这些正在消失的信念还包括贤能体制（meritocracy），即自由资本主义社会能可靠地为个人提供机会，使人们建立看似公平、能滋养生活且使其具有意义的互惠关系，并产生愉悦的缓冲区。本书探讨当日常生活本身变成令人窒息、亟待解决危机的垃圾场时，美好生活的幻想会何去何从。这些危机产生于构筑生活和期待的过程之中，其体量如此之大，已经威胁到“拥有生活”本身的意义，以至于任何调整似乎都是一种成就。本书追溯了不稳定公共领域（precarious public sphere）的兴起。它是一种亲密共同体，组成这种共同体的主体之间沟通分享经济和亲密状况的不确定性，以及如何更好地生活的交易方式。[2] 本书的每一章都讲述了一个乐观主义的事物/场景消散的故事，而这个事物/场景曾为美好生活的幻想开辟空间。同时，每一章还追溯了协调转型的曲折过程，这些过程对于我们称之为“残酷”的捆绑性乐观主义关系是基础性的。

但如何能说美学意义上媒介化的情感反应（affective responses）体现了一种共享的历史感（historical sense）呢？接下来的内容概述了本书在提出这个问题时对各种一般性概念作出的修改。

4 本书最关心的历史感，涉及当代某个时刻内部生发的关于这个时刻的感知。本书的核心论点之一是，“此刻”（the present）首先是感性地被感知的——在它成为其他任何东西之前，此刻是通过那些让它显现在我们面前的东西而存在的，如一个精心策划的集体性事件或者一个我们可以回顾的具有鲜明特征的时代（第二章“直觉主义者”通过马克思主义批判理论描述了这种关于“情感性当下”的思维方式）。如果“此刻”最初不是一个对象，而是一种中介化的情感，那么它同样是一种持续变换的、被感知的存在，以及一种具有时间性的体裁（genre）。这种体裁的特征来源于对正在发生的情境和事件的过滤，无论这些情境和事件是个人的还是公共的，而这些情境和实践本身的界限（“此刻”从何时开始）就处于争论之中。[3]

因此，关于共同的历史性当下（historical present）的轮廓和内容的讨论总是具有深刻的政治性——只要它们涉及该谁负责，以及在我们对生存策略和更好的生活概念的评估中，判断哪些危机是紧迫的，这不是生存的度量标准所能提供的。因此，对当下的关注不意味着肤浅的现在主义（presentism），或是“对此刻的自我沉醉”——但即使是这样，它也涉及如何评估关于正在发生的事情的各种知识和直觉，以及如何从这些评估中获得一种感觉的焦虑。[4] 本书特别关注应对此刻的不同方式，对于“到底发生了什么”以及个人/集体生活中看似可能的和受阻的事情进行同步的、不连贯的表述。如果不讨论“此刻”如何被生产出来，我们就无法理解政治上的僵局（impasses）。

因此，本书对收集历史性延续的体裁有着广泛的兴趣，这些体裁标志着当下正在展开的行动。本书追溯的“当下感”的主要体裁是“僵局”（特别参见第六章“美好生活之后的僵局”对这一概念的阐述）。在通常情况下，僵局指的是某人或者某种情况无法继续朝前发展的僵持阶段。在本书的阐述中，僵局是一段延展的时间——在这段时间里，人们四处走动，感到周遭世界既强烈地存在，又神秘莫测，无从理解。在这种情况下，生活需要一种无目的的意识随机吸取资源，也需要一种高度警觉的意识收集可能有助于澄清事实的材料，以便稳住阵脚，并将那些标准的戏剧化的危机与尚未找到其体裁的事件相协调。[5] 谈及残酷的乐观主义，对很多人而言，生活在僵局之中可能是一种强烈的愿望，因为在工作、亲密关 5
系和政治领域中，传统的重塑生活的基础设施正在以惊人的速度崩塌。“僵局”的僵持状态暗含了一种短暂的收容（temporary housing），这就引出了贯穿本书的另一种意义上的“僵局”感觉：冷漠（impassivity）。本书着重关注了不同阶级、种族、性向和性别的麻木状态。雅克·朗西埃（Jacques Rancière）① 所指的“感觉的分配”（the distribution of the sensible）在这里看起来不只是蕴含于以阶级为基础的感受力，而且与手势经济（gestural economies）② 有关。在这种手势经济中，人们基于他们的社会地位所享有的自信感确定不同的自我管理规范。用身体放慢一切的方式有助于厘清继续生存和正在发生的危机及损失之间的关系。

除了延展的、当下的时间性体裁，本书还发展了一种美学体裁，用于描述人们在生活时对当代历史性的反思活动。许多新兴事件的体裁出现在整本书中，包括状况（situation）、情节、中断（the interruption）、旁白、对话、游记和即兴表演。比如，我定义的“**状况**”是指情境喜剧或者警察程序。警察们通常会说：“这里有状况（we have a situation here）。”状况指的是一种状态，即某些可能很重要的事情正在日常生活中出现。它通常是充满活力和让人兴奋的悬浮状态，强加在人们的意识之上，并产生一种让人觉得此刻正在浮现的东西会变成一次事件的感觉。这种对状况的定义与阿兰·巴迪欧（Alain Badiou）③ 的著作中对“事件”的定义是相通的。但对巴迪欧而言，事件是戏剧性的，将人们突然推入激烈的开放情境之中——事件为道德的社会性构造了潜力[6]（相反，人们不能对“状况”保持忠诚，因为他们并不知道那究竟是什么，以及如何置身其中。那么，如果按照巴迪欧的概念，事件就是激烈变动的

---

① 雅克·朗西埃，法国哲学家，论述主要涉及文学、电影与政治，著有《对民主的仇恨》《图像的命运》等。

② 手势经济是语音学概念，指的是在人类生活和互动之中，那些反复使用的更有效的手势、姿态和发音的意义得以稳定下来。

③ 阿兰·巴迪欧，法国哲学家。巴迪欧是大陆哲学部分反后现代主义的重要人物，也是“新共产主义”的代表人物，著有《存在与事件》《哲学宣言》等。

情况中一种良性元素的展开。而状况所含的消解主体和一般担保的反主权效应则威胁着道德行动本身)。布莱恩·马苏米(Brian Massumi)① 以更辩证的视角选取了一种类似的结构，通过优先考虑“事件”作为支配状况的因素，来关注状况与事件的关系。但马苏米对我所看重的感觉也很感兴趣，他把这种状况看作一种未兑现经验的体裁[7]。

在任何情形下，状况这种令人兴奋的悬浮状态提供了思考某些惯例的方式，我们借这些惯例对此刻产生历史感，表现为内在的、散发的、气氛的或涌现的感觉。“扰动”(Perturbation)是德勒兹 6
(Deleuze)对气氛的微小波动的说法，这些扰动构成了状况，其样态只能通过连续的反应和横向的运动来形成。这一过程将主体从直觉的规范性中释放出来，使其对不同的生活保持开放。[8]因此，状况是社会时间和实践的一种体裁。在这种状况里，人们有一种感觉，即人与世界的关系正在发生着某种变化，但安定下来的规则以及讲述它的体裁都处于不稳定的混乱之中。第五章“近乎乌托邦，近乎正常”认为，不稳定的公共领域产生了一种新的流行变体，即“情境悲剧”。在情境喜剧中，主人公的世界并没有被发生的“状况”颠覆，而是在不破坏太多的情况下，从荒谬可笑的闹剧式失调表演中呈现出来。而在情境悲剧中，主人公的世界则太脆弱而无法修复，离失去维持其幻想的所有途径只有一步之遥：“状况”威胁着彻底的、令人绝望的解体。在艺术作品或对其他场景的回应中，当理解的感知系统意识到某种对延续的日常感的重大威胁时，它便激发了情境悲剧的节奏，随之而来的是有威胁性的新现实主义。

---

① 布莱恩·马苏米，加拿大政治哲学家和社会理论家，关注艺术、文化研究和政治理论，著有《虚拟的寓言：运动、情感、感觉》等。

虽然有时候“状况”会演变成惊天动地的事件，或者以毁灭性的潜伏因素威胁当下的生活，但在大多数情况下不会发生这样的事情。如果有这么一天的话，我们如何学着将 x 事件的发生作为新兴事件处理，以及传统的事件体裁如何潜在地排除事件以其他方式形成的可能性？如 y 事件和 z 事件，它们可能作为可能性徘徊，但最终被搁置和储存在某个地方，直到重复事件将它们召回。这种对某事物变成事件的关注涉及意识形态、规范性、情感调解、即兴创作，以及将单一经验向一般或典型经验的转化等问题。正是这种过程——情感性事件历史化的过程，以及在普遍不确定性中体裁的即兴变化——结构化了残酷的乐观主义。

因此，我没有追踪“情感的衰落”（waning of affect）作为当下的标志，而是关注了体裁的衰落，特别是较早的现实主义体裁（我将情节剧包括在内），这些体裁的惯例将日常生活与幻想联系起来，现在看起来，它对美好生活的描绘标志着对拥有和构建一种生活方式的期待。[9] 不管是在生活中还是在艺术中，体裁为观看事物发展变化的体验提供了情感性期待。体裁的衰落架构了许多持续危机所造
7 成的调整僵局内外的潜在机会。本研究特别借鉴了乔治·阿甘本①（Giorgio Agamben）关于特征性姿态（gestures）生产的分析。它们与阶级有关，随着它们变为过去，这些姿态被电影记录下来。[10] 本研究也源于与雷蒙德·威廉斯（Raymond Williams）② 思想的长期碰撞——他将此刻理解为一个正在浮现的过程。[11] 在我所写的当下，

① 乔治·阿甘本，意大利政治理论家、哲学家，著有《神圣人：至高权力与赤裸生命》《例外状态》等。

② 雷蒙德·威廉斯，英国文化理论家、马克思主义思想家，著有《漫长的革命》《文化与社会》等。

那些维系和想象生活的互惠性惯例正在分崩离析，其崩解的方式迫使日常生活中的即兴行为在情感和美学上更加明显。电影和其他记录形式不仅记录了正在失去的东西，而且记录了在新的形式产生之前，在我们居住的时间里发生的事情。自主生活幻想的惯例在行动中浮现，而这种新的形式使其重置成为可能。

为表现主体从其经济和亲密的乐观主义中脱离的过程，本书始终致力于描绘新型体裁，如情境悲剧（与情节剧、情境喜剧相对）以及一种新兴的美学，如关注不稳定性（precarity）的电影。通过对当代普遍存在的社会不稳定性的关注，这些作品展现了与新现实主义早期传统的关系，并同时回应了以“不稳定性”和“不稳定感”（precarious）为主题组织起来的新的社会运动。我认为，这些新的美学形式在20世纪90年代出现，标志着一种转变，即早期国家—自由—资本主义幻想如何塑造对危机和损失的结构性压力的调整，这种压力使得美好生活传统幻想的诱骗力逐渐消失，却没有消磨人们对美好生活的需求。[12]在定位其主导情境的历史特定动态的同时，每一章都有与具体裁相关的规范性社会习俗的具体解体方式。

上述讨论隐含着这样一个主张：无论对于什么样的地缘政治或生命政治的位置，当下的时刻越来越作为一种扩大的危机强加于人们的意识之上，层层叠叠、不断累加。危机的体裁本身就是高度解释性的，在修辞的意义上，它将正在进行的一种状况转变成一种剧烈激化的情况——在这样的情况下，大量对生存的威胁被认为主导了生命的繁衍。正如第三章“慢性死亡”所阐述的那样，危机的体裁同时可以将日常生活中结构性延续的事物扭曲，让其看起来极其异常和令人震惊。

这就把我们带到了本书的第二个目标，即探讨分析大规模危机的感性印记的方法。这些印记之所以重要，是因为它们影响了对当
8 下的历史感。日常生活理论（everyday life theory）是理解当代社会的一个惯用框架，而分析历史性当下的研究者试图为其提供新的切入口。但本书从日常生活理论的重复论述中脱离出来，作为一种工具，从当代美国和欧洲的档案中得出一种不稳定的美学。欧洲现代主义对城市失范（anomie）和大众社会冲击带来的关注，发展出对20世纪初感觉系统的丰富感知。这种感知体现在漫无目的的人群、代偿意识（compensatory consciousness）① 以及弗兰努尔/弗兰纽斯（flaneur/flaneuse）② 的实践中。这些人体察当下的方式据说可以缓解危机感。这些方式将他们从自我世界中解脱出来，但又使其在精神上远离对周遭世界的过密卷入。不过，日常生活理论已经不能描述大多数人的生活方式了。这个论点的简化版是：现在世界上绝大多数人都生活在城市里，并通过多种媒介技术接触到大众文化，因此并不像他们的祖先那样面临着遗忘和适应的压力。同时，正如奈杰尔·思瑞夫特（Nigel Thrift）③ 所论证的，为弗兰努尔/弗兰纽斯提供解脱的反思性巡游已经失效，它反而体现了生存问题所带来的大众普遍的感知。这些生存问题具有公共性，并且诱发了诸多集体性情感反应，以应对持续威胁造成的当下生活的捉摸不定。

与思瑞夫特的《非表征性理论》（*Non-Representational Theory*）、

---

① 代偿意识指的是一种心理防御机制，即在面临自我的缺陷或者愿望无法得到满足时，用替代物进行补偿以减轻痛苦。

② 弗兰努尔/弗兰纽斯，指在城市闲逛、漫步、探险、鉴赏的人，被认为是城市现代性中的矛盾人物，脱离社会又对其进行敏锐的观察。

③ 奈杰尔·思瑞夫特，英国人文地理学家，著有《非表征理论》等。

马克·欧杰（Marc Augé）[1] 的《非地方：超现代性人类学导论》（*Non-Places：Essays on Surpermodernity*）、迈克尔·陶西格（Michael Taussig）[2] 的《神经系统》（*The Nervous System*）和凯瑟琳·斯图尔特（Kathleen Stewart）[3] 的《普通情感》（*Ordinary Affects*）等书相呼应，《残酷的乐观主义》试图将日常生活理解为一种僵局。在这种僵局中，人们不断地寻找策略以应对层出不穷的激增的压力，尽力寻觅活下去的方式。在这些努力中，可观察到的关系总有一个背景故事，并诱发一种诗意的内在世界的创造过程。在这个意义上，这些学者讨论参与情感活动的模式在学术讨论中并不常见：历史、现象学、对任何情节潜在范例的信任，以及正在进行的创造和中介（mediation）世界的叙事工作（以及批评）。

与亨利·列斐伏尔（Henri Lefebvre）[4]、米歇尔·德·塞尔托（Michelde de Certeau）[5] 和其他人笔下的被资本主义组织起来的日常生活不同，我感兴趣的是那些难以承受的被资本主义及许多其他力量破坏的日常生活。这是一个侧重点的问题，而不是理论层面的否定：列斐伏尔的“驯化”（dressage）概念在一般意义上作为主体性的一种模式，即当下日常生活的节奏，扰乱了被迫适应、令人愉 9

---

① 马克·欧杰，法国人类学家，著有《非地方：超现代性人类学导论》《人类学家与全球化世界》《遗忘的形式》等。

② 迈克尔·陶西格，澳大利亚人类学家，著有《神经系统》《南美洲的恶魔和商品拜物教》。

③ 凯瑟琳·斯图尔特，美国人类学家，著有《普通情感》《路边的空地》等。

④ 亨利·列斐伏尔，法国马克思主义哲学家和社会学家，被誉为“日常生活批判哲学”研究第一人，是区域社会学和城市社会学重要的奠基人，著有《日常生活批判》《空间的生产》《马克思的社会学》等。

⑤ 米歇尔·德·塞尔托，法国历史学家、哲学家，著有《历史书写》《历史与心理分析》等。

快的变化和危及生命意义确认规范的解体之间的区别。[13] 这种日常生活是一个交叉的空间，许多力量和历史在这里循环流动，并且变得可以“随时取用”。正如斯坦利·卡维尔（Stanley Cavell）① 所说的那样，这些东西可以创造新的生活节奏，进而凝结成规范、形式和制度[14]。本书的每一章都从正在发生的危机切入日常生活。作为一个整体，本书也从不同特权的多种角度追踪了“危机的日常”（crisis ordinary）。

这里的关键不是把美学**人物**的故事等同于发生在真实的人身上的事情，而是要看到，在这些作品和话语的**情感脚本**（affective scenarios）中，我们可以识别出关于当代生活状况的叙述。[15] 有时，我使用“新自由主义”或“跨国”这样的术语作为引导，以指向一系列非本地化的过程。自20世纪70年代以来，这些过程在改变战后互惠和精英体制的政治和经济规范方面发挥了巨大的作用。但我并不是说它们构成了一个世界同质化的体系，其力量在各地都产生了同样的效果或影响。差异是重要的，正如连续性是重要的一样。我的方法是在特定的审美和社会背景下解读调解的模式，由此得到针对生存和超越生存的情感模式的集体性特征。本书各个章节关注当代资本主义生活中的高度警觉、不稳定的能动性和消散的主体性之间的动态关系。但在不同的案例中，“资本主义”的具体含义千变万化，因为每个案例都对主导历史感觉系统产生的力量提出了独立的主张。这些感觉系统正忙着理解所有可以维系生活的方式，并维持对它们的依恋。

这将我引向本书最终的概念性目标。我已经讨论了在日常的城

---

① 斯坦利·卡维尔，美国哲学家，关注伦理学、日常语言哲学和美学，著有《理性的主张：维特根斯坦、怀疑论、道德与悲剧》等。

市生活中，这一目标如何与现代主义的认知过载模式不同。讨论这些是为了囊括多种物质体裁和美学体裁，这些体裁中介了当下时刻对主体感觉系统的压力。因此，《残酷的乐观主义》认为，在将灾难性的后果描述为对个人和群体的影响时，应该远离创伤的话语——从凯西·卡鲁斯（Cathy Caruth）① 到阿甘本。[16] 这是为什么呢？因为创伤的话语强调描述心理健康和生活受到的严重影响，而在这种情况下，将创伤作为理解历史性当下的一种体裁就变得不合时宜了。但是，在批判理论和更一般的大众社会中，“创伤”已经成为过去八十年里描述历史性当下的主要体裁。它将其描述为一种 10
例外的场景。这些场景突然地打破了一些正在进行的、平淡无奇的、自然而然延续的日常生活——在这种生活中，人们感到安全和自信。本书认为，日常生活是多重历史的交汇点，人们在这里处理在其想象的美好生活面临威胁时所产生的困惑和断裂性。灾难性的力量也在这里形成，并在人们生活的历史中成为事件。但创伤理论通常关注的是灾难记忆和经验中的异常冲击和数据丢失，含蓄地表明主体通常会将这些高强度的冲击整齐有效地储存，并留意着其易得性。

简单来说，创伤性事件就是具有诱发创伤能力的事件。我的观点是：大多数迫使人们适应正在展开的变化的事件，最好用系统性危机或者“危机的日常性”（crisis ordinariness）的概念来描述。我们应该着眼于观察，在这些过程中，情感性影响是如何形成并被中介的。对历史和意识而言，危机都不具有例外性质。相反，它是一种嵌入日常生活的过程，在人们艰难应付沉重生活的故事里展开。

① 凯西·卡鲁斯，康奈尔大学英语与比较文学系教授、创伤研究学者，著有《创伤：记忆的探索》等。

本书的每一章都试图说明，为什么比起把剧烈的变化归因于例外或非凡力量，讲述在历史的情境中进行调整的逻辑更有意义。非凡力量总是被证明是某种正在发生的事件的放大，充其量是一种不稳定的边界，而不是一种斩钉截铁的区别。在危机导致的僵局中，人们像是在不断地扑腾，但却没有被淹死。即使是看起来已经被击垮的人们，也仍然想方设法继续着他们的生活，从这种生活内部维持对它的依恋和认同，并至少保持对这种生活的乐观主义态度。马尔库塞（Marcuse）对战后美国社会的预言性描述展现了这一点：当人们用打败制度或被制度打败的故事来安慰自己时，他们“继续以痛苦的、代价高昂的和陈旧的方式为生存而斗争”。[17]

我认为，这些概念上的区别对我们如何看待当下生活的不稳定性极为重要。书中的每个例子都指向这种区分如何使我们对情境保持开放，而不是将其轻率地归为创伤的逻辑——一种本质上非历史化的逻辑。有些读者可能会觉得我提的这些问题把事情复杂化了。他们会把生活在美好生活幻想中的脆弱性、不可预测性及其系统性的失效归为“运气不好”。因为自第二次世界大战结束以来，向上流动、可靠的亲密关系和政治满足感的总体模式使自由主义政治和
11 经济世界变得更加美好。他们可能将那些共同经历的灾难，视作不完美系统中事故的集合，他们在这一点上不会认为自己会想错。人这一辈子，在对生活、场景或事件的任何过程进行本地化时，都会涉及很多偶然性。他们也许会把那种创伤感等同于它的特殊性，认为不稳定性是存在主义的，并且辩称对结构性归纳的关注使世界过度系统化。

对于这些反对意见，我想说的是，目前的经济衰退实际上凝结了几十年的阶级分化、向下流动（downward mobility）以及环境、

政治和社会的脆弱性。自里根时代以来，这些问题就已经开始逐步累积了。这些激化的过程重塑了种族、性别、性向、经济和以国家为基础的从属关系的惯例，也增加了结构性意外在更多群体的日常生活中造成危机的可能。

也有人可能会批判性地指出，本书试图基于人们如何生活的细枝末节提出宏大的主张，因为我所用的材料跨越了传统的经验主义和美学知识。这些主张来源于多种资料，但既不是来自民族志，也不来自日记、信件或其他社会历史和自传的原始材料。确实如此！虽然广泛地汲取了关于这一主题跨学科的二手资料，本书不是要提供社会学意义上的经验案例，来说明谁反抗了这个系统，以及谁屈服于它的系统性压力。这是一本讲述幻想和共同期待的美好生活被消耗磨损的书。因为美好的蓝图已经褪色，这种幻想变得**更加梦幻**，与人们实际可能的生活越来越不相关。生活的消耗磨损表现在一套新兴的美学形式上，它从具体化的、情感的生存节奏中提出一种情感现实主义。我列举了一些典型案例，通过建立一个关于僵局或过渡时刻的档案，来适应这种生存幻想的丧失，并探讨在日益增加的偶然性中，繁荣发展可能意味着什么。然而，我并没有声称自己能够全面了解生活与幻想之间的调整可以发生或已经发生的所有方式，因为人们对在单一的生活与跨地域资本主义世界之间的关系中已经发生、正在发生和可能发生的事情感到焦虑。本书定义了个人和集体的关系，并将对它的阐释置于一个历史时刻，就像资本的流通、国家自由主义、异性恋家庭主义、向上流动的美好生活的幻想已经昭示的那样，这种时刻是超越国界的。

正如我在之前的案例研究中明确指出的那样，我对一般化 12
（generalization）非常感兴趣，即某种个例如何从某人的故事或某个地区不可简化的当地历史中分离出来，变成某种流通的、共享的东西。这是我研究方法的一部分，即追溯个例的一般化过程，并通过展现它们在不同场景中的共鸣来赋予这些事物以物质性，包括那些非语言（但仍然具有语言性）的行为带来的效果——比如姿态。美学让我们通过吸收新材料并在与之相关的方面变得更加精练来重新适应我们的感官。它同时提供了一种衡量标准，以便我们理解与事物相遇的节奏和空间、如何处理我们与世界过于亲密的关系，以及我们对世界产生影响的愿望（这种影响与世界对我们的影响有一定的关系）。

接下来的章节写得很慢，贯穿了我教授情感理论（affect theory）课程的七年时间。它们没有提出任何关于情感（affect）的证据和理解应该如何推导的正统理论——神经学（neurological）的、精神分析（psychoanalytic）的、精神分裂分析（schizoanalytic）的，以及历史的或是规范的。[18] 相反，这些章节从中介社会力量的模式中推导出关于此刻感觉系统的概念和类型，并成为社会场景的典范。当有必要求助于元理论，来解释某种特定的思想传统如何在延伸的此刻阐明某种特定的活动风格时，本书同样进行了详细的讨论。

例如，在这本书的写作过程中，在情感和酷儿理论中出现了许多关于希望、乐观和幸福的其他讨论。这里不是想综述《残酷的乐观主义》与这些研究的关系，但为了阐明研究方法，有几句话是有必要说的。与本研究志趣一致，迈克尔·斯内迪克（Michael Snediker）① 优美而精辟的《酷儿乐观主义》（*Queer Optimism*）声称与这个研究有预言性的一致之处，它确实分享了许多关于乐观主义

① 迈克尔·斯内迪克，美国诗人、文学研究者。

如何以情感的方式表现出来的预设，比如羞耻——人们一般不会将其与乐观主义联系起来。我们也都对情感性实践感兴趣，这种实践将人与当下，而不是与未来绑在一起。但我们的研究也有重大的差异。他的研究将酷儿乐观主义概念化，而不是乐观主义本身［参见温尼科特（Winnicott）[①] 和莱布尼兹（Leibniz）[②] 的观点］：他将酷儿乐观主义构建为对值得乐观的世俗条件进行沉思的反思场所。因此，他的书倾向于反复将对依恋关系的乐观主义等同于乐观主义本身的感觉，把乐观主义等同于幸福、感觉良好以及对乐观的乐观。在这一点上我们有分歧。他的书的主要对话者是萨拉·艾哈迈德（Sara Ahmed）[③] 的《幸福的承诺》（*Promise of Happiness*），正如斯内迪克一样，艾哈迈德并不是真正在研究情感（affect），而是在研
究感情（emotion）；与他不同的是，她对乐观主义持怀疑态度，至 13
少在当代被强迫的、往往是压制异议的幸福政体中是这样的。对于乐观主义的其他维度，比如暴躁和忧郁，她持更积极的态度。

《残酷的乐观主义》比这两本书都更有形式主义色彩。在这里，乐观主义表现为依恋和维持依恋的欲望：依恋是一种**关系性的结构**。但是，依附于这些关系的情感和感情的体验，就像它们出现的生活环境一样，千差万别。乐观主义的依恋投注于自我或者世界的连续性，但感受它的方式可能多种多样，从浪漫到宿命感，从麻木到虚无。因此，我并不主张情感反思性的具体经验模式（如果有的话），比如酷儿的、不屑的、抵抗的、革命的，或者什么也不是。

① 即唐纳德·温尼科特，英国著名儿童精神分析学家，其最广为人知的概念是“刚刚好的母亲”（good enough mother）。

② 莱布尼兹，欧洲哲学家、数学家和科学家。

③ 萨拉·艾哈迈德，英国文化学者、女性主义哲学家。

我试图搞清楚在哪种特定的依恋下，那些可以称为生活的东西依然有意义或失去意义，不管如何，当它们在反对个人和集体存在的繁荣时仍然强大。尽管如此，如果没有了解过诸多批判理论，我就不会有这些关于依恋、忍耐、协调的多种模式的思考。这些批判理论，怀着阿多诺（Adorno）① 称为“事情本可以不是这样”的坚定信念。比如，酷儿理论、精神分析、解构主义、反种族主义理论、庶民研究（subaltern studies）及其他关于当下的激进民族志历史学（人类学、社会学和新闻学），从模式分析中提取概念，探索互动的形成方式。

本书关于乐观主义的论述与安娜·波塔米亚努（Anna Potamianou）② 在《希望：边缘状态经济中的防御》（*Hope: A Shield in the Economy of Borderline States*）和何塞·穆尼奥斯（José Esteban Muñoz）③ 在《乌托邦漫步》（*Cruising Utopia*）中关于希望的论述更为接近，但这两部作品都是未来导向的。穆尼奥斯明确地将此刻理解为牢笼，而将希望看作是能从过去未完成的事业指向未来，超越此刻，从而维系（酷儿）主体的方式。[19]同样，波塔米亚努也将希望［在“边缘型”患者（borderline patients）④ 中］视为人与未来之间关系的停滞，这种停滞构成了对现在偶发事件的有问题的防御。在穆尼奥斯和波塔米亚努的例子中，此刻或多或少都是一种需要通过对希望的时间性投射来解决的问题。在波塔米亚努的许多案

① 阿多诺，德国哲学家、社会学家，社会批判理论的理论奠基者。

② 安娜·波塔米亚努，精神分析学家，希腊精神分析学会创始人之一。

③ 何塞·穆尼奥斯，主要从事酷儿理论、同性恋、种族和情感研究。

④ “边缘型”患者指患有“边缘型人格障碍”（Borderline personality disorder）的患者，通常表现为经常经历极端的情绪体验，更容易做出自我伤害或其他危险行为。

例材料中，也有被动的成分：希望往往涉及等待特定的事情发生。尽管如此，她仍认为有时候这种被动也可以使人与真诚积极的生活联系起来。在她的书中，乐观主义不是一张病理地图，而是一种组 14
织对当下生活的依恋的社会关系；它是一种指向快乐的趋向，这种快乐与创造世界的活动紧密相连。它可能与未来挂钩，也可能不挂钩。正如波塔米亚努一样，我研究的是与生活紧密相连的复杂性。即使事实证明它涉及某种残酷的关系，把乐观主义的消极性视为一种错误、一种反常、一种伤害或一种黑暗真相的症候也是错误的；相反，乐观主义是一种妥协性的资源，它使生活在呈现出矛盾、不平衡性和不连贯性时变得可以忍受。

相反，加桑·哈格（Ghassan Hage）① 的精彩之作《反对偏执的民族主义》（*Against Paranoid Nationalism*）探讨了澳大利亚民族文化中的“可得性、流通和希望的交换”，将获取这种情感本身的不平等性看作一种情感地图。这种地图指明了从属于一个历史性的时刻（其运作具有当代性）意味着什么。[20] 在这里，他称为希望的东西和我称为乐观主义的东西其实没什么区别。但是，在他对担忧（关于内部成员，比如移民）与关怀（被看作道德和政治义务的一般化的社会依赖关系）的阶级政治的敏锐分析中，核心行动者是国家，而新自由资本主义体系中国家机构的具体期望是问题的关键。虽然在本书中，我所讨论的关于美好生活的乐观主义也与国家参与经济和法制生活产生的危机有关（参见第七章），但乐观主义常常采取其他途径，通过劳动领域、邻里和亲密关系的区域，这些区域构成了美好生活幻想的更直接的和可操控的材料。

---

① 加桑·哈格，黎巴嫩裔澳大利亚学者，从事种族主义、民族主义与比较人类学研究。

本书试图为情感理论提供一个唯物主义语境，而幻想实际上充斥在日常生活中这一点证明了其可行性。从表面上看，情感理论在文学或任何历史研究中都没有地位。吉尔·德勒兹写道，毕竟，情感是在世界的神经系统，而不是在人的神经系统中运作。[21] 与政治实体可以通过操纵的方法消除未来自我意识能力的情感性事实相反，布莱恩·马苏米认为神经系统是如此自主，以至于情感行为不可能是有意为之的。[22] 比如，斯拉沃热·齐泽克（Slavoj Žižek）① 怀疑德勒兹式的政治，或者类似于情感政治的东西，是一种矛盾修饰法，或者更糟糕的说法是一种资产阶级自我陶醉的情感模式，伪装成一种根本无法控制的存在活动。[23] 这是否意味着，在历史或者政治的角度谈论情感，其实更多的是一种自恋地、歇斯底里地或者被
15 动地对此刻的沉溺？我与马苏米、特蕾莎·布伦南（Teresa Brennan）② 一样，都从拉康传统出发，认为情感氛围是共享的，而不是孤立的；同时，身体不断判断周遭环境，并对其所处的氛围作出反应。[24] 这种对雷蒙德·威廉斯的“感觉结构”（structure of feeling）概念的折射表明，无论人们对创造历史的主体有何种争论，可以说情感反应主要体现了共享性的历史时间。[25]

与这些批评传统一起，本书接下来的内容展现了处理历史意识的情感元素的模式与潜力，特别是当处理的问题是历史性当下的时候。它观测了结构性的因果联系中穿缀的主体性力量，但同时试图

---

① 斯拉沃热·齐泽克，斯洛文尼亚作家、学者，主要从事拉康精神分析和马克思主义哲学研究，著有《幻想的瘟疫》等。

② 特蕾莎·布伦南，女性主义哲学家和精神分析学家，佛罗里达大西洋大学教授，她去世后出版的《情感的传递》引起了极大的反响。

避免症候式阅读（symptomatic reading）① 的封闭性——这种封闭性可能将残酷的乐观主义的对象变成糟糕的和压迫的事物，而将其主体变成经济、政治和文化不平等的象征性症状。因此，例如，我认为一些批评家（他们关注结构性力量在当地的实现方式）常常将“新自由主义”这一引导性概念理解为同化世界的机制，有着生产主体以服务其利益的一贯意图。由此，虽然单个的行动**看起来**只是个人的、有效的、自由的意图，而实际上其受到了强大的、非个人力量的影响。[26] 然而，与此同时，他们又假设了一种非常激进的特殊性——即使人不是完全自主的，也仍然会被困在探索和重建世界的过程中，而这世界又并不能完全将其渗透。这种辩证的表述并没有很好地传达依恋、自我延续和生活再创造的混乱机制，这些都是生活在当下的物质场景，而这正是我们概念化情感性（affectivity）具有启发性的地方。同样地，正如我已经描述过的那样，在收集情感调整到物质的场景中，这些场景调解了最近、现在和未来的持续存在，《残酷的乐观主义》追溯了“二战”后国家/经济实践与战后自由主义、社会民主主义或相对富裕地区普遍存在的美好生活幻想之间的摩擦关系。但这里讨论的“地区”或“地方”是极为多元的：有时是城市，有时是国家，有时是由移民模式或资本流动构成的跨国区域，有时是卧室，有时是某个人头脑中的东西。

情感进入对描述美好生活幻想解体的叙述时，不以某种生产模式的症候体现出来，也不以意识形态在尊严、韧性、欲望或乐观上的破坏性印记呈现出来。它具有的阐释性潜力来源于它记录生活状 16

① 症候式阅读，是马克思主义哲学家阿尔都塞的概念。基于弗洛伊德和拉康的精神分析理论，“症候式阅读”试图通过将文本当作“症候”，分析隐藏的无意识结构或理论框架。

况的方式，这些状况跨越个人与世界，在生活的时间中展开，催生依恋。正如安德烈·格林（André Green）① 所论证的，情感（affect）是一种元心理学范畴，横跨主体性内外。但它不止于此。它的活动充满了调整的、身体的、亲密的和政治的表现，使得共同的感受可触可感，并在其模式中释放出一种诗学，一种关于世界如何运作的理论实践。

情感的饱和形式可以传达一个历史时刻作为一个本能时刻出现的条件，定义某事成为某种“体裁”的方式（这与某事成为“事件”的方式是一样的）。因此，除了不太可能从情感反应模式推导出结构性历史关系的状况，我还认为情感体验的美学或形式表现为历史进程提供了证据。美学中的情感痕迹何以提供这些证据，而不是简单地记录作者/读者的智识或意识形态？

接下来的两章构成了回答这个问题的一个单元。随后，本书将着手讨论新自由主义在日常生活中结构性重组的过程，并追溯幻想的、情感的和身体上的调整。每个章节围绕着这些议题展开，展现在此刻的僵局中生存的状况，包括讲述那些质询残酷的乐观主义是否聊胜于无的故事。

第一章“残酷的乐观主义”讨论了这样一种情境模式，即失去某事物意味着失去整个世界，并由此丧失对生活的信念，甚至在身体行为的微观层面上都是如此。它在概念层面探索的是对于那些其实威胁了人们幸福的生活方式，人们如何依旧对其保持依恋。为此，本章重塑了对欲望对象的理解，即它不是作为一种事物（甚至不是一种关系）而存在，而是作为吸附在某事物之上的一组承诺而

① 安德烈·格林，法国精神分析学家。

存在的。它们看起来是某事物，但实际上是精神分析意义上的一个场景（a scene）。这种转换有两个主要目的：一是为了澄清涉及欲望的矛盾状态为何没有损害主体继续生活下去的能力，而实际上可能同时保护了这种能力；二是通过探究作为乐观主义的基础，却又同时产生破坏效果的依恋感情，以增进我们对阻碍个人和社会变革的事物的理解。本章讨论了三种事物/世界丧失的场景，并探究了 17
对单一事物的丧失（即一种与某事物相关的存在方式）与乐观主义状态之间的关系。约翰·阿什贝利（John Ashbery）①［《无题》（*Untitled*）］、查尔斯·约翰逊（Charles Johnson）②［《交换价值》（*Exchange Value*）］和杰夫·瑞曼（Geoff Ryman）③［《曾经》（*Was*）］等人的作品展现了人们面对失败时对事物/世界的依恋，揭示了性别、种族和阶级特权影响的重要性——因为它们可以帮助我们理解哪些人能或者不能承受其生活方式本身的丧失。

第二章“直觉主义者”将“残酷的乐观主义”中治愈主体性的情感—美学的工作延伸到历史领域。在这里，主体性以“直觉”这一范畴来表示。直觉作为一种情感的存储机制，在习惯和自发的行为中发挥作用，似乎管理着当下的生活。在这个过程中，“当下的生活”是这样一个地方，即“过去”空间化地分布于诸多“别处”。而这些“别处”汇聚于人们感知其所处的历史场景条件的感觉系统中。当下是以一种时代错误的方式由多重因素所决定的。当

---

① 约翰·阿什贝利，美国诗人，其诗歌集《凸面镜中的自画像》获普利策奖、美国国家图书奖。

② 查尔斯·约翰逊，美国非裔作家、哲学家，作品关注非裔美国人的经验与处境，著有《中间航道》等。

③ 杰夫·瑞曼，加拿大小说家，主要从事科幻小说和历史小说写作，著有《曾经》《未被征服的国家》等。

下的生活同样也是我们称为“结构性的”经济和政治活动交汇的地方，因为它以对身体和精神的规范性要求充斥着日常生活的方方面面。本章内容涉及的场景取自嵌入集体危机中的艺术作品：格雷格·博多维兹（Gregg Bordowitz）[①] 的电影《习惯》（*Habit*）和苏珊·桑塔格（Susan Sontag）[②] 的著作《我们现在的生活方式》（*The Way We Live Now*）组成了本章的第一部分。这两部作品都记录了艾滋病流行现象，并将其视作一种存在于当下历史的感觉系统中的危机。他们列出了这种疾病对习惯破坏的影响，并考虑了必须避免习惯化的领域的扩散，以及它在生活本身中的意义。第二部分则讨论了一些未被充分挖掘的、从马克思主义文化理论中衍生出来的关于情感的思考传统；这部分集中探讨历史小说中对历史性当下的审美中介。最后一部分涉及当代的历史小说，由两位具有超敏锐直觉的女主人公推动的——《直觉主义者》（*The Intuitionists*）和《模式识别》（*Pattern Recognition*）。在这两部小说中，灾难将直觉主义者带出了她的舒适区，使她重新组织种族和政治的记忆及感觉，以便将其整合进当下的生活。这种当下的生活必须被接受、驾驭，然后走向开放，这种开放不包含重新适应、发明新的规范，或者克服和超越创伤。在第一章中，那些在结构上处于劣势的主人公，在他们的世界突然发生转变时，他们因失去直觉的保障而受到了伤害；而在本章中，主人公没有受伤，而是随着失去直觉的保障，对重建积极
18 的生活产生了乐观的态度。

第三章至第七章探索了新自由主义重构对当代世界美好生活幻

---

① 格雷格·博多维兹，美国艺术家、导演。曾导演纪录片《漫长的坠落》，讲述了公众对艾滋病的反应，和他自己与艾滋病相关的斗争与恐惧。

② 苏珊·桑塔格，美国作家、艺术评论家，著有《火山情人》《反对阐释》等。

想的影响。

第三章“慢性死亡”延续了前一章的内容，即通过将历史性当下视为一场危机来标记它。具体来说，本章聚焦被称为“肥胖流行病”的现象。它挑战了这样一种假设，即主体性要么总是自主的，要么常常是自主的，要么充其量不过是自主的（subjectivity is either always, usually, or at best sovereign），以无意识能动性的模式代替了自主性概念，并将其称为“横向”（lateral）能动性，即一种在日常生活中靠惯性前进的意识模式。在当代生活的艰难给感觉系统带来重压的情况下，这种意识模式帮助人们继续生活下去。

第四章“两个女孩，一胖一瘦”讨论了玛丽·盖茨基尔（Mary Gaitskill）[①] 的同名小说（*Two Girls, Fat and Thin*），以及伊芙·科索夫斯基·塞吉维克（Eve Kosofsky Sedgwick）[②] 的作品。将其纳入本书的原因是，它关注主体如何在危机（如个人创伤、社会动荡）中生活，如何通过沉迷在各种欲望中，寻找强迫性的伪自主人格下的慰藉。盖茨基尔的小说提供了一种自我中断姿态的记录，对“慢性死亡”所描绘的过程作了进一步的阐发，即与食物和欲望相关的对横向能动性的沉思，以及自主性的破坏。本章围绕创伤后应激障碍形成的主体性的传统技术（technicalities）而展开，但同时将主体看作在被其历史支配的创伤和补偿的反馈循环之中，经营生活以寻求片刻休息。针对塞吉维克的讨论，本章提出一种将酷儿去主体化的愿望，并在实践上看到它如何摸索出生活的替代方案，而不要求将人格视作一种内在的倾向或某种宣扬如何生活的政治计

① 玛丽·盖茨基尔，美国作家，其作品多讨论女性角色对内心冲突情感的处理。

② 伊芙·科索夫斯基·塞吉维克，美国性别研究、酷儿理论和批判理论家。她的《男人之间》等著作被认为是酷儿理论重要的奠基性作品。

划的一部分。

第五章“近乎乌托邦，近乎正常：《一诺千金》（*La Promesse*，1999）和《罗塞塔》（*Rosetta*，1996）中的后福特主义情感”，回答了前一章结尾的问题，即在亲密关系和动荡经济的混乱中，是否还有可供人歇脚的地方。在本章中，这个问题在亲属关系的规范（“家庭”）中得到体现。而在前一章中，危机流转于单一的个体故事和多重因素决定的历史背景之间。在这里，危机更多地始于世界而不是作为主体的人。鉴于儿童在分析全球化、移民、劳动剥削、后福特主义等主题中的核心地位，这一章使用了两个以儿童为中心的文本［达内兄弟（Dardenne brothers）[1]的《罗塞塔》和《一诺千金》］来提出一个后福特主义情感（post-Fordist affect）
19 的概念。在这里，后福特主义情感指的是经历后工业时期福利国家的萎缩、灰色（非正式）经济的扩张和跨国移民的增加，以及随之而来的种族主义和政治犬儒主义产生的一种感觉结构。本章提出了这样的问题：为什么在糟糕的经济环境下，家庭生活的沉重和堕落依然促生了这些孩子们对“正常生活”和“美好生活”的渴望。最后，本章对规范的（normative）乐观主义的残酷性，以及全球资本主义情境中流动性的不断变化的意义进行了反思。

第六章“美好生活之后的僵局：《暂停》、《人力资源》与不稳定的当下”涉及“美好生活”幻想的磨损，特别是与劳动、家庭工资和阶层流动的想象有关。本章使用的案例是劳伦·冈泰

---

① 达内兄弟，即比利时导演让-皮埃尔·达内（Jean-Pierre Dardenne）和吕克·达内（Luc Dardenne）兄弟。除《一诺千金》和《罗塞塔》外，他们共同执导的著名作品还包括《罗尔娜的沉默》《单车少年》等。

(Laurent Cantet)[1] 的两部电影——《人力资源》(*Ressources humaines*, 1999) 和《失序年代》(*L'Emploi du temps*, 2001)。在更广的意义上，本章探讨了当代欧洲和美国社会全球化经济中出现的新的情感性语言，即焦虑、意外和不稳定感——它们取代了牺牲、向上流动和精英统治曾经占据的位置。当未来的事物不再成为生活下去的支柱，乐观主义会何去何从？当更早的关于安全的矛盾心理（韦伯式的去魅劳力的牢笼）遭遇一种更新的脱离安全的态度（一切都是偶然的）时，会发生什么？人们如何理解这一现象的出现是一种客观的、**被感知的**危机？本章聚焦于社会性义务和归属感终结时代的态度与表现，追溯了跨越阶级、性别、种族和国家的各种危机：不稳定感不再仅限于穷人和非法移民。

第七章“论对‘政治感’的渴望”有两个关注点。本章提出的一个重要问题是对“政治感”（the political）的渴望在什么情况下表现为一种残酷的乐观主义。回答这个问题的档案背景涉及音响（以及音轨）和声音——它们对当代政治亲密性（political intimacy）、真实性和抵抗性表演而言具有中心地位。依托主流大众政治的媒体“过滤器”，本章聚焦于各种现代主义风格和无政府主义的前卫艺术作品，这些艺术作品旨在通过再机能化（refunctioning）[2]听觉的中介作用来影响当代政治感觉体系。这些艺术作品关注的重点是那些已经渗入日常生活并成为当下政治领域的部分灾难。比

① 劳伦·冈泰，法国导演。1999 年的《人力资源》是他执导的首部电影，获第 26 届法国电影凯撒奖最佳处女作奖。

② 再机能化（德语 *Umfunktionierung*）是德国现代主义戏剧家、诗人贝尔托特·布莱希特（Bertolt Brecht）提出的美学概念。

如，伊拉克［辛西娅·马当斯基（Cynthia Madansky）的PSA项目①］和当代美国/欧洲监视型社会［“监控摄像机玩家”（the Surveillance Camera Players）②］、艾滋病［声音活动团队“红外线”（Ultra-Red）的《将无声组织起来》（*Organize the Silence*）③］、飓风卡特里娜④［丽莎·约翰逊（Liza Johnson）的电影《10号公路以南》（*South of Ten*）⑤］以及围绕“9·11”事件和小肯尼迪之死的集体哀悼的场景［斯莱特·布拉德利（Slater Bradley）⑥的作
20 品］。布拉德利和约翰逊的作品特别强调社会即时性（social immediacy）的政治性并列（juxtapolitical）领域。在《女性的抱怨》中，我把政治性并列的领域描述为不通过主流政治制度而进行的亲密共同体的建设。这些工作开启了关于政治艺术的问题。这些政治艺术的目的不是政治的再机能化，而是一种对“别处”的横向探索——这种别处首先被感知为一种情感性氛围。本章的最后一节转向当代无政府主义的反自由主义运动，并询问我们可以在不将民族/国家视为一种乐观主义对象的情形下，可以读出何种远离残酷乐观主义

① 辛西娅·马当斯基的PSA项目是15个系列视频，旨在反对美国对伊拉克的占领和战争行动。

② “监控摄像机玩家”由比尔·布朗（Bill Brown）等艺术家和活动家于1996年11月在纽约成立。这些表演艺术家直接在监控摄像头下表演改编的戏剧，以示他们对监控社会的反抗。

③ “红外线”是艾滋病活动家杜特·莱因（Dont Rhine）和马可·拉森（Marco Larsen）于1994年创办的声音艺术团队。《将无声组织起来》是该团队的一个艺术项目。

④ 飓风卡特里娜2005年8月下旬登陆美国，是自1928年以来对美国影响最严重的飓风。

⑤ 丽莎·约翰逊导演的《10号公路以南》，用平静的镜头展现了十个短故事，讲述了被飓风摧毁的密西西比州墨西哥湾沿岸居民在极端状况下的生活和劳动。

⑥ 斯莱特·布拉德利，美国当代概念艺术家。

的可能。

因此，从《残酷的乐观主义》的一个优势性视角来看，它是一种关于本体感觉（proprioceptive）的历史，也是一种思考方式——本书将此刻的流转理解为历史和情感的意识，而这种思考方式将自我调解的表征性规范当作达成这一理解的关键。正如弗雷德里克·詹明信（Fredric Jameson）① 所主张的，规范性范畴内外的生活实践都被嵌入某种形式之中。但我对形式的赎回（foreclosures of forms）不太感兴趣，而对具有历史性的实践如何成为某种体裁（这与成为一种事件类似）感兴趣。因此，对当下的适应和调整不仅体现在我们通常所说的体裁上，也体现在更明确的习惯、风格和反应模式上。[27] 分析这些调整活动揭示的并不是一系列特殊性的集合。当面对正式和非正式（社会和制度性层面上的）互惠关系的分崩离析时，人们应对危机的方式与其被迫重构的对世界的期待密切相关。我在这里指的是诸如阶级、种族、国家、性别和性向等身份；我对这些感兴趣的原因是，它们运作于主体丰富的主观世界中，而这些主体通过多重共在的历史和经验的路径把控它们的世界。相对于那些认为自己是被庇佑的人而言，出生在不友好的世界和不可靠的环境中，人们对新的不稳定性的反应是不同的。但是，这并不是说在某种身份下规范性的情感管理模式就能渗透一切的情感力量：包括一个人作为整体的存在、心理、与自己/世界互动的方式或体验世界的方式。

有人认为，传统阶级和人群之间的差异不如新兴的趋同和团结重要——这种趋同和团结围绕着特殊性（singularity）和不稳定性

① 弗雷德里克·詹明信，美国马克思主义文学批评理论家。

而产生。但正如在第六章“美好生活之后的僵局”和第七章“论对‘政治感’的渴望”中所论述的那样，我关注这种政治乐观主义的观点，但对其持怀疑态度。本书关注这些感觉状态的变化以及
21 随之而来的、在不同空间中产生的紧张关系，这些空间大到集体性的不确定的气氛，小到一个人感到失去那些支撑他对美好生活想象的东西的威胁时颤抖的嘴唇。本书还探讨了对互惠性世界的相互冲突的构想在政治上意味着什么，对维系社会再生产的规范性习惯而言，这种构想仍然是强大的黏合性驱动力（特别参考第五章“近乎乌托邦，近乎正常”）。

脱离常态的问题适用于写作批评，也适用于任何将投射的强度（intensities of projection）协调进历史性当下的对象。接下来的章节在结构和长度上都让人不适：每一章都是一本小规模的书，有超长的案例研究，或者说是一种恰到好处的杂烩。在将生动的事件与分析概括统合起来的过程中，我对如何以最佳的修辞方式处理它们所折射的具体化问题越发困惑，并且更加确信有必要为我们称为“理论”的思辨作品创造新的体裁。与此同时，在那些日常生活的场景中，当主体性被描述为不堪重负、被迫改变却仍困在原地的情况时，我也希望读者能找到自己的分析灵感，去剖析那些《残酷的乐观主义》所指向的未被揭示的生活：那些亲密场域中的僵局——在那里，对于那些苦苦追寻且渴求在工作、爱情和政治上获得良性关系和归属感的人，拥有的往往只是某种残酷的承诺。

Cruel Optimism

第一章

残酷的乐观主义

乐观主义及其对象

所有的依恋都是乐观主义的。当我们谈论欲望的对象时，我们 23
实际上是在谈论某人或某事对我们做出和实现的一系列承诺。这一系列承诺可以被嵌入一个人、一件事、一种制度、一种文本、一种规范、一堆细胞、各种气味、一个好的理念——任何一切之中。将“欲望的对象”作为一系列承诺，可以使我们看到我们依恋中那些不连贯的，或是难以理解的东西。这不是说我们是非理性的，而是将其作为**我们为何忍耐我们依恋的对象**（our endurance in the ob-
ject）的解释。在这个语境下，接近对象意味着接近它对我们的一 24
系列承诺。在这些对象之中，有些对我们来说是清晰明了并且有益的，而另一些则不然。因此，不是所有的依恋都让人**感到**乐观。比如，由于爱人或父母可预见的形象扭曲，人可能害怕回到一种匮乏、渴望和反复的自我羞辱的状态。但被反复拉回到欲望对象依然可能的状态，正是乐观主义作为一种情感形式（affective form）的运作。在乐观主义中，主体倒向与对象相遇的当下时刻所包含的承诺。[1]

在导论中，我将“残酷的乐观主义”描述为一种对欲望对象的可能性处于妥协状态的依恋关系。在这种“有毒的”关系中，欲望的对象要么完全不可能实现，是彻底的幻想，或是太理所当然（too possible）。这些依恋关系的残忍之处，不仅在于它的困扰性或者悲剧性，还在于生活中拥有 x 的主体可能无法忍受失去欲望的对象/场景，即便它的存在威胁着他们的幸福。因为无论这种依恋的

内容是什么，其形式的连续性也提供了主体感到的在这个世界上继续生活和朝前迈进的连续性。这个概念指向的是一种区别于抑郁的状态，抑郁通常在主体希望逃避失去对象/状态的痛苦的时候发生——在这里，主体投入了自我的连续性。残酷的乐观主义则是在努力维系与**极有问题的对象**（problematic object）的依恋关系。还需指出的是，有时候，这种乐观主义依恋的残酷性更容易被那些旁观他们在这种依恋关系中付出的代价的分析者看清楚。因为在通常情况下，个体和群体只专注于他们与对象/世界关系的一些侧面，而忽视了其他方面。[2] 但如果这种依恋的残酷性被某人/某个群体体验，即使是以一种非常微妙的方式，对失去其对象/场景的恐惧本身也会摧毁他/他们对其他一切怀有希望的能力。通常，失去这种乐观心态的恐惧是没有明说的，并且只在突然无法应对意外情形的时候才被察觉——正如我们将在本书中看到的那样。

有人可能会说，所有欲望的对象/场景都是有问题的，因为对它们的投入和投射，与其说是关于它们本身，不如说是关于我们对其着迷时产生的一系列欲望和情感（affects）。我确实有过这样的疑问，即是否所有的乐观主义都是残酷的。因为失去其存在条件的体验是如此令人心碎，就好像一个人在依恋驱动的范畴下丧失 x 可能
25 威胁到活下去这件事本身。但在某些情境下的乐观主义显然比其他情境更加残酷：在残酷的乐观主义运作的情况下，正是欲望对象/场景启发性和赋予生命力的潜质，反过来带来了对这种生命力的磨损和消耗，而这种生命力正是一开始这种依恋关系所承诺的。这可以指非常平常的腹泻式的爱，但它也可能带来成瘾的欲望，如对工作的疯狂、爱国主义以及各种各样的东西。人们常常对其依恋的代价进行情感交易，这种交易常常是无意识的，大多数都会使人处于

接近欲望或自我消耗的状态。

这意味着，依恋的诗学总是涉及一些分离出来的故事——那些我可以从已构建起来的情感习惯产生的活动中讲述的、希望接近x（就好像x具有自主的特质）的故事，并将它作为在我的生命中拥有x的功能，以便在x能提供的东西周围投射我的忍耐。因此，要理解残酷的乐观主义，我们需要以一种迂回的方式来分析。它可以让我们思考那诡异的时刻——当投射一个赋能（enabling）的对象时，这个过程同时也是去能（disabling）的过程。从芭芭拉·约翰逊（Barbara Johnson）① 关于呼语（apostrophe）和自由间接引语（free indirect discourse）的研究中，我学到了这种分析方式。在她关于间接修辞的诗学中，这两种修辞模式都是由写作主体构想其他主体的方式来塑造的。由此，在幻想的主体间性的表现中，作者获得了超乎常人的观察权威，使某种存在的表达因接近对象而得以实现。因为这个审美过程与我在依恋的乐观主义中所描述的相类似，我将展开论述我对她的思想的变形。

在《呼语、激活与堕胎》（*Apostrophe, Animation, and Abortion*）（我在这里主要的参考文献）中，约翰逊探讨了呼语对胎儿人格的政治影响：一个沉默的、情感上存在但身体上缺位的对象（一个被爱的人，胎儿）在言谈中被赋予了生命。对一场对话而言，其距离隔得足够远；但对说话者而言，又近到可以想象——鉴于这一切只发生在说话者的脑海中。[3] 但是，这种设想的可能性，以及在其表达中无法被听见的情况（“你”并不在这里，在我想象的与“你”的对话中，“你”处于永恒的迟到状态）构造了一种虚假的主体间性

---

① 芭芭拉·约翰逊，美国文学批评家和翻译家。她的研究将拉康精神分析、解构主义和女性主义等纳入了跨学科的文学批评之中。

的在场，尽管如此，一个有指涉的表演还是可以发生的。当下的时刻是由对“你”的幻想来实现的，这个“你”充满了我所投射的 x 特征，而这正因为“你”的缺席而得以可能。因此，呼语看起来试图想要接近“你”，是从位置 x 直接移动到 y。但实际上它是一个反向的运动，是一种说话者为了实现什么而让某事在此刻发生的欲望下，对听者的激活。这让说话者变得更加可能，或者以不同的方式
26 变成可能。因为他在某种意义上承认了为二人说话、作为二人说话和向二人说话的重要性——但这只是在二人实际上是一体的条件和幻觉下。

因此，呼语是一种间接的、不稳定的、物理上不可能的，但在现象学意义上使修辞生动化并具有活力的方式。它允许主体将自身悬置于一种乐观主义之中——即占据其他人类似心理空间的可能性，以及那些让你成为可能的欲望对象（通过拥有一些值得期待的特质，但也通过不在场的方式）。[4] 约翰逊后来的作品，如《无言的妒忌》（*Muteness Envy*），详细讨论了这种能言善辩的主体间性投射的性别化修辞政治。[5] 矛盾的是，将一个人的意识彻底淹没在另一个人的意识中需要双重否定：否定说话者的边界，这样他/她就可以在接近欲望对象时，在修辞意义上变得更大；这也是否定听者——或多或少是一个强大的占位的哑巴，为说话者构想她/他/他们的成长发展提供了机会。

当然，从存在主义和精神分析学的维度，主体间性是不可能的。它是一种愿望、一种欲望、一种与 x 在一起和在 x 里的持久存在感的需求，这种需求与标志着承认感和误认感之间不确定关系的巨大的结相关。正如第四章更详细地讨论的那样，承认是你可以忍受的误认，是一种确证你的过程——但同样地，这个过程不一定让

你感觉良好或完美（它可能有理想化的效果，也许能确证你内心的“野兽”，反映了你以卑微渺小的方式生活在监视之下的愿望，也可能让你感觉刚刚好，等等）。[6] 为了阐述主体间性误认为一种现实主义的悲喜剧，约翰逊关于投射的作品挖掘了对指代对象依恋的、投射的、界限消解的空间。为了让主体间性的欲望主体获得一些牵引力，以便稳定她与承诺对象/场景的接近性，这个对象必须是缺席的。

当约翰逊转向自由间接引语时，由于其在融合和被淹没的观察主体性之间的循环，对主体间性的渴望投射的害处甚至更小。[7] 比如，在叙述者与人物意识的部分融合中，自由间接引语产生了这样的效果，即不可能把观察性意识固定在一个或任何身体中。由此，它迫使读者处理一种不同的、更开放的关系，展开读者正在阅读、判断、存在和思考其所理解的东西。在约翰逊的作品中，这种通过 27
阅读/说话进行的变革性转化以一种良好的方式“展开”了主体，尽管她可能有什么欲望没有变得明显不同。[8] 在这一点上，她的作品预测了一种主体间渗透的美学。蒂姆·迪恩（Tim Dean）① 的列维纳斯主义（Levinasian）和利奥·贝尔萨尼（Leo Bersani）② 的精神分析乐观主义（psychoanalytic optimism）在近期推进了这种美学。它涉及一种认知—伦理决定——被有限主体间性的过程转化，在不了解亲密的他者是什么样的情况下，允许他者的存在进入。[9] 就像约翰逊关于投射的作品一样，他们的重点是依恋的乐观主义，而且往往本身对人格的否认和扩展持乐观态度。这种人格的否认和扩展构成了对爱人/读者悬置的主体间性的要求。

---

① 蒂姆·迪恩，英国酷儿理论学者。

② 利奥·贝尔萨尼，美国文学批评和酷儿理论学者。

接下来的内容就不那么乐观了，本章阐述了弗洛伊德的观点，并试图将其政治化：人们绝不会自愿放弃力比多的立场，甚至在替代品已经向他们招手的时候也不会。[10] 伊芙·塞吉维克将梅兰妮·克莱因（Melanie Klein）① 所说的抑郁状况描述为一种倾向，即诱导修复与世界破裂关系的回路。[11] **政治性抑郁**通过提出与目标冲突有关的依恋模式问题加剧了这种传统情形。政治性抑郁的人可能是冷静的、愤世嫉俗的、封闭的、极度理性的或厌恶的。然而，在采取了一种可能被称为超脱的模式之后，却可能丝毫也没有真正地超脱，而是挣扎在一种正在进行的、持续的乐观和失望的循环和场景中（比如，貌似理性的超脱根本不是一种超脱，而是一种与修辞实践规范相关的情感风格）。

那么，还有一个问题是，修复的方向是朝向还是远离重建与政治对象/场景的关系，而政治对象/场景构建了一个人与陌生人、权力和认同的基础设施的关系。同样，谁能忍受失去这个世界（“力比多立场”）的问题依然存在。当失去已经失效的事物，比拥有它更令人难以忍受时会发生什么；反之亦然。残酷的乐观主义关注自我中断、自我暂停和自我搁置的做法，这些做法表明人们在挣扎着改变（不是在创伤性的层面）他们创造生活的活动所依赖的价值条件。[12]

因此，如同所有的表述一样，残酷的乐观主义是指示性（deictic）的——一种指向一个邻近位置（a proximate location）的表述。作为一种分析杠杆，它刺激我们深入并追踪对我们所谓的“美好生活”的情感依恋。在这种对“美好生活”的依恋中，很多人实际

① 梅兰妮·克莱因，奥地利精神分析学家，主要贡献为儿童精神分析与客体关系理论。

上过的是将自我消耗殆尽的糟糕的生活。虽然主体也同时在这种状
态中找到了他们生活的可能性。这不仅仅是一种心理状态。在当今 28
社会，即使是相对富足的寻常生活，如在美国，也呈现出对主体的
消耗和磨损。而讽刺的是，当今社会维系和再造生活的劳作，正是
对生活本身的消耗。这种讽刺性的现象对我们思考苦难的日常性、
常态的暴虐性和所谓“忍耐的技术”都极有启发。这些东西都通过
所谓“以后”（later）的概念，悬置了对此刻的残酷性的质问。[13] 在
这个意义上，残酷的乐观主义是一个指向生活内在模式的概念。这
种模式源于对人们不是巴特尔比（Bartleby）① 的原因的认知，不愿
意干涉各种各样的贫困化，而是选择驾驭他们习以为常的依恋系
统，与之切分，或者保持在一种互惠、和解或顺从的关系中，这并
不意味着被它打败。或者，他们走向规范的形式，也许是为了对双
方同意的承诺变得麻木，并错误地将这种承诺视为一种成就。从约
翰·阿什贝利、查尔斯·约翰逊和杰夫·瑞曼的作品出发，本章穿
梭于三个情境，在这些情境中，构成残酷乐观主义的残忍束缚令人
惊讶，并导致为了适应处于后流派、后规范以及完全不知如何生活
而产生的诸多剧情。在这一切中，我们在僵局中发现了一种节律，
当人们被他们与世界相连的承诺弄得犹豫不决、摇摇欲坠、讨价还
价、不安试探，或以其他方式被弄得疲惫不堪时，便会进入这种
节律。

---

① 巴特尔比是赫尔曼·麦尔维尔小说《书记员巴特尔比》（*Bartleby le scribe*）中的人物。他本来沉默寡言，工作投入，但随后不干了，并用简单的“我不愿意”作为理由。

对象的承诺

在最近的一首无题诗中，约翰·阿什贝利呈现了这种承诺状态最有希望的版本，强调了知识的多普勒效应，将我们如影般拖拽着的政治经济的背叛表述为一种空间滞后，但又在对象中提供了一种生机勃勃的经验。这种对象不仅是可以忍受的，同时也是**简化的和革命的**。如一种资产阶级梦想的对句（couplet）：

我们被提醒说有蜘蛛，有偶尔的饥荒。
我们开车到市中心去见我们的邻居，但没人在家。
我们在市政当局建的院子里惬意而坐，
29 追忆其他人，其他地方——
但他们还在吗？
我们以前本来不都熟悉吗？

在葡萄园里，蜜蜂的赞歌淹没了单调，
我们为了和平而睡去，或加入伟大的征途。
他向我走来，
一切都像从前一样，
除了此刻的重压，
破坏了我们与上天的约定。
在真相中，没有欣喜的理由，
也没有必须回头的理由。

听着头顶电缆的哼鸣，

我们仅仅是站在原地就已经迷失了。[14]

开头的画面是美国梦没有实现的场景，但几乎要实现了——或正如阿什贝利在一首类似的诗中所写，“海市蜃楼的支配已封住了边界/伴随光和光所带来的无尽的怯懦”。[15] 同样，这里的家（home）和赞美诗（hymn）几乎是押韵的；但我们是不安的，因为无人在家，大自然威胁着我们的富足感，然后是说话者所说的造就我们时代政治的“此刻的重压”。因此，那些为了和平而睡去的寂静主义者，将象征压缩到躯体中。人们感到当下的重压有多久了？它作为与其他事物脱节和生活的障碍而存在。这首诗中所有的意象都很笼统，然而我们仍然可以从中推演出一些情境。比如，将这首诗设置的默认空间的重量，想象为美国梦的某种体现，一种郊区的风格。那些维护修剪过这个空间表象的人，并不是诗中的行动者“我们”；虽然他们也是行动者，但是他们制造了噪声。他们发出的声音是郊区闲暇的声音，而不是工人闲暇的声音。我们对他们来自哪里、他们在工作之外的日常噪声以及他们的休闲娱乐一无所知。我们也不知道他们长什么样子：这是一种实践的主体性，体现了行动中和修辞折射下的人格。不过，我们可以推测，没有被标识出来的说话人
可能是美国白人，而他们的仆人可能不是。这首诗歌的用语是如此 30
笼统，人群信息的表达是如此克制，以至于它落在了未被标识的规范性图景之中，迫使现实主义走向猜测。

这种转变是其欲望教育学的一部分。这些唯物主义的考量在这首诗对事件的感觉或丰富的意识场景中并不突出。然而，思考其中自主性产生的条件，并不违反这首诗的审美自主性或独特性。如果

有什么区别的话，关于邻居的直白的修辞显示，美国梦并不允许有很多的时间对那些不方便让人感到好奇的人产生太多的好奇心。在这个空间里，一个人的邻居所带来的愉悦近在咫尺，是可以轻松接触到的：在美国梦的描绘中，人们只在这些时候会见到“邻居”——在想要时，在外面闲逛或者可是能在餐馆时，当邻居以一定的距离提供欢笑时，以及当他们不在诗歌叙述者所说的那些“市政的”房子，而是住在与其并置的房子中时。在市政的房子里，叙述者囤积和享受悠闲的快乐时光，就像在乡下的葡萄园里，而爱打听的邻居或超我的侵扰，则会打断他从后院王国投射出来的快乐。[16]别人在葡萄园劳动的嘈杂声，是对生活感到乏味的特权的条件。那四分之三的疏离，以一种模糊的横向方式，沉浸在循环的过程中。

简而言之，在这首无标题的诗中，“我们”已然选择成为麻木的公民，乐于成为填充于线条之间的色彩：毕竟，如果“我们”是唐纳德·巴塞尔姆（Donald Barthelme）① 的短篇小说《我买了一座小城》（*I Bought a Little City*）中的那些人物，“我们”是可以被逗乐的。这些人物以一种简单的方式生活在住宅区，如果从空中俯瞰，这个住宅可以为任何有时间和金钱的人重现观看蒙娜丽莎的某种视角。“我们”将自己的生活活成一种形式的美——如果不是艺术的话：“我们”带着一种轻微的兴奋感生活，平缓自己，以便耐心地完成不要太紧绷度过美好生活的承诺，一种斯拉沃热·齐泽克可能称之为去咖啡因的崇高状态。[17]阿什贝利对郊区享乐的讽刺，并没有什么格外新颖或深刻的地方：安抚的声音和稍显沉闷的陈词滥调的节奏，展现的恰恰是人们为了拥有那里，可以忍受怎样的生

① 唐纳德·巴塞尔姆，美国后现代主义小说家，曾从事新闻记者、杂志编辑等工作，于1972年获美国国家图书奖。

活，以及渴望在市政街区自由活动意味着什么——那个被修剪整齐的地方曾经是一个幻想的存在。

对于这种主体自我疗愈和自我中介倾向的政治经济学，马克思将其作为与私有财产制度关系的结果，他评论道： 31

> 私有财产让我们变得如此的愚蠢和片面，以至于我们认为一个对象只有**属于我们**的时候——当它作为我们的资本而存在时，或当它被我们直接占有、吃掉、喝掉、穿上、住着等的时候——简而言之，当它被我们使用的时候，我们才拥有它。在一切身心感受应该发生的地方，有的只是这些感觉彻底异化后那种**占有的感觉**。人必须沦落到这种赤贫的境地，才能把自己内心的财富输送给外部世界。因此，私有财产的废除是一切人类感觉与特质的彻底解放。正是因为这些感觉与特质在主观上和客观上都是人性的，所以这意味着一种解放。眼睛之所以成为人的眼睛，是因为其对象变成了社会的和人的对象——一种由人创造且为人创造（made by man for man）的对象。由此，这些感觉在它们的实践中直接成为理论家（theoreticians）。它们为了事物本身而建立自我与事物的关系，而事物本身与自己以及与人的关系，也都是客观的人的关系（在实践中，只有事物本身将自己与人类人性地联系起来，我们才能将我们自己与某事物人性地联系起来），反之亦然。需求与享受由此去除了它们自我本位的特质，而自然也通过为人所用，超越了自己单纯的效用。[18]

马克思对感觉的分析，在阿什贝利的诗中处处形成回响。正如马克思所预言的那样，这首诗中的“我们”始于对占有的所见，且只见其所占有的。“我们”感到自然是一种对自我指涉世界的入侵。

但随后，“我们”困扰于知识只是一种并不能很好回忆起的事物的重复，这也许是因为作为生产力与消费资本的主体，出于维系机器运作和可靠生活表象的要求，“我们”甘愿让我们的记忆被持续的小修小补而重新划分。“我们”驯服，顺从，忍辱负重。“我们”在一种欲望的周围生活，却选择被这种美好生活的愿景束缚住。“我们”几乎还记得在其中有生命力的生活着的感觉，被一种“我们”熟悉的期待感淹没。这种期待感只指向“我们”意图创造的财产和可靠的生活。“我们”残酷的欲望对象并不会让“我们”感到威胁，而只是累。

我们的感知尚且还不是理论家，因为它们被规则、图纸和继承下来的幻想所束缚，也因为那物质地滋养了我们继续向前的工蜂的辛勤。同时，我们也许并不真的希望我们的感觉变成理论家：因为这样的话，我们可能将会看到自己与这个世界产生交换的效果——对它感恩，对它有用，而不是最终成为它的主宰。之后，我们到底
32 以什么为生？“我们”似乎是一群贪于休闲的人，沉浸于无尽的周末，并在无人观看的时候成为自我剥削的产物。在这里，消费者在令人熟悉的循环往复中几乎是最重要的：“难道我们以前都不知道吗？”

然而，尽管从表面上看，作为一首从一群面貌模糊的一般性自我指涉主体内部发声的诗歌，其情节不完全被束缚于对美国梦的模糊依恋之中。这种美国梦实际上是作为一系列与灾难和人际交往错过的遭遇而被体验的，它们被切割成小的片段，成为几乎没有被体验过的剧集。这首诗的情节流转于家（home）、赞美诗（Hymn）和哼鸣声（Hum）之间。最重要的是，某种事件打破了集体生活中的、平淡无奇的自我囤积——它并不是郊区悠闲的放松状态所暗示

的葡萄园里的假期。

阿什贝利可能在幻想和敬畏之间有一个基督教的想法：蜜蜂似乎呼应了托马斯·布朗（Thomas Browne）爵士《医生的宗教》（*Religio Medici*）中的著名段落，描述了蜜蜂的智慧是如何远超于人类理性对自身状况的理解。[19] 与此相关的是，在这首诗的所有弥尔顿式和艾略特式的共鸣下，他可能正在修正他与宗教抒情诗的关系。[20] 我们甚至可以认为，其目的是让诗歌诙谐的讽刺和隐晦的神圣冥想，与关键的此刻的事件形成对比，即“他向我走来”这句话中体现的美国同性恋的场景。这一刻让人想起弗吉尼亚·伍尔夫（Virginia Woolf）的“克洛伊喜欢奥利维亚”那句话带来的性别冲击。[21] 他向我走来，打破了我与上天的不成为同性恋的约定。酷儿身份与宗教情感打开了一个共鸣和敬畏的空间：生活处于一种最可以想象的僵局中。生活被打断了。而且，正如巴迪欧所说，它被一种需要忠诚（fidelity）的事件俘获了。[22]

然而，尽管这个事件是自传性的，它仍然产生了影响。这首诗的结尾关注的是，当某人允许自己继续被一个与对象共处的事件所改变时会发生什么。他不是在半匿名的呼语投射的接近性之中，不是诗歌第一节中“我们做了这个”或“我们做了那个”所呈现的社会性，也不是未公开的性别身份的戏剧性行动，确实一点儿也不是自传意义上的。审美和性别的情境诱发了一种非人格化的模式，这种模式在关联性和世界中被充分地感受和散播。在屈服于一种不被定义的亲密关系的接近的时刻，翻天覆地的转变发生了，它是由一种“接近”的姿态来实现的。这种姿态打开了两个人之间的空
间——他们虽然只是站着，但仍以新的方式联系在一起。 33

这种将诗歌叙述者重置于一种悬置起来的位置的转折，可以用

哈贝马斯式的方式来理解。在《公共领域的结构性转型》（*The Structural Transformation of the Public Sphere*）中，哈贝马斯从现代性的人的分裂角度，谈到了规范的人在公共/私人领域的分割：他是家庭的人，同时也是市场的人。[23] 哈贝马斯指出，生活在资本主义现代性中的问题在于，作为资产阶级的一员和情感主体，如何处理这些领域之间的关系。一个资产阶级的人依照市场的规则，将其社会关系工具化，被赋予财产价值的人划分为与其财产接近的价值和他的自我占有。对资产阶级而言，有财产就有家，男人在家里是一个小领导，无论他把他的规范带到哪里，大家都会承认他的权威。同时，男人培养了一种关于自己的形象，认为自己基本上是在情感交易中形成的，而不是在资本交易中形成的。家庭中的“男人”认为自己在这个世界上是有效力的，在所有活动领域中都是权威。通过参与一个爱的社区，他在相互选择的人之间，或者可以说是相互走进的人之间，被区分开来而变得独特。这首诗说“在真相中，没有欣喜的理由”，即在真相或是客观性中，没有理由欢欣鼓舞。相反，有的是对亲密关系的期待，以及抒情诗。

然而，这首诗里说的亲密事件发生在家庭和市区之外，在一个没有被划定的区域。这首诗的事件是在他朝我走来并提醒我，我不是一首赞美诗的主体，而是那阵哼鸣声的主体身上发生的事，是在我周围产生共鸣的事——可能是天堂、蜜蜂、劳动、欲望或者电缆。但不管是什么，它都涉及在接近某人时的迷失，以一种美好的方式迷失在那里。他和我一起经历了哼鸣声，不是在“我们”曾在的地方，而是无处不在。而且这种哼鸣声是一种拖延，一种时间上的犹豫，而不是与充满能动和驱力的世界保持同步；它也不是在一个被标识的空间，而是在一个迷失的空间。存在的主体间性是没有内容的，但在同步发生的倾听中成形，这是一种主观经验的场景，只能与诗人和他的“他”一起被看到而不能被听到。他们的亲密是可见的，也是极其私人的，并总体上是未被编码的。在家与赞美诗之间的男人的生活被一个“嗯”打断了，是一种真相的中断，在这里“我们”变成了那些此刻迷失，却依然在流离失所中未被击垮的活着的人。

也许，将这首诗作为描画此刻僵局产生的方式令人激动。这种僵局尚未被资产阶级的感觉系统所吸收，但将人带到社会空间，进入这个世界，而这些相遇将人纳入一种无法预测的差异之中。对向 34
你走来的人敞开心扉，被一次邂逅所改变，成为诗人的插曲（episode）、缩略语（elision）、省略语（ellipsis）。

同时，这首诗里说话的人也很重要：这是一个自信的人。他在这个悬置的时刻发现了某种可能性——既不需要市场的逻辑来确保他的价值，也不需要任何对都市惯常和家庭生活的亲密认可来确认他的边界。他可以在没有意义的情况下保有一个非空间。这似乎并没有威胁到他。因此，这个乐观主义的例子可能是，也可能不是残酷的乐观主义的一部分：对此我们无法知晓。承诺无处不在，在事件发生之前存在形式的消解，既不是哀悼的理由，也不是欢欣的理由：它仅仅是一个事实。这种中断的偶然性是否能使他在片刻之后，焕然一新地回到郊区？他们会去高档咖啡馆买一些加了大量糖和牛奶的高浓度咖啡吗？他们会去接受其他的刺激吗？他们会以某种方式变得不同，来建造自己的世界吗？这对恋人是否代表了现在可以为和平而不是梦游而醒来的集体？当他们在幻想中一同存在，获得不同自主性的美学时刻不是脱离市场的状态，而是身在其中的状态时，他们是否就可以发现他们究竟是谁——是在这一时刻会迷失的人吗？哈贝马斯也许会注意到，恋人的世界化（worlding）力量的幻想使说话者否认自己是如何被构建为一个拥有财产和市场的人的。约翰·里科（John Ricco）[1] 可能会说，这些男人的外在性（outsideness）和局外性（outsiderness）展现了同性恋的潜在资源，以创造一种酷儿反规范性，而不是渴盼地回顾家庭生活。要知道这种断裂有多深是不可能的。到最后，说话者认为他此刻**真正地**活着，在一个悬置起来的时刻。他真的是一个恋人、一个亲密的对象，不再是煤气和肥料的使用者，或是委托别人劳动的人。那似乎是另一种生活了。

或者，也许我们可以从哼鸣声的背景音来解读这种转变的规模。阿什贝利的乐观主义者说，我们听到世界的哼鸣声，并渴望接近它。在情节剧中，背景音乐是不善言说时的至上体裁，或者说是无法言表的事物的最佳表达方式：它告诉你，当沉浸在你总是能识别的情感中时，你才是真正最自在的，而你感到的所有不和谐都不是真的，而是一场事后你必须清理的意外。如果你一边工作一边吹
35 口哨，那你就会愉快得多。“我们生活的音轨”（the soundtrack of our lives）的概念是强大的。我引用了这个俗套用语，它同时也是一个伟大的后朋克新迷幻乐队[2]极具反讽色彩的名字——之所以强大，是因为它作为一个随身携带的宝藏陪伴着一个人，表达了这个人真正的内在品位和很高的价值。它为乐观地重新解读生活节奏提供了一个开放的空间，并确认每个人都可以是明星。在你生活的背景音乐里，你是爱你自己的，你可以在至高无上的惯常性中表达对自己真实的忠诚，无论这声音具有怎样的特殊性。我们的诗展现了

---

① 约翰·里科，美国编剧、制作人。

② “我们生活的音轨”是一支成立于 1995 年的瑞典朋克摇滚乐队。

潜在地维系这种自洽的情境。

但这也不能完全讲清楚此处涉及的残酷的乐观主义，因为这首诗的政治背景很重要：它关系到一种感性抽象或情感饱和的实例付出了多少的代价，怎样的劳动推动了从具体现实到背景音乐轴的转变，以及谁在控制转变的意义、转变的节奏以及脱轨的后果——即使只是片刻地从共识的幻想中脱轨。无声的政治情境也不能胜过愉悦与开放：不可调和的东西衡量着形势。从家到赞美诗，再到哼鸣，阿什贝利的诗造就了一种被打断的静止，这种静止是无言的，却又极富说服力，它是充满意义的，是一种未成形的过渡性经验的占位符（placeholder）。他听到的背景音乐就像抒情诗本身，自如地将现实主义对生活的物质再生产，以及亲密与麻木的痛苦转置到另一个时空。

从“家”（home）到“哼鸣声”（hum），从“男人”（homme）到“嗯”（um），是一个中断：这听起来像是双关语，这种梭罗式的方法通过在空间中发出声音来探测它的轮廓，询问什么被停止了，谁来做这件事，以及处在这个时刻意味着什么，在它之外又意味着什么。让某人进入内心，并坚持一种不同于生产主义节奏的形式（如资本主义规范性惯例）总是有风险的。当然，“他”不是我的对象，也不是我的一堆承诺：“他”向我走来。即使作为对象，比拥有对象和面对失望的风险更安全，这首诗在人们更深地卷入投射和嵌入之前就戛然而止了。这是一首关于对某种相遇保持开放的诗。这种相遇具有潜在的变革性力量，而不是还未凝固的情侣关系、友谊、短暂的风流韵事或其他什么东西。它的姿态朝向迷失或悬置的状态，在这个过程中，它对一个合作行为的情境如何开启一个潜在的活力空间一无所知，而这个空间并不是一个可以建立任何

东西的空间。在他和我之间的滞后空间里，他与我之间发生了一些
36 事情，诗中的“我们”的王权或至上统治不再引人瞩目了。这场相遇使说话者在一种特殊的社会关系中迷失了自己，而我们对这种社会关系的政治经济学提出了问题。如果它的幸福是残酷的，需要别人或其他阶级付出代价，我们永远不会知道：用一种不断传播的快乐来取代习惯性的冷漠，可能会打开一个楔子，进入另一种生活伦理，但也可能不会。接下来发生的是这首诗未完成的事业：此刻，它所呈现出来的感官可以成为理论家。

在一个取代和消解日常生活的事件中，用测声（sounding）的方法分析这首诗在事件中描绘的僵局的意义，并不能确证所有的抒情性和情节性的中断过程，没有为想象一种彻底重新感知的后新自由主义主体提供可能的条件——甚至仅仅在潜在的意义上都没有。但从分析的角度来看，这首独特的抒情诗提供了一个机会，让我们学会关注和移情于那些悬置的时刻。在那些悬置的时刻，主体不再将他在物质世界中的延续性和当前的历史视为理所当然，因为他感觉到一种难以言喻的、充满希望的“**有**”（something），但与此同时，这种东西揭示了一种关于乐观主义和残酷的乐观主义的普遍条件的、尖锐的“**无**”（nothing）。当关注资本内部的异音（heterosonic）和异时（heterotemporal）的空间，声音和感觉都能潜在地改变我们如何理解成为历史（being historical）意味着什么。而在资本中，事件在日常的时间中悬置。因为阿什贝利这首诗中的说话者是自信的，因为他有规范认可的压舱石，以及具身在他血肉中的社会归属模式。我相信，他能忍受与他习惯生活承诺的东西脱离，并能够在即将形成的欲望的开放性中盛放，要多陶醉有多陶醉（as heady as that might be）。然而，如果这不仅仅是一个关于他的特殊

性的故事，那么新的主体间的关于感觉的情景就必须有能力将这一时刻扩展为一种活动，从而消解乐观主义的合法性——它嵌入当下已经分崩离析的世界中，承诺着私人领域、场景、景观和制度。否则，这就不是一个事件，而是环境中的一段插曲——能够很好地吸纳，甚至批准那一点点即兴的愉悦。

交换价值的承诺

阿什贝利这首诗中的说话者非常幸运，他可以在协作性的未知状态（unknowing）中消解并扩展自己。这种状态由姿态、相遇和潜在的事件引发，它们开启了“他/我”此刻可以在休憩中聆听的任何东西。在查尔斯·约翰逊的短篇小说《交换价值》（*Exchange Value*）中，本来也可能出现这样的情境，但最终却没有出现。他 37
的小说讨论的是：由于好的东西开始变得无法忍受，一些人被痛苦地夹在一种已经习惯的生活和一种尚未被发掘的生活之间，当处于这种情况时会发生什么。这说明了为什么“政治经济”这个词必须贯穿于我们对残酷的或一般的乐观主义的分析之中——为什么一些人有能力临时应付未知的状态，而另一些人则疲于奔命，不能轻松地哼着小调，却只是囤积（hoarding）？

和阿什贝利的抒情诗一样，这个故事开始于对邻居和邻里的思忖。《交换价值》的故事发生在 20 世纪 70 年代的芝加哥南部，在第 49 街区附近。[24] 主人公，18 岁的库特（Cooter）和他的哥哥洛夫提斯（Loftis），都是贫穷的非洲裔美国人。他们不经常去市中心看朋友，也不经常去其他街区——因为他们没有车。家和附近的地方便是本地化的、个人化偶遇的、闲逛和谋生的地方。但在这里，亲近的亲密感与任何人的抒情性主体间性无关，尽管故事发生在库特剖析他所面对的新情况的沉思节奏中。《交换价值》的对象是表达性的，也是隐晦的，但与我们前面的例子很不一样。

故事的开头是这样一个情境：兄弟俩策划了一个抢劫可能已经死去的邻居贝莉小姐（Miss Bailey）的计划。谁是贝莉小姐？没人知道：她只是一个邻居，所以不需要认识她。她的职责就是在附近，作为一个“角色”——就像那种你需要某人在你旁边扮演一个熟悉的角色，但你们并没有很亲密。贝莉小姐通常穿着男人的旧衣服。她像库特和洛夫提斯一样，吃着她从当地一家克里奥尔餐馆讨来的免费食物。当库特施舍给她零钱时，她不会花掉，而是直接把钱放进嘴里。这就是库特对她的了解，从她的行为中再也无法推断出更多的信息。这个故事的发生是因为她一直在附近，但似乎也可以说她不在。库特和洛夫提斯认为也许她已经死了，所以决心先人一步获取一笔不义之财。

这种“清理”别人东西的行为，并不是库特的本性，但也并不违背他与这个世界的基本关系。与他的哥哥相比，他一直被定性为失败者。“妈妈过去经常说洛夫提斯可以做成点什么，而不是我……洛夫提斯，他以第五名的成绩从杜萨布尔高中毕业，有两场演出，像爸爸一样，他一直想得到海德公园里白人们所拥有的东西，妈妈有时白天就在那里工作。”兄弟俩的父母此时都已经过世
38 了：父亲死于过度劳累，母亲死于过度肥胖。[25] 看到这些，库特拒绝加入美国梦的浪潮。他想起他的父母“为了一点钱、可怜的一碗粥而自杀。我开始想，即使我没有得到我想得到的一切，或许我已经得到了，你知道吧，我将要得到的一切”。于是，他通过幻想的

横向享受来组织自己的生活（29-30）。[26]“我保不住工作，只能待在家里看电视，看《世界最佳搭档》（*World's Finest*）漫画，或者像死了一样躺着，在床上听音乐，想象我在墙纸上的水渍中看到别人或是什么异域风情的地方。”（29）

在20世纪70年代，《世界最佳搭档》漫画系列把蝙蝠侠和超人组合成打击犯罪的双雄团队，但库特的幻想不在于模仿这种东西：他有的只是一种侥幸和被动的生活方式。这种方式创造一种环境。在这种环境中，依恋并不乐观地指向一系列高尚的承诺，而是指向其他东西——一些可以忍受的东西，这些东西不仅延缓了迫在眉睫的损失，而且延缓了不可避免的、刚刚发生的损失。对库特而言，幻想不是一种计划，它并不规范生活应该如何进行。这是他生活的行为，是他在不让自己参与剥削和交换的前提下，打发时间的方式。在他的世界的政治经济学中，系统不会生产休闲和废物，有的只是慢性死亡，是主体在资本决定价值的情况下的消耗。这个故事中的场景说明的是工人的身体得到的始终是**延迟的愉悦**。如果他们处于阶级结构的底层，他们就不太可能享受快乐，正如他们父母的命运所昭示的那样。[27]

相反，洛夫提斯与幻想的关系是现实主义的。他雄心勃勃，继承了他的父母对生活的乐观态度。但是他的策略却十分正统。他在“黑人地形图书馆”学习黑人民族主义者的课程，阅读《时尚先生》（*Esquire*）和《黑人学者》（*the Black Scholar*）杂志，并把高档衣服的标签缝在自己劣质的衣服上。[28]对他来说，出人头地就是一切，无论是通过权力、劳动，还是疲于奔命（29）。他看不起库特，因为他觉得这个弟弟爱做梦，没有干劲。尽管如此，他们还是决定一起去抢劫贝莉小姐。

贝莉小姐的公寓一片漆黑，散发着屎臭味。从垃圾堆里的《芝加哥卫报》（*Chicago Defender*）的剪报上，他们得知她的前雇主亨利·康纳斯（Henry Conners）把他的全部财产留给了她。她的怪异行为和拾荒习惯让人看不出她其实拥有巨额财产。在黑暗中，这一切都显得合理。但当他们打开灯时，库特指出："那些东西的外形在灯光中显现，有那么一会儿，我感觉我是在外太空跌了一跤。"
39（30）这一刻，库特陷入了僵局（impasse），他那种辨别不熟悉的事物以适用于自己生活的天赋突然消失了。

> 她那满是灰尘的客厅里堆满了各种面额的美元。通用汽车公司、海湾石油公司和3M公司的股票，被装在旧的白猫头鹰雪茄盒里和破旧的钱包里，或者被粉红色的橡皮筋捆扎着……所有的东西就像世界内部的一个世界，你从我这里拿走，就像画册上五光十色的富足场景一样，你可以把自己封闭在这里，永远安定下来。洛夫提斯和我突然都吸了一口气。这里有几箱未开封的杰克·丹尼威士忌，三个用水泥封在地上的保险箱，数百个火柴盒，没穿过的衣服，一个烧燃料的炉子，几十枚结婚戒指，垃圾，"二战"杂志，一箱一百个装的沙丁鱼罐头，貂皮鞋，旧抹布，一个鸟笼，一桶银币，数千本书和画册，烟草罐里的硬币，两架钢琴，装硬币的玻璃罐，一套风笛，一辆几乎完整的锈迹斑斑的A型福特车……我发誓，甚至还有三节枯树干。(30–31)

我们如何理解这些东西，不仅是事物的集合，而且是细节的集合？库特对此的口头反应不是要做一个历史学家，而是要做一个道德家："一棵树是不正常的。"（31）但在我看来，这个故事的主要事件，即这里潜在的场景转变是身体性（somatic）的。这种变化是在任何事情被理解之前对身体产生的影响，它同时是有意义的和无以言表的，产生了一种氛围，让他们在故事的其余部分和他们的生活中都在追赶。这就像中彩票一样，他们白白得到了一笔天降的巨款。他们被占有财富的感觉彻底占据，被震惊到毫无表情。历史必然性中的这个裂缝让库特的头轻飘飘的——“我的膝盖不行了，然后我做了一个好莱坞式的昏厥”（32）；而洛夫提斯则“有点喘”，并且“第一次……看起来他不知道下一步该干什么”（31）。他们的身体被悬置了。

但是，如果说财富改变了历史，那么它们也使历史有可能成为另一种东西，而不是一个几乎无法想象或难以想象的可能性区域。洛夫提斯回到了疯狂的理性，暂停了他们飙升的肾上腺素。洛夫提斯非要库特列出所有东西的清单，最终：

> 这个古怪的老女人共有879543美元的现金，32本银行存折(有的存折上只有5美元)。至于我，我不确定我是在做梦还是什么，但我突然有那么一种感觉——当我们离开她的公寓时，我和洛夫提斯对未来的所有恐惧都会立即消失。贝莉小姐的财富已成为过去——亨利·康纳斯这个家伙的力量，就像贮藏在瓶子里的烈酒一 40
> 样，我们都可以靠其生活，所以它就是未来，是纯粹的潜能：可以放手去做。洛夫提斯还提到我们推回家的那架钢琴等同于1000张账单，也就是说，相当于一个不好的TEAC A-3340型号的录音机，或者是一辆车的一半首付款。它的价值（洛夫提斯说）是一种普遍的衡量标准，是互相关联的，就像只是数字一样不真实。因为，那台破录音机可以神奇地变成两套金丝西装或者一趟蒂华纳的旅

行——我们有价值 879543 美元的愿望可供实现。贝莉小姐的东西就是原始的能量，而洛夫提斯和我就像巫师一样，可以随意把她的东西变成任何别的东西。对我而言，我们所要做的就是决定到底要用它来交换什么。(34-35)

库特的感觉被围绕在事物周围的承诺唤醒，真正变成了理论家。交换价值并不等同于物品的价格，而是能够决定用于交换的东西具体是什么，虽然钱在这里并没有参与具体的中介过程。用你的外套换一架钢琴。用你的钱换你的生活。

令人震惊的财富情境改变了人生意义的表达方式、生活再生产的方式，也改变了交换本身。洛夫提斯变得十分安静，库特则拿了一大笔钱去市中心消费。虽然芝加哥市中心离这里只有几英里远，但对于库特而言，那就像另一个国度。他不懂得那里的市场行话。撇开理论不谈，在实践中，库特也完全不知道应该怎么处理这笔钱，而且他很快就痛苦地意识到，如果你不是已经拥有那种有钱的特权，钱并不会让你感到富有。他买了难看的、做工粗糙的、昂贵的衣服，这让他立马感到狼狈。他吃肉吃到吐，去哪里都打车。但当他回到家的时候，他的哥哥已经精神失常了。洛夫提斯精心设计了一个陷阱，用金库来保护这些钱。他骂库特乱花钱，因为他认为唯一的力量就是囤积。洛夫提斯说："一旦你买了东西，你就失去了买东西的能力。"（36）他并不能使自己免受贝莉小姐的命运："忍受黑人特有的失去生活中仅有的那一点点东西的恐惧"（37）；延续"她经历的改变：她被迷惑了，陷入生活的美好承诺，陷入对失去的恐惧，并将此刻锁在过去。因为每一次的购买，都会是一种不值当的交易：一种对生活本身的消耗"（37-38）。

值得注意的是，约翰逊是如此频繁地回到“生活”这个词上。当一个人通过胡乱拼凑的幻想来忍受没有尽头的煎熬，而这种幻想破灭的时候，处于底层的他还能幸存吗？一个人能够以多快的速度 41
放弃抵抗和欲望之间的旧协定，而去适应一个其规则没有任何舒适感可言的新制度？《交换价值》展示了两种残酷的乐观主义的接近性：缺乏文化和经济资本，背负着白人至上主义规范带来的种族劣势，你要么劳作至死，要么变得无足轻重。或者，有了资本的压舱石，你以囤积对抗死亡，推迟生活，直到死去。库特是现实主义者，他看清这里毫无出路，现在所有的生活都与死亡有关，在死亡到来之前，所有的潜在损失都展露无遗。

这个故事对于在极端贫穷背景下的超现实主义生存极为细腻温和。这种贫困的程度如此之深，以至于财富只能证实不安全感。在资本鸿沟的两边，人类的创造力、能量和能动性都与讨价还价、制定策略捆绑在一起。这一切从洗碗池边的母亲推测她的哪一个孩子可以更好地驾驭这系统中的报酬模式就开始了。但还未等孩子成年，父母就去世了，因为他们不得不为库特刻薄地称为“碎钱”的东西而翻垃圾、捡破烂。库特通过满足自己的被动和幻想的能力来生存，而洛夫提斯则为了获得向上的流动，过着各种各样谈不上道德的生活。在有了这笔意外财富之前，他们都表现出底层人民的即兴机会主义，因为他们几乎没有什么可失去的。生活在一个乞讨、分食共用和躲藏的经济模式之下，如果条件允许，他们也会干点什么（29）。

但兄弟俩获得的这笔财富让他们产生了一种感觉上的断裂，而早期的乐观主义模式包含一种社区和一个时间，这意味着无论选择什么样的生活方式，都要固定居住在一个地方并认识一些人。后期的模式几乎强迫人拥有隐私，去囤积，将其变成纯粹可能性本身。这笔财富变成了承诺的承诺，成为一种技术的乐观主义的承诺。它将他们缝合进无风险的生活，接近没有愉悦的富足。对洛夫提斯而言，它破坏了撑过一天的压力带来的快乐，因为潜在损失的规模实在是太大了。库特则比较被动：他蜷缩在哥哥的地窖里，因为他就是那样的人——一个在现有的空间里过活，但不创造新空间的人。

与此同时，兄弟俩从阴谋诡计构成的生活（他们也仅仅是模糊
42 地参与了其中）中退出，这也暗示了资本逻辑的另一个方面。我们已经看到，他们始终都是残酷的乐观主义及其慢性死亡模式的受害者，继承了他们父母的未来导向的、建设生活的、“你受了你的孩子就不用受”的规矩，这是可敬的身体和灵魂的规矩。现在，在“建设生活”和“消耗生活”的关系中，他们诱导了新的一代走向疲惫。从随波逐流，到疲于奔命，他们体现了各种各样的生活方式，包括从不文明、不合法的到积极进取的、雄心勃勃的（从好的意义上说）生活方式。然而，在这个最终的逻辑中，资本主义感性在《交换价值》中以理性疯狂的方式表现疯狂——不仅是疯狂的顽固、疯狂的强迫性、疯狂的形式主义和疯狂的习惯性，更是疯狂维系结构性悖论的活动。

在这个世界上，主体与特殊性的对峙是最可怕的事情。特殊性是一个人主权的一部分，它不能交于概念、对象或财富。在资本主义制度之下，金钱就是权力。如果一个人**只有**冗余的金钱，其主权感是无限的，但它的重量也难以承受。交换价值本应该通过将价值移交给他人来激发主体本身，而他人也会以实物的形式予以回报。交换的空间本可以创造呼吸的空间，而呼吸的空间正是一个在资本主义制度中的人全力想要实现的东西，即阿什贝利诗中所说的“美

好生活”。但令人失望的是，在凝结在事物里的欲望交换中，得到的回报通常只是一个短暂的插曲，也是一个事物作为记忆的纪念品，而不是欲望的实现本身。在《交换价值》中，货币形式尤其揭示了作为幻想的实物互惠交换。这种揭示摧毁了兄弟俩以及在他们之前的贝莉小姐对于整个世界信任的基础设施。这种基础设施将财富与情感性经济结合起来，并使人们依附于一种特定的乐观主义。

如果消费承诺了替代的满足，随后又否认它（因为在资本主义制度下，在欲望的僵局中，所有的物品都是在不满足的过程中赖以生存的休息站），那么囤积财富似乎是解决问题的一种方法。囤积在消费面前保卫价值，正如它实现了抓住纯粹可能性带来的一种“此刻无限”的快乐。因此，摆在我们面前的是这种结构性悖论摇撼、震惊和麻木主人公的戏剧性场景。在资本主义制度下，处于流通之中意味着处于生活之中，而囤积无法被耗尽的财富则意味着处于幻想之中。幻想本就是一个对抗具有威胁性的现实世界的囤积性站点，所以**似乎是**更好的梦寐以求的现实主义。但在幻想中，人也陷入自己孤立的国度。在这个国度中，他享有的只是取之不竭的
“非关系”（nonrelationality）。因此，一种无法量化的金钱的剩余价 43
值（任何一个资本主义主体都觉得每个人都有渴望的东西），让兄弟俩都变成了行走的矛盾体——他们拥有所有人都渴望的东西。但他却发现，这种充满整个可想象的世界幻想的渴望（the want）其实是渴望（wanting）本身，因为主权虽然是理想的，但却是一种噩梦般的负担，是一种精神病式的孤独，而且已经被污染了。

这意味着，残酷的乐观主义的对象在这里表现为任意对象中的事物，人们将自己对主权的幻想交给它来保管。在残酷的乐观主义中，主体或共同体将其所珍视的依恋对象变成保险箱里的物品，并

使其承担主权感。这个过程通过它的流通，通过感觉到关系性、一般性、互惠性和积累性的能量实现。在流通过程中，一个人以一种普通的，也往往是可爱的方式变得快乐，因为存在于世界中的重量被空间、时间、噪声和其他东西分摊了。当一个人的主权被交还到自己手中，它此前的重量变得明显，而在面对庞然的主权性的荒谬呈现时，主体僵住了。在一种残酷的乐观主义关系中，我们的活动显现为获得一种被动性的载体，作为寻找形式的欲望的证据，在这种形式中，我们可以维持惯性滑行的感觉，以应对太过积极的生活。

被教导的承诺

即使在美国资本主义制度下不平等根深蒂固的种族调解中，乐观主义也包含这样的想法：作为交换，一个人可以获得认可。但必须要问的是，是对什么的认可？对一个人的自我实现、一个人矛盾的风格、一个人的温柔之处的认可，还是一个人对承认事件本身的渴望？对阿什贝利而言，认可的交换价值让他跳出了个性，跳出了一系列熟悉的重复。这是一种良好意义上的纯粹潜能，它提供了一种令人愉快的体验，让他意识到代替创造生活的一连串活动是现已逝去的僵局，取而代之的是另一种更慢的僵局。他在那里体验闲适，让某物或某人以声音的方式进入，而不需要防备。对于那些在读完《交换价值》，仍觉得自己就是里面的男孩的人来说，乐观主义所带来的影响要么是恐慌，要么是麻木，而不是哼唱。虽然，作为防御方式，这些近乎麻痹的振动模式与贝莉小姐去世前得过且过的生活模式是相通的，但那价值之下飘浮着的仍有幻想的模式，比金钱的乐观主义的残酷造就的摇摇欲坠的地下巢穴要乌托邦得多。 44

令人吃惊的是，这些预示历史传统可能无法再造的乐观主义时刻，释放出一股势不可当的消极力量。人们在创伤性的情境中预测到这种影响，但通常不会想到乐观主义的事件也有类似的潜在结果。在接近新的承诺对象/场景的时候，那种传统的革命性地升华个体的幻想可能发生。而这种幻想能预示的不过是个人或群体可能的偏好，即最终只是在从一个情节跳转到另一个情节的同时，倒向一系列措辞模糊的前景。然而，在某种程度上，从创伤和乐观主义的抽象化来看，自我消解的感觉经验、彻底重塑的意识、新的感觉系统和叙事断裂看起来是相似的。面对这种消解，主体对稳定形式的把握，看起来像是典型的补偿——用象征着可预测性的习惯的产生，对抗情感形态的彻底丧失。

我曾经提出，在资本主义文化中，身份和欲望被表达及感性地生活的特殊方式，产生了这样的反直觉的重叠。但是，如果把前述讨论的内容解读为这样一种观点，即任何人与资本中乐观的价值结构的主观交易都会产生残酷的乐观主义本身的棘手问题，那就过于简化了。人们被维系建构生活的日常弄得疲惫不堪，尤其是穷人和边缘人群。但生活是单一的：人们会犯错误，反复无常，残酷而善良，而意外有时也会发生。本章的材料聚焦于一些艺术作品，它们有意识地将特殊性修复为非普遍但具有一般抽象的例子中。这些艺术作品提供了一些叙事情境，以讲述人们学着如何识别、管理与维持一种模糊的希望，即他们对成为 x 或拥有 x 的依恋。而他们的依恋毕竟只是承诺，而不是财产。杰夫·瑞曼的历史小说《曾经》，提供了追溯规范正统的、持久的克里斯玛（Charisma）① 的一个不同的场景。《曾经》在堪萨斯州的农业和大众文化工业中编织了高度主观的幻想创作活动，并用与《绿野仙踪》（*The Wizard of Oz*）的四次碰撞来叙述人们面对消解的恐惧时囤积自我的过程。然而人们又试图在依恋的变革性经验中消解自己囤积的东西，这种经验的效果是如此令人恐惧又令人振奋，是唯一让生活变得有价值的事情，但也是对生存本身的威胁。《曾经》提供了一种残酷的乐观主义的极端案例，因为它在自我展开的兴奋中追求创伤以及乐观的情感连续性，既不是喜剧的，也不是悲剧的，同时不是情节剧（mel-
45 odramatic）的，而是元形式（metaformal）的。从专注于美丽的事物到疯狂的妄想，它在各种各样的情节中挖掘自我损耗，将体裁视作一种**防御**（defense）。《曾经》证实了幻想是一种维系生活的防御，以抵御日常化暴力历史对人的消耗。

就像在我们的其他例子中一样，这部小说中关于规范性的情感体验表现为：一个人应该被世界温柔地对待，与陌生人和亲密的人幸福地生活在一起，而不会被失望的情感劳动以及对劳动的失望所撕裂和累垮。然而，在这里，为依恋的对象/场景忍受那种生活方式的可能性的证据并不包含在情侣形式、恋爱情节、家庭、名声、工作、财富或财产中——这些都是残酷的乐观主义的所在之处。在这里，传统的欲望明显地阻碍了主体的发展。相反，小说提供了大众幻想和历史的两步饱和法，来解决创伤的残酷性以及在日常的乐观主义中生存的问题。它将把特殊性交给普遍视作幸福的最佳资源，而这可以通过拥抱一系列与陌生人的亲密关系来实现。但至少

① 克里斯玛指超凡的魅力。

在一个案例中，就算是这些遭遇也会危及主体，因为在糟糕的生活中生存下来的她已经是如此心力交瘁，以至于从某种意义上说，她剩下的只有防御。

《曾经》构建了一种创伤后的戏剧，最终由比尔·戴维森（Bill Davison）的主导意识维系在一起。比尔·戴维森是一名心理健康工作者，一位中西部的白人异性恋人士。过去他对创伤唯一的亲身体验是对他的未婚妻的矛盾心理，但他的专业能力使他与病人进入僵局，并让他们的僵局影响到他，这使他成为小说中所剩无几的乐观主义者，一个经验丰富的见证人。第一个创伤性的故事是关于真人桃乐丝·盖尔（Dorothy Gale）① 的，拼写为格尔（Gael）。我想，这是为了将这个被微风吹到奥兹国的女孩与监狱里的人联系起来，同时也是为了将她与苏格兰的盖尔地区联系起来（这本历史小说所写的故乡），这种体裁的情感和政治惯例明确地塑造了瑞曼对经验和记忆的思考，这些经验和记忆的痕迹广泛地存在于档案、景观和身体之中，贯穿、散布于堪萨斯州、加拿大和美国。与库特一样，这位桃乐丝用她能搜罗到的任何幻想，在无望的历史嵌套中求生。但这一过程对她而言不是茫然地随波逐流，而是在多重虚构意念中的激烈漂流：梦境、幻想、私人戏剧、精神病投射、攻击性沉默、撒谎、做一个骂街的恶霸或一个直言不讳的真相讲述者。由于被父母遗弃，被叔叔亨瑞·古尔奇（Henry Gulch）强暴和羞辱，并由于高大、肥胖和不善言辞被孩子们孤立，桃乐丝的创造力制造了一堵创伤后的噪声构成的墙。《曾经》的第二部分讲述了作为孩童弗朗 46

① 《曾经》这部小说是《绿野仙踪》改编的真人版本，讲述了未能到达奥兹国的现实生活中的“桃乐丝”创伤性的童年和后续的生活。

西丝·古姆（Frances Gumm）的朱迪·嘉兰（Judy Garland）的故事①。在《绿野仙踪》的片场，她扮演了桃乐丝·盖尔，是一个模糊欲望化的可爱人物，她的胸部被紧紧地束缚着，这样她就可以保持一个孩子的身份。而由此，**她自己的**童年被偷走了。她的童年不是通过强暴被偷走的，而是被她的父母捆绑在他们自己的幻想中，通过孩子获取金钱和财富（古姆的母亲）或性（古姆的父亲，他的性对象是年轻的男孩）来生活的幻想之中。《曾经》的第三个故事是一个虚构的男同性恋者，一位名叫乔纳森的好莱坞小演员。他的名声来自在连环杀手电影《儿童看护人》（*The Child Minder*）中扮演的怪物。在书的开头，他得到了一个跟着《绿野仙踪》公司巡回演出的角色，此时他正进入艾滋病的失智阶段。按照瑞曼的说法，这些故事都是关于乐观主义对那些无法控制自己生活物质条件的人的残酷，或者说，这些人与幻想的关系就是这样的，这种幻想与现实主义之间的扭曲穿梭摧毁了人民和国家。我无法公正地评价整本书中乐观主义使什么成为可能、什么成为不可能的特殊之处；相反，我想做的是将整本书聚焦为一个可能的场景。在这个场景中，桃乐丝在她的堪萨斯州农村小学遇到了代课教师弗兰克·鲍姆（Frank Baum）。

瑞曼写道："孩子们知道代课老师不是真正的老师，因为他太温柔了。"[29]"替代"（substitute）一词源于"成功"（succeed）一词，而且围绕这种替换产生的可能性的感觉深深地嵌在这个词之中。"代课老师"带来了乐观主义——如果他还没有被生活或者学生打败的话。他作为一种新的依恋所在，一种去戏剧化（dedrama-

① 朱迪·嘉兰原名为弗朗西丝·古姆。

tized）的可能性进入学生的生活。从字面定义上讲，他就是一个填补空缺的人、一种待定的空间、一个偶然的事件。他的到来不是针对个人的—— 他不是为任何特定的人而来的。在他周围释放的情感的数量说明了孩子们有多么强烈地想要不那么死气沉沉、麻木、压抑或因为习惯而疯狂；但它没有说明在陈旧生活和其他的生活之间穿梭会是什么感觉，也没有说明这种感觉是否会带来一些好事。

当然，学生对替代的老师往往很残酷。这是出于他们对无法预测的事物感到兴奋，因为没有恐惧或移情能让他们变得温顺，甚至渴望一种没有时间建立起来的认可。但是这个代课老师对于桃乐丝而言是特别的：就像她的父母一样，他是一个演员；他教学生土耳其语，并告诉学生关于生活在现在和过去的另类历史（171）。桃乐丝对弗兰克·鲍姆的幻想不是以叙事的方式，而是混杂着纯粹的愉悦和防备："弗兰克，弗兰克，就像她的叔叔把手放在她身上"（169）；然后她责备自己的"不配"（169），因为她知道"你有多 47
美，而我有多丑，你永远不会跟我有任何关系"（174）。她一遍又一遍地念着他的名字——弗兰克：它"似乎概括了她生活中缺失的一切"（169）。然而在面对面的时候，她无法忍受这个代课老师在她身边时带给她生活的慰藉感。面对他的恭敬以及随和的善意，桃乐丝交替地处于防备和融化的状态。她嘲笑他，扰乱课堂以掩饰她的温柔，但又在他要求她离开教室去随便写点什么的时候乖乖顺从。

她回来的时候带回了她写的东西——一个谎言，也是一个愿望。她的狗托托被她的叔叔和婶婶杀了，他们讨厌托托，没有多余的食物可以分给它。但她交给代课老师的是一个替代的故事（substitute）——关于她和托托有多快乐的故事。其中有一些句子是关于他们如何一起玩耍的，以及它是多么的精力充沛，四处奔跑狂吠，“就像它在向所有的东西打招呼”（174）。想象中的托托坐在她的腿上，舔她的手，鼻子冰凉，睡在她的腿上，吃着艾姆婶婶让她给它的食物。这篇文章暗示了一种理想的生活，在这种生活中，爱循环流转，并扩展着共情，与她实际的生活相去甚远，“好像大家都背对背站着，声嘶力竭地大喊着‘爱’，但方向不对，彼此远离”（221）。这篇文章承载着桃乐丝所有美好经历的痕迹，以这样的话作为结尾：“我没有叫它托托。那是我妈妈还活着的时候给它起的名字，它与我的名字一样。”（175）

托托、桃桃、桃乐丝：老师看到这个孩子打开了自己的内心，放下了她的防备。他被她承认自己身份认同和依恋的勇气所感动。但他错误地进行了模拟性（mimetic）的回应，对她展现出温柔——他以为这是她所想要的：“‘我很高兴’，他喃喃地说，‘你有像那只小动物一样可以爱的东西。’”（175）对于这样的回应桃乐丝愤而失控，她骂了鲍姆，随即当着其他学生的面脱口而出自己生活的全部真相。她不停地讲她如何被强暴，如何一直挨饿，她的狗如何被杀，以及她的如鲠在喉：“我什么都说不出来”，她最后说（176）。这句话的意思是，对于改变这一切，她什么都做不了。然后，她后退并发出痛苦的叫喊声，试图在地上挖一个洞，缩到自己感觉到的大小，并且在某种意义上成为她最后深爱的东西的化身。在那之后，桃乐丝疯了。她生活在自己的幻想世界里，无家可归地
48 游荡着，她自由了——尤其她不再需要有能力以现实主义、悲剧或情节剧的模式反思自己失去的东西。为了保护她最后所剩的一丁点儿乐观主义，她疯了。

瑞曼在《曾经》中继续将《绿野仙踪》当作那些无法在物质

维度改变自己生活的人的替代性礼物。这些人已经承受了如此之多，以至于片刻的解脱都可能在她生存的可用体裁里造成永久性的裂痕。在《什么是少数文学》（*What is a Minor Literature*）中，德勒兹和加塔利（Guattari）告诫人们，要以这种方式变成少数，即像狗或鼹鼠一样在意义上挖一个洞来，从正常中去领土化（deterritorialize）。[30] 在这种观点中，创造一个僵局、一个内部错位的空间，粉碎了正常的等级制度、明确性、专制和遵守自主个性的混乱。这种策略在阿什贝利的诗中看起来尚有希望。但在《交换价值》中，解脱的时刻带来的是一种精神病式的防御，以抵御失去乐观主义的风险。对《曾经》中的桃乐丝而言，依恋另一个活生生的人的这种乐观主义本身就是最残酷的迎面一掌。

通过这一组讨论，我们得以更多地理解残酷的乐观主义磁石般的吸引力。任何乐观主义的对象都承诺保证事物的持久性，以及它的存续、繁荣。最重要的是对欲望的保护，这种欲望使这个对象或场景强大到足以吸引对它的依恋。当接近（proximity）和近似（approximate）的交换关系发生的时候，人们的希望是，那些没有达到目标和令人失望的东西不会在生活的再造中威胁到任何东西，而是让乐观主义的区域成为一种妥协的忍耐。在这些区域中，希望意味着维系乐观主义的劳动不至于被维系世界的工作所否定，并伴随着一些美好生活的甜蜜即将到来的挑逗。但这世界有太多可用于投资的（无论是规范的还是特殊的）对象本身就是一种威胁，无论是对能量而言，还是对延续存在的幻想而言。也就是说，个体/集体日常面临着残酷，不仅可能放弃他们的对象或改变他们的生活，而且失去了幻想本身允诺的粘合力，它粘合了未经检验的生活和生活过的生命这一充满风险的领域里可能存在的东西。我们所讨论的文本，关涉生活何时在好的意义上变成别的生活。然而，心灵的实质性改变、感觉的转变、主体间性的转变，或向新的、有希望的对象的移情，本身并不产生更美好的生活，而且这个过程还总是配套着
49 失去经验的风险——无论是夫妻、兄弟，还是在教育过程中。幻想是一种敞开，也是一种防御。规范性乐观主义的模糊期望产生了微小的自我中断，作为主权的异托邦（heterotopias），在结构性不平等、政治性抑郁和其他亲密关系的失望之中。通过呈现僵局（这时，崩溃使得规则与规范被悬置起来），这些文本告诉我们，如何关注日常的情感基础设置及其建构，以及当基础设置的压力产生了戏剧性的情境时，如何面对所发生的事。在残酷的乐观主义的情境中，我们被迫悬置修复和发展的普遍概念，以询问我们附加在这些生存方式上的情感是不是一开始就有问题。了解如何评价这种乐观主义所揭示的东西，可以让我们理解在这难以承受的此刻，生活的僵局到底是怎么回事。

Cruel Optimism

第二章

直觉主义者

历史与情感性事件

我们当下的生活方式：情感、中介、意识形态

到目前为止，我们一直专注于残酷的乐观主义的概念部分。我 51
提出，当乐观主义呈现为情感上极具冲击力的双重捆绑时，它就变
成了一种残酷的乐观主义。这种双重捆绑体现在：它与幻想捆绑，
但这种幻想又阻止了幻想本身提供的满足；它也与这些幻想所象征
的乐观主义的承诺捆绑。这种残酷是“残忍”的，因为它体现为一
种切实的失去。它可以被理解为一种情感性事件。这种事件以空气
中的震颤或转变为形式，传递了放弃与生活的艰难之处联结的复杂
性与威胁。因此，剩下要做的就是具体说明情感性依恋的活动如何 52
得以正式地定位在历史、文化和政治领域之中，以便澄清与对象、
场景和生活模式之间的复杂缠绕。这些关联产生了如此让人难以承
受而又持续不断的否认。

任何对现实主义的解释都需要对情感进行解释，任何对象/场景都有可能从属于某种现实主义流派——一段逸事、一种神秘的声音、一个梦、一只宠物或者一块饼干。[1] 重要的是存在一种关系，这种关系将一个对象/场景与世界的连续性预期联系起来。至少从阿尔都塞（Althusser）① 开始，意识形态理论一直是批判性理论解释情感现实主义的地方，解释人们的欲望是如何经由对某种生活模式的依恋而得到中介的。而人们很少记得自己同意过这种生活，至少在最初是这样。它仍然是一种意识形态的关系，无论这些生活模式

---

① 即路易·皮埃尔·阿尔都塞，法国马克思主义哲学家，著有《保卫马克思》《孟德斯鸠、卢梭、马克思：政治和历史》等。

在实际上威胁到幸福，还是提供了一个看似中立可靠的框架来在这个世界上持久存在，或者两者兼而有之。我们假定自己在世界中是主体的位置，因此这一位置于我们是理解任何事物的结构化条件。我们在认识论层面的所有自我依恋都与规范性的读写能力联系在一起，而它们之间的关系构成了对世界的持续性（ongoingness）以及我们作为人的能力的信任的常识性尺度。我们与世界之间所呈现的互惠感，我们对一个人应该做什么和期待什么的感觉，我们对自己在连续的行动场景中是谁的感觉，塑造了我们对如何管理生活的本能直觉。

正如标题所示，本章引入“直觉”作为动态情感性数据收集的过程。通过这一过程，情感发生作用以便让生活具有可靠的意义。在《物质与记忆》（*Matter and Memory*）中，亨利·柏格森（Henri Bergson）① 写道，直觉是经由个人记忆转译的历史作品。同时，我认为身体的本能反应是一种被训练出来的东西，而不仅仅是自主活动。直觉是情感与历史的相遇之处，在所有的混乱、规范性的意识形态，以及规训和创造的具体化实践中。[2] 经由转变和调整的场景，本章论述了在变化的世界形势中，具身的直觉教育的叙事如何捕捉了其历史性当下的剧情。在这里，记忆的情感运作只是众多关注点中的一个，这些关注点共同构成了被折射成此刻的东西：记忆与过去在中介化的肉体的存在中浮现，分布在认识论的和身体活动的场景之中。当你学会**使用内心的声音**时，你会忘记——这似乎是一种默认的模式，甚至用它来写作。但这绝不是故事的结局。

53 这是一个生活再生产意义上的依恋如何推动情感力量与规范现

① 亨利·柏格森，法国哲学家、作家，著有《论意识的即时性》《创造进化论》等。

实主义保持一致的故事，也是一个自由主义主体性的幻想规训美好生活的想象的故事，还是一个体面的人如何生活的故事。这种幻想与个体和集体主权（sovereignty）、公共和私人、过去和未来的关系，以及情感（sensibilities）的分布有关。[3] 但情感理论提供的语汇（idiom）所激发的不仅仅是对制度和实践的正统观念的关注，还提供了获取规范性规则的方式，这些规则与无序的（disorganized）劳动、渴望、记忆、幻想、悲伤、行动与纯粹的心理创造力有关，也与这些过程的无序化（disorganizing）有关。通过这些过程，人们持续地（有意识地、无意识地、动态地）重新协商构成其历史处境的互惠条件。[4] 毕竟，日常生活是一个吸收了大量的矛盾和不连贯的多孔结构，人们很快就会跌撞前进，尴尬摔倒，对常识处于自信又半自觉的状态。法律、规范和事件塑造了想象，但在生活再生产的过程中，人们勉强拼凑存在的方式以应对世界，这些共同构成了所谓的"本能反应"和直觉智慧。

因此，我提出情感理论是意识形态理论史上的另一个阶段；情感转向的那一刻，将我们带回到被感知的事物与已知的事物相遇的时刻，以及与以一种新的但仍可识别的方式产生影响的事物相遇的时刻。思考外在于主权意识，但在主体性领域具有历史意义的感性事物，需要遵循从单一事物（主体不可简化的特殊性）到感知（在集体生活的情境中）变得普遍的方式的过程。直觉的训练是个人和集体的传记故事。捕捉这种游移不仅仅是将情感编码为规范性情感的问题。它使我们能构建但不关闭政治主体性和主体化的投入和不连贯性，并将其与世界的凌乱但可预测的动态联系起来。[5]

本章的下一节呈现了一个详细案例来捕捉直觉。在危机加剧的历史性当下，它是情感形成的方式中最敏锐的中介。在这里，我们集中讨论习惯的作用。格雷格·博多维兹的电影《习惯》（*Habit*, 2001）和苏珊·桑塔格的《我们现在的生活方式》（*The Way We Live Now*）讲述了艾滋病带来的多种威胁，并在“漂移”（*de'rive*）[①] 中得出一个案例，说明在一个不可能但不是无法存活的情况下，主
54 体/世界维持自身能力的直觉再适应的重要性。接下来的部分将直觉置于马克思主义美学理论的范畴内，它着重于情感感觉对历史性当下的感觉的中心地位。随后，本章提出，一个认真对待情感事件的形式和美学的历史主义，在已经被视为历史的适当证据的制度、事件和规范方面，可能必须要注意什么，尤其是当这个历史就是当下的历史的时候。

科尔森·怀特黑德（Colson Whitehead）[②] 的《直觉主义者》（*The Intuitionist*）和威廉·吉布森（William Gibson）[③] 的《模式识别》（*Pattern Recognition*）提供了本章最后的案例。这些最近的历史小说的主角都拥有超级敏感的直觉，并将其职业化：她们靠直觉谋生。灾难迫使她们的才能得以发挥，但又让她们陷入危机。已经高度警觉的主角们转而寻求重新认识此刻，并借此转变她们关于此刻的直觉及直觉内部的幻想中的情感/政治实践。她们被迫离开自己的舒适区，并且放弃了重新适应的机会，跃入后直觉意识的僵局中，拒绝回到日常生活，而日常生活要求她们将其天赋献给可预测性。在这些例子中，美学和政治观点似乎是（基于普遍不确定性氛围的），调整的事件使某些情况变成感知当代生活的最佳实验室，

---

① 漂移是情境主义哲学家居伊·德波（Guy Debord）提出的概念，指一种可以开启对周遭环境重新认识的无目的、无计划的实验性旅行或游荡。

② 科尔森·怀特黑德，美国小说作家，普利策小说奖获得者。

③ 威廉·吉布森，美国作家，主要写作科幻小说，著有《神经漫游者》等。

而这种感知以新的情感现实主义语汇为方式。

值得注意的是，许多学者可能会将本章用来模型化历史性当下的材料称为“后创伤的”（post-traumatic）。正如我在导论中解释的那样，至少在过去几十年中，创伤理论为解读危机塑造下的历史性当下提供了周期化的主要方法。而我倾向于追溯情感的运作，因为它塑造了针对例外逻辑的新常态，而创伤的运作则不是必然伴随着例外逻辑。我的主要目的是建构一种分析历史性当下的模式，使得我们可以超越结构（世界再生产中系统性的东西）与能动性（人们在日常生活中的所作所为）的辩证二重性及其崩塌时的创伤性事件，转而迈向解释裁定的进行性（ongoingness）、适应和即兴发挥的持续过程中解释被危机塑造的主体性。在接下来的部分，所有的普遍性（国家做什么、权力如何运作、人们如何管理生活再生产中的情感），都来自一种集体性的对日常生活中已经发生的事务的追赶——它们在此刻被塑造，而这种此刻由危机定义并持续着。在当下的不确定性中，情感反应变成一种形式，而关于当下的规范同样也在磨损。“我们”的概念本身就是上述过程的美学依据。在理解 55
既神秘又突兀的此刻时，对这种有着多重节奏的活动的意识革新了我们对于创伤如何诱发危机的直觉。

……

正如格雷格·博多维兹在其电影配乐（soundtrack）中所言，他的电影《习惯》是一组“理解（他）自己的历史性当下”作品的一部分。然而，这种当下的特殊性——即“他自己的”东西——包括对“他”身上普遍而非独特的东西的关注：一个美国人、一个白人、一个犹太人、一个爱人、一个朋友、一个艺术家、一个有酷儿身份的人，以及一个艾滋病患者。博多维兹以自传的方式揭示了情况的复杂性，但也不局限于独白式的讲述。这部作品的真正意义在于它的声景（soundscape）和地景（landscape），它们都是共享的空间。通过主人公自己的感觉，通过别人报道的故事，以及通过多层次的声音，《习惯》呈现了历史性当下的诗学（poetics）[关于“氛围公民身份”（ambient citizenship）的更多内容，见第七章“论对‘政治感’的渴望”]。

因此，他所说的“我自己的”历史是一个集体性的故事。就像人们在危机中所过的生活一样，它的类型学（generic）形态是吸收性和实验性的。这些故事包括他的伴侣克莱尔·彭特科斯特（Claire Pentecost）① 的故事：她“每天”都在思考他们被疾病威胁的未来，却又同时反思没有哪对情侣能够保证其未来的发展是无限的；他的朋友伊冯娜·雷纳（Yvonne Rainer）②，她的衰老和对镜子的厌恶与博多维兹因艾滋病而明显的体重下降相对比；他的朋友扎基·艾克玛特（Zackie Achmat）③，不以日常生活的重复或身体的消耗来理解他与艾滋病共存的生活方式，而是从自己作为一个活动家的视角来理解——他违反国际法，在南非分发可延续生命的药物。虽然这些活动家/艺术家都是公众人物，但故事的重点则是这些人关于亲密、距离和差异的动态关系。

艾克玛特的生活诗学是围绕着抗拒来组织的：在一个只重视有钱人的健康的世界里，他拒绝服药续命，他拒绝遵守资本主义制度

---

① 克莱尔·彭特科斯特，美国艺术家、作家。她与 Critical Art Ensemble、Beatriz da Costa、Compass 等多个艺术团体有过合作。

② 伊冯娜·雷纳，美国舞蹈家、制片人。Trio A（1966）是她最著名的编舞作品之一。

③ 扎基·艾克玛特，南非活动家、电影导演，“平等教育”（Equal Education）主席。

的种族隔离制度，因为它剥夺了无力支付市场价格的国家和阶级的人的健康。这与我们所看到的博多维兹形成对比：他从未直接谈论过治病要花多少钱。他几乎没有感情，藏在暗处，以一种干巴巴的、平实的口吻，坐在桌子前，对着镜头解释他每天的自我维系的日常。他把药片数了数，放进一个日历药盒里，以显示出未来几天和几周他必须集中精力，以便有足够的身体力量和精神理智来想象别样的时间与空间。对有限生命的意识而言，他的对话者有自己的 57
看法，也有一套追踪死亡倒计时的技巧。在这种倒计时中，身体在日常生活中对生活的创造蒸发消散。每个人对习惯的需要都堪称典范，但没有人的习惯本身是值得效仿的。

也就是说，每个人都基于一种感觉强烈地活在当下，即**他们的时刻，这个时刻，就是危机的时刻**。博多维兹将这个时刻扩展到他的观众身上。虽然在自我经历或在生理意义上，他们可能处于不相同的危机中，但所有人都必须生活在一种共同的难以适应和被迫即兴对付的氛围中。这种氛围由具有地方性和流行性的健康危机引起。他们团结一致，在这种情况下生存下来，并保持对生活的依恋，包括收集各种各样的做法，以应对单一的和共同的此刻。在某种意义上，《习惯》回应了一种紧迫性，即在想象尽可能有效的条件下，发展和传播尽可能多的、有效的对生活的要求的语汇。在这里，习惯是表达对生活的要求的语汇。

这部影片也有其他的风格，其他的朋友、同事、活动家们以及其他的试图与生活保持联系的实验模式的对话。在故事和旁白的收集和碰撞中，《习惯》首先是一部对话影片，用安静、耐心的镜头拍摄。总的来说，对话是一种此刻的关键体裁：当对话结束时，它特殊的时间也就结束了。然后它就像所有其他的情节一样，主要是被遗忘、扭曲和被模糊记忆的东西。但鉴于这部电影的情节，对话是一种时间上的空间，有着自己的规则和边界，有着使它自己具有当代性的条件，并接管了原本看似杂乱无章的危机规则。

但这并不是对话的全部：在危机中，关键的信息交易急剧增加，需要通过许多媒介进行对话。非正式的知识共享网络对于任何亲密共同体（intimate public）的持久和活力至关重要。对艾滋病而言尤为如此，它引发了一场信息革命，向任何感兴趣的人平等地输送医疗专业知识，特别关注利用专家知识，并为其更广泛的传播创造通俗的语言。而知悉这些东西确实生死攸关。正如黛博拉·古温德（Deborah Gould）① 详细论证的那样，这个过程开辟了一个领域，在这个领域中，流言与生活结合在一起，以重新思考什么是生活本身，什么又是美好生活。[6]

在《我们现在的生活方式》中，这种对“求生对话”的理解
58 也是苏珊·桑塔格调动她坚韧持久的与艾滋病人的故事的冲动。[7]她所说的“我们”是特殊的，也是普遍的——危机使受艾滋病影响的人成为**一类人**，尽管他们并不从属于相同的生命政治。这个故事只是一个话题，仅此而已。读者以偷听的方式，以潜伏者的身份参与到疾病的亲密共同体中。在历史性当下的时间里，这些流转的谈话提出了某种索求并创造了一个世界。

具体来说，这些故事是以朋友之间的谈话为结构的，通过他们与一个叫斯蒂芬（Stephen）的人的联系而串联起来。故事将读者与谈话的人放置在“直呼其名”② 的关系中。将名字转化为一种媒

---

① 黛博拉·古温德，英国导演、编剧。

② 这里的英文原文为“first name basis”，指人与人熟悉和亲密的程度很高，可以直呼其名。

介，以便将生活视为一个亲密而情感强烈的，但又普遍的、错位的、感性抽象的领域。读者从来没在文中见过健康的斯蒂芬，他既没有死亡，也没有被治愈：他处于一种僵局之中。他的朋友告诉他，艾滋病死亡的必然性已经被艾滋鸡尾酒的发明改变，他早已注定的命运又变成了一个省略号，变成了以吃药、做检查和其他常见事情为标志的日常生活。这时，他的历史性当下发生了转变。这个故事事关一次事件（诊断）的转变——在结局的回声中，它转变成一种永远无法达成的状态。

即使故事从诊断一直讲到死亡，就算人们只通过他们的情感显露的习惯指涉的展示时间来了解病人和他的朋友，读者也会从典型的关于疾病"康复与否"的叙述中分心，并被接下来他们散发出的个性特征而吸引，而他们的个性特征则由他们习惯性的言谈来呈现。然而，他们的话语也不是明晰清楚的。我们发现故事中所有人都处在绝望的即兴教学之中，他们相互教对方如何适应新的生存要求，包括学习如何做一个患慢性病的病人、如何与垂死的人相处、如何在那个人的世界中形成一个圈子，以及如何在不会死或生病的情况下与他人产生共鸣。

"但你知道你不会得病的。"昆汀（Quentin）说。艾伦（Ellen）回答说："这不是重点，而且可能也并不是如此。我的妇科医生说，每个人都有风险，每个有性生活的人，因为性是一个链条，把我们每个人和许多其他人联系在一起，包括陌生人，而现在这个巨大的链条也成了死亡的链条……"韦斯利（Wesley）说："但这种情况不会永远持续下去，这不可能，他们肯定会想出办法来的。""他们，他们……"斯蒂芬（Stephen）嘀咕道。格雷格（Greg）说：

> 59 “但你有没有想过，如果有些人没有死，我的意思是，就算他们能让他们活下去，[“他们，他们……”凯特（Kate）嘟囔道。] 他们仍然是携带者。”“这就意味着，如果你有良心的话，你永远不能有性生活。”艾拉（Ira）说。(19，23)

随着意义在不断推进的文本表面来回游移，桑塔格精彩的巴特主义（Barthesianism）可以有多种解读方式。例如，展演一种模仿性的重现的决定可能会启动一种现代主义文学心理学的写实主义，并且这种决定是风格化的。这种重现涉及感官在它们捕捉某物的时候会做什么。而这种写实主义渴望用自由的诗句、意识流，以及对泛滥心态的表现作为感觉和反思自主爆发的证据。但这并不是一部试图将内在性表现为人类普遍事实的心理学作品。在叙事和形式方面，桑塔格的故事通过谈话这一亲密的中介方式，聚焦个体及群体的感觉系统形式上的生产，以呈现生存、生产模式的组织形式。这个故事确实讲述了转变的过程——随着时间的推移，斯蒂芬的病情愈加严重。但是，尽管如此多的句子在短语中间变换说话人的方式，创造了一种作者身份和指涉性的鞭梢效应（whiplash），表面回应的模式维持了一种可预测的形式和节奏，并仍旧处于一个悬置了情感和道德评判的区域。这个区域沿着爱与闲聊展开。他们处于原地慢跑的竞赛中，不落下一步，也不能摔倒，保持稳定——不，是努力获取稳定。通过这种方式，《我们现在的生活方式》纠正了我们关于直觉本身是如何在特殊和普遍之间移动的直觉。在一种日常的集体生活状况中生存，浸染着具有历史意味的（historic）和历史性（historical）的危机。在这危机中，我们一直追逐的正是**我们现在的生活方式**。该文本践行了哈里·哈鲁图尼恩（Harry Harootunian）的主张，他认为当代全球性危机的时刻是厚重的，是“一个以无边界的现在为标志的新时代”。[8]

通过这样的体裁，《我们现在的生活方式》将此刻折射为历史性时刻，与《习惯》一起消解了记忆、历史、幻想和未来之间的区别以及迷恋，也消解了将未来意象（futurity）作为判断**活过**（having lived）的价值的基础。在当下的时间思考生活，每个人都在摸索评价**活着**的条件和体裁。没有人认为自己有足够的专业知识来掌控这种情况——只是致力于培养更好的直觉技能，以便在这漫长的无边的时间和空间中活着。在这里，当下的危机遭遇了多重存在的
危机。 60

《习惯》也是一部游记，是关于此刻的另一种体裁。在博多维兹的故事中，他以活动家、朋友、爱人和合作者的身份讲述了自己的环境生活和行动。他的摄像机环视全球，将德班、南非、印度、联合国、芝加哥、公园、地下室、洗衣房、卧室、晚餐聚会和汽车等场景缝合在一起。因此，通过创造一种电影般的病理地图（pathocartography），他中断了政治和身体上的抑郁以及默认的病态叙事。这种病理地图是情感地图中的风景路线，而情感地图所建构的正是“内在平面”（plane of immanence）[9]上自我维系的模式。以其无数的破折号和省略号，这世界无穷无尽的危机、过程和正在进行的残忍的时间相冲突，但这没关系。在危机中，保留随性生活的可能性是十分重要的。并且，电影中出现的人都处于此时此地，看着，听着，有时还言说着。

通过这种视觉描绘，他邂逅了很多人，而不仅仅是他的朋友们。故事也包括许多陌生人生活和娱乐的社区。人们看起来似乎无忧无虑，但外人其实永远不知道那些休闲玩耍的时刻是真正忘我的

时光，还是焦虑等待中一次续命的喘息。有些社区由慢性病患者组成，他们自发地组织起来，反对企业压在人类健康之上的特权。他们的政治斗争产生了超越其工具性目的的快乐。买不起药成为一种全球资本主义文化试图控制穷人和性少数人群体验隐私（没有安全网）和公共性（作为一种说明公众卫生要求和社会习俗的责任）的方式。特权主体拥有保险和灵活的工作，这使他们的生存紧急情况在某种程度上更多的是医疗性质而非经济性质。这便是日常生活的运气——一种是后天积累的，同时是继承而来的特权的运气。所有的斗争都是政治性的。我们迫切需要创作出能够创造世界的作品，这种作品将艺术和政治用于传达日益增长的生存紧迫性和技巧。与此同时，普通人的生命脉搏在眼神中、在言说中、在摄像机的长镜头里、在远离危机的喧嚣和寂静的位置上被感同身受。

《习惯》的镜头和剪辑是平静沉思的，它展开了审美的当下时刻，并总结他们所收集的形式，跨越与这些不同空间相关的不同情绪。在这种跨越时空的审美韵律中，电影体现了迈克尔·陶西格（Michael Taussig）[①] 所描述的集体神经系统（collective nervous sys-
61 tem）。在这个系统中，主体与他所循环的世界的相遇，开启了一个模块化的叙事，展现出一种截断场景的力量，而不用将其统合为一个巨大的总和。传记、心理学、法律、生产方式和意图：所有这些都在起作用，但没有任何一个逻辑能单独保证此刻得以持久的条件。

因此，博多维兹的“习惯”既不是成瘾的强迫，也不是沉迷于人格自我发展的非反思性膝跳反射，又不是资产阶级普世主义的自

---

① 迈克尔·陶西格，伦敦政治经济学院人类学博士，后在哥伦比亚大学担任人类学教授，以其富有挑战性的民族志研究和非传统的学术风格而闻名。

我典范（self-exemplarity）。相反，如果资产阶级普世主义统领着这里拼凑起来的情感历史，那就没有必要不断回到那些陌生人和亲密的人那里，来记录由同一危机塑造的不同生活中的多样性——历史的、身体的和关于我们现在如何生活的直觉的危机。就算是博多维兹也对自己表现得既陌生又亲密。我认为，这种不可化约的他异性（alterity）、持续的滞后以及在持续的当下不断的追逐，导致其选择了以彭特科斯特（Pentecost）的瑜伽练习表演作为电影的开头。她坐在地板上，一动不动，但这种训练沉静的实践本身恰好证明了在这种情况下，主体渴望生活和生命的能力一直处于重压之下。

仪式是当下时刻的另一种体裁。它唤起了一种传统，并尊重传
统在持续的时间节奏中的位置。它缝合了不同的时间弧线。它指向 62
疗愈与救赎，却没有明确说出它们的目的。最重要的是，仪式性的习惯是维系庸常的另一条途径，把对自我的照料变成一种日常模式。博多维兹经常在白天打盹儿：我们看着他迷迷糊糊地醒来，努力控制着自己。这些在阴影中拍摄的小憩，并不会让人觉得不忍打扰。你无法判断这些小憩是出于抑郁、自我保护、身体疲乏，还是自爱。可能是心情变了，所以事情也变了。因此，《习惯》里对仪式性的渴望包含博多维兹和他的整个社区如何学习同时屈服于被动和主动的感觉，被迫把生活当成一种实践，在通往刻意模式的道路上成为一种习惯，一种舒适的姿态节奏。对庸常的麻木和需要，使博多维兹注意到偶然此刻的另一种舒适和不适并存的情感。处于危机中，并不意味着享有那些“理所当然”的特权，而是要在一段不确定的时间内，承担脆弱扩散的重负。置身于不言而喻的日常中，只能是一些人的渴望，这些人的其他选项在事件发生的那一刻被压倒，而这一事件可追溯的最初源头只是那次诊断而已。

在追踪他独特的情感地图、时间安排、亲密关系和疏远关系的过程中，博多维兹试图证明，在塑造当下时刻的历史意义时，为情感实践创设体裁具有政治上的中心地位。他收集的危机生活的遭遇与形态，同基于异性恋和健康的“正常”时间、空间及环境并不截然对立，而是在它们之间游移，揭示了在亲密与他异性、威胁与安全、舒适与不确定的同质空间周围，那种清晰又模糊的意义和管理风格。但并不是说这是一种心平气静的调整。正如第三章“慢性死亡”详细论证的那样，慢性病是一种关于时间的疾病。博多维兹说他的身体和本性是他的敌人，它们代表了时间的磨损，是在创造生活之中损耗生活的过程。他说，他希望自己能生活在积极的自我意识的表现性当下，而不是活在惯性滑行式的肉体腐朽的叙事铺陈中。但处境的压力迫使他的目光、嗓音和耳朵产生了一种特殊的当下：它是时间性的，在每天被自我照料塑造的时间里；它是历史性的，以制度运作和媒介规范性事件为标志；它是政治性的，以集体性的自我意识、行动以及改变结构的渴望为标志；它是情感性的，是一个持续感受事物的空间，注意情绪的弧线和轨迹，习惯并成长于那种强度的存在——其经历的阶段可能是一个僵局，或是生活
63 本身。

生活在危机时代，没有什么是一帆风顺的，但这部电影展现了培养应对危机的直觉的必要性。在《习惯》的最后时刻，不规律的电子配乐伴随着一辆随意游荡的夜行汽车，接近**无所谓什么**（whatever）、**无所谓哪里**（wherever）[10] 的状态。当下的时空/空间情境时断时续地浮现，就如悬停的、不连贯的、犹疑的小提琴声和没有叙事体裁的音频合成器样本。只有当艺术与历史接手，并在各种形式中占据优先地位时，这种历史性当下才是流畅的。情感朝着形

式和直觉的运作，是《习惯》基础的粗略衡量方式。无论人们对历史或记忆的看法如何，都会坠入一种庸常状态——尚未实现，也无法停留，但不知何故，这让人感到舒适，因为镜头持续进入正在进行的熟悉/陌生的、得来速式（drive-through）① 的空间，以跳跃的节奏为特征。因此，不知怎的，那种庸常的状态具有某种安抚的效果。所以，对习惯的渴望在这里并不等于一种实践（这种实践相当于带有刹车、超越或乌托邦愿景的革命等式）。因为在危机中，如果没有日常生活的滚滚向前，所有的能量都会陷入生活一分一秒的决断主义（decisionism）中。亨利·列斐伏尔的《节奏分析》（*Rhythmanalysis*）呼吁一种通过习惯性姿态开启生活的模式，将此刻延展开去，以便愉悦可能成为一种自我诗性的、本体感受的“驯化”[11]，这种模式将此刻延展开，使享受成为可能。或许有人还会想到，以一种略微高涨、焦虑地追寻一种习惯的模式来滑行、巡航或漂流。习惯产生了一种超越即时性思考的自由。在那里，博多维兹令人不适地结束了影片。

关于当下的多种历史

在上一节中，我的目的是介绍历史性当下的特定情境，它可以被理解为一种情感上的紧迫感，即通过收集现在主义（presentist）的体裁——对话、病理地图、仪式——来重塑生活的直觉。这些体裁有朝一日可能会形成一种习惯性的节奏。[12] 在这里，人物在空间

---

① 一种源于美国的商业服务形式，顾客可以不下车获得服务。比如，顾客经过快餐店窗口，直接留在车内取得餐食。

中横向地移动，以一种迅速又徘徊的、精神又肉身的方式，投射并感受着周遭氛围，影响着人们必须追赶和回应的东西。人们时而遗忘已经习得的东西，时而重复习惯，时而又让自己大吃一惊，但通常他们只是好奇或麻木地倒向下一次的潜在可能。对于理解当前的形势，他们有着雄心勃勃的追求。这种追求在危机中占据了很长一段时间，并产生了一种个人的、政治的和美学的范畴，推动着眼
64 下的事件变成尚未定型为特定体裁的事物。

这种阻止事件“成为对象”（becoming-object）的需要恰恰是将情感嵌入历史的东西。当福柯（Foucault）[①] 谈到事件化（eventilization）时，他提出超越“此刻”的必要性——当一次事件演化为常识时，或某种过程凝结为一种对象式事件（object-event）时，在分析维度超越此刻是有必要的——这种对象式事件隐藏了自己的内在性，以及潜在的未完成或复杂难解的机制。[13] 在这些关于此刻的叙事历史中，确凿的认知向不确定的直觉转换，这让我们得以将历史中的人理解为厚重的身体和经验感受的存在。他们对生存技能的要求展现的不是某一时刻的整个世界，而是（在美学上）悬停于时间里的特定时刻的氛围中，以一种感性的认识论思考历史的方式。

但是，对历史性当下个人的、地方的和感性的认识，往往会引发对历史现实性和范例性的怀疑。在马克思主义文化理论的主流传统中，即使是像哈里·哈鲁图尼恩和莫伊舍·普殊同（Moishe Postone）这样优秀的批评家，也主张将当下视为结构和系统性历史力量的产物。这些力量不能被历史中的普通人所完全理解，除非他们

---

① 即米歇尔·福柯，法国哲学家、社会思想家，著有《规训与惩罚》等。

具备理解这些结构和系统的学术及政治教育。否则，在现实中当下时刻就呈现为非历史的、转瞬即逝的和想象性的存在，或只是一种症候性的伪积极性（pseudoactivity）① 的空间。齐泽克尤其将当下理解为被否认保护的空间，不断地承受着现实的打击——这些现实持续地震撼着人们对于什么决定他们命运的认识。[14]

我们很容易忘记，文化马克思主义本身已经为我们提供了一种框架，将情感作为理解历史性当下的关键。对马克思主义的反文化主义的污蔑司空见惯，但实际上，马克思主义有着将所有权和控制权的关系、劳动价值的再生产以及与劳动相关的主体性的情感元素交织起来分析当下的悠久传统。它并不主张主体有着准确或客观的历史感——这正是意识形态这个概念被引入的原因——但这个传统提供了多种方式来参与阶级对抗、劳动实践的情感维度，以及基于共同生活所产生的集体性阶级感情的多种路径。

值得注意的是，从卢卡奇（Lukács）到詹明信以及本尼迪克·安德森（Benedict Anderson），许多理论家都经由历史小说将历史主义理解为一种情感认识论的美学表达，是与历史性当下的相遇。这种相遇以其音调（tone）的强度表现出来，无论是以逐渐显现的、 65
混乱的，抑或逐渐消退的形式。卢卡奇频繁提到“感觉”（feeling）和审美的“音调”，认为它们是一个历史时期的经验形态的核心。[15]

① 阿多诺的“伪积极性”概念指的是，在进行社会变革的机会全部被阻断，且明知行动绝无可能成功的情况下，仍然强迫发生的行动和实践。阿多诺认为，在这种情况下，除了对人们在实践上还不够努力的批评之外，批评不再被容忍。参见 Adorno, Theodor W. “Resignation”, in *Critical Models: Interventions and Catchwords*, translated by Henry W. Pickford (New York: Columbia University Press, 1998), pp. 289-293。类似地，齐泽克认为，伪积极性是一些左翼知识分子的虚伪——他们不断参与行动和抗议，但知道这些反抗实际上只是一种姿态，反而让真正的改变无法发生。

雷蒙德·威廉斯通过“感觉结构”（structure of feeling）这一概念，指向“意识与关系中具体的情感要素”以及“悸动、克制和音调的元素”。“感觉结构”是被感觉到的共同历史经验的沉淀。但是，它尚未以社会形式被言说，而只是以某个历史时刻下，异质却又共同的实践散发出来[16]：从历史和身体性事件的接合（articulation）的角度来看，威廉斯撰写并阐释了文学作品。同样地，安德森也用历史小说来描述他所谓的民族现代性的“感觉”，这种感觉在美学的意义上浮现。他的描述尤以菲律宾为代表，也存在于一般意义上的历史小说中。最后，詹明信开创性地用后现代文化中情感的消退定义了向后现代主义的转变。

对詹明信而言，情感（affect）等同于“感觉（feeling）或感情（emotion），是所有具有主观性的东西”。对于表征对象中的历史共鸣，现代主义式的对规范的关注转变为后现代式的对于单调（flatness）和表象（surface）的关注。在这里，情感不是一个技术性术语，而是一个粗略衡量这种转变的方式。这种转变不仅表明**图像**（images）中情感的消退本身，詹明信认为，它标志着一般性的社会想象从对“人的身体现实”的依恋，向“表达本身美学的事实的解构”转变。他说，这种表达不再将“单一体”（the monad）的内在痛苦向外在世界转译。[17] 也许，这种内在痛苦是历史的主体化过程的一个丰富和深刻的记录。并且，詹明信偏爱的美学的情节剧（melodramatic）伦理将历史性当下作为其表达的剧场。

《政治无意识》（*The Political Unconscious*）引入了一种以情感的传统阅读所有历史小说的唯物主义实践。但在此书中，情感并不是一个明晰凸显的问题。只有当詹明信把这项认识论的和政治的工作扩展到审美化、感性化和商品化的后现代社会世界时，它才会出现。在这一点上，他将审美公众中一小部分精英的情感误认为是普通大众的经验。然而，相比他提及的，20 世纪末同期横跨众多美学体裁的日记式、自传式、“个人即政治”式的和激烈的艺术作品，强调真实情感的自由主义文化从未如此饱含情感地呈现出来。 66

不过，我的主要观点是，研究历史小说的历史学家长期以来都将这种体裁理解为一种情感性情境，它不仅产生了示范性的审美惯例，还体现了本地化于特定时空的政治与主体形式。这意味着，历史小说旨在引起读者的某种情感，其价值在于将读者与历史及其谱系联系在一起，使读者在一种美学的反馈循环中产生感受历史经验的能力。正如我在《女性的抱怨》中所论述的那样，所有的体裁都是基于其选定的情感模式来区分的：通过声称某些情感以只有美学情境才能真正捕捉到的方式将历史嵌入个人、将个人嵌入历史中。文化马克思主义者认为，在对历史小说的分析中，文化马克思主义对情感的凸显并不是一种非历史主义。相反，情感正是历史嵌入性的材料。[18] 批评家阅读这些小说是为了了解它们所提供的**历史感**：历史既不存在于脚注中，也不存在于历史人物或事件的呈现中，又不存在于风格（style）本身之中（就像在历史作品中一样），而是存在于氛围中（一种美学体裁）。小说的这一传统指向了一些在日常生活和意识中几乎没有被理解的东西。它从时间和实践的空间里浮现，不仅让人们具有历史维度，而且使他们感到自己必须回应某种历史性力量，并被其塑造。这一过程发生在他们生活的氛围之中，无论是亲身体验到，还是通过遗留下来的中介了的身体记忆体验到。

因此，我所进行的关于历史小说体裁的讨论出于以下几个原因。首先，对于斯科特（Scott）和他的后继者来说，历史小说的意义是一个矛盾的问题：一方面要嵌入过去的情感生活，这种情感生活可能是未来（也就是现在）的准备阶段；另一方面要与写作的当下时刻保持距离，其共同的轮廓只能通过直觉感知。借用瓦莱丽·罗西（Valerie Rohy）① 精彩分析中的术语，这种体裁的目的是在历史意义的审美领域刻画一个点（punctum），这个点似乎是特殊的、非历史的情感，但由于其贯穿和串联的细节，它其实是一个传输系统——通过它，我们可以说历史能够在被编纂之前被感知。从经验和分析的角度来说，斯科特以及在他所在的传统下进行研究的人，都会认为所有的历史时刻都是不合时宜的。[19] 但是，身处历史的感觉，以及针对时间的范围的美学体验，则是另一回事，它们被看作一种历史感知（sense）、历史感觉（feeling）或历史音调（tone）。它指向的是眼下的时刻经验的聚合统一，这种经验在后来可以被称为划时代的，但在那个时刻，它标记的是一种共享的神经感觉系统——这是小说家为读者呈现的东西。

67 对历史性当下的情感性（affectivity）这个概念，是由美学的传达而被传递出来，但这个概念并不是美国文化与历史学者研究的核心。在过去的几十年里，这些学者所受的训练将历史主义与形式主义、美学主义（aestheticism）和“理论”对立起来，并将每一个所指对象当作可证明一段未被讲述的历史的超链接，他们认为如果档案足够厚，对其的“阅读”绝不应该偏离某种版本的历史记录太远。任何受过类型教育的人都知道，如果不直面转译的美学情感性要素（如一种文学惯例、一种关于“时间”的集体记忆），就不可能理解文化讨论的术语——这些讨论存在于那些留下了痕迹的人们之中。但更多的时候，我们通过历史档案获得对时间、地点和权力

① 瓦莱丽·罗西，研究领域为美国文学、酷儿理论、女性主义理论与精神分析，著有《不可能的女性》等。

的感觉。这些历史档案的工作是解释美学的东西，而不是用感性的情感术语来思考美学，这种感性的情感术语语境化的惯例总是处于编码、表演和释放的过程中。以历史的方式思考体裁，可以在语境化时刻的历史书写和情感性（affectivity）之间架起桥梁，这种情感性聚集在指向生动情境的证据中。

当下的情感性之中，包含着美学的嵌入（embeddedness），与之相关的是日常生活在“日常”概念的概念化过程中的中心地位——这也是我在这里一直讨论的问题。回到詹明信，《政治无意识》的一个被低估的方面是德勒兹和加塔利《反俄狄浦斯》（*Anti-Oedipus*）的重要性，它讨论了詹明信的三层阐释视野，特别是对同时性的阐释，是相对不被认可的关于扭曲和特异性的领域，即我称之为的历史性当下。詹明信写道，德勒兹和加塔利的目的是“重申日常生活的政治内容的特殊性”，以反对美学场景中的主导叙事方法论上的还原论——他们批评这种方法太过费解或前经验主义（pre-empirical）。[20]

詹明信认为，历史性当下之所以不被认可，是因为此刻的感觉作为一个活生生的结构被身体感知并作出回应。这种感觉经常被作为人们摸索生存之道的场景，在这个场景中，这些人易被愚弄或在认识论上具有局限性。除了一些特殊的时刻，比如——詹明信引用了鲍德里亚（Baudrillard）的例子——“野猫罢工①、恐怖主义和死亡”。[21] 在这个传统下的现存文献中，哈鲁图尼恩最近给出了最佳案例。在《铭记历史性当下》（*Remembering the Historical Present*）一文中，哈鲁图尼恩认为，资本主义一直在阻碍历史感的培养，这

① 指未经工会同意的罢工，在一些国家是非法的。

种历史感能够捕捉建构当下生活的结构性决定因素，从而产生对过去性（pastness）的扭曲理解，以及关于当代社会力量如何运作的
68 灾难性误认（misrecognition）。两起事件尤其扭曲了这种状况。在“生存下去”的氛围中，我发现“当下的消费节奏”取代了对此刻生存状况的深刻自觉。而社会主义计划及其想象的夭折以及“9·11”事件可能加剧了这一状况。[22] 哈鲁图尼恩论述了回归现在和现在主义的重要性，作为关涉未来的概念，它们将揭示汇聚于此刻的不稳定历史的力量：如果没有这样的主张和概念，资本主义制度下的主体将注定只能想象自己生活在“厚实”且无法穿透的当下。

哈鲁图尼恩认为，历史学家，包括文学传统下的历史学家，应该赋予当下一种“非当代的当代性”（noncontemporaneous contemporaneity），将其作为一种关涉日常生活的历史力量，扰乱其表面显在的同质性，揭示了当地生活经验中的裂缝，并将人们动员起来展望替代性的未来想象。我完全同意他的观点。但是，他的厚实当下模型将得过且过的智慧视作别无选择的麻木幻想，并将这种替代选择等同于吸收民族主义与全球化的历史主义谱系。

在我看来，这种对日常生活中可以理解事物的不尊重似乎不太恰当。同样地，他将对未来意象的关注作为反规范的政治意识的主要动力，这也有问题。在当下时刻，我们对日常生活的理解可能确实需要日常生活理论所提供的范式之外的不同参数。在那里，感性冲动、技能和发展与历史感和结构性因果是对立的，但又由它们形成。[23] 从齐美尔（Simmel）① 到本杰明（Benjamin）②、列斐伏尔和奈杰尔·思瑞夫特，日常生活理论一直关注现代性中前所未有的东

① 即格奥尔格·齐美尔，德国社会学家、哲学家，著有《历史哲学问题》等。

② 即杰西卡·本杰明，美国精神分析学家。

西，即城市为新集中人口提供的新的感觉系统。在这个感觉系统
中，人们不再生活在相互熟识的空间里，而是生活在永远无法认识
他人，也无法被他人认识的匿名空间里。在这些匿名空间里，新的
认识和被认识的方式从新的现代主义空间节奏所迫使的即兴创作中
浮现出来。城市产生了对象和场景，它们又创造了一系列事件和障
碍，迫使新居民的感觉系统发生根本性变化，以便使其能够处理日
常生活中新的基础设施带来的强度和影响。因此，日常生活理论完
全应该被看作是 20 世纪早期城市化的框架。或者，它应被看作是
理解集体感觉系统被极端状况震撼的框架，在任何地方都是。这些 69
极端情况包括快速的城市化、媒介化以及陌生人和熟人之间关系的
再中介化。

詹明信作品中的德勒兹风格（目前被斯图尔特和马苏米等理论家所阐述），以不同的方式看待当代的日常生活，因为当下的运动需要不同的调谐剧目（dramas of adjustment），以及与资本主义式过去不同的感性的自我发展。这种传统通过情感性共鸣来解读历史。在此刻的遭遇中，这种传统的感性风格可能不得不重新表述地缘政治中浮现出来的现实——如果不是一种危机，那也至少表现为不稳定的状态；在情感劳动的领域中，异化的结构关系在直观的感受上是对立的，它充斥着感觉系统，却同时又是货币化的、规训的和剥削的。在多种多样的社会中，由于多媒介和跨媒介平台使更多人接触到了当代政治和直觉的混乱，关于过去和未来的旧式结构主义已不足以解释这种混乱。是什么在结构性断裂的压力中构成了连续性？当国家/资本主义承诺的向上流动和共同跃升在人们眼前轰然崩塌的时候，美好生活意味着什么？当身体无法跟上不断变化的新刺激和可依靠的事物体裁，却必须生存、站稳脚跟时，生活意味着

什么？正如马苏米所言，当下的历史小说提供的是“一种扩展的经验主义文化”，在这种文化中，“经验的自我活动”提供了一种集体时刻的“色块”（color-patch）。[24]

情感层（affectsphere）与事件

《直觉主义者》和《模式识别》的主角是两位美国公民。在她们所在的国家，政治、军事和经济上灰色的不公充斥着一切，而诸如政治家、社区领袖之类的公共霸权却宣称最黑暗的政治暴力只是例外，或已经成为过去。然而，通过揭露对日常生活中的诸多不公——它们已经是公开的秘密——来否定这些情况，并不会使这些情况比它们被掩盖时更容易受到改变。这两本书对于更好的现实主义所能带来的前景感到悲观：它们试图寻找体裁，就像庶民寻找正义一样。如果正式的改变是最终的目标，并且创伤是历史性当下的
70 主导语汇，那么这些努力都很可能是失败的。从 1853 年的纽约水晶宫①、吉姆·克劳（Jim Crow）时代②、“冷战”，到作为当代幻想曲的百货公司和作为后现代艺术的商品设计、分散生产和本地消费的全球文化；从“9·11”事件，到国家主权和知识产权的军事化——这两部小说都将历史小说的传统经验材料推入了不甘等待的乌托邦的行列，这种乌托邦要求在当下有一个比任何异托邦（heterotopic fold）所能提供的更切实的位置。从对历史小说的讨论中，

① 继第一届伦敦世博会后，第二届世博会于 1853 年在纽约水晶宫举办。

② 吉姆·克劳时代指种族隔离的时代。《吉姆·克劳法》泛指 1876–1965 年美国对有色人种实施的种族隔离制度。

我们已经知道，这个变革的历史平面就是此刻，并可以通过情感层的美学来获知。

《直觉主义者》着眼于一个乌托邦式的未来。在这里，电梯将超越“迟缓，庸常”的物理世界，这是由于普通“公民”现在已经知道为新的感觉、运动方式和空间创造技术环境（254）[25]；而《模式识别》则花费篇幅预测“我们（已经）如何看待未来”，其方式是诱导一种此刻的分布式存在的伦理（54，57）。[26] 在这些叙述的档案中，过去是易变的，未来是直觉的；所以关注的重点是主人公对他们穿行其间的世界的适应、调整和应激反应，而其对象的状态也通过这些行动来标识。不过，她们的生平经历在这里并不重要。当她们独特的故事变作典范时，人们关注的焦点不再是历史地激起的情感如何跨越时空传导到她们身上，而是这种情感的力量和欲望的组织对生活的启示。

主要关注点是历史性当下的事件对人的能力的影响：在这一点上，这些小说并不罕见。但它们的主人公并不寻常：她们是具有超敏锐理解力的女性。尽管小说设定她们可以获知情感层中未被言说的重要真相，她们的超感知力并不是所谓的“女性的直觉”。相反，主人公拥有的是对结构性因果关系极为敏感的直觉系统，这种能力是基于特殊机器的重要性获得的：在《直觉主义者》中，莉拉·梅·沃森（Lila Mae Watson）负责检查电梯的安全状况；在《模式识别》中，凯西·波拉德（Cayce Pollard）可以读取所有商标的潜在效力。但创伤性事件促使主人公们走出她们专业权威的直觉领域。改变历史性当下的力量迫使她们以及她们的读者，进入感性可穿透的直觉困境，而不是进入什么新的存在的稳态，也不是进入深度解体的状态。这种困境代表了在当代历史的创造中不重复过去的

动力。生活在僵局中从一种威胁变成了一种目标。要进入经验而不使其事件化，意味着知晓某件事正在发生，但不强迫预测成为现
71 实，仿佛将人的情感置于某种定速巡航是可能的。这些文学人物培养了历史维度上“成为当下”（becoming-present）的感觉。这种感觉是宏大的、新直觉主义的（neointuitive）。

……

《直觉主义者》开场不久便是莉拉·梅靠在电梯墙上检查电梯的场景。叙事铺垫了汇聚于这一场景的诸多反常情况：这是一份属于白人的职业，但她是非裔美国人；这也是一份全是男性从事的工作，但她是一名女性；故事发生的时间大约在 1964 年，大多数职业还受到种族隔离的限制。她居住的城市，含蓄地说就是纽约，刚从一场种族骚乱中恢复过来。但在现在的日常生活中，一切都在慢慢平静下来。也就是说，如果一个人理解历史的指标是传统意义上的大事件和处于结构优势的视角，那么生活就是平静的。但莉拉·梅是一个直觉主义者。在这部小说中，直觉主义首先是电梯检查员提出的一个思想流派。它主张检查员从感性的视角出发来对待要检查的对象，并解读其健康状况。也就是说，莉拉·梅的认识论是一种美学关系。[27] 直觉主义者通过在电梯运行时将身体紧贴电梯壁来判断电梯的状态。经验主义者是直觉主义者的竞争对手。依靠经验的工程师背后是一套关于理性而非感情的逻辑；她们通过检查机器的机械状态来判断，而不认为可以通过情感格式塔来了解机器的潜在状况。以下是工作中的莉拉·梅：

沃克街 125 号，当电梯到达五楼平台时，一个橙色的八角形翻滚着闪现在她的脑海里。它上下翻动，与红色尖状物的环状的攻击

> 性极不协调。立方体和平行四边形大概在八楼浮现，但它们仅限于搞搞心不在焉的小动作，不像搞破坏的橙色八角形那样扰乱程序。八角形弹到前方，渴望得到关注。她很清楚它是什么。十层之下，电梯井尘土飞扬的漆黑地面，三位一体的螺旋形缓冲器离她越来越远。没有必要再继续了。就在她睁开眼睛之前，她试想那位高层管理员的表情是什么。她没有靠近。(6)

詹姆斯·富尔顿（James Fulton）是最早的直觉主义理论家，他将这些称为“分泌出的化学物质，可用心灵的感知装置加以理解……**是真正的语言**”(87)。

与此同时，莉拉·梅的感觉系统还发展出其他的直觉天赋，这 72
些天赋记录了她在人类世界中的位置。虽然她最强大的互惠性直觉关系的对象是周围的事物，如电梯、书籍和她脑海中的东西。小说叙述者评论道，当她走向要检查的电梯时，莉拉·梅也通过感受城市的氛围来协商其景观：与博多维兹一样，她熟悉街区地图，但也知道真正重要的是情感层，它经由生命政治的感知压力而组织。她感觉到，存在一个共同的动态生活的“零点”，即位于城市中心的“都市戾气集中地”（4）。这个零点，是城市共同的情感习惯和规范，小说中的历史首次在这里揭示自己如何塑造情感日常。离它越远，她就越能准确“预测她在这里将会产生多少怀疑、好奇和愤怒”。因为她是非裔美国人，是女性，处于危险和不稳定的生活状态，无法发声，并且在“正常”的快乐和生活节奏下手足无措，感到胆怯。

不仅如此，与莉拉·梅不同的是，大多数电梯检查员都是白人男性，他们饮酒作乐，享受着工会父权制的等级优待。[28]随着莉拉·梅离零点越来越远，她进行的交换是情感性的，而不会凝结成事件。在这个种族主义和厌女的世界里，她的身体积累了太多的忧虑和不安。但她深知自己不会做任何事情来点燃这些情绪，因为她已经将自己的脸变成了一张面具，拒绝参与所谓“平等凝视”或刺激反应的游戏。这种把戏在白人和男性至上的时代，通过跨种族的（以及“性”的）感觉系统得以实施。她的整个关系集群都是作为跨感觉系统的交流而发生的。[29] 莉拉·梅几乎不认识任何人。虽然她“自从会走路开始就是一个独行侠”，但精简人际圈现在实际上是一种生存策略（235）。低调行事对她而言是安全的：保持匿名可以在结构特权的表演要求下，提供一种本体感受的自由。

正如叙述者所说，莉拉·梅对电梯或社会威胁的判断“从未出错”，这对她不作出反应的自由有很大帮助（9，197）。小说告诉读者要相信莉拉的感觉。书中许多场景其实都无事发生，只是她感觉和筛选的一些东西。比如，她坐在酒吧的黑暗角落观察，在房间里心怀疑虑地四处张望，堵车等待时的猜测计算，在她被入室抢劫和
73 绑架时沉默不语、不慌不忙。只有在偶然的时候，她才高度集中注意力生活——除了在专业工作的少数时刻：她的身体一旦压在垂直移动的电梯壁上，便通过身体释放的情感能量感知电梯的安全状况。也就是说，她已经把她的直觉发展成两个层面，即机械的和社会的。每一个都定期达到她情感超能力所能提供的顶峰。

这对她的敏锐度也有很高的要求。这部小说描写的整个世界都发生在危机中，因为在规则关系中以及控制和被控制的人之间，结构性对抗都在发挥作用。情感性危机使个体疲惫不堪，扩散到时间和无数生命中。直到公众发现，在自己为了应对威胁而设法创造的

飞地和愉悦中，他们自己成了构成这种不稳定生活的元素。有时，种族、阶级和政治形态的特征聚焦了危机，形成了城市、地区和国家的关系，这些都是非个人的关系，但却被个人化地**感受到**。有时，危机从企业、工会和黑手党资本主义对人、事、行为和价值的慌乱控制中得到体现，这些机构组织需要通过先发制人的暴力和地下活动掩盖其脆弱。偶然事件其实并不是偶然的，而当偶然事件真的发生时，却给人一种系统感。因此，危机可能是政治性的，其中权力的利害关系是可感知的，或者完全是幻想性的——就可能发生的和确实发生的事而言，这种区别无关紧要。莉拉·梅记录了这一切。从处理她的存在的问题本身来看，《直觉主义者》忠于了历史小说的使命，即传递在一个充满暴力的环境中生活的感觉。这种暴力是如此系统化，具有磁石般的强度，以至于当它以事件的方式表现出来的时候，是一种释放。同时，至关重要的是，叙述者指出，灾难只是“当你扣除一直在发生的那些危机之后剩下的东西”(230)。因此，这部小说的工作是把灾难放回日常生活之中——主人公别无选择，而只能在这里生活。它拒绝创伤性事件的例外性(exceptionality)，即使该事件似乎有其自身的美学结构，但灾难必须要包含形势的发展和其效果在整个历史领域的弥散。

在《直觉主义者》危机元素在事物表面下不断涌动的气氛中，小说描述了这样一个事件：一次重大的电梯事故。整个事件看起来完全是政治性的：当时直觉主义派和经验主义派正在进行竞选，试图控制暴徒横行的电梯公会。这起事故看起来像是一方为了破坏另 74
一方的名声和能力所进行的恐怖主义行为。但事实证明，这次事故至少是两种转移注意力的行为。它允许在历史性当下上演一场政治危机，在这场危机中，每个人都在其中扮演着自己的角色。这样一来，危机的解决方案似乎已经代表了一种推进，共谋阶级对他们所服务的大众的结构性统治却没有被揭露——这是基础性的东西。它还揭示了政治、经济和工业权力内部的不同对抗势力如何塑造了日常生活的悖论。

莉拉·梅认为是经验主义派针对范妮·布里格斯大楼和她做了这样的事，因为她在事故的前一天检查了这座大楼的电梯。范妮·布里格斯（Fanny Briggs）是一个著名的逃亡奴隶，莉拉·梅在范妮还是个孩子的时候就研究过她（11–12）。作为电梯检查员中唯一的女性非裔美国人，她知道她获得这个工作是有象征意义的，因为这座大楼被认为是美国对种族提升的支持的象征。然而，只有在灾难中，这座以逃亡奴隶命名的建筑的象征意义才变得贴切。随着电梯脱轨的发生，它暴露了白人至上主义的机器：它不仅是政治、企业意识形态和现代城市的内核，而且正如我们将看到的，是其动力机制本身。

起初，莉拉·梅感觉这场灾难是给她的一个信号：她准确感知到电梯的问题，她听到它在召唤她为自己洗清罪名并揭露腐败的真相。莉拉启动的侦查情节开启了她和她的世界之间新的“约定”，并揭示了各种知识的多重危机，这些知识将统治电梯公共领域、政治领域以及莉拉·梅自己：最重要的是，它将莉拉·梅带入侦查模式，而这导致了她直觉的破坏（166）。

她的经历逐渐揭开了20世纪资本主义社会暗藏的种族化地图，这个过程被看作是一种乌托邦技术的失控。其实，詹姆斯·富尔顿[①]编造了直觉主义。作为从美国南部移居到北部，并在社会意义

① 詹姆斯·富尔顿是“直觉主义”的创始人，在小说的故事开始之前就离世了。

上变成了白人的非裔美国人，这只是他给那些压迫他和他的同类的工程师开的一个玩笑。随后，富尔顿开始相信自己的玩笑。在《直觉主义者》中，玩笑是对被侮辱和被统治群体进行种族和性别挑衅的惯常形式，是统治阶层乐此不疲的愉悦方式。但在这里，正是玩笑本身的力量开启了一种反事实和反物理的世界。富尔顿将其扩展
为一个僭越种族规范和自然法则的跃升的故事。他发明了一个加密 75
的“黑箱”，它的幽暗为通向一种新引力提供了多把钥匙。他写道：“在这个世界之外还有另一个世界。”（62）这句话听起来好像是关于未来的，但小说的重点是空间的。理论化使此刻对当下的另一种生活保持开放。

富尔顿日记里的这句箴言，是他的鸿篇巨著《理论化电梯》中的关键句子。在课堂上读到这句话时，莉拉·梅经历了从经验主义到直觉主义的“转换体验”（59）。这句关于“另一个世界”的话脱胎换骨地重塑了她的身体感，使她的直觉从技术经验主义转向一种有血有肉的感性认识论的乌托邦主义。接下来，小说记录了在电梯事故发生后，她如何再一次从习以为常的身体感中惊醒。小说的情感历史主义巧妙地模仿了与黑色小说（noir novel）① 类似的高强度结构：主人公愤世嫉俗且专业素养极高，一心扑在一个问题上，试图找出腐败的证据并让人们付出代价，产生近乎义务警员的正义，而就在其注意力不仅被建构的世界而且被行动的依据吸引时，被爱蒙蔽，被就算案子成功了结也不会改变的世界迫害。对莉拉·梅而言，这一切都发生了。最终，纠缠莉拉·梅的暴徒和保护她的人并不像他们看起来的那样。他们都是商业密探，疯狂地想要获取

---

① 黑色小说通常涉及基于种族、性别、阶级的制度性和系统性的暴力和腐败。其主角要么是受害者，要么是嫌疑人或肇事者，通常是自毁性的。

关于富尔顿的情报，认为莉拉·梅有他们想要的东西：他们在富尔顿的笔记中发现了她的名字，以为她对黑箱有什么筹划，而黑箱工程可能会破坏他们聚敛了权力的世界、他们的历史性当下。其实富尔顿只是看见莉拉·梅在垂直运输研究所学习到深夜，所以他在笔记里留下了一个关于她是谁的一个无关紧要的问题。

大多数暴徒都有着暴徒的行径：他们以毫无廉耻为乐。但其中一家电梯公司派雷蒙德·库伯斯（Raymond Coombes），即“纳切斯”（Natchez），来引诱莉拉·梅用知识交换亲密。他一方面通过性吸引她，另一方面“透露”自己是富尔顿的侄子，一个想保护叔叔遗产的亲属。对于欲望，莉拉·梅没有直觉天赋：她相信他，并开始改变她本能反应的做法，突然变得腼腆，思量装扮，有小心思亲近对方。然后，她得到了启示性的震撼。在书的后半部分，有人告诉她关于她所处生活的真相。她知道了纳切斯的真实身份和动机后，又恢复了直觉主义的策略：与物的世界亲密无间，而与资本和
76 爱情的世界彻底疏远——这是一个充满虚伪互惠的世界。但与此同时，这是危机集中爆发的时刻，她直觉的基础变了。当她承担起扩展富尔顿的乌托邦愿景时，她关于事物与力量之间关系的思辨现实主义为另一个世界提供了场所。然而，它也仍然在这个世界之中。

威廉·吉布森《模式识别》中的主人公凯西·波拉德与莉拉·梅一样，是一个直觉主义者，并同样以此为业。更准确地说，她是一个“敏感的”、对商品化的图表“过敏”的人，比如米其林或汤米·希尔费格的商标。我们看到她“侧身躲避”，被商业化标志的力量击垮：这种遭遇并不美好。面对不着调的商标，她的神经“肿胀起来”，经历情绪的“雪崩”，这种共振产生了强烈的苦涩感觉，就像“狠狠地咬下一块铝箔”（17）。这个通感的混合隐喻体现了

“冲击”她身体的强度，扰乱了她持续的“心灵延迟”的安全和距离。这就是所有她能做的了——随着此刻浮沉，生命既没有缺席，也没有充盈于此刻。“关键事件压力”（354）的影响体现在事业上，以及斯图尔特所说的“猜疑的、好奇的和具体的东西……那些以习惯或震惊、共振或冲击为形式进入视野的力量。作为一起事件或情感震动被一股脑儿扔到当下的东西；一种既富有生机又适宜栖居的东西”。[30] 因此，吉布森小说的叙述者用于描述凯西感觉系统的语言不单纯是一种分解（dissolution）的语言。在她自我调整的过程中，她以一种衰减的方式成长。

在这个“与其说是跨国，不如说是后地理”的世界里，凯西是后认识论的。在这个世界里，她“无法知晓她是如何知道”哪些东西是强大的（12）。但她没有为此所累。此外，正是她强大的非主权的真实性让人想要雇用她，以便根据她的神经系统来塑造他们的产品（6，8）。她借自己的神经系统将自己推销为一个自由职业者：在新自由主义中，自由职业者具有自主性的形象，有合同，从事短期交易，履行有限义务，在长时间的忙碌奔波中如鱼得水。比起与外界进行密切的交往，她更喜欢创业的不稳定性。本书的结构围绕着她从一个地方迁移到另一个地方，一种在不断迷失的过程中寻找的自我成就的过程，就像是把“自己交给了梦想”（309）。

但对莉拉·梅而言，在这方面，凯西是一个极端的范例，而不是例外。这一点在她的名字中大致可以看出。她的名字是知名预言家埃德加·凯西（Edgar Cayce）和美籍以色列间谍乔纳森·波拉德（Jonathan Pollard）的结合。小说广泛地将凯西的能力嵌入日常的直觉中。在《模式识别》中，所有人都忙于将情感和亲密关系货币 77
化：做广告、做电影、搞病毒式营销、将垃圾回收为光鲜俗气的产品——这些只是塑造全球经济和政治关系的一部分把戏。她目前签约的蓝蚁广告公司负责人胡贝图斯·比根德（Hubertus Bigend）告诉她，现在是杏仁体的世界，是边缘系统（limbic system）[①] 的时代，“文化诱使我们意识到……所有的意识”（69）。凯西便是杏仁体的女王。

虽然凯西在感知商标的潜在力量方面有独特的才能，但她的才能来自对一般神经系统的极致推演。小说也突出了一系列类似的组织情感智力的审美形式：特别是隐写术，即一种水印书写术，或通过将信息隐藏在其他符号中传递的做法（74-76）；还有关联术（apophenia），可以“对不相关事物的联系和意义进行自发感知”（115）。有时候，凯西不得不提醒自己，巧合也的确存在。但在小说中，这种情况很少发生：神经系统总是能够直觉地感知到存在与存在的事物之间不断的交流，在它们交往网络的无数个节点上来回穿梭。因此，《模式识别》中讨论的所有潜能既不关于过去，也不关于未来。这种版本的侦探小说闯入了历史小说对情感的讨论，它生产的是另类的当下时刻，而不是——如一些批评家认为的那样——指向乌托邦式的非历史主义（Blattberg），一个固有（immanent）的未来（Jameson，Wegner），或者对资本主义的、商业化的当下的否定（几乎所有相关学者都是这么认为的）。对自己无法知晓的东西，人们听凭直觉，由此改变了此刻的样态。这个过程并不是转瞬即逝的，而是一个行动的领域，它存在于以过渡中的试验为标志的空间中。就像《直觉主义者》一样，这是一出调谐剧目（drama of adjustment）：在即将变成此刻的东西变为此刻的过程中，

---

① 边缘系统指包含海马体和杏仁体在内，负责处理情绪、行为和长期记忆的大脑结构。

它是直觉的再训练，而这里的此刻是以其强烈的感觉为特征的。否则，世界就会在没有保障的情况下明目张胆地持续。潜在的约定总是有可能失效，这也是乐观主义的主要场景。并且，获得真诚的人类关系的可能总是充满诱惑，让人继续投身于技术—政治游戏的规范要求。

在这种以过程为导向的主体性扩展中，凯西和莉拉·梅一样遭
遇了创伤，深陷于“事件”的困境。正如莉拉·梅的电梯事故只是
在日常生活内部组织和突出了一次种族和性别的危机，凯西所处的
被“心理预防”（46）压制的不稳定的情感也是一样——它在媒介
化的公众性创伤中被带到前台。《模式识别》便是围绕两个这样的事 78
件之间的关联展开的：“9·11”事件双子塔的摧毁和网络上突然出现
的吸引了相关公众的一个吻的录像。然而，“9·11”事件是凯西个人
的创伤，并不是塑造小说叙事线的事件——这个角色是由那个录像承
担的，它“有一种跨界的策略，僭越着事物惯常的秩序”（20）。

引导凯西世界之旅的亲吻录像出现在F：F：F网站上，即“恋物录像论坛”（Fetish Footage Forum）。在这里，世界各地的“粉丝”们争论这组逐渐出现的异性恋亲吻镜头是否为一种叙述，或某种非目的论的东西，是一项正在进行的事业。这无关痛痒的却又至关重要的“粉丝”文化的剧情，与《直觉主义者》中戏谑的政治辩论相呼应。在这里，进步论者（the Progressivists）与完成论者（the Completists）在理论和概念上存在争议，一派声称影片是未经设计的，另一派认为录像已经完成，并且正在被拼图般地一块块放出。蓝蚁公司有着占有或运用想象来创造世界的欲望，这引发了对录像吸引人的“营销”和发行。在蓝蚁公司这种欲望的资助下，凯西飞往世界各地以解开这对恋人录像之谜，这也是当代亲密关系与

生活叙事本身的谜。在这一点上，正如德勒兹和加塔利所写的，“权力的组织是欲望和经济基础设施的统一体”。[31] 她唯一可利用的资源是她继承的家族技能：她的父亲是一个间谍，她从父亲那里学会了保密、安全和破译密码的方法；她的母亲则是一个可以通过某种电子静电听到另一个世界的声音的通灵师，她从母亲那里学会了如何将声音转化为记录当下的信息。

在继承了无与伦比的破解未知的能力之后，她先后去了东京、俄罗斯和伦敦，去了拖车停车场、公寓、餐馆、咖啡馆、市场和酒店，乘坐地铁、火车、飞机，也走过人行道。但如果说，当博多维兹这样做的时候，他是在培育新习惯，那么当凯西这样做的时候，她则是在忘记旧习惯。以前，她无比专注、经常失眠、高度警觉；现在，她学会了“放下所有的处心积虑”，学会了肆意遐想（256）。这段影片，以及所有的一切，都变成了“一件正在进行的作品”，这与进步的叙事是不同的。然而，凯西并不是一个现代主义的弗兰纽斯，尽管她如一个弗兰纽斯般行事。在《模式识别》所描写的当代时刻，对经验的随机收集是一种货币化的风格，而不是
79 一种存在方式。你可以说，这些情节的作用是使凯西弗兰纽斯式的游荡变得激进：她真正地脱离了世界直觉风格的防御，以便可能在事实上与特定的人产生依恋关系，并与他们一同游荡。最后，她感觉着那些她只能从头到尾感知到的东西，她注意到“她生活近期发生的奇怪之处暗中发生了变化——正在根据一个新的历史范式重新被组织。这种感觉并不舒服”（340）。如果说莉拉·梅放弃了与任何干扰她乌托邦志向的东西保持同步，那么凯西也放弃了区分过去和现在，因为这样她才可以使现在保持开放的状态。《模式识别》的结尾，凯西和派克男孩躺在床上，一个她在 F：F：F 网站上结识

的依恋对象，他愿意为她忍受不便。在身体的同步中，他们飘离了当代生活制造的喧嚣，而这些喧闹构成的正是此刻僵局惯常的直觉性自我教育。

坠落的人和尖叫的人：匿名与创伤

对于情感在构建历史性当下的体验和校订中占据的主要地位，我已提出了一系列观点。其中有一个美学的主张，即情感在任何历史性时刻中介当下的过程中，都具有中心地位。[32] 另一个主张是，对情感问题的分析与许多邻近意识形态理论的对无意识依恋的讨论有关（但不完全等同），这一点从直觉在关涉历史转型的典型小说中具有的中心地位可以看出。在这些小说中，以及在本文中，直觉是情感及其历史活动背景之间的反应区，是一个进行推论的区域——当它遭遇社会性的东西时，总会根据证据和解释的构建而发生改变。《直觉主义者》和《模式识别》被如此明确地定位在感觉系统之中，并保留了更多的通俗表述而非技术术语。它收录了表达此刻直觉的无数种方法，涉及探查的多种类型和模式，如经验主义、直觉主义、完整主义（completism）①、进步主义等。利用这些方法四处观看考察，试图厘清如何追赶、回应、扩展或干预当下时刻，与之共存，并留意其陷阱的方式。人们独自而共同地在这当下时刻里生活。

然而，在这些小说关于同时代时间的概念中，此刻被戏剧性地

① 完整主义，本是科幻小说的“粉丝”俚语，指对拥有一种事物的所有版本和类型的渴望。

用创伤的白话表达出来。创伤性事件的发生强化了世界的神经系统，并使人集中于一种感觉，即他们眼前发生的事就是正在形成的
80 历史。运用这种划分时期的美学手段，两部小说都开启了《直觉主义者》中所说的给定时空中的“全套轨迹”。创伤在空气中产生了一些东西，而这些东西无须比不可思议的感觉更具体——房间里飘浮的焦虑感、街上的消极情绪，或是在日常生活中发生的没有明确边界的事（尽管发生的事确实是具体的）。我使用的词是“发生的事”（happening），而不是事件（event）。正如序言中提到的那样，这是因为这些叙述讨论的是发生的事“变成事件”的过程。这个过程的大部分时间都处于危机招致的僵局的情境类型中。如此一来，这些被多重因素决定的“发生的事”的共振和影响便能被更完整充分地记录下来。所以，即使一些事情发生了，在这些事情中，有一个一致被认可、被识别的事件，也没有一个先验的结果、习惯或者共振的模式能够以一种特定的方式强化日常性。无论人们怎么看待医学人士可能称为“创伤”的身体和神经生物学特质，当人们遇到这种情况时，被称为创伤性的事件主要变成了一种解释尚未被定义为某种类型的情境的体裁。

文化理论家通常不会通过体裁的情感惯例来思考创伤。他们也不认为创伤是对发生的事情作出反应的一种风格模式，一种将其中介为事件的风格模式。至少从 20 世纪 50 年代的美国开始，作为一种体裁，也没有人认为它引起了一种时代化的规范来书写当下的历史。造成这些忽视的原因有许多。一个主要原因是凯西·卡鲁斯（Cathy Caruth）① 在人文领域讨论创伤的权威模型，该模型通过某

① 凯西·卡鲁斯，美国创伤理论家，著有《沉默的经验：创伤、叙事和历史》等。

种症状对完整的主观经验的阻滞来呈现创伤，展现、标记并阻止（foreclosing）自我破碎损失的暴露。[33] 从这个角度来看，在它的自我创生（autopoesis）① 意义上（当我们认识到它时，我们就知道它了）及其对自主控制的否认上（我们知道我们是无法拥有“创伤”的；相反，我们只能被它占据），我们允许创伤事件作为一种不证自明的存在。

与之相关且矛盾的是，关于创伤性事件的文献一直被一种共识所主导，即认为创伤将主体从历史性当下中分离了出来，判处其囚禁于可怕的、充斥着过去的状态，变成堵在主体中、从日常生活中以非历史的方式呈现的东西。[34] 但事后性（Nachträglichkeit）② 概念的时间性扭伤则远为复杂。作为一个情感性概念，它连接的是：一种不得不追赶新发生事件的迟滞感；一种恍然理解事件到底发生了什么的醒悟感（通过事后体裁，第二次事件鼓动了先前时刻的创伤感）；一种当下被浸透的感觉，尽管是作为一种解体的结构；一种 81
被多重决定性的压力掏空的感觉；一种被排斥在未来（现在它被过去定义）之外的感觉；以及，由于日常生活确然还在持续，一种此刻剩下的部分也毫无意义的感觉。超意识与一种自我阻断和自我遗忘的行为融合在一起。我们在日常习惯和超感觉的直觉里都能找到这种行为。以扭伤、在水中扑腾、卡住、从一个症状到另一个症状以及自我遗忘的方式体验创伤，这与失忆症不同：这种时间性的混乱指向的是一个观点（卡鲁斯同样指出了这一点），即围绕着创伤，

① 自我创生，指生物体自我协调、再生和自我维系的能力。本是生物学概念，后扩展到系统理论和社会学中。

② 在弗洛伊德的精神分析理论中，事后性指对先前事件导致的创伤性感受的迟来的理解和感知。后被其他精神分析理论家如拉康、琼·柯普洁等人发展。

总是存在着过剩的意义。[35] 在这里，我认为“创伤”最好被描述为应对崩溃状态的多种类型中的一两种。[36] 毕竟，创伤并没有使体验历史性当下成为不可能，相反，它使其成为可能：这不是说，人们仍然保有一种传统的个人经历可供讲述，以便为自我拥有的身份提供基础并与之关联；而是说，当创伤摇撼了被理所当然视作生命历史延续性基础的个体叙事之时，它在没有多少规范性剧本或者保证的情况下，彻底改变了生存的方式。卡鲁斯也会主张，事件太过切近的性质并不会阻碍经验、记忆、知识和习惯的实践，而是淹没了它们。**这一切都是记忆留存的不同方式，**有着各自的发生扭曲的惯例——如管理、媒介化、体裁。但淹没并不总是以窒息的方式被体验，正如任何关系的情感结构（affective structure）都可以体现为一系列不同的感情（emotions）。我可能感到窒息或者麻木、无法承受、泪流满面、愤怒、超脱、宽容、困倦或任何情感。这是因为那些我们称为创伤性事件的东西并不总是引发创伤性反应。亚当·菲利普斯（Adam Phillips）① 谈到，这种症状是一种半记忆、半遗忘的东西，是卡在记忆喉咙里的东西，没有完全消化掉。[37] 首先，情绪是不同的，但情感结构则保持不变。此外，随着生活的发展，习惯也会发生变化。对于新的历史栖居地，创伤性事件的主体是开放的。

“危机的日常性”由创伤性事件引发，这样理解可以实现对象征符号的扩散和其他非表达但延续生命的行为的关注——这些东西贯穿于日常生活以及生活的条件之中。任何同时期的历史，无论是否为创伤性的，都牵涉这些东西的收集以及对它们的反思，以记录

---

① 亚当·菲利普斯，英国精神分析学家，著有《亲密》等。

其力量，并捕捉其流转过程中的阻滞和表达的动态。有时，创伤的 82
确以完结的事件的形象出现。但使某件事可以为事件的体裁所用的，是情况的强烈程度。它扩散至存在的模式、习惯和类型之中。

我们这里的两部小说展现的是，一种乐观主义的客体关系如何骤然变得残酷，并卷土重来。由此，它们提供了经由日常理解创伤扩散的多种体裁。《模式识别》将历史性当下僵局中的时刻称为“灵魂缺席”（soul-lack）和“灵魂延迟”（soul-delay）。人们对氛围中加剧的强度作出反应，却不知道它所代表的是什么样的情感世界（35）。对于凯西而言，缺乏的状态是存在性的，但体验为一种时间上的错置：一种时差感，令人痛苦不堪的信息滞后、形势滞后，一种对生存状况失去掌控感的时间性表达，但却又继续生活着。很容易把这些处于特定地方的情况错误地解读为焦虑的反面，并且在被遗忘的意义上不值一提：凯西闻到了冰箱里的单体，感觉到了人体模特、黄色墙壁和咖啡馆装潢的色调，注意到外国的东西味道不同。并且，当她累了的时候，发现那感觉中立的东西其实代表的是她在“此刻的孤独”中轻微的忧郁。孤单与孤独不同，但两者都是苦情的；它们像凯西剪标的衣服一样被剥去，成为一种麻木的现实主义。它是什么，由模式识别组织起来，这与事件甚至思想不同，更像是评估现状（24）。活在她此刻的处境中的感觉，就是去暂时适应、调整、接受当下发生的一切。尽管她对恋物录像论坛的痴迷也包含轻微的上瘾、一丝兴奋和作为“粉丝”的自我烦扰，但没有什么会扰乱她所接纳的中介性流转模式，这是她的存在方式。

一切都是近似的：“就像朋友的客厅一样让人感到熟悉”（3），像“第二个家”，“几乎”是单色的，温柔而舒缓（3，50，55）。

这便是近乎去事件化（de-eventlized）的生活节奏。在凯西被派去执行寻找录像来源的任务之前，她几乎是随意地访问 F：F：F 网站——“有很多事需要补课，要从头开始，了解事情的脉络”（38）。她遇到的大多数人也都释放着想要了解事物走向的情绪：他们都来自别的地方，或紧或松地进行着这些工作，主要是在找人，找寻节律，寻找地方，四处打听，“她喜欢普拉提，因为普拉提无须冥想——她觉得瑜伽是那样的。（因为）你必须要睁着眼睛……
83 保持注意力”（6）。

因此，我们值得慢下来，理解她放慢脚步、保持平衡的过程。在这里，当她的眼睛扫过房间，一件怪事发生了：

> 在她左边的墙上有一幅三联画，作者是一位日本艺术家，但她不记得名字了。三块 4 乘 8 的胶合板并排挂着，上面是层层丝印的商标和大眼睛的漫画女孩，但每一层涂料都被打磨成影子般半透明的样子，上了清漆，然后再叠加一层，又被打磨，再上清漆……对凯西而言，这给她的感觉是非常柔和、深沉的，甚至几乎是抚慰的，但却又有一种让人不安的、恐怖即将爆发的幻象感。（55）

但这没引起任何动静，除了关于小说的此刻里情感流转的信息。她的神经系统在柔和的事物周围感受到恐慌的光晕，而这种恐慌的状态作为结果，作为一种运作的效果，同时又以图像本身的方式被强烈地感知到，这说明什么呢？这不仅是因为凯西从小看到恶心的商标就会崩溃：“有些人吃花生，头就会肿得像个篮球。当它发生在凯西身上时，发生反应的是她的感觉系统……稍微向右瞟一眼，一切就会雪崩一般坍塌。”（17）这也是因为，她总是生活在母亲的超自然精神和父亲的中情局特工式偏执的世界里，这也是给她提供技能与方法来保持安全模式的环境，“让她有一些心理预防措施……来应对日常事务。保持斗志”（45-46）。这种环境甚至为她提供了一些短语，好让她在过度紧张时打断自己的情感，让她在无法继续的情况下继续：“他以250节的速度撞到了鸭子①……这会减轻她在看到最糟糕的过敏源时总会感到的恐慌。”（34）

但“9·11”事件改变了一切，因为它触发并重塑了她的感觉系统。在前十四章中，她只在不具体的片段中没有任何叙事性地提及这件事。她的宿敌，工业间谍多洛蒂（Dorotea）问道：

“所以，纽约的冬天是什么样的？”

“冷。”凯西说。

“也很伤感，它还让人伤感吗？”

凯西没有说话。（13）

在第十五章“特殊性”（Singularity）中，作者终于让凯西“不再忘记（unforget）父亲的缺席”（134）以及这对她“内在性”的破坏。特殊性这个概念连接的是主体绝对无法一般化的东西，以及 84
创伤——在这里，时空的连续体延展开来，变成一个黑洞。这一章列出了凯西那天早上无关紧要地吸收和感受到的一切，这些细节并不重要，直到突然间，这些东西标志了她拥有那个既存世界的最后时刻，那个持续的既存的环境，她寻常生活的既存构成结束的最后时刻。这就是“9·11”事件所改变的东西。它没有改变她直觉的

① 这句话可以被看作是主人公自我镇静的祷语。小说中，这句话出自一名飞行员的故事，一只鸭子撞到了他所驾驶的飞机的风挡玻璃。

基本模式；她已经是那个随性的存在了，未来也会如此。她还记得那天早上感受和遭遇的东西：城市的噪声、楼梯的样式、商店橱窗里散落的干花瓣、某人解开的拉链、CNN，以及第二架飞机向世贸中心的撞击。她的感觉系统将这些收集起来，作为储存起来的撞击的历史。后来，她认为“她肯定看到了有人跳下，坠落”，但她不记得了（137）。

当凯西（在所有的感官上）搞清了她的计划，并在沃科夫（Wolkov）姐妹（她们一手制造和传播了来自俄罗斯的图像）身上找到了她的镜像世界和创伤性的二重身，一切都从情感的悬置变成了情感的转移。这些制作亲吻视频的艺术家同样在政治暴力中失去了双亲。她们的视频，那个浪漫的吻，也是这部小说的二重身，因为它很可能指涉的是她们父母对待彼此的方式，那在姐妹俩出生之前的时刻，以及一种美好的幻想，即当人们出于对彼此的渴望在一起时，事情是简单的，并具有让一切都简单起来的力量。在遇见她们之后，凯西得以通向自己的父母来交流。就像她母亲听到迷失在以太中的生命之声一样，凯西听见她父亲的声音弥散在全球当下的电气层之中。她超人的力量让她免于中毒。最后，她将父母重新编织进自己的内在性之中，重新达到了她在感觉上的自信。这一次，她对事物的感觉是自主的、后直觉的。

因此，在创伤叙事之前的章节中，记录的是一个我们熟知的人，她以惯常的方式在世界中流动，与之浅浅接触，而且只是逐步地展现她以多重方式呈现的震惊。然而，那些可能是震惊性创伤症状的东西，也可以被解读为风格（style）：在她自我保护式的习惯中充满克制地展开，比如，她穿没有标签的衣服，喝咖啡店的咖啡，在陌生的地方睡觉，允许自己沉浸于恋物录像论坛和街头集市

的欢愉中。 85

吉布森用“严重的对个人的袭扰”（insult）（137）来形容“9·11”事件带来的创伤，形容它对凯西的转变——它将她的孤独变成了某种消极的东西，是一种防御。在医学用语中，袭扰指的是对身体的损伤。“袭扰”呼应的是创伤从一种身体伤害到一种情感事件的转变，这种情感事件在感觉系统内引起共振。但灾难仅仅是一种将她转变为防御式非人模式的个人袭扰吗？最终，凯西让被伤害的阈限变成了一个存在性的问题，变成了威胁的随机性，以及伤害、死亡的不可预测性，或者干脆变得对个人存在的条件不再重要（34）。已没有足够隐蔽低调的地方来躲避袭扰，躲避这种世界并不围绕你的主权而组织的袭扰。她路过一场事故：

> 在一瞬间，她看到了那张无意识的、不被注意的脸。这张脸的下半边被一个透明的罩子遮掩，夜晚的雨打在紧闭的双眼之上。她知道这个陌生人可能现在已经占据了阈限最边缘的位置，在不存在的边缘摇摇欲坠，或者即将进入某种无法想象的存在。她看不到是什么击中了他，或他可能击中了什么。或者街道本身已经立起来，撞到了他。她提醒自己，不是只有那些我们必须害怕的东西才可能会做出这种事情。（54）

这种对“担心对解决问题并无帮助”的留意、反思、调整和理解的情节，以及利用不可避免的偶然性脱离防御的感觉，最终使凯西从她的防御中解脱出来。她通过接手别人［比根德（Bigend）和派克男孩］的项目实现了这一点，并以同样的方式，通过扑在她生活中所剩的那件让她快乐的事找回了自己的欲望，那个依旧保有同意、情感和近乎亲密的所在——那个视频。侦探悬疑随后演变成了爱情小说，与派克男孩的友好关系最后变成了恋人的假期，创伤性当下的糟糕僵局也随之变成了一个合意的僵局。但与此同时，当下的僵局并没有发生改变，它被跨国资本以其所有直接和间接的暴力、强权在结构上进行控制。但是，她仍然不知道那个坠落的人到底是谁。

那个坠落的人是“9·11”事件中的谜，围绕他产生了与无名死亡的恐怖相关的许多其他小说和纪录片。[38] 在这里，他仍旧作为一个被注意，但又去事件化的情感现场而存在，作为一个标志知识危机的人物，以及一个标志创伤中那些不能被模仿的东西的人物，一个毫无直觉来吸引或调动事件的场景。他悬浮在感觉系统之中，
86 却又不触及神经。在其他的激化的时刻，或其他的感觉系统中，他很有可能又变成个“什么”的对象，但又同时坠落且无法着陆于僵局悬置的想象。他产生一种共享的情感层，一种情感结构，一个历史性当下的尖锐的点，却又没有在任何叙事意义上变为事件。

当不同的冲击在一个特殊的经验悬置中看起来彼此相邻，人需要确认这种联系**的确存在**。这个特殊的经验悬置同样也是历史领域共享的经验悬置，在这个时候，“现在”永远存在，永远是别处，是倾斜的“人行道”（17）。在表达这种确信之前，人们需要知道已经有的是什么联系。而在同时代中调整生活的间隔，就是对这种需求的悬置。它将人际关系消解为非人际的，将被动的变为主动的。“我知道”，凯西说，“这就是她所能说的全部了，所以她只是坐在那儿，想着她可能触发了什么东西，它可能去哪里，以及为什么。”（112）触发某物不同于对某物的认识和行动：这就是节奏与共鸣的诗学。由此，生活变成了被安妮·利斯·弗朗索瓦（Anne-

Lise François）所说的“逆动”（recessive action）的模式，一种朝向主动休息的趋势，可以成为生活得以继续的资源，而不把错置的过去和未来投射于事件虚假的主权世界。[39]

以日常生活的强度重新组织创伤性事件意味着一种完全不同的模式，后创伤（post-traumatic）的历史和记忆将主体**再个人化**（repersonalize）。弗雷德·莫顿（Fred Moten）可能会将小说的情节形式称为一种“切割”（cut）结构，即一种重塑事物以及人之间共鸣关系的依附性支撑结构。[40] 盖特丽·斯皮瓦克（Gayatri Spivak）引用德里达（Derrida）的观点，将这一过程称为“在不可能的地方寻找依据”的“远距创作”（teleopoiesis），以证明这个想法本身是荒谬的。[41] 在“远距创作”之中，交流回应的是一个遥远的他者：就像接到呼语一样。这是依恋开放的时间性开始，无论创伤是否强迫开启了一条新的路径：一条让新的互惠关系的体裁成为可能的路径。这些模式指向的是，行动留下的长长的移动的痕迹，在各种各样顺时排列的网格点上弹跳。在这里，相遇被定义为判断和重塑亲疏远近意义的催化剂。

《模式识别》的情感层也表达了其他东西——一种关于被他人识别和识别他人的匿名关系，这与人们在现代主义坐标上预测的关系有所不同。陌生人之间有一种共同的感觉，即现在默认的姿态就是争论，是就价值讨价还价。凯西在街上遇到了一个人，他处于急匆匆的状态，就因为他是一个活人。凯西的熟人沃伊泰克（Voytek）与陌生人大声交谈，以支持他的“支架”（scaffolding）； 87
他的姐姐是一个很酷的猎头，总是对产品夸夸而谈；当凯西遇到霍布斯（Hobbs）——凯西与中情局的生活联系人，就开始了讨价还价。讨价还价过程的价值管理与小说的另一个主要的空间实践有关：每个人都在谋划。谋划就像耕种，但与自然生长并不相关；相反，它是为了现象获得价值而收集现象。一切都是工具性的，而修辞是关于交易的修辞。然而，这个版本的工具性是乐观的，它并不通过以往的方式得以具体化，因为通过与物、人和情境相遇而产生的直觉渗透确实产生了一种团结和被认可的感觉。这种感觉基于一种集体欲望的感觉，使人在本可能是创伤铭刻的命运中生存。

在《直觉主义者》中，直觉的历史主义氛围追溯了许多与《模式识别》相同的直觉交流模式，但前者投射出一些不同的动机和模式，将主人公情感动机的形态历史化。这发生在激化的基础设施威胁塑造日常生活的情境下。对那些组成小说情境的非裔美国人而言，美国城市并不如在《模式识别》中那样，是本地化全球世界的一部分，而是一种错置的情感所产生的结果。它们变成了非常“乡村”（236）的人的乌托邦式的发明。富尔顿和莉拉·梅都是南方的移民，为了隐姓埋名来到北方。他们喜欢隐匿的状态：他们想象的乌托邦城市就是人们相邻而居，却“不说话。没人知道其他人是干什么的，也没人知道你从哪里来”（134）。他们同样幻想城市的匿名性是解决美国南方种族问题的方案（27）：富尔顿的出身彻底影响了他童年的氛围，他妈妈被雇主强暴，姐姐不得不让他们两个人待在一起，在真相被窃窃议论的氛围中，孩子们对母亲的状态高度敏感，叠加在跳动的南方种族主义的本体感受中。随着强暴事件充斥着富尔顿的日常生活，扰乱他的体验，这成为他一种默认的生活状态（135）。借着他的浅色皮肤，他同样经历了“一件奇怪的事”：一个“老年黑人走到一边让他买他的糖果①……他花了很长

① 在美国俚语中，糖果指毒品。

时间才搞清发生了什么。糖果早就吃完了。他回想起来的是那种酸苦味”（136）。 88

莉拉·梅的父亲马尔文（Marvin），同样受到白人至上主义的日常侵扰（尽管不是创伤性的）：被种族主义的电梯检查员冒犯，被白人顾客无视——在他们眼中，他最多是机器的一部分，驱动着他们自由流动的（垂直上升）特权。城市是一个你可以隐姓埋名的地方，你可以没有什么影响，不造成任何扰动；城市是一个可以控制去事件化、去戏剧化的节奏，从而丈量自己存在方式的地方，而这种丈量是通过谈判实现的，去争取比其他人需要的更多的空间。

因此，当凯西的创伤性直觉帮助她在整个职业和个人生活中穿梭自如时，莉拉·梅的直觉生长于一种分隔性的防御之中。

> 她想，被认成白人并不能解释：那个知道你隐秘肤色的人，那个你在一个意想不到的时间、在一条相当寻常的街道上遇到的人。直觉主义无法解释的是：在那个相当寻常的上升过程中，一个意外的时刻，电梯遭遇的灾难性的事故，以及那个会揭示这个设备真实样子的人。那个被认成白人的黑人，以及只能倚靠运气的无辜电梯，恰好有一个认识他们是谁的人的空荡街道。那个知道他们弱点的人。（231）

在《直觉主义者》中，恐惧是那些想要穿过种族主义空间的非裔美国人主要的危机性情感。她所处之地总是充满危险，“在这个城市中，无论她为了那件事走到哪里，她被训练出一种恐惧感，以便在无处不在的情况下保持隐形，就像消防栓和口香糖被踩在黑色人行道的拼接处。临时的武器包括鞋子、钥匙和破瓶子。桌球杆也是——如果有的话”（24）。白人至上的种族主义空间是一个危机的空间，嵌入日常生活中，就像“许多正在发生的事情，污水，以及更多污水之外的土地……一茬茬长草的烟囱，许多乱七八糟的东西，360度的选择空间，慷慨地选择幻觉”勾勒了天际线（17）。恐惧也害怕这个事件，因为它只会证实人们忍受的就是历史性当下。恐惧甚至期待着从事件的可能性中得到放松和休息。“这是聚集整合的真实结果：用推迟的确凿无疑的暴力取代确凿无疑的暴力。”（23）

“堵着一点儿也动不了。”（12）但在灾难性的电梯坠毁事件后，莉拉·梅追溯并重塑了病理的地理学——关于这个世界发生了
89 什么，也关于她自己发生了什么。在日常性之中，她迫使进展发生——她同样试图迫使车流动起来，因此差点儿卷入一场车祸——最开始是要保住她的名声，她在一个种族主义、厌女、无法匿名的检查电梯的世界里唯一拥有的东西。后来她的目标变了，因为她的整个认识论基础、她的感觉系统，都被她所收集到的直觉主义的信息所威胁和动摇了，不仅是其激进的后实证主义，还有它基于富尔顿的“笑话”造成的消极侵略的报复，及其隐瞒的种族历史。要做到这一点，她必须放弃她所追求的深埋姓名的做法。虽然，这种对创伤的开放，也是一种对欲望、对身体扰动、对风险和梦想的开放。她先前的不稳定感与结构性种族歧视的地理错置感结合在一起——但这种融合与接下来发生的事并无相关（23-24）：也就是说，性，而不是爱，只是欲望最虚弱的冲动，可以打乱一切——那些她构筑在自己直觉中、维系生活的所剩之物。她所犯的错误所导致的情形，可能演变为革命性的转变。在这期间，起初，她“没有计划，虽然这并不是她的作风”，她体验到了“焦虑和漫无目的的

思考”的感觉，这个感觉摇撼、淹没、驱散了那种激烈的东西，那种试图给对象以形状的东西。但随后，“情势，如预期一样，发生了演化”（148）。

渴望知晓事情的全部，就意味着渴望能够开放地了解任何事物。正如在《模式识别》中一样，这意味着莉拉·梅必须暂停防御，提高情感技能，并寻求对话，努力倾听，游说引诱，锲而不舍，还有乐于接受——这是最难的。这是一种与她在创伤前世界中表现出来的非常不同的主权风格（sovereignty style）。最后，她与富尔顿结成了某种程度上的情侣。就像听到她父亲的声音一样，凯西听到了富尔顿的声音，通过一种心灵感应的方式。在舞厅里躲避坏人时，“她问她的舞伴，他现在不是她的舞伴，而是一个已经死了的人，除了他的遗体、他以前的话语，他并不能回答‘你为什么要那么做’‘你会明白的’”（216）。这种结合的形式解释了莉拉·梅直觉转变的程度：她经历了对爱人的需求，但又重新意识到活着的人是无法读懂、不能依靠的，即使你把身体压在他们身上，就像慢舞或者做爱的时候。但如果没有活着的人可以为此而被信任，人们还是可以找到一个在智识上可以信任的人：在想象的修辞性亲密中，两个灵魂理论上化为一体，呼语的逻辑在这里再次浮现。莉拉·梅“一直认为自己是一个无神论者，并没有意识到自己有宗教信仰。每个人都可以开始信奉一种宗教。她们只是需要他人的需要而已”（241）。在《直觉主义者》中，白人至上主义扭曲的亲密关 90
系，仿佛使唯一的爱和亲密的社会关系变成了不可能的事情。但这之外，理论上的爱是必要的，这是唯一的，可以让庶民重置世界的感觉系统。在生者之间没有什么革命性的爱，也没有什么累积迸发的爱，人与人之间也没有相互抚慰。富尔顿开启的那种乌托邦式的、后实用主义的种族提升，给莉拉·梅一种更深刻的与生命相连接的方式，这种联系尚且还没有物理原理，没有方法，也没有惯例来驱动真正的成长和发展，除了在持续包含情感的写作时，她为其发明的东西。

在灾难引发的危机中，在其中的一个时间节点上，莉拉·梅被绑架了。暴徒和工业间谍们把她带到了暴徒专门折磨人的地方，他们在一旁坐着，开着玩笑，谈论着过去的“光辉事迹”。在小说前面的部分，我们已经来过这个可以随意折磨人的地方。乌里奇（Urich），一位调查记者，也曾经被绑架到这里。他被拷问折磨的原因是他发现了富尔顿乌托邦黑箱的存在。这个箱子的启动将意味着企业霸权和我们所熟知的城市的终结，因此电梯利益集团借用暴徒力量来确保这种改变无法发生。他们把乌里奇带到了一个刑讯室。通过迫使受刑者的感觉系统以及他调查情感的习惯与时间脱嵌，这个地方暴力地重置了历史性当下。刑讯室里散发出创伤在时间上多形态的强烈气味。随后我们目睹了另一种酷刑。这次是一个对我们来说都陌生的人，他只是某种原因的结果。

那里没有窗户，他们拿走了他的手表，所以他不知道自己在那里待了多久。他在那里待得太久了，以至于获得了“尖叫的人”的绰号，以至于他被称为“尖叫的人”已经有十几次了。当那个没有眼睛的大个子打断他的第一根手指时，他第一次尖叫起来。后来他又尖叫了好几次，事情就这样开始了……他们把他锁在行军床上，这样小便、呕吐物和其他混浊的液体可以时不时地从人体内排出。还有脓包。床垫上有文身样的痕迹，深色的无定形的污渍对应着不同身体部位落在床垫上的位置。右膝周围有一团棕色的云，腹股沟

> 附近有一些凝固的浊液。当他看到床垫时，他尖叫起来。当他们把他锁在床上，他看到他的四肢和身体部分被固定在上一个人的分泌物上时，他尖叫得更厉害了…… 他身上多处伤口流出的血溅在煤 91
> 渣砖砌成的墙上，而后变干，最终与上一个人的血无法区分。(95)

据说，甚至他身边的人也比他看起来更容易被这件事所改变：这些人，“通常有着一颗沉着冷静的心，都经历了一种新的不安”，并计划着在生活上做出重大的改变（97）。莉拉·梅在去刑讯室附近的房间的路上，遇到了“尖叫的人”。但同样地，这个揭露一个人彻底隐秘的身份的片段对小说的情节而言没有任何影响。莉拉·梅见到了他，但这对她没造成任何影响。她甚至根本不记得他。当她在楼梯间遇到他时，“他尖叫着”，但她的反应没有被记录下来。随后，以莉拉·梅的口吻，叙述者说道，“她希望那个男人停止尖叫”（105）。

感觉系统必须从很可能是毁灭性的创伤中发掘日常性的东西。而在两部小说中，对感觉系统最极端的威胁都是一种揭示，即在正在持续的生活领域中的特殊时刻，一个人只是借得了一个名字、一种经历、一种个性和一种意义，而这些借来的东西不仅可以被死亡收回，也可以被生活的残酷力量收回。这些残酷力量包括随机性，也包括比随机性更可预测、更系统、更充斥世界的东西。当出借这些是一种随机性或者运气的原则（未预料的灾难的力量），而不能被专业能力所预防时，这种毁灭感对莉拉·梅而言尤为剧烈。但当出借方具身的是结构性的“推迟的暴力”时，这种毁灭感也足够强烈。自主的匿名是一种防御，应对被需要，以及拥有世界和其中的人的渴望。对两位主人公而言，这产生了一种可忍受的僵局。但最终，当这种幻想——她们的个性和经历是叠加历史的基础而非习惯（habits）——坍塌，从消极到积极，所有情感都被激化了，创造场景并将梦想与生活混淆：它需要一种娴熟即兴地对“延续”的证据的再自然化，这种延续性构成了默认的历史性当下，这世界中此刻的存在。

这种急于巩固历史性当下的做法是具有启示性的。在这两部小说中，创伤性事件总是产生一些技术性的、没有内容的东西：一种与世界不同步的感觉在主人公身上得到了再现。通过感觉系统的特殊性所附带的职业专长，这些特殊人物嵌入一种半公共的生活中，
92 意外变成了（小说化的）世界里的事件。在小说的结尾，这种对世界的扰动与她们生活的扰动得到了恢复，走向一种新的直觉主义，这种直觉主义与当下的僵局和平相处。矛盾的是，这就是说，她们早期的不同步感实际上是拟态的（memetic）、和谐的。因为她们代表的是游走的直觉主义者和创伤世界之间同步的点，这个世界感知到其正在经历的危机，不得不开始“重新校准（那个）想象”，校准那支配日常节奏的东西（《直觉主义者》，221）。灾难产生了一种灾难感，但这意味着主人公尚未从这个世界中彻底脱离出来，反而更深地嵌入其中，在保持一些缝合线的紧绷的同时放松了另一些缝合线。在生存的压力下，她们即兴发挥，意识到自己的个性习惯可以被忘记和重新塑造。对她们而言，重新校准直觉需要一种新的心理地理学（psychogeography），将她们的特殊性与她们在历史中的位置——即当下时刻——再次连接起来。这种新的心理地理学也预示着那些即将到来的和固有的东西（爱、理论），但在那种历史状况中实现任何潜在的变革，不需要对这些东西坚持到底。变革总是以未来的语言被叙述；这两部小说想要做的，是为一个重新概念化

的此刻提供感觉中枢。

事实上，我已经描述过，这两部小说中的日常生活内部的危机激发了侦查研究的事业，人们去图书馆、上网、找其他的人，去寻找一些东西，它们不在关于过去和未来的语汇中，不关于过去（其存在的面貌以归来者的形象呈现），也不涉及为未来而活，而是关于当下正在持续的状况。虽然，就解决其主人公不安的直觉，及其历史性当下的风格而言，两部小说都是乐观主义的小说。他们是为文学小说的中高层读者写的，他们相信“疗愈”是人道的，并且我们知道它会是什么感觉。它感觉起来就像某个人或某个世界变得不再瘀滞，不再那么系统地暴力，不再那么意料之中地令人失望和疏离。它看起来就像是通过事件及其症状走向一种自由感，这种自由感比不自由的、虚假自主的防御感更轻松——这种防御感充斥着主人公们所经历的创伤前和创伤后的历史。

莉拉·梅在暂时失去信仰后，最终比任何时候都更加直觉主义；凯西释怀了她父亲的死，哀悼了这个世纪或上个世纪，并找了个男朋友。感觉中枢围绕着恶劣的不稳定境况而组织，她们对这种感官的悬置转变为对稍好的不稳定境况的偶然的直觉，这感觉就像一种敞开。由此，两部小说通过完全非理性的方式处理了重重的危 93
机。孤独减弱变为敞开的状态，代表着比这更大的危机的解决。

总是有尖叫的人和坠落的人：人们并不能经常亲眼见证其存在，因为他们生活在银幕之外。但他们也是故事的主人公——那些在动荡和破碎的日常中继续生活的人，那些正在自己周围建立起一种新的感觉系统的人。他们不再基于可抵押的财产来建立感觉系统，而是基于不稳定的状态中学到的乐观主义精神。为了新的直觉、日常生活的习惯和情感管理的体裁，人们发展新的世界，以此承认他们所生活的历史时刻的未竟事业。在那里，他们生活在被称为人格特性的习惯节律之中，而这种节律永远无法完全稳定成形。而习惯甚至想象出一种直觉主义的政治，一种拒绝规范、拒绝屈从于连续谱系（genealogy）诱惑的政治。创伤迫使其主体进入的不是单纯的停滞，而是危机模式。在那里，他们发展出一些广泛的、持久的直觉，感觉我们所生活着的此刻，逐渐浮现却不展开推进，并在一个不连续的当下想象一种历史主义，以及一种从未自主过的存在方式。

Cruel Optimism

第三章

慢性死亡

肥胖、主权、横向的能动性

慢性死亡和主权

“慢性死亡”指的是人的身体的衰竭，并且这种衰竭定义了其 95
所有经验和历史的存在。这个短语的总体重点延伸了前两章的重
点，即集体的身体/心理的耗损现象。这种现象源于全球性/国家性
资本主义制度下的结构性压迫和治理术。它以大卫·哈维（David
Harvey）① 在《希望的空间》（*Spaces of Hope*）中颇具争议的观察为
出发点，即在资本主义制度下，疾病被定义为“无法工作”的状
态。这个针对健康理性化（rationalization of health）的有力观察是
故事的一个重要部分，但却不是全部。[1] 经由这个概念所开辟的空 96
间，我提出了概念化当代历史经验的新方式，特别是当这些经验同
时处于极端和日常的范畴之下，当构建生活和损耗生命之间的区别
无法辨认时。并且，在这些经验的所在之处，很难将不连贯、错
乱、习惯与深思的和审慎的活动区别开来，因为它们都卷入了可预
期生活的再生产之中。

我所提议的这种转变，重塑了我们与主权相关的规范的方式。它特别强调了政治主权和个人主权（或实际主权）之间的非模拟性（nonmimetic）关系。从卡尔·施密特（Carl Schmitt）② 到乔治·阿甘本（Giorgio Agamben）③，从乔治·巴塔耶（Georges Bataille）④

---

① 大卫·哈维，英国社会学家、哲学家，著有《马克思与〈资本论〉》等。
② 卡尔·施密特，德国法学家和政治思想家。
③ 乔治·阿甘本，意大利当代政治思想家、哲学家。
④ 乔治·巴塔耶，法国评论家、思想家、小说家，著有《内在体验》等。

到阿基里·姆贝贝（Achille Mbembe）①，目前把主权作为正义的条件或阻碍的讨论，概述了当代广泛存在的将主权投射到决策事件中的现象。姆贝贝提供了一个典范："行使主权就是行使对死亡的控制权，并将生命定义为权力的部署和体现。"[2] 这样说来，主权概念涉及几个相关但不相同的问题。第一，它指涉的控制的形象来自以神学为基础的皇家或国家特权的古老传统，虽然这种形式的主权仍有一定的相关性（例如，在赦免的情形中），但它历史地隐藏于"控制"法律和机构管理过程和程序的话语之下，甚至是在主权统治者通过命令来行使其意志的时期。[3] 第二，在将死亡作为一个独立于生命管理过程的事实时，这种版本的主权概念为将治理的生产性程序与国家暴力分开的规范性方法提供了借口，正如我将论证的那样，当管理集体生活的程序包括管理生命耗损的一系列诱因时，这些诱因只在某些时候将死亡合并为一种行为，或一个事件。第三，被描述为个人自主性基础的主权（对某些人来说，这通过"共同意志"体现并保障）过度认同了对这种主权幻想的自我控制以及国家对地理边界的管控之间的相似性。[4] 它将人的完满性建立在宏伟的和表演性行为的假设之上。因此，它将个体能动性赋予了一种军国主义和情节剧式的样貌。个体对自主的情感性的感觉成为一种客观的东西，而这种模拟性（mimetic）的主权概念也使这一点合法化了。最后，在连接和鼓动意识、意图、决策或事件的过程中，主权为干净的治理术提供了借口，并提供了道德上的合理性来压制人们的
97 "破坏"活动。巴塔耶将主权视作强势的意图和能动性概念的狂热反面，但尽管是彻底的替代性版本，主权概念仍然再造了作为自我

① 阿基里·姆贝贝，喀麦隆哲学家和政治学家。

扩张的一元情感戏剧（monadic affective drama）的个性，只是这次是异质性的戏剧，而不是主观性的过度组织化（overorganization）。[5]

虽然姆贝贝对主权的定义使生命和死亡的含义变得十分明晰，但福柯认为，主权与生命权力（biopower）的关系涉及对这些概念所指称含义的巨大重塑，这甚至在决策这种特异现象出现之前就已经开始了。起初看来，最易变的术语是**生命**。福柯的措辞很精准：主权“不是处死或赦免的权利。它也不是容许人们活着或放任人们去死的权利。它是夺走生活和迫使其活着的权力”。[6] 生命是**先验的**（a priori）；主权能动（sovereign agency）意味着**允许**（permit）特定生命延续，或不延续的权力。但他认为，生命权力重塑并不是取代主权，它是迫其生或让其死的权力，是管理和规制生命的权力，即强迫人活着这件事不仅发生，而且要以特定的方式持续和显现。那么，在主权统治的政体和生命权力的政体之下，主权能动之间的区别可被理解为个体生存和集体生存之间的差别。在集体生活中，活着日益变为一种对健康的管理、规训和重新校准的情景。

然而，在塑造“生命”的背景下，那种让人缓慢死亡的相对被动性的确发生了改变。这是因为，接近生命和道德的裁决和事件演变出了不同的规范和制度。福柯关注的是，生命权力如何试图管理他称之为“地方病”（endemics）的东西。与流行病（epidemics）不同，地方病是“永久性因素……它削弱了人口的力量，缩短了每周的工作时间”，并且“耗费金钱”。在这一转变中，福柯消解了对个体生命控制场景和主权政体下的死亡的关注，转而重新聚焦于对特定人群施加的生命威胁的**分散管理**。这种威胁是可推定的，它威胁着再生产生活的规范性框架下的总体的美好生活。[7]慢性死亡占据的是这种地方病的时间性（temporalities）。

由于这些回旋与变奏，主权是一个不充分的概念。毕竟，主权是一种被误认为是客观状态的幻想，是一种个体或组织自我合法化展演的理想状态和一种掌控的感觉，这种感觉与幻想有关——幻想那个位置可提供的安全和效力。但在君主命令（或其他接近某种法
98 律展演的行为，如处决和赦免）的权力之外讨论能动性是不够的。这也是对政治、情感和心理状况的扭曲描述，在这些状况下，民主/资本主义权力下的普通主体占据着行动者的位置。而这些状态最好应被重新定义为只是部分地拥有主权，也就是说，只是幻想性地拥有主权或干脆没有主权。

但有人可能想继续使用这个概念，因为在自由主义的意义上，将它作为个人自主与自由的标志由来已久，积累丰富；或者是因为它与民主的联系，又或是它与其内部对子群体和身体政治的法律保障的关联。[8] 借鉴厄尼斯特·拉克劳（Ernesto Laclau）和保罗·吉尔罗伊（Paul Gilroy）对普遍性的战略辩护，人们可以合理地认为，在自我关系和与国家关系的层面上，放弃主权个人和主权公众的流行的或公民社会的政治，会让那些从不平等中受益的群体以一种自我认可的方式，来定义主权呈现、权威及其概念化的权利[9]（当然，这也是一种反对主权话语组织政治争论的方式的观点，因为它极大地支持了这样的主张，即情感上感知到的对自治权的威胁就等同于对正义本身的威胁）。我认为这些保留意见具有足够的说服力，它们认为不应通过戏剧性的分类替代的行为，推行对主权精神的整体驱魔；毕竟，法制和规范的幽灵有着作为先例的权力。但是，即使我们把主权作为一种维系自由的规范性政治语汇的幻想，出让给永恒，我们仍需要更好的方式，来谈论有关日常生活再生产那些范围更广的各种行动。比如，从推动日常就业和家庭压力的当代强制意

志的负担，到扩展性活动（如性或饮食）的愉悦，到即兴的自我放弃——它不像主权记录的自主式自我确认那样，占据任何时间、决策，或后果性（consequentiality）。

实践主权更应该被理解为：不是采取国家或个体主权模拟性或指涉性形态，而是被分区、劳动、消费和治理术中介的形态，也是被无意识或明确渴望（渴望不成为一个部署权力和显露企图的膨胀自我）中介的形态。因此，本章着眼于实用性（维持生计）与累积性（建造生活）之间复杂勾连的关系，并追溯它们与主体损耗之间的关系，关注主体那些模糊和姿态性的部分，以及事件的连续
性。本章对决策的意义或行为的影响不作任何假设。如果不关注制 99
约日常活动的各种约束和无意识状态，我们就会坚持对一种幻想的依恋。这种幻想是，在真正的生活中，情感总是被强调，并以有效能动性的方式表达出来，并且这种能动性最后理应是重要的或展演性的主权。在再现意向性主体的习惯中，对自我培养关注的明显缺乏很容易被认为是不负责任、浅薄、抵抗、拒绝或无能；并且，习惯本身也会开始显得意义过载（overmeaningful）。例如，上瘾、反应行为的形成，传统姿态集群，或仅仅是不同的、可被解读为为了抵抗什么而存在的英雄式的占位者，或对某事的确认，或是一种改变世界的欲望。我并不是说，上述的事物不是既存的感觉能力（sentience）的证据或回应，而是说人们不应理所当然地认为，主体总是普遍地、全力以赴地参与自我扩展的项目，这种自我扩展的项目试图在未来先在性（future anteriority）的将来完成时状态中刹车。[10] 自我延续与自我扩展是不同的。还有一种说法是，生活不是小说——或者也许可以被当作小说，因为也没有一个批评家能够穷尽小说中所有的行为和细节。

于是，通过慢性死亡打开的空间，我试图重组嵌入在规范能动性概念中的因果关系、主体性和谋生方式的类型。更具体地说，我认为，为了对抗生命政治的道德科学（它将生命的政治管理与对单体自我关怀的情节剧联系起来），我们需要这样思考能动性与人格：不仅是以夸张的言辞，而且也是将其当作日常空间中进行的活动，这些活动不总是（甚至不经常是）遵循效果可见性、资产阶级戏剧活动、终身积累或自我塑造的字面逻辑。

本章的第一部分强调了在日常生活时空中的主权问题，随后战略性地转向一个无法英雄化（unheroizable）的案例，即所谓的肥胖或“全球肥胖”（globesity）现象，据说这种现象正在席卷美国以及世界上受美国式消费实践影响的部分地区。[11] 这种所谓的流行病被视为主权的耻辱性疾病，是特权和贫困窘境的疾病，是选择和反意志（anti-will）[12] 的危机，也是发展中和欠发展地区的地方病。它产生了强有力的数据、华丽的文段和耸人听闻的景象，我无意将其
100 还原到适当的分析和情感尺度。[13] 我在一个以持续性、勉强度日和继续生活为标志的时间性区域内重组了这些境况，在那里，结构性不平等是分散的，经验的节奏是不均衡的，并且经常被一些现象所中介。这些现象不容易被一种令人印象深刻的冲击的档案组织起来的意识所捕获。

在这里，我们在前两章中看到的那种中断式能动，渴望从筋疲力尽的实践主权状况中脱离出来，或者在事实上消减其有意义的状态。对生活的这些面向而言，围绕那些难以承受事物的情节剧可能会模糊它们的动机和时间性。这种对主权的重组，为谈论诸如“自我治疗”之类的词语提供了一种替代性的方式。我们用这些词语来想象一个人在变得散漫堕落、不以营造生活（这是自由主体和快乐

的人们应该做的）的方式行动时在做些什么。本章以对横向能动性的沉思结束，带着对主体性和自我中断的推测。本章认为，在慢性死亡的场景中，即一种被再造生活的活动耗尽的状况下，能动性是一种维系的活动，而非创造的活动；是没有畅想的幻想；是缺乏完全意志的感知；是不至崩塌的失调；是伴随具身（embodiment）的具象化（embodying）。

构想案例的体裁

慢性死亡并不在创伤性事件中滋长（就像军事冲突和种族灭绝等分散的由时间塑造的事件所能达到的那样），而是在时间性不稳定的环境中出现，这些环境的特性及其时空轮廓通常呈现出日常生活本身的面貌，即生活中每日活动发生的领域；记忆、需求以及欲望，还有被拉到生活周边的多样的时间性和被视作理所当然的景象。[14] 正如我在全书中实践的那样，我把“发生的事”（happening）和“事件”（event）区分开来，目的是聚焦情感性中介。在这里，我同样将“环境”（environment）与“事件”区分开来。这样做的目的是将历史性当下描述为一种从实践中形成的逆构法（back-formation），这种实践产生了一种可感知的场景、一种可返回的气氛。[15] 这样一来，就没有必要将空间和规模作为此刻的重要媒介，来与时间形成绝对对比。通过心理的、时间的、生理的、法律的、修辞的和制度上的规范性程序，特里萨·布伦南（Teresa Brennan）重新定义了这些断续的气氛，这些规范性程度控制着这些气氛。[16] 这些气氛的物质主义指向了那些更坚固的东西，比如“环境”。

101 事件是一种体裁，可通过其强度和影响的类型来确定。[17] 环境指涉的是一种场景，在这里，结构性条件通过各种中介（如可预期的重复，其他可能不被注意的空间实践，或不以事件形式出现的东西）弥散到一起。一种环境可以吸收的是，时间如何以平凡的方式流逝，大多数事件如何被遗忘，以及在总体上，人们日常的重复性固执如何在非戏剧性的依恋模式和认同模式之间波动。[18] 在一个普通的环境中，大多数我们称之为事件的事情，其实都没到难以忘记的程度，而只是一些**插曲**（episodes）。也就是说，那些场景构架了经验，同时也没有真正改变什么。

但是，在说明慢性死亡的境况的时候，重要的不仅仅是确定多数事件插曲式（episodic）的本质和多数环境的吸收性功能。[19] 在第二章“直觉主义者”中，我阐释了将所有变革性冲击都转译为夸大修辞和创伤体裁所存在的问题。在那一章中，我提出类似于“危机的日常性”这样的概念，更有助于我们开放地对待被激化的威胁采取的形式的问题，鉴于它在生活的背景下被处理。如果没有日常性的压舱石来分配我们对于“结构”（社会生活中充斥着的实践）的分析，那么危机修辞本身就可能会出现类似的夸大化。当学者和活动家在长期匮乏的状况下理解慢性死亡的现象时，通过将一种状况称为“**危机**”，他们通常会选择错误地呈现其时间和规模。而这种危机实际上是一种生活事实（a fact of life）。而且对特定人群而言，他们在日常的时刻体验着危机，这是一个决定性的生活事实。当然，这种危机的部署经常是明晰、有意的重新定义的策略，以一种膨胀的、扭曲的，或误导的姿态，希望让环境中的现象突然变得像一种事件，因为作为结构性或可预测的状况，它并没有产生那种历史性的行为——我们通常将其与危机潜在召唤的英雄形象联系起来。

同时，在日常性的空间中被消磨的人们，在修辞意义上被关注、激情、分析（有时候是补偿）弄得光辉熠熠，变成了那种充满特定感情（emotions）的人物：这种感情据说是由于缺乏或需要某种责任感而产生——这种责任感属于依旧在主权意义上具有特权的阶级。这就是为什么，通过把日常生活转化为危机，热心社会正义的活动家们经常参与生命政治精心计算的想象；那些似乎是冰冷的苦难的事实，变成了争论中炙热的武器。这些争论针对的是危难的身体延展出的能动性和紧迫性。[20] 尽管这种修辞通常在难以想象的严酷和普通的日常生活之间建立怪异的紧密关系，但它也成为一种方式，来探讨社会能容忍何种灾难，或者甚至意欲其继续肆虐。然 102
而，由于灾难意味着改变，危机修辞掩盖了一个构成要点，即慢性死亡——或结构层面引发的个体的耗损（这与其特定的成员身份有关）——既不是一种例外状态，也不是例外的反面（单纯的庸常），而是令人不安的生活场景与日常生活相互交织的状态。就像发现蚂蚁在一块不经意抬起的岩石下慌张逃窜。[21] 在日常性内部，关于危机骇人听闻的修辞的不成比例，衡量了一个社会可容忍的问题的结构复杂性。在与新近典范性的身体相关联的时候，它看起来就像危机或者灾难。虽然与生命的延展性比起来，死亡通常被认为是一种事件。但在这个领域，死亡的过程以及生命的日常再生产是同时存在的，它不仅仅存在于当代，或仅仅是美国，而是在时空中采取了不同的形态。

在当代美国的背景下，肥胖是慢性死亡危机公关中的最新案例。它的起源不是社会正义倡导者呼吁同情以推行政治变革——虽然已有大量非专业人士和饮食爱好者在互联网上发出了这样的声音。但主要的公共讨论来自保险公司、公共卫生部门和企业公关部门的合作。如果这一章是一个有生命的有机体，其脚注会随着“食用”危机以及主流和专业的论文、报纸和杂志[22]的头条回应而日益扩大。我第一次以讲座的形式介绍这一章时，晨报头条预告卡夫食品公司（Kraft Food）的危机，其利润因奥利奥销量的下降而低迷，而奥利奥销量的下降只是因为同样不健康的早餐食品——伪健康棒的市场份额的增长；然后有消息说，美国众议院仓促草拟了一份“奶酪汉堡法案”，以保护公司免受指控其产品导致肥胖成瘾的诉讼（该法案最终作为“2005 年食品消费中的个人责任法案”通过）[23]；第三次，我被美国在线的一个标题吸引——《你想来一份肥胖餐吗》，该文章描述了关于在特许经营餐厅的菜单上标注营养成分标签的自愿趋势（这一趋势现已被写入法律）。[24]

将饮食变为医疗方式，并将饮食的后果建构为健康危机的教育
103 项目，同样成为奥巴马政府的工作。米歇尔·奥巴马社会活动的标志性“议题”就是儿童肥胖。[25] 奥巴马政府激化了这个经典煽情项目中的矛盾。“为健康美国合作”（Partnership for a Healthier America）为来自学术界、企业资本主义以及代表美国儿童的公共卫生机构和基金会等利益冲突的机构创造了合作的环境。当然，他们的作用仅限于“咨询”。

简而言之，每天都有越来越多的建议从四面八方涌来，致力于如何更好地控制“肥胖”（作为物质的脂肪和作为人的胖子）。很容易把这看作是一场精心策划的推销药品、服务和报纸的超现实主义场景（这么看也没错），它还将特定政府和医疗部门对人口饮食失控（对大众、底层民众、性别认同者等的传统看法）的渎职合理化。[26] 毕竟，从我们对艾滋病的经验来看，流行病的概念并不是一

个中立的表述：它不可避免地构成了分门别类、因果关系、责任、堕落，以及想象或实际治疗逻辑争论的一部分。

但是，对什么是健康和照料仍有争论，对其负责不意味着这里是没有问题的。那么，属于我们的对象、场景和案例是什么？下面的描述调动了作为体裁的类目（catalogue），旨在将现象的不同解释进行归类；这是我们的案例分析所需要的即兴状态，因为其分析不能不横跨身体、主体性和制度实践的不同领域。比如，在工业化空间中，超重、肥胖、病态肥胖以及对身体不健康的身体实践的强烈倾向，累积导致怪异的复合系统以及扭曲的人，这有什么关系？这个案例不仅仅是单一的事件，而是一系列因素构成的实体——只有在一定的距离外才能看清楚。

虽然出于保险目的，肥胖被认为是一种疾病，但其他的文献却称它为另一种东西：“慢性病”（chronic condition）。在语源学上，这是一种时间的疾病，通俗地说，这是一种永远无法治愈而只能被控制的疾病。人与伦理、政治、管理经济学或行政经济学之间的交易，让这个现象成为结构性对立场景的典型。比如，大规模人口超重被认为是国际现象，包括英国、美国以及其他逐渐被高度商业化的地方。[27] 在美国，肥胖被认为是一种全国性的流行病，因为它服 104
务于机构的利润和控制的利益，并给当地的医疗系统增加负担；同时，医学文献从全球不健康商品流通的角度来看待肥胖的流行。联合国也已将其作为一个全球性的政治问题。同样地，在美国，在一个反国家情绪浓厚的时代，把肥胖趋势变成一种流行病，为自由主义者提供了一个机会，召唤国家作为补偿性来源的形象，以及企业作为对公民负有社会经济责任实体的形象，以此重新焕发活力。当然，与此同时，保守派倾向于将所有的国家健康倡议，也包括这个倡议，称为“保姆式国家”（nanny state）或社会主义活动。[28] 然而，这些重新构想公共健康和重新校准健康保险的问题，结合了习惯和干预的风格，重点关注如何重新描述、道德化并重新构想消费者的能动性，特别是针对相对贫穷和年轻的人。严肃和机会主义的社会变革主体，都在所有可能的方面放大其道德和政治的紧迫性，来打击肥胖的地方病。

在这一系列的关注之外，另一条故事线也在暗中涌动，但没有占据最显著的位置。它比根除肥胖的症状所能产生的效果更古老，也更复杂：生产空间的身体伤害以及对余生的影响。肥胖流行病同样也是一种在当代资本主义制度及其统治下，谈论对生活、身体、想象以及环境的破坏的方式。“资本主义”在这里指的是在资本主义策略转型的过程中，资本家和工人、资本家和消费者之间的关系，和这些策略对已经很脆弱的人群产生的净影响，这些人群包括有色人种、儿童和老年人，以及更广泛意义上的贫苦人群。资本主义指向的是一系列现象，它们与生命周期中生产和消费的身体经验相关。学校和公共都市空间的私有化，以及将政治抽离出公共性概念的实践，充斥着市场的逻辑和行动。它还涉及更多的规范和非正式（但并非不可预测）的社会资本模式，都密切参与了塑造被想象和管控的健康。[29]

在这场讨论中，许多参与者真诚地担忧美国生活质量的下降，尤其是穷人和年轻人。然而，政策的修辞要求人们遵从一种制度和个体能动的模式，这种模式将调整视作一种戏剧性的夸张行为：吃太多是一种意志的疾病，还是一种成瘾或者强迫？我们现在应该怎
105 么做？在日常生活的区隔划分之中，资本主义内部体现的长期问题，在其中艰难度日的努力，物质和精神发展的阻碍，在危机的时

间性中没能得到很好的解决，而需要其他的框架来阐明行动、存在和发展的背景。

穷人短命有着漫长的历史。那么，如何用其他的方式，理解这一事实与当代加速发展的特殊境况的交叠？在不平等的医疗和劳动制度下，当穷人和比较穷的人可能根本无法活得足够长来享受所谓的“美好生活”时，当这种“美好生活”的承诺不过是合法化深重剥削的幻梦式贿赂时，考量寿命的伦理意味着什么？我们如何同时思考劳动和消费相关的主体性？因为在我看来，我们不能在不讨论工作日的时间性、债务周期以及消费者的实践和幻想的情况下，讨论关于食欲的耻辱——除了食物，还有性、吸烟、购物和饮酒，这些都是道德评判、社会政策和自我治疗的领域。最后，非裔美国人、拉美人和拉丁裔美国人尤其长期承受着这种身体负担，及其长期附带的负面象征性含义，这意味着什么？以至于一位医生，一位黑人妇女健康网络（Black Women's Health Network）的成员，认为在当代美国，叉子是伤害黑人“最致命的武器”。[30]

通常，一旦这种大规模趋势被识别，它们就会以矛盾的方式被策略性地夸大：比如，以偏执的方式，作为敌对机构（公司资本主义、医生、保险公司等）故意与消费者和客户建立的非人道关系的效果，作为资本主义创新的意外后果，或者作为令人羞耻的个人恶习，这些人不懂也不在意，他们有着经济资源，然而他们一个又一个错误的决定损耗自己的健康。正如生命权力的概念所示，采取一种严格意义上偏执的风格是毫无道理的。虽然雇主们频繁忽视其工作场所的健康条件，为了利润而牺牲劳动者的身体，但具有主权的企业或个人故意伤害消费者的身体的情况很少（但也并非没有），这通常是附带损害。我们也知道，人们既不完全是资本利益的愚蠢

受害者，也不是自己意愿的彻底主宰者，除非他们仅仅是享乐主义
的或偏执的。[31] 霸权集团让政治危机被当作特定身体和能力维持健
106 康的条件，或维系其他社会归属感的条件。当它们用这种方式组织
生活的再生产时，生命权力就开始运作；因此，霸权集团拥有评判
主体身体是否有问题的权力，这些主体的能动性被认定为有根本上
的破坏性。类似种族隔离的结构，从区域划分到人格羞辱，都是针
对这些人群的，他们被认为对社会繁荣担有这样或那样具身的责
任。由此，健康本身可以被看作是有效的规范性的副作用，人们的
欲望和幻想被要求与这种令人愉快的状况保持一致。但是，需要重
申的是，把具身称为生命政治只是为了启动讨论，而非结束它。

肥胖的精算修辞

所谓的“肥胖流行病”给当代美国、英国的工人阶级带来了负担，并且日益蔓延到所有深度参与全球食品加工体系的国家。科学界和新闻界的研究报告以令人震惊的、难以置信的口吻，重复着这些语句：“自 20 世纪 80 年代以来，极度肥胖的美国成年人——超重至少 100 磅的人”或 BMI 体重指数为 50 或以上的人的数量“翻了两番”，“大约每 50 个成年人中就有一个”。[32] 同样，轻微肥胖的百分比（BMI 为 40 至 50）增长到每 40 个成年人中就有一个；而普通肥胖的比例则上升到 5 个人中就有一个。到了 2010 年，这些比例和测量方法已经过时了，研究人员看到增长的速度没有继续下去，松了一口气。“2007—2008 年，肥胖流行率在成年男性中为 32. 2%，在成年女性中为 35. 5%。以前观测到的肥胖流行率的增长

在过去十年似乎没有以同样的速度持续下去，特别是对女性而言，可能对男性也是如此。”这些统计数字并不包括极端超重的人。

这种情况无须夸大其词。这是世界历史上第一次，吃得过多的人和吃得过少的人一样多；这也是世界历史上第一次，吃得过多的人不再只是富人，吃得过少的人也不再只是穷人和饥民。[33] 所有的美国人，绝对和相对富有的人，还有穷人，都正在变得越来越胖。然而，我将继续论证，在不平等的医疗保健机会、拥挤狭小的生活空间和普遍不健康的工作环境之间，最明显的是美国工人阶级和赤贫无产阶级的身体由于肥胖（对其器官和骨骼的压力）而慢慢崩坏。同时，美国和跨国企业的食品政策让我们的食品生产者的身体 107
和土地持续贫瘠恶化。这些生产者分布在墨西哥、南美洲、非洲和中国农村某些地区。[34]

这些倒置不仅仅是一种讽刺或悖论。每个人都有自己缓慢死亡的轨迹。大规模的消瘦和肥胖是整个当代世界穷人营养不良的镜像症状。但对其形态的认识如何组织我们的想象力来应对它？我们知道，需要把食物送到吃不饱的穷人手中，而且要快，因为如果他们自己拥有生产资料，他们就会这么做。至于那些吃得过多的人，拥有生产资料当然有可能导致吃得更多，更多地行使对死亡而不是健康的权力，当然也不会反对权力。除非有人想把肥胖看作是对健康和财富的霸权概念的反抗，否则这种发展就没有任何希望，也没有任何英雄主义或批判性。[35]

由此，在这种独特的特权和消极混合的背景下，工业社会的超重人群挑战了深植于主权观念（或否认主权观念）的文化历史分析。对肥胖的厌恶随着肥胖的增加而增加。对肥胖的厌恶与审美以及健康有关，它使成本（cost）这个词充斥了心理、社会和经济方面的色彩。这种动态焦虑的历史是从“冷战”开始的。

尽管进入20世纪以来，美国人身体健康素质下降和体重增加一直是一个公共话题，但在“冷战”期间，它是美国国家和联邦的话题。在那个时候，苏联史波尼克号人造卫星（Sputnik）①和美国产品的激增叠加使人们对美国儿童的羸弱身体感到焦虑。[36] 虽然史波尼克号帮助开启了联邦政府大规模资助公共教育的时代，但“冷战”备战中与健康相关的部分产生的象征意义大于经济反应：肯尼迪的总统健身委员会等国家政府机构摆出鼓舞人心的姿态，意在强化全民身体素质，开启诸如“美国在行动”（America on the Move）一类的项目。2003年，前美国卫生部部长汤米·汤普森（Tommy Thompson）与博士乔伊斯兄弟（Joyce Brothers）和当地药房及健身俱乐部合作，为所有参与的公民提供免费测试以制订健康计划，并提出鼓舞人心的口号以鼓励青少年锻炼。[37]2001年，前美国卫生局局长大卫·萨切尔（David Satcher）提出了一份报告，称肥胖是一种流行病，声称它造成了“1170亿美元的医疗费用和工资损失，每年有30万人死亡”。[38] 这一事件引发了美国全国上下对体重与集
108 体健康之间关系的高度关注。其他相关损失的数字高达2400亿美元，这个数字还不包括每年花在减肥产品和饮食制度上的330亿美元。[39]

与以往不同的是，这场健康危机不仅被描述为单纯地为孩子和国家的未来好，也代表了接下来几十年越来越虚弱的成年人的体验。惶恐被激发，人们担心一家人的几代肥胖成员不能很好地照顾

① 史波尼克号人造卫星是人类发射的第一颗人造卫星，于1957年由苏联发射升空，震动世界，特别是在美国引起了相当的恐慌，由此激起了美苏两国二十多年的太空竞赛。

自己或彼此，更不用说参与劳动经济了。[40] 政府致力于缩小为社会、生理或经济意义上残缺的人提供资源，在政府采取行动的最初理由中，我们看到的是压力过大、工作过度的身体通过在身体的脂肪储存中囤积甚至是健康的食物来作出生理反应。这种生理学的压力被转译为日益增加的对健康照料耗费和代价的焦虑，这些代价是企业需要面对的。

当然，在为他人生产价值的制度下，身体耗损的命运，一直都是热议的话题。大卫·哈维在总结马克思的时候，细致地讨论了以下成本：

> 利用人类基本的合作/协作能力；根据技术要求对劳动力进行技能培训，降低技能难度和再技能化；对任务常规化的文化适应；将规范化的活动（有时候是空间限定的活动）限定在严格的时空节奏之中；频繁地对身体节律和欲望进行压迫，将其作为“机器的附属物”；以多种（通常是增加的）强度，将集中劳动社会化到较长时间……以及，最后但同样重要的是，劳动力的可变性、流动性和灵活性的生产，以便对资本主义发展中典型的生产过程中的快速革命作出反应。

马克思写道，这种半机械制度使“对多种劳动的承认，由此也是工人对最多种劳动的适应性，变成了一个事关生死的问题”。[41] 因此，资本对身体的摧残不仅是在情感性的当下对“危机”的判断，而且是一种长期存在的伦理政治状况，这从“肥胖流行病”这个短语作为一种新的概念出现时就开始浮现了。同时，这种“流行病”标志着一种限度。这种限度不是就公众、国家或者企业的良心而言

（劳动的身体是否应该为了利润而牺牲，或者牺牲的范围有多大），而是何种程度的牺牲才可以更好地服务于消费经济与劳动力的再生
109 产。因此，在肥胖危机中，问题部分地在于定义食物充足的不同方式，以及相互冲突的健康模式。健康是一种生理状态，可供工作的状态，还是长寿的一种境况？只要对利润健康的关注与对个人健康的关注能“相平衡”，同情心和社团主义（corporatism）就会在意志消退、身体衰弱的特殊流行病中合作。

这些围绕肥胖的特定事实，与联邦政府支持的健康机器（health apparatus）发表的对其他流行病危机的声明相呼应。例如，1991 年确定的全国抑郁症筛查日（National Depression Screening Day）明确将其对危机意识的主张建立在人类精神痛苦之上。这里的成本不仅是对人的，而且是对工作中的“生产力”，对商业利润、保险、卫生保健提供者和国家的。[42] 当一种疾病干扰了劳动成本的主流观念时，它就变成了一种流行病和一个“问题”：这种疾病现在太昂贵了，这就是为什么私有化的医疗保健和商业导向的教育项目是减少症状所带来成本的惯常手段。有关抑郁症的项目与国家肥胖项目的联系也有其他原因。抑郁症筛查日关注的是公众的利益，即通过改变人的行为，让他们感觉更好，从而更好地为自己、家人和老板负责。为了做到这一点，投资方为那些需要的人提供教学资源，并在各州和联邦立法机构中建议为此目标提供资源。为了个人的社会改变，抗抑郁和抗肥胖的项目都试图精心编排一种跨地区的集体环境，包含家人、朋友、老师、同事和医疗专业人士。

换句话说，在这两种情况下，医疗化并不仅仅意味着私有化；而且，就这一点而言，私有化本身就是对政府、企业和个人责任关系的重定向，而不是像人们通常看到的那样，是将国家驱逐出对公

共利益的监督，以显示对企业的尊重。在 20 世纪 60 年代福利国家自由主义时期形成的社会契约的规范下，克林顿、布什和奥巴马政府对与肥胖有关的国家健康危机作出了回应（这就是为什么控制肥胖的项目激怒了保守派的权威人士和团体，他们准确地认识到，基于非主权概念的个人能动性，在明确的国家和与国家相关的危机和治疗的话语中处于中心地位）。[43] 然而，在与已制订的具体的改善计划紧密相关的许多政策架构中，国家权力活动中的新自由主义转变
是显而易见的。布什政府继续为美国在 1996 年“世界粮食首脑会 110
议”上发表的声明背书。该声明宣布“获得足够食物的权利是‘一种目标或愿望’，但不是各国政府的国际义务”。[44] 问题/场景是由多重因素决定的，这一点继续模糊了哪些主体应该为这种绝望形势负责的政治讨论。

抑郁症和肥胖症的流行也同样依赖于遗传因素的解释，正如它们都影响了公众对责任的讨论。同样地，这些因素不仅混淆了个人和企业责任、意图和治疗的主流分析，还让因果关系的问题变得毫无意义。在美国，约 60% 的成年人和 20% 的儿童超重或极端肥胖，并且在 2000 年期间或之后出生的每三个孩子中就有一个将患有与肥胖相关的疾病，如糖尿病或二型糖尿病，这在遗传学上意味着什么?[45] 正如凯利·布劳内尔（Kelly Brownell）和凯瑟琳·巴特尔·霍根（Katherine Battle Horgen）论证的那样，如果超过 60% 的美国人超重或肥胖，那么另外 40% 的人就不是；早在 1995 年，美国医学研究所就发布了研究报告，认为“导致肥胖人数增加的原因是环境，而不是遗传因素”。[46] 遗传易感性的解释常常试图去污名化个体的体型/心理状态，使他们从令人麻木的责任负担中解脱出来。但是遗传学解释对这种难以厘清的现象给出了误导性的描述，掩盖

了其他可能导致美国人健康状况不佳的非个人因素。

除了遗传学方案外，其他结构性的、非个人的和病理的原因也被集结起来。我只能举一些示例：城市的发展；更长的工作时间；临时劳动力和兼职劳动力的增加，越来越多的工人不止从事一份工作，或者兼顾工作和家庭，导致人们几乎没有时间锻炼身体；食品行业被重新定位为工人阶级和职业管理层的服务部门工人的能量的直接满足者，他们越来越多地在午餐时吃快餐，靠自动售货机生活，边吃边完成多项任务，在午餐和喝咖啡休息期间继续工作，等等；快餐供应和零食文化的扩张、冷冻食品特许经营以及工作和家庭场景中微波炉的普及；最后，越来越多的美国家庭将预算花在餐
111 馆而不是花在家庭烹饪上。[47] 正如马里恩·耐斯特（Marion Nestle）和 迈克·吉布森（Michael Jacobsen）所观察到的，“美国人大约一半的食物预算都花在了外出饮食上，约三分之一的每日能量来源于此……大约 17 万家快餐店和 300 万台软饮料自动售货机，确保人们距垃圾食品只有几步之遥”。[48] 此外，当这些食品有低脂版本时，人们倾向于付出双倍的价格来购买，以获得平常就能获得的饱腹感。

上面提到的分析提醒我们，无数的地方、州和联邦法规的项目都会影响美国的肥胖计数。为了维持对资本（它们是税收的基础）的吸引，为其所做的政策的调整对肥胖的增加（特别是在城市内部）有着重要的影响。与其他特许经营的商户一样，快餐店是授权区发展中极具价值的部分；学校不会因为它们与快餐汽水企业的“合作”而受到惩罚，反而是奖励，因为这些合作弥补了大多数州已经完成的对教育开支的大幅削减，这甚至在集体财富大量增长的克林顿时代就已经开始了。现在，这些合作伙伴关系正转向通过改

善健康获利。一个旨在进行儿童营养教学的联邦项目由佳得乐（Gatorade）① 公司赞助，另一个项目则由家乐氏（Kellogg）② 公司赞助。与此同时，高脂高糖的廉价快乐食品成为普通美国人经常吃的午餐和晚餐，学校则大幅削减了体育课程，成年人久坐于办公桌前工作或总是驾车办事，而他们本来是可以走路的。美国卫生与公众服务部认为，每天多走 10 分钟就能解决肥胖危机，但它也声称，考虑到有家庭、通勤或干着多份工作的人所面临的时间限制，很难挤出走路的时间。[49]

为了避免让人们感到这是阴谋论，当人们阅读农业政策的历史，以及税收和分区法规的发展时，会发现它们主要是通过间接手段削弱了美国工资和低薪工人的健康。在格雷格·克里策（Greg Critser）③ 所著的《肥胖之地：美国人如何成为世界上最胖的人》（*Fat Land: How Americans Became the Fattest People in the World*）中，有一章的副标题是“卡路里从哪里来”。它以厄尔·巴茨（Earl Butz）④ 为开头讲述了一个悲喜剧：在 20 世纪 70 年代初尼克松政府通货膨胀的危机中，出于政治动机，推崇果糖取代蔗糖，棕榈油取代大豆油。[50] 作出这些决定的人并不是为了伤害个人或工人阶级的身体。其目的是使挣扎中的南方和环太平洋地区的生产社区破 112
产，使食品价格下降，以控制国际市场。这对穷人来说是一种矛盾的援助，因为他们即将被这些食物所害。没有人的初衷就是让世界上的人令人恐惧地胖起来。尽管如此，克里策提到，国会提供的关

① 佳得乐，运动饮料品牌。
② 家乐氏，跨国零食制造商。
③ 格雷格·克里策，美国专攻医药健康的记者作家。
④ 厄尔·巴茨，前美国农业部部长，1971—1976 年在任。

于这些潜在风险的证据，被政治家和官僚们迅速忽视了。这种转变的意外效果是让孩子们养成了对盐、糖和脂肪的偏好。而且，在20世纪80年代之后，这种转变带来的超大份廉价快餐的普及，虽然降低了食品商（如麦当劳）的单位利润率，实际上却增加了销售量。

在20世纪，糖类产品的人均消费量增加了近100%，这主要发生在1970年之后。脂肪消费的增长速度要慢得多，但随着儿童和成年人越来越缺乏运动，以及缺乏将运动作为生活习惯的一部分，消费对身体健康产生了更深远的影响。研究人员已经证明，这些特殊的甜味和脂肪分子在人体中的代谢效率特别低，而且会产生毒性作用。由于它们会产生更多的脂肪储存和对食物的渴望，所以“供给与需求”（supply and demand）这个术语其实很容易被改写为**“供给与制造的需求”**（supply and manufactured need）。[51]

这些数字表明，大多数美国人吃得越来越快，而且吃得越来越差，并且经常不在家里吃。研究人员和学者们强调了这种扩大趋势的阶级和种族维度。然而，在谷歌网站上搜索“肥胖”图片，出现的则是无数大块头白人以标准“之前”姿势出现的图片，而这些图片往往是减肥广告，特别是减肥手术的广告。一般来说，这些广告图像意味着标志性或普遍性，每一个图像都相对脱离了任何历史环境。鉴于它们在互联网上大量出现，这些图像助推了美国医疗实践中增长最快的领域之一：各种胃缝合手术。毫无疑问，这种准古典主义的做法也是一种降低肥胖羞辱效果的策略。

尽管如此，对肥胖的厌恶有一个更复杂的谱系，这与大多数美国劳动人口向下流动的恐惧有关。在20世纪的大部分时间里，肥胖者的默认形象是白人（老年人和南方人），正如穷人的形象通常也是白人，以典型的瘦弱的农村人或城市移民的形象为主。这两种趋势在20世纪70年代都发生了变化。当时，贫困与关于福利国家的争论联系在一起，穷人的形象不成比例地被非裔美国人取代了。[52] 113
在某种程度上，瘦弱在美国依然是代表白人的符号，而黑人则被编码为体重超标。通过在贫穷的种族化过程中略去白人，所谓的肥胖危机继续玩弄阶级的符号性负载：这些标记，至少不仅导致了对超重人群特别的厌恶（对于一个普通的社会群体来说，已经同时被否认得太多和太少），还将超重塑造成为一般的公共健康的问题。围绕这种肥胖种族化的一种方法是，在照护的危机修辞中，模糊了较重、肥胖和病态肥胖之间的区别。尽管如此，“**病态肥胖**”这个词仍然如此频繁地成为困扰非裔美国人的幽灵，以强化他们的形象，使他们作为行将就木甚至可以直接被哀悼的人群，总是被食欲驱使，而不是由主权能动策略鞭策以实现阶级跃升。在关于肥胖的讨论中，有色人种通常代表着美国非精英阶层的整个文化。“**文化**”这个词在这里并不是偶然的；因为饮食习惯似乎更具有文化性，而看起来与劳动条件、学校教育，以及构建“流行病”出现的地方性环境的分区关系较小。

这种不健康的症状确实不成比例地描绘了美国所有种族和地区的工人阶级和赤贫无产阶级，尤其是有色人种的身体倾向。同时，美国吃不上饭、需要紧急食物援助，或一直感到饥饿的贫困人口的数量也在急剧增加，特别是自20世纪90年代末针对穷人的食物计划缩减以来。[53] 然而，绝大多数病态肥胖或非常肥胖的人口也接近或处于贫困线以下。

有色人种（原住民、非裔和拉美裔，特别是墨西哥裔美国人）被描述为肥胖的比例明显高于北欧裔和亚裔。到2000年，68%的非裔美国成年女性超重或肥胖；今天，她们的孩子很可能也是如此。[54]对这些儿童而言，肥胖数量的增加对这些孩子的身体造成的后果是灾难性的，不仅是对他们的“自尊”来说。他们现在患上了各种老年疾病。高血压和糖尿病尤其危害巨大，它们预示着早期心脏病、肝脏和胰腺衰竭、中风和动脉瘤，以及失明和血液循环的问
114 题。血液循环问题导致关节炎和其他运动困难，甚至截肢。关于这些影响是否意味着肥胖本身会导致死亡，或者它是否会产生“并发症”的影响，从而加剧其他身体疾病，争论一直存在。[55]

但为什么要挑出来说呢？相比高收入人群，美国工薪阶层的身体更过劳、更痛苦，更不能正常呼吸和运转，也死得更早。前者也在变胖，但速率更慢，相对而言也拥有更多的锻炼机会。[56] 除了工薪阶层和赤贫无产阶级的白人女性（她们更容易调动资产阶级关于美貌的标准，在服务行业获得经济资源），这些超重和肥胖的穷人发现他们很难找到并维系一份工作同时保持健康，很难负担得起后续疾病带来的医疗费用。[57] 他们会越来越陷于久坐，不仅是因为服务业劳动更加需要久坐的被动特征，不仅是因为他们从事了更多的工作且不平衡地从事着这些工作，不仅是因为电视，不仅是因为安全和适宜步行的公共空间越来越少，而是因为越来越难以移动了。他们以比过去更明显、更痛苦和更难以承受的方式，忍受着器官和身体的衰竭；并且，从统计数据来看，在压力和并发症的重压下，他们会比他们的祖辈和父辈在更加年轻的时候死去。[58] 正如一位非裔美国散文家所描述的那样，美国现存四种食物类别（糖、脂肪、盐和咖啡因）对家族和文化的持续诱惑，我们可以看到，病态，将死亡具身为一种生活方式，标志着慢性死亡就是绝大多数美国工人的美好生活。[59]

从分散因果性到中断性能动

无论是在个人层面还是制度层面，当前的分析将能动性和因果性作为分散的环境机制。而且，到目前为止，它一直在试图说明是多重因素决定的环境导致了肥胖地方病的严重后果。然而，在生产加速的环境，以及公共部门私有化、撤资和分区化的背景下，仅论证工作和学校中灌输的习惯对肥胖“负有责任”，还不足以证明病态意志的流行正在扼杀美国劳动力的生产力和寿命。在环路的另一头，是我们被医学化的主体能动性，人们可以通过被教导、羞辱和规劝节食，让家庭成员节食，在家吃饭，以及去锻炼。出于许多原因，这些劝诫没人理睬。流行病学家表示，一个人的社会经济地位 115
越低，就越不容易对机构专业人员关于饮食的羞辱，或是近似犯罪的教导保持开放，即使她表现得像一个正统的“妈妈”或第一夫人；专业知识常常被可耻地用来证实被统治人群的消极懒散，以至于即使是好的建议也会被恰当地以怀疑的眼光来看待。[60] 但是，要理解当代不健康体重的扩散，需要的不仅是用来抵制服从的、历史和政治上可解释的决心的形象。

为了充分理解这一现象，需要将作为生命政治事件的肥胖，与作为现象学行为的进食区分开来，也需要将它们与作为一种表达空间和营养空间的食物区分开来。作为一个问题，肥胖的顽固性已经让学者们将吃视为一种由压力驱动的活动，作为一种自我治疗的欲望，一种愉悦和一种文化规范。但这让他们对吃作为一种违背主权身份定义的活动缺少清晰的思考。[61] 在这里，我的关注点是将吃作为一种经由自我中断而实现的自我治疗。玛丽安娜·巴尔韦德（Mariana Valverde）认为，自我治疗不仅是那些罹患意志疾病的人的弱点[62]，它也是对某种高压环境（比如在一个家庭中）的正常反应。它也经常是身处一种共同体的构成部分，或任何通过对舒适的承诺组织起来的归属感空间。愉快可能是个人的（如果一个人经常待在某地）或匿名的（如果他仅仅是刚好在那里）。在这些地方的放松可以是暂时的、偶发的。但不管是什么，它都延展了在这个世界上愉悦的，并且通常也是非戏剧性的存在。[63] 从这个角度来看，消费的欢愉性标记着持续时间，是“慢食”的不同定义。“慢食”是一个概念和运动，将无效率的日常实践作为对抗资本主义活动破坏其生存环境速度的方式。与此同时，资本主义活动让生活成为可能，并提供环境以供在其中生活的人发展、生存和耗尽。[64] 食物是人类为数不多的可控、可靠的快乐空间之一。此外，不像酒精或其他药物，食物是生存的必要条件，是关爱自己、繁衍生命的必要部分。但我们如何将这些必要和愉悦的紧迫性，与不利于工人和消费者发展的结构性条件联系起来呢？我刚才描述的散播快乐的形式，
116 也变成了资本化的、缩短的循环回路中润滑肢体所必要的行动。这种缩短的回路不仅是工作中的提速，也关涉一天一天、一周一周、一月一月的生活环境。为不久的将来支付账单和照顾孩子而安排的时间，与一顿饭所带来的幸福感共存。尽管人们可能会认为，对不健康的知识的了解可能让父母迫使他们自己和他们的孩子采用不同的食物制度，但关注工人阶级家庭的民族志认为，经济状况威胁着家庭的延续，并且父母对健康的感知倾向于产生隔绝的家庭。在这些家庭中，食物是为数不多的缓解压力的东西之一，也是父母与孩子之间少有的明确连续性的场域之一。[65] 此外，在艰难为生的场景

中，孩子们承受着父母的压力，并同样在他们父母寻找安慰的地方找寻慰藉，尽管有着微小的代际差异。因此，在饮食的社会性中，维系依附性身份认同的复杂性可以被简化，即提供日常的、可重复的关于快乐的——如果不是健康的——场景。

这是很多人面对的物质环境。工作生活耗尽了实际的主权，即人面对生存偶然性时对意志的运用。同时，一个人在创造生活时，延续它的压力会让人筋疲力尽。吃可以被看作是一种抵御耗竭的压舱石，但它同时作为一种反耗竭而存在，因为就像其他微小的愉悦一样，它能够产生一种自我中断的体验，一种飘浮在一旁的体验。在这个观点中，它不是战术或实际效果意义上抵抗性能动（resistant agency）的同义词，因为它不总是或不通常是仅仅为了自我否认或自我扩展。在当代生活再生产的工作中，吃最好是被看作将主体释放到自我悬置状态的活动。

我不是要用认知意志（cognitive will）的概念，来替代非自愿或无意识行为的概念。在我阐述的这个模型中，身体和生命不仅是某种项目，也是人格间歇停顿的场所。对身体和生命的再造是拖累实践主权的负担的一部分。毕竟，我们所做的大多数事情都不是有目的性的，而是在意志自身的短暂休息中以不同的方式使用能动性。这些通常源于使自身与工作时间相协调的压力，包括准备工作和恢复工作的时间。这些愉悦可以被看作是对唤起意识、意图和有效意志的自由资本主义主体的中断。当然，中断和自我扩展不是相互矛盾的，这正是我的观点。另外，慢性死亡的情形（精神健康和 117
身体健康可能是彼此冲突的目标，甚至是内在冲突的目标）在日常生活中驾驭不同扩展或转变的浪潮同样揭示了“拥有某种生活”所意味的混乱和冲突。它意味着拥有健康吗？意味着爱和被爱吗？意味着主权感吗？意味着实现朝向享受而工作的状态或感觉吗？在梦想过一种美好生活之后，或甚至还没梦想过的时候，在当下“拥有某种生活”是一种妥协吗？“生活”就是在随波逐流（coasting）中体验可靠的愉悦吗？以及这个词所暗含的所有在愉悦与麻木之间的惯性滑行、负重和知觉。

我在这里关注的是，资本主义主体的耗损方式如何与慢性死亡联系起来。麻木和其他被压抑的政治异化、冷漠、疏离和分心（特别是被统治人口中）可以被看作是浸润在慢性死亡环境中的情感形式，就像殴打妇女的暴力被重新理解为一种对生存的破坏。[66] 但我在这里想说的有一点不同：在这个场景中，再造生活的活动既不等同于让其或让人变得更好，也不是对结构状况（人的发展面临集体性的失败）的模拟性（mimetic）反应，也不是肩负责任状态中的一次小假期——这种活动也是为了产生一种不那么坏的经验。它是一种解脱、一种缓刑，而不是一种修复。虽然这种类型的行动不全是无意识的（吃涉及多种自我理解的方式，特别是在一种羞耻文化中，以及围绕道德镜像的自我意识中）。比如，这些行动经常是有意识或无意识地不去想象长途的跋涉。

令人窒息的生活的结构性位置，加剧了这种意识和幻想的投影收缩（foreshortening）。在危机日常性的体制之下，生活好像被删节了，更像是绝望地狗刨，而不是壮丽地游向地平线。吃总意味着什么，包括很多东西：也许是美好生活，但通常是一种片刻扩散的幸福感觉，却并不投射向未来。当然，矛盾的是至少在资本的这个阶段，人在不朝向未来的情况下进食，就更没有未来了。

尾声：残酷的和日常的营养 119

“慢性死亡”主要不是对梭罗（Thoreau）[①] 认为的资本主义社会中人们平静的绝望生活进行注释。尽管“**灵魂谋杀**”这样的短语已经常被用来描述资产阶级社会性对人的耗损，在这种社会性中，人们可以大谈人们为了保持对主权的海市蜃楼的接近而付出的种种牺牲。它也没有使用像鲍德里亚提到“慢性死亡”时那样（他将其作为对资本主义主体的双重处决，即劳动暴力性的牺牲，以及消费主义过度亢奋的持续引诱），使用某种戏剧性的语汇。[67]“慢性死亡”也不是一种以存在主义的方式，在朝向死亡的过程中，讨论生命本身的术语。然而，即使是这个“不是”的清单，也暗示了一些关于慢性死亡的空间的重要东西，这些空间塑造了我们特定的生命政治阶段；主要就是，人们确实生活在其中，只是生活得不太好。

对于普通工人来说，这种生命的损耗或死亡的节奏是一个新时代的老故事，在这个时代，日常生活卷入了全球化、法律和国家管控的复杂过程。[68] 同样，这个世界充满着反剥削的活动，如各种无政府主义的、合作的、反资本主义的和激进的反工作的实验。人们越来越多地利用他们并不拥有的时间（充满着延续生活的紧迫性），来拒绝维系吸血鬼般榨取利益、榨干身体并渗透到日常生活最温和与最具原始冲动的基础设施。[69]

但对大多数人来说，在令人窒息的当下，可能性并没有以令人

① 即亨利·戴维·梭罗，美国作家、哲学家和诗人。

激动的可持续生活的图像被描画，也较少地被身体长寿和社会性安全的美好承诺所保障，而是更多地表达为筋疲力尽的实践性主权体系、横向能动性，以及有时候，反同化的偶发式放松中——比如性、吸毒的放空迷离，或不为了思考的食物。

Cruel Optimism

第四章

两个女孩，一胖一瘦

当你对着流星许愿

历史让人伤痛，但不仅如此。它还能激发乐观主义，以应对占 121
主导地位或被视为理所当然的压迫性存在。政治情感回应改变的前景：对这些回应的忠诚是乐观的，尽管其情感（affects）阴郁暗淡。人们通常认为批判理论是阴郁的，而不是乐观的体裁。这不仅是因为传统上它就充满怀疑，而且在于即使是对“最具思想”的思想的价值，它都充满如此多令人筋疲力尽的焦虑。[1] 但是，强迫性地重复乐观主义（欲望的另一个定义）是一种可能性的条件。它同样不得不再次经受为了活下去而产生的失望和沮丧，经受那种旷日持久的没有什么能被改变的感觉，以及最终没有人（特别是自己）是可教
的感觉。费尽力气是为了什么？爱还不值它的一半。 122

可教意味着对改变保持开放。这是一种倾向。它是朝向我们已经讲述的那些故事中尚未被注意到的乐句（phrase）。[2] 伊芙·塞吉维克的研究改变了性（sexuality）的历史和命运。她是一个参照物，并有一整个专业领域的术语、文章和书概括她的东西。不过，对我来说，遇到她的宏大和她的信仰（她认为传播对某一事物、思想、感觉的依恋的力量是好的）的幸运产生了无与伦比的影响。在她作品的快感（pleasure）① /知识的经济中，依恋的力量比其他所有智识上的和客观上“真实”的东西都更具有正当性：她通过一种误认（meconnaissance）的诗学，启动了对束缚的必需的拒绝。

① 这里的快感是精神分析术语。

误认描述的是一种精神过程（psychic process），通过它，幻想重新校准我们遇到的事物。这样，我们就能幻想某事或某人可以满足我们的欲望：其运作对于残酷的乐观主义的状态至关重要。误认不是说犯错，而是将某种特质投射到某人或某事物上，这样我们就可以去爱、去恨、去操纵（因为它有这样或那样的特质），但其实它可能有，也可能没有。[3] 关于误认的诗学似乎有让幻想的批判性分析坍塌为幻想本身的风险。这有可能，但这种风险是不可避免的。幻想管理着依恋的矛盾感（ambivalence）和流动。它在欲望无序的关注中，提供了某种表征，使主体可以为自己或他人理解。也就是说，幻想拆解了矛盾感的语法逻辑，使主体不至于被这种矛盾的感觉打败。

在这种观点下，追踪历史上主体情景中的幻想，就是认真对待一种迷人的想法或形式主义。这种想法和形式主义存在于将自己和世界视作连续体的时候。[4] 这是一种关于存在（being）的理论，也是一种关于解读（reading）的理论。正如任何读过塞吉维克关于亨利·詹姆斯（Henry James）① 的作品的人所能证实的那样，她的解读方式是通过对幻想性依恋的去羞耻化来与之相遇。这时，这种依恋以知识的样态运作。[5] 比如，我们可能会感到，历史的暴力就像是“它”对“我们”做的恶，但塞吉维克认为，我们讲述的关于主体性如何形成的故事，必须也呈现我们充满痛苦和错误的参与。那些不好的回忆和精神的滞后，同样也塑造了我们欲望的反常和扭曲，或者如果你愿意的话，是通往快乐和生存的间接路径。承认你自己令人讶异的依恋，追溯你在漫长的刑期（无期徒刑）中的转变，就
123 是感知性（sentience）——这就是我所学到的东西。注意力集中的

① 亨利·詹姆斯，英籍美裔小说家、文学批评家。

痛苦会以雄辩（eloquence）的形式回报给我：一种健全的快乐（sound pleasure）。

然而，塞吉维克认为，长期以来，针对人们通常意义上的依恋，怀疑主义一直被当作是知识分子应该采取的唯一道德立场。即使是阿多诺，这个伟大的批判大众娱乐的人，也震惊于知识分子向那些坚持梦想的人嗤之以鼻。[6] 梦想很容易被看作是一种简单的乐观主义，而失败则显得复杂。塞吉维克反对怀疑的解释学，理由是它总是会以海市蜃楼或失败告终——毕竟它要找的就是这些。她认为批评家们过度沉溺于自我确证的失望。[7] 从这种观点来看，失望的批评家把他的否定行为当作是其严肃性的展演；可能他同样通过贬低一切散发着疗愈、补偿和乌托邦气息的东西，来提升自己的思想。

如何在保持批判性的同时，放弃对否定的拜物教？可以从弗洛伊德的箴言开始，即无意识中没有否定。塞吉维克试图读懂主体写作的每一个字（她相信作者），以确定他或她的欲望公开或隐藏的模式，然后从一个关于性的故事理解这些重复。这个故事尚且不以一种惯例或身份存在。这个目标就是让她的作品如此乐观的东西。在书中，异型性依恋的持续成了一种酷儿性（queerness）的社会潜力。在这里，重要的不是一个人的“对象选择”本身，而是其持续的依恋。这种依恋在某些时候，也是人的社会关系。通过这种方式，重复（主要以解读和再解读的过程为特征）对具有难以驾驭自己的欲望的主体而言，具有修复作用。这种方法的酷儿倾向就是把一个人的依恋放回游戏中、快乐中、知识中和世界中，就是要承认它们确然重要。在塞吉维克的作品中，欲望的自我阐述启动了一种美学，这种美学既不由崇高也不由至美组成，既不由戏剧性也不由庸常组成，而是由那些悸动而平静的东西组成。这也是她称为“修复性批判”产生的情欲的音调，而这种“修复性批判”就是她给怀疑解释学的解药。在20世纪70年代的文学理论中，她站在了解构真实的实践的反面。她的“修复性批判”旨在维系关于欲望的那些未完成的，或者说是未曾想过的思想。若非如此，这些欲望便会被咆哮的传统或异性恋文化打败。[8] 按照这种观点，任何一个写作者的任务就是去追踪欲望的旅程，不是为了确认其被隐藏或压抑的**真相**（Truths）或**伤害**（Harms），而是为了详述混合了伤害与快乐的
124 依恋。这些依恋作为性，作为活生生的生活，以及最重要的是，作为未完成的历史而存在。

当修复性解读是一种严谨的好奇心的实践时，我十分认可。但我反对理想化任何一种更好的思想或解读，就算只是在隐含的意义上。我们如何知道，我们想要的“修复”不是另一种形式的自恋或令人窒息的意志？仅仅是因为我们感觉它是那样吗？我们这种以思考为生的人，在描述时具有优势地位，可以将某种美德的思想行为描述得极为强大和正义，无论其是有效的还是徒劳的；按照设定，我们就是要高估一个想法的效果或其适合的情感的清晰度和命运。正如我在“慢性死亡”一章中所论证的那样，这样的戏剧化可能会让我们将主体作为英雄化的作者，从而产生奇怪的扭曲，反之亦然：这种夸张的戏剧让我们忽视普通人的踌躇和隐藏。在这里，我区分的是一种关于思考（作为写作，作为潜在可能）能做什么的态度。我的意思是，对修复性思维的高估既是一种职业危害，也是对某种有道德意志的、自我反省的人格模式的更大高估的一部分。

从约翰·斯图尔特·密尔（John Stuart Mill）①的自传中凝固的

① 约翰·斯图尔特·密尔，19世纪英国著名哲学家、经济学家 、逻辑学家、政治理论家。

形象开始，伊莱恩·哈德利（Elaine Hadley）讲述了自由主义对有素养的自我反思的提升历史。她谈到，密尔在思想与内在性之间设定了一种同一性。由此，他所讨论的伦理主体以培养了自我意识的知识分子的形象出现——他对自己作为自我的意识。[9] 最近，出现了一个看似对立的时刻——称为68年。在这里，从主体出发的历史与（特别是）自由资本主义/民主情境中制度和身体真相的专有清晰度对立。而在自由资本主义/民主情境中，精神的抽象被提升到高于身体劳动的位置。[10] 在这个反俄狄浦斯的时刻，主体的知识混合体——思想与实践——变成了重新塑造规范社会的生成基础，尤其是在社会主义和性政治领域。从某种意义上说，身体被提升，并在某种意义上比头脑更睿智博识，虽然这种区别最终会耗尽。

我们仍然处于那个时代，并且仍然需要如此。然而，在自由主义的抽象性或内在导向性的理想，和身份政治中对主体的情感认识的反自由主义倾向之间，以及某种自我确证的情感理论（如之前所论证的）之间，会有一种不可思议的交汇。像伊芙·塞吉维克一样，我希望把知识引向它的（和我们的）不可能之处，并从这些不可能之处引出知识。个体性（individuality）是自由主义幻想的纪念 125
碑，是商品拜物教的场所，是某些精神分析式的欲望研究，是文化和民族现代性的标志。但对我来说，它是一种相反的让人很难承受的形式，已经被无常反复所阻断。许多酷儿理论都有一种对内在性的趋向，这让我感到吃惊，并让我好奇：酷儿性的研究都必须从主体的“内部”开始，并从那里扩散开去吗？

这种区分并不是一种反对意见。这里用一种传记的方式描述它——虽然这么写会与我自己的倾向相左。在《肥胖的艺术，苗条的艺术》（*Fat Art*, *Thin Art*）、《倾向》（*Tendencies*）和《关于爱的对话》（*A Dialogue on Love*）中，伊芙关于“成为可能”的公共故事讲述了一个充满爱的家人和朋友的热闹世界，在这个世界里，她部分地通过她内在的反叙述而获得了成长。[11] 如果要我来写的话，我的故事会把乐观主义置于一个热闹的场景中。但主导我的故事的环境，不是有助于成长的，而是充满失望、轻视和威胁的。通过将他们的暴力和爱理解为不针对个人的东西，我挽救了我依恋他人的能力。那不是因为我。正如你也许能想见的那样，这产生了一些不好的后果。但这是一种保护我的乐观主义的方式。自我似乎是无情的个人化者。相比之下，想象世界围绕着非个人化的结构和实践（这些东西规范了欲望、亲密，甚至是个体自身的人格）组织，就会意识到作为个人、拥有个人的经验是如此的不可避免。在这种愉快的思考中，产生的是对各种各样倾向的忠诚，包括那些智识的和政治的倾向。

毕竟，依恋不由意志构成，而是被一种我们一直运转的心智状态构成的。（它不仅是“嘿，你!”，而是“等等!”）[12] 这种滞后和松垂的依恋关系威胁着我们，使我们感到眩晕和无定形（formless）。只有规范的惯例和我们自己的创造性的重复陪伴着我们，帮助我们在理解我们自己之前，平息在面对耗尽和死亡的前景时我们可能会感到的恐慌。[13] 换句话说，对无定形的焦虑（其可能性随处伴随着我们）让我们一时极为可教。从某种程度上，传统的社会形式引导我们认识到，我们的依恋只有一部分对于我们是谁和我们的归属具有核心性。一个人与依恋的关系是非个人的。归属于正常的世界就是只将特定的一些理解模式误认为一个人真实自我的表达。它引出了我的酷儿性，来思考活着不仅是一种自我扩展，也是一种干预自我戏剧的过程。你会发现，我所谈论的非个人性不是个人的反面（比如，作为“结构”或“权力”），而是作为其条件之一。

在这个意义上，我的世界按照一种近似的（但不同的）关于失 126
望、乐观、厌恶和依恋的幻想来运作，而不是我归到伊芙的作品的那个幻想。我想到了我是如何认识这个女孩的。我们都很害羞——谁不是呢？她发表了一篇论文，我们讨论了一下。几年后，我写了一篇论文，她也知道了。她又写了一本书，我也读了。我们在机场和酒店的餐厅里开会。我们散步，交谈。有一次，我们偶然一起乘坐了一架小型飞机。阅读是一个可以在不伤害任何人的情况下实现亲密的非个人性的地方，写作和交换论文是另一处。非个人性没有浪漫，没有爱情情节，但可以有乐观主义，有一个可以移动的空间。

愚蠢的乐观主义是最令人失望的事情。我所说的“愚蠢”指的是一种执念，认为调整特定生活和思考方式的实践（如阶级流动的预期、浪漫的叙事、正常性、国籍或更好的性别身份）就可以锁定幸福。正如我们将看到的那样，获得常规性与获得安全感是不一样的。以下是我的一个愚蠢之处：《政治无意识》的箴言“历史就是造成伤害的东西”，这句话让我十分喜欢。[14] 它作为真理引起共鸣；它对我产生了真理的效果。但由于它属于格言的体裁，我从未试图去理解它。那是本文的一个课题。

有人许愿了吗

在前一节中，身体和性尚处于舞台的后台。伊芙和我都写过关于肥胖的文章，因为我们都认为自己是肥胖者，无论是对还是错。

她说："我曾经有一种迷信，认为/肥胖是有用处的：我爱的人都不会来伤害我/被我的触摸所包围。"[15] 而我（当然我写的是别人）："对他而言，这是一种叙事。在这种叙事中，渴望特定事物的强迫……迫使他冒着贪得无厌的风险，不断地满足自己的欲望。"[16] 我的主张是，我们与这些具身模式的关系，标记了我们对酷儿/乌托邦想法的合作和非个人策略的接近方式。

玛丽·盖茨基尔的小说《两个女孩，一胖一瘦》所讲述的故事近乎概括了这些辩证的冲动。她所有的书都试图理解痛苦的历史和痛苦的乐观主义之间的关系。这种痛苦的乐观主义是创伤主体试图在这种历史中活下去而产生的，鉴于他们不能简单地将其抛之脑后。[17] 人永远无法甩掉创伤：它紧紧地拉着你。它将你固定在个人
127 和非个人交叠的节点上，在你对自己的命运和意义感最缺乏掌控的时候，定义你的本质。你变得像一只弱小的动物，在被提起的时候，永远没法停下动弹的四肢。

在《两个女孩，一胖一瘦》中，桃乐茜·奈娃（Dorothy Never）和贾斯廷·谢德（Justine Shade）——《绿野仙踪》《微暗的火》（*Pale Fire*）、《贾斯廷》（*Justine*）的主人公——因为对安娜·格兰特（Anna Granite）的共同兴趣而产生了联系，安娜·格兰特是一个类似安·兰德（Ayn Rand）① 的人物。像兰德一样，格兰特让其读者沉醉在她的承诺中，即一个人对自己的性和智识力量的认同，能够产生幸福和满足，在麻木的常规世界中达到胜利。[18] 贾斯廷·谢德决定在《城市视野》（*Urban Vision*）上，为安娜·格兰特和追随她的人写一篇文章。《城市视野》是一份跟《乡村之声》

① 安·兰德，俄裔美国人，著名哲学家、作家，著有《源泉》等。

(*Village Voice*)① 类似的时尚报纸。她是在医生办公室的日常工作中得知格兰特的。在那里，治愈身体的承诺在她看来似乎是个骗局，但却是防止绝望的必由之路。当一个年轻患心脏病的病人告诉她格兰特的事时，这个哲学家给贾斯廷的影响是既愚蠢又充满力量。

桃乐茜·奈娃曾经是格兰特的信徒，被践行和推动破坏性激情的美的想法所解放。贾斯廷在自助洗衣店的墙上贴了询问有关格兰特信息的告示，桃乐茜回应了她，于是这两个女孩就认识了。到她们见面之前，贾斯廷和桃乐茜已经多年没有和别人好好交谈过了：她们早就各自在自己周围画了一个"斗篷"（112，158，173），作为"无形的盾牌"或"清晰的框"（128，129）。然而，从最初的那个电话开始，她们就对彼此产生了共鸣。这种共鸣具有个人性，但从某种意义上说，这与她们彼此任何的实质性东西都无关，除了她们曾经在形式上都作为某种变革性力量的神秘机会。这种共鸣有一个方面是德勒兹称为"感知物"（percept）的东西。对其潜在可能的忠实，巴迪欧称为事件；它也是误认带来的机会，开启了容许好奇的乐观主义。桃乐茜回忆说："我每天都在发明可能的情景，对即将到来的智力冒险越来越兴奋。"（17）她们在彼此的幻想世界里变成了无实体的声音演员：桃乐茜被贾斯廷声音"面无表情的和阴郁的气质所安抚平静"（16），而桃乐茜的"声音抚摸着贾斯廷头骨的内侧，以一种既推开她又吸引她的方式"（23）。这里有某种依恋，然而这里面的对话者因素不是作为已知的存在，或是传记维度具有主体性的人，而是作为一种正式的依恋点，对某种超越

① 《乡村之声》创刊于1955年，支持同性恋权利。

128 个体性的东西的敞开，从相遇和关系的节奏中浮现出来。贯穿整部小说的是，这种依恋的非个人特质的悖论（在列举她们关系的过程中，这种依恋回避了个人的和历史的东西）组织了女性相互的吸引/厌恶。当她们投身于它的时候，也反过来被它占据和吸引。

在她们交谈的有计划的形式主义中，她们发现自己被一种历史化自己的生活，并向对方叙述自己的生活的强迫压倒。然而，个人叙述的交换不一定等同于亲密的私人信息的交换。在某种程度上，这是一个老生常谈的情境效应，因为当代记者的角色之一就是激起典型的治疗性告解叙事。在小说中，两个女孩多次向陌生人讲述她们的生活故事，而陌生人也用自己的故事来交换：这就是当代创伤谈话怪异的社会性。但女孩们的相互依恋远远超出了这个常规。两个女人都变成了一个“陌生的世界”，而另一个则“不知不觉地”将自己投入了这个世界（11，17）。两个女人惯常的实践都是征求、倾听，而不是叙述。她们感到自己有必要告诉对方点什么（这完全不是她们通常会做的事），又都对这种感觉感到矛盾和尴尬。

桃乐茜想告诉贾斯廷她童年故事的强烈愿望变成了对贾斯廷的厌恶，因为她觉得贾斯廷鼓励了这个愿望，希望她从自我封闭的生活中解放出来。在这种生活中，她囤积着她的知识，并让她的身体变成了一个怪异的盾（39）。肥胖和丑陋在她周围产生了一个能量场，似乎可以在“正常比例的人的聚集中”和来自他人的好奇或依恋（169）。通过这种方式，她被保护起来，不用说出她所知道的东西，正如她被保护起来，不用理会外界要她说出她所知道的东西的要求。“我更喜欢距离的优雅。”她说道（226）。可以说，她是在展示，而非讲述。然而，她也像一个虐待狂的睡美人，积极地等待一个信任别人的机会。当遇到贾斯廷的时候，桃乐茜开始与她的防备分离，但没有与她的快乐分离。她的肉身模式保持不变，但她跟随了声音的踪迹，她不确定为什么。

起初，贾斯廷对桃乐茜的反应就像桃乐茜对她的反应一样——渴望向一个她感到厌恶的陌生人讲述一个艰难的故事，接着是对这种冲动的困惑。这种冲动对激发这一冲动的人产生了矛盾心理。贾斯廷远比桃乐茜更加非人格化，她有着更慢的情感代谢机制（然而桃乐茜是胖的那一个，贾斯廷是瘦的那一个），但最终，贾斯廷回到了桃乐茜身边，感觉到桃乐茜知道她自己一个人无法承受的东
西。这次的会面和回归架构了全书。同时，小说的主体叙述了贾斯 129
廷和桃乐茜所有的人生故事，而这些她们没有完全告诉对方。我们见证了她们在恐惧中麻木地长大，同时陷入疯狂的思考、阅读、进食、自慰、依恋和性交中。一种创伤的内在性的狂躁和非人格性构成了存在和具身化的场景——她们既掌控又有一点不能掌控。如果她想要美好的生活，一个女孩，或者说这两个女孩应该做什么？她们的作为在何时会有意义？

在一般意义上，这个问题通过小说与个案研究的接近而形成。从很多方面来说，两个女孩都知道她们是一个“个案”。贾斯廷为一位医生工作，而桃乐茜为一家律师事务所工作，这并非偶然。这种对个案的接近性也以美学的方式得到重复。直到小说的最后，每一章都有自己的叙事声音，这就是说，它为每个个案分配了各自的专业规范。桃乐茜以第一人称讲述了她自己的故事，而叙述者则将贾斯廷称为“她”。每个女孩的表现方式表现了她与非人格性和自我修养的关系，但不是以模拟性（mimetic）的方式。也就是说，桃乐茜详细说明了保护她警惕的主体性需要何种非人格性策略，而贾斯廷的叙述者则温柔地记述了贾斯廷分离的亲密关系的形成。然

而，她们截然不同的生活仍然以百余种方式在主题上交织在一起，仿佛创伤场面有某种通用的节律：辗转多处的核心家庭、悲惨的父母、童年的性虐待、从来没有对的语气和身体的调性。当这两个女孩还在她们童年的家庭生活时，她们并没有注意到这些。不管怎么样，她们的母亲给她们灌肠，她们的父亲过分看重她们，诸如此类。她们爱任何她们可以误认为爱的东西。扭曲就是爱的形态。

以下是一些个案研究的内容：贾斯廷的医生父亲的一个医生朋友在她五岁时反复残酷地猥亵她。这个事件可怕的“抓挠”感证实了她已经不知不觉知道的东西——关于她的家人过于强烈的情感封闭：它包含“他们与世界的对抗”，以及一种紧紧环抱她的高强度的神秘主义（hermeticism），但却是非人格性的。贾斯廷通过“听话”，参与了家庭的爱意经济：她漂亮、聪明，并对父母的横眉怒目顺从驯服。同时，她把学校培育成了释放她的坏的另一个公共场所。七岁时，她让一个邻居朋友把她绑起来抽打；十一岁时，她和朋友们折磨了一个绰号叫“情绪化”的又胖又丑的女孩；十二岁时，她用牙刷强暴了一个玩伴，并在后来用这个记忆自慰（99,
130 109-11）。后来，那个玩伴要求更多，但贾斯廷拒绝了她。高中时，她发明了一个秘密的垃圾衣柜，这样她就可以融入那些以世故著称的大姐大们。通过散布刻板印象和嘲讽，她们建立了一种社会价值的等级；她们在性方面相互竞争，以获得最“成人”的体验。

简而言之，学校是一个亲密关系总是被背叛的世界。但对贾斯廷来说，它的恶毒提供了一种确证的解脱。因为对她来说，规则明晰的残忍比她的家庭中暴虐亲密的混合要真实得多。她通过反复演绎这一幕的矛盾心理，以异性恋身份进入了青春期。但她既位于上层，也处于底层，男人只是让她从自己的“善良”中解脱出来的暴力的工具。也许，最有说服力的行为，是她设计了一个在家中暴力地失去贞洁的情节。在家庭“娱乐室”粗糙的地板上，她引诱了一个无关紧要的男孩。其目的是上演一出屈服的性幻想，同时让她最亲密的女性朋友沃特利（Watley）保持兴趣。毫无感情的性交、令人不快的冷酷，确认了贾斯廷的残酷之处，而这也标志着她的脆弱。在假装这次经历充满戏剧性之后，她向她的朋友承认其实并非如此。沃特利抛弃了她，利用这个故事作为贬低贾斯廷的社会资本。脆弱让你变得毫无价值：活下去依靠的是坚硬的身份形式，并关闭其余的柔软部分。在意识到她被揭露为性失败者后，贾斯廷“双臂环抱着腰走路，感到孤独和屈辱，还有一种那一刻她完完全全只有她自己的感受”（156）。在怀着这个想法的时刻，她也许正在享受她一生中最美好的性爱。

桃乐茜也在白人郊区长大，有一个愤怒的父亲和一个消极反抗的母亲。他们总是不停地评判着女儿，她的价值随着父母剧烈变化的情绪而变化。小时候，她喜欢处于这个变幻莫测的场景的中心，但她和贾斯廷一样非常警觉——她能看出有些事情不对劲。“我最初能记得清的东西是我不得不否认我生活的具体事实，否认它们显而易见的模式。”（32）特别是，桃乐茜和贾斯廷都有着一个奇怪的自我封闭的家庭，这导致她也和自己分裂了。但桃乐茜产生的是一种不同的分裂。通常，“我剑拔弩张的父母和站在父亲身后的我的画面”激励着她。就像超级英雄搭档一样，她和父亲“志存高远；我们放弃了美丽与快乐，转向与残忍和虚假作斗争的残酷现实”（123）。

与此同时，桃乐茜开始对许多事物产生了“美丽而复杂的幻 131
想”，包括男人和女人——她觉得他们“美得难以忍受”（117）。

她将自己对美的追求与她母亲对虚构化和女性气质的追求联系起来。桃乐茜和她的母亲度过了她的青春，一起用蜡笔在建筑纸上画幻想的图画，向彼此讲述自己幻想中的“轻盈梦幻”的故事，然后吃大量的甜点。一开始，桃乐茜画了无数个天堂，“充满了微笑的长着翅膀的孩子、糖果棒、蛋糕、冰激凌和玩具”（81）；然后，在听到母亲大声朗读《彼得·潘》（*Peter Pan*）时，桃乐茜转向了对“永无乡”（Never-Never Land）① 的迷恋。

它单单是名字就让我感到一种悲伤，就像一条美丽的大毯子，我可以把自己裹起来。我试着相信彼得·潘真的在某天晚上会来，带我飞走；我已经过了相信这个的年纪，我也知道，但我强行让这个信念艳丽的圆点点缀的斗篷盖住了我不快乐的认识。（81）

十岁的桃乐茜——当时她的昵称是“桃桃”——已经学会了否认令人不安的知识，因为她对美的乐观吸收几乎感觉不到这些知识。但她依恋自己未经思考的想法及其补偿的怪异风格，在她的整个人生中都有令人不快的回响。她对一个已经被她欲望化的朋友说漏了“永无乡”是她最喜欢的幻想世界这件事。这个朋友旋即背叛了她，让她变成了学校里的“酷儿”弃儿。当陌生人跟她说起这件事时，她“蒙了，因为拼命试图找一个正确的回应”（115）。但是，这个结果在某种程度上是一种解脱：它证实了桃乐茜对她的家庭和她的家庭对自身的超定向（hyperorientation）的不成熟的地方。同龄人异样的眼光迫使桃乐茜对自己家庭的温情感到幻灭，也对一

① “永无乡”是小说主人公彼得·潘居住的一个远离英国本土的海岛。这里参照1940年梁实秋翻译的版本，翻译为永无乡。

般意义上的家庭的温情感到幻灭。这最后发展成她直接物理性地从家庭自恋的机器中退出。

在青春期早期，桃乐茜变得安静、肥胖，而且令人恶心，却不知道为什么会这样。当我说“令人恶心”的时候，我不是在过度解读。“恶臭还病恹恹的”，桃乐茜这样描述自己。在她十五岁时，她的父亲低微地走进她的房间，告诉她，他对她的所作所为是因为这个不公正的世界太让他失望了。在他喃喃地说出爱和道歉的混乱中，他开始猥亵并强暴了她。其实，这对桃乐茜而言并不是什么奇 132
怪的事：“在恐惧、羞耻和兴奋的背后，现在看来我父亲和我之间的事不过是我跟他之前一直在发生的事的肢体表达，即使他对我破口大骂。泪水涌入我的眼睛；就好像他残忍的叫骂始终都披着一层爱抚的外衣。”（126）

这种残酷的爱持续了许多年。晚上，他咕哝着，而她在沉默中破碎。白天，他愤怒地谴责她——因为她不再听从她母亲的话。桃乐茜低头看着她的盘子，只顾吃东西。后来，每当她感到焦虑，她的器官就像要在身体里爆炸一样，以一种可以从乱伦文学中辨认出来的方式，但在这里，作为贾斯廷所说的桃乐茜柔软而优雅的肥胖的身体基础而产生共鸣。桃乐茜说：“大多数时候，我感觉我的身体好像被翻了个底朝天，我是个行走的怪胎，身上挂着直接可见的血红色的器官，肺啊，心啊，膀胱啊，肾啊，脾啊，是一个被剥了皮的人的丑陋的样子。”

她解释道，“这些身体记忆是如此不均匀地被淹没和被揭示，如此扭曲……以至于它们可能完全是被编造出来的”（44）。这并不是说创伤后的主体一定有虚假或伪装的记忆，而是说记忆是由幻想和误认中介的，这种过程是如此强大和顺人心意，以至于人们不得不以怀疑的态度来理解它们和自己，尽管这时，将人与记忆联系到一起的情感是必要的，也是一个锚定点。创建处理后创伤驱力的形式，需要一种敏锐的本能和智力感觉系统，随时监控、判断和区分，但也大量地收集感觉。监控比掌握知识更重要。女孩们的大部分创造力都被这种监控活动消耗掉了，这也让自我延迟成为可能。但监控本身不保证任何的真实性：它只是让主体接近现场，接近那神秘难解的表征。

在个案研究的理性语言中，可以说这两个女孩都知道否定是有效果的，既是一种依恋的表达，也是一种切割（cutting）的姿态，使某人（通常是折磨者）不再感到不知所措。老男人教女孩们切割的价值，而她们整个十几岁和二十几岁的时光，都用来再现其残酷，无论何时何地，只要她们感觉需要逃出规范性亲密吞噬的世界。[19] 然而，残忍的切割不仅是游离的、反亲密的，它同样将女孩们束缚在具身和依恋的乐观主义习惯中。[20] 这就是说，非个人化的形式主义和独特的自我培育计划之间的关系，在小说中是捆绑在一起的。自我保护和风险在这里无法区分。

133 隔着一定距离看的话，女孩们自虐和快乐的联结产生了形式上对立的性行为。贾斯廷在S/M中迷失并找到了自己，而桃乐茜则实践了一种远距学习，一种以心理虐待和性理想化为特征的监控模式。[21] 然而，就这些性行为控制着风险和欲望的流动来说，它们在形式上是相同的。女孩们也分享其他的快乐形式，如食物消费和高强度智力的生产。每一种都和性一样，是一种吸收的过程，是一种存在于这个世界的方式，也是一种将世界代入，进入世界和逃避世界的方式。这些习惯的存在模式虽然是乐观的，但也是自我毁灭和自我否定的技术，是一种特定交流的插曲式的释放方式，为了能够不成为其历史中那个失败的普通人，哪怕片刻也好。尽管这种倾向让人面临自我否定的风险，不成为那个人也是一件了不起的事情。因此，带着极强的矛盾感，这三种强大的模式，包括重复、否定和乐观，与感觉的培育息息相关：食物、思想和性既是安抚的，也是危险的，同时是参与和交换的原始模式。

因此，在一种观点中，这些重复可以被解读为一种自我连续性制度的建立，相当于累积成一条“我是谁”的星系。同时，她们个案的故事版本将一切都变成了自我培育的连续症状，而女孩们不依照她们个案的故事版本的能力（“嘿，你!”）预示了其他的东西：一种干预人的“个性”的再生产的冲动。她们的消极可以理解为对“她们是谁”的一种背离，而不是预设。本文的大部分内容将转向这一系列快感，而且我认为它们干扰了否定自我连续性的节奏。女孩们用一种形式上的丰富而不是贫瘠来回应创伤的巨大困扰，这种反吸收的策略标志着她们希望以别样的方式生活的意志（“等等!”）。

快感 1：食物（为了思考）

无论是自己的时候还是一起的时候，两个女孩不断地、“野蛮地”“吃零食”（15，37，81，93，241）。按出现顺序，她们的嘴巴和眼睛吃了：土豆，“一盒棕色袋装牛奶”，“朗姆酒味的杏仁糖，每颗糖果都用鲜红色的锡纸包裹着，上面印着一位穿低领衣服的神秘棕发女郎的照片，一瓶矿泉水”（12）；糖醋排骨（30）；蛋卷（36）；奶酪卷，低糖苏打水，巧克力蛋糕，饼干，三明治，咖啡，格吕耶尔奶油蛋卷，奇妙薄荷饼干（15）；精致的油炸小吃（25）；“茶……糖和奶油”，“水煮饺子”（28）；“几袋白色糖果” 134

（44）；“奶油和鸡蛋”（45）；辣椒，土豆，啤酒，干烤花生（47）；辣椒配意大利面，巧克力冰激凌，难以下咽的夹心饼干（48）；肉桂吐司和热巧克力（52）；金枪鱼三明治（55）；黏液蛋（56）；口香糖（62）；“旧茶包和胡萝卜皮”（66）；“火焰冰棒”（66）；小麦奶油（74）；“苹果核，几袋老薯片”（75）；“冰激凌……鸡肉馅饼……杏仁乐、马洛马、梅洛薄荷和甘草棒”（76）；“饼干……口香糖”（78）；鸡蛋（80）；“饼干和花生酱……糖果棒、蛋糕、冰激凌……蛋糕和冰激凌”（81）；“橙色和粉色糖果……邋遢汉堡……热巧克力”（84）；“饼干和茶”（86）；可可（87）；口香糖（91）；冰激凌（93）；项链糖（94）；鸡蛋（98）； “可口可乐混酒”（105）；“冰激凌和香草华夫饼”（107）；“巧克力块和炸薯条”（114）；“肉……土豆……冰茶”（118）；糖（119）；“沙拉……加调料烤土豆……橙色玉米卷”（120）；“薯片和啤酒……一口健康棒”（123）；“猪排青豆……盒装柠檬派”（124）；“胡萝卜……土豆”（128）；“酸橙果子露”（130）；松饼（137）；软骨……奶昔（141）；“加了三勺糖的咖啡”（146）；“一盒巧克力，有些上面画着女人的脸”（154）；“一种巧克力……另一种巧克力”（155）；冰激凌三明治（160）；“一盒甜甜圈和一袋薯片”（161）；“一袋汉堡、薯条和橙汁饮料……法式吐司”（168）；“两个用玻璃纸包的巧克力甜甜圈”（174）；“蘑菇炒饭配青豆，烧排骨”（175）；“土豆块”（177）；“饼干和咖啡”（179）；“沙拉……水”（185）；“咖啡……比萨……无糖沙士”（193）；“沙拉外卖”（195，233）；“芝士三明治、薯片和糖果……奶昔和双层薯条”（205）；“柠檬酥皮派”（206）；“麦芽糖和薯片、糖豆和滴着肉汁的烤牛肉三明治”（211）；法式吐司（214）；“罐头汤……面包”（215）；“美味醇厚苹果派”（221）；“香槟酒配我们做的煎蛋”（225）；“热咖啡和一袋糖、搅拌器和石油牛奶替代品”（229）；“松饼……一袋饼干”（232）；“一袋腰果、一袋杏仁软糖和一个苹果”（234）；饼干（238）；烤奶酪三明治（241）；异形麸皮松饼（242）；“一袋薯片和一袋糖”（244）；“一盘宝石般的寿司和亮晶晶的紫色海藻……清酒”（248）；饼干（258）；“糕点和布丁”（260）；蛋糕（261）；巧克力蛋糕（264）；“袋装薯片和饼干”（272）；马提尼酒（281）；“薄荷糖和耐嚼糖”（290）；洋甘菊茶（309）。

忘掉脂肪和卡路里吧：为零食而活，就是按照自己快乐冲动的 135
节奏生活，就是开创“一条去杂货店和外卖晚餐的天堂之路”（76）。“在这个厌食症盛行的时代”，作为一个热爱食物的人，是一种既存在又不存在于这个世界的方式，给了女孩们砝码去参与或退出与人分享任何东西的实践（95）。吃饭的时间是属于她们的时间。这就是她们的时间。当她们中的任意一个外出时，都用吃来标记时间。等待时，她会吃东西；思考时，她会吃东西；她在做爱前后都会吃东西。为了应对“呕吐得无边无际”或无休止地吸收内在的窒息感，食物为她塑造了一种时间的留白（space），一种变异自我的插曲——却仍然是一种自我确证（160）。它提供了结构，也击败了结构。它创造了意识（以愉快的记忆为伪装）和它的反面（失语）。[22]也就是说，女孩们与吃的关系是一个场景，而不是一个症状：除此之外，吃的实践提供了一种协商不连贯自我的方式，而不是组织一种人格来补偿它。

在自己一个人的时候，桃乐茜从不觉得饱。所以，她可以一直吃。只有当她沉浸在非创造性行为中时——每晚校对华尔街的法律条文，或者誊写格兰特内部圈子的辩论——她才会有类似饱腹感的感觉。非创造性行为是为了从欲望的自我表达的压力中得到缓解，相应地，欲望越强烈，身体就越感觉空虚。通过工作清空空虚感，就像去否定否定本身，至少可以维持一会儿，因为工作是吸收性的，就像吃饭一样。但桃乐茜也表明，人无法不创造，也无法不渴望。

> 正是在俄亥俄州，我养成了我母亲所说的“讨厌的习惯”。首先，除了极少数情况，我不再刷牙。突然间，我讨厌把沾满膏体的刷子放进我温暖的嘴里，从我的牙齿上刮下耐人寻味的食物纹理，泯灭了丰富醇厚的味道，抹去我一天的烹饪历史，取而代之的是空洞的薄荷的余味，一口空洞的长满毫无人情味的牙齿的洞穴……此外，我开始屈从于粗野的不健康的渴望：糖果棒、冰激凌、饼干、碗里舀起的满勺糖，从罐子里狼吞虎咽好时牌糖汁，把 Reddi Wip 牌喷射式奶油射进我的喉咙，从别人的蛋糕上用手指挖去大块糖霜。(64)

桃乐茜在她依恋的不同品牌，和她的口味创造的无形的内在世
136 界之间转换。她的身体是一个厨房，在这里，交换的东西变成了**物质状态**（thingness）和感官知识，变成了反时间性的材料（“我一天的烹饪史”），并让她得以“粉碎并组织（她的）生活，以减轻外在世界的影响”（112）。粉碎的暴力伴随着其结果带来的愉悦，她以一个制造者的全部自豪，欣赏着这一结果。“这永远都不够。”她说道（64）。她经常边吃边看书。

由此，在桃乐茜丰富的反感觉系统（countersensorium）的工厂里，人性的东西呈现为形式上连续但不断变化的重复满足的场景。

她日益增加的对味觉的依恋的敏感，严格来说是一种形式，同时**感觉像是**一种财产，是她不可剥夺的囤积物。但正如尾气污染不是什么胜利：在学校和家里，桃乐茜是一个流浪者，一个“颓废者”，一个局外人。仅仅说她欣然接受自己的消极还不够，因为她其实并没有。[23]不可同化的痛苦是不能忍受的，但也可以通过我所描述的自我照料的模式来补救。通过将她从她社会关系的时空中（这里她只是感到不满足）解放出来，吃在她没有快感的常规世界中划开了一道口子。不被同化的痛苦是无法忍受的，同时也可以通过我所描述的自我照顾的模式来补救。吞食通过她在正常世界中所经历的失调中划出一道口子，把她从她的社会地位的时间和空间中解放出来，在那里她只是不够格。不断地吞食和它轰鸣的余波产生了一种横向的、无限的此刻。

她与身体的合作成为一个不断给予的礼物。但只对她给予，同时确认臃肿身体的社会性否定。作为两个负存在的唯我论（solipsism）和狰狞在这里并不得正，这意味着这一过程的节奏设定了一种替代性的自我中断，使之成为否定性的东西。桃乐茜的苦难和她在社会上的落魄终究将她封存在想要变得“正常”的羞耻中。然而，她自我放纵中的同化意志是一种走向自我毁灭的驱动力，同时，它也被快乐的乐观主义所凌驾。她把那个毁灭版的自我，与屈服的、卑微的，因此也是非人格的自己联系起来；她的自大产生了一些别的什么，一种创造性的力量，只要她的肉体能分散为口味、味道和气味，这种力量就能蓬勃生长。

贾斯廷的生活也依照类似的饮食量，但这在她的性经济中却呈现出相当不同的形态，它涉及一种养成的客体化，而不是像我们在桃乐茜身上看到的主体的扩散。在某一时刻，贾斯廷的世界是“独自躺在被窝里，带着自己身上的气味，手指放在潮湿的胯下，变成了另一个世界——到处都是又胖又丑的人，走来走去，边吃边盯着看”(93)。即使是私下的性行为，也是将自己暴露于她自己过度
137 批判的凝视之下。她自己的厌恶的对象表现为**拥有过**欲望，贾斯廷进一步贬低了她自己的欲望，因为觉得它太平庸了：毕竟，在商场中和自慰一样，她试图刺激欲望，同时将惊奇感减小到最低。

然而，当吃对贾斯廷而言是真实而不是幻想时，世界似乎变得可控，并且让人愉悦：“当贾斯廷下班时，她买了一袋饼干，搭乘地铁回家，带着女王般的愉悦心情吃着饼干。”（22）在公共场合吃东西的快乐将贾斯廷包裹在一个保护的泡泡中，这甚至比自慰的感觉更好，因为外界是一个匿名的空间，可以让她偶尔抛弃那些让她感到痛苦的东西。桃乐茜沉浸在自己的独特味觉里，构成一种对她刻板的肉体身份顺势疗法（homeopathic）① 式的入侵；而贾斯廷的生存模式则是在一种（处于世界之中的）姿态及其重复中产生快感，而不是在任何反真实性的感官或视觉表演中产生愉悦。当它运作时，每个女孩都得到了解脱，这发生于她们为了所欲，去接受自己所能承受的东西的时候。桃乐茜的感官摄取的过程性本质，矛盾地让她得以将外在的身体塑造成一个劣质的对象，而感知的智识范围则开启了无限囤积的内在自我扩展。相比之下，对贾斯廷而言，吃是一种非人格性的形式主义策略，也是开拓时间和空间的形式主义策略，无论对“她”的创造性而言看起来“真实”与否。她们都有着自创姿态的形式主义，这种形式主义围绕生存

① 顺势疗法指的是用能引起同样症状的药剂治疗相应疾病。

组织起来：她们之间的区别是强迫饮食与个人/非人经济之间进行协商的方式。

在任何变革或超越的意义上，将这些食物交换的时刻称为具有“能动性”，都过于宏大了。在《两个女孩，一胖一瘦》中，任何个体从历史的伤害中获得彻底解放都是无法想象的。历史之所以可以造成伤害，是因为它在意识里重复，因为它给予了快感，至少就自我的延续性而言，而这种自我延续是主体所坚信的命运。她是她一直以来的样子。只要她们的历史是她们所拥有的，她们的私人财产，在这个意义上，这些以创伤为身份的人就能在其历史中获得一种技术性的快感。但这样说并不意味着历史造就创伤是一种命运，是一种野蛮的重复。《两个女孩，一胖一瘦》中的乐观主义强迫产生了一种反时间性，它不仅提供了叙事的延续性，还提供了别的什么——更像是红外图像上那些深红色的区域。[24] 处在这样高强度的感官时刻，会使时间停止，也会使时间充实，并充斥生活的、想象的和未曾想象的世界。女孩们想要重复的这些不可能的行为（以食物和饮食作为替代品），将意志和重复融合在一起，产生的并不是简单或易忘的东西，而是那些尚且还没有具体内容的东西，只是一
种倾向。她们并不是什么都没有达成，但也无法解读。关注那些具 138
有吸收性的东西标志着意志选取的一个方向。有一次，贾斯廷想，“这简直是地狱，那个胖女人明显有点太凶了”（195），随后，“一个穿着阿玛尼西装的男人……疯了一样挥舞着一个破瓶子，大喊‘我爱你！我爱你！我想吃你的屎、喝你的尿’”（196）。

快感2：(历史是) 聪敏的/刺痛的东西①

我已经指出，对两个女孩而言，吃是一种技术，可以根据她们自己的定义和对节奏的感觉，将世界推开或拉近。这不是一种有意识的具有意图的能动性的行为，也不是任何客观意义上无意识症候的体现。尽管小说的叙事中心，一段一段地讲述着女孩们的故事，这种叙事中心的确用吃构建了两个女孩参与日常生活的方式，然而，在以惯常的方式理解她们的生活的同时，这部小说还展示了另一种组织围绕人的知识的模式。从技术上讲，它提供了一种感觉，即快感也抓住了成为一种不受（流转的，或可以追溯到个人的）身份限制的存在的方式。这里快感是一种构成某种形式的重复，而不一定是让人感觉良好的东西。克里斯托弗·博拉斯（Christopher Bollas）将上述存在的方式称为“未经思考的已知”，并认为就主体自我的模式来说，知识在被以术语的方式体验到之前就已经存在了。[25] 这表明，尽管重复体现为一种麻木，但创伤性重复可能产生超越其本身的知识。重复的教育学包含一个转变：从内容的关系（个体反复回到的场景）到形式（个体的依恋的节奏和位置）。

在《卡拉瓦乔的秘密》(*Caravaggio's Secrets*) 中，利奥·贝尔萨尼（Leo Bersani）和尤利西斯·杜图伊（Ulysse Dutoit）把欲望和形式之间错综复杂的关系描述为性本身的谜。[26] 那种谜一般的诱惑的特质，来自这样一种感觉，即一个人的依恋充其量只是在其对象中被符号化，这些对象因我们对它们的关注而充满了力量，而它们对我们来说始终是谜，同时又从未被充分理解。贝尔萨尼和杜图伊

① 原标题为：(history is what) smarts。基于后文暗示的双关意，将 smarts 翻译为“聪敏的/刺痛的东西”。

关注的是，性依恋如何被无法预知的改变的风险塑造，它由情欲依恋中的误认带来。在他们看来，**极乐**（jouissance）是一种反创伤的混沌，它摇撼了自我（ego），满足了主体被淹没的欲望，同时也标
志着它所能知晓的极限。然而，欲望也接近一种不去获知的欲望， 139
一种同时具有多种功能的厌恶；保持对象的神秘特质可以防止人们对其感到厌恶、疏离或被其淹没。与此同时，重复的连续性保护主体免受那难以承受的，她对自己依恋的矛盾感产生的拉扯。这就是为什么，在《两个女孩，一胖一瘦》的世界中，向重复的形式敞开，比向人或迷恋物敞开心扉更安全。两个女孩吃东西的冲动具有可靠的节律，这抵消了它所意欲达到的愉悦的压力：吃是一种承认欲望的方式，但不必“知道”除了它本身以外，其感官的执行意味着什么的方式。它是一种对过程而不是对某种对象的依恋——这对两个女孩而言，有着不同的意义。虽然，在这两种情况下，有着爱吃的习惯不意味着试图变得空虚、麻木或愚蠢。**两个女孩都是聪明人**（sharp cookies）。这里和这本小说的任何地方一样，对某种实践的血肉质感的依恋，也不可避免地包含了一种敏锐的认识。

“敏锐”（smart）一词的智识指涉来源于其物理疼痛的词源。聪敏（smartness）是让人疼痛的东西，或者说，说什么东西很敏锐就是说它会带来伤害——它尖锐、刺痛、无情。就好像变得敏锐（smart）就是用即将发生的锐利（acuteness）产生某种威胁（拉丁语 acutus 意为尖锐的）。从这个意义上说，聪敏是吃的对立面，吃突出的是自我沉浸的快感，而不是让人痛苦的维度。在《两个女孩，一胖一瘦》中，对刺痛（sting）的恐惧和依恋具有多重作用。它作为防御：高度警惕可以触发判断和解释中的快感，包括搞清和排除自己的矛盾之处；它意在避免创伤性的意外。它还可以作为力

比多式的驱动力：它的持续活动也用作寻找可控行为的场景。因为就像吃一样，监控似乎控制着交换的形式和节奏。因此，聪敏的反创伤功能几乎无法与其创伤的效果区分开来。作为中介个人感知和意志的领域的聪敏，很容易被仅仅看作是自大和虚伪的所在。

两个女孩高度警惕的心智用力咀嚼着记忆的传奇景象，用思想再次乐观地占有它们。就其本身而言，一个新的想法并没有重新教化心智，抹去或升华其知识。相反，它打断了此刻，并构建了机会，以认同追求，认同欲望的原始力量。当她们还是孩子的时候，她们迫切渴望生活在，用贾斯廷的话来说，“以更好的规则运行”的平行世界之中。在这个意义上，美学甚至也是一种工具，来提供一个比支配现实生活的更好的想法：毕竟从定义上，所有小说都是
140 乌托邦。确定主义（definitism）也似乎是自我解放的乐观主义的智识来源，但同样地，其内容最后也无关紧要。对女孩们来说，对理想形式的追求就是对他异性的追求。风险、转变、否定以及其他：一种仍然不胜枚举的可能命运。也许，这就是为什么贾斯廷只能忍受“一年有一个想法的速度”（18）；干预你所熟知的生活再生产，仍然比遵循本能走向未知的东西更有风险性。

因此，小说中的智性思考一方面作为内容——哲学和情节——出现，另一方面作为对自由形式的渴望出现。解放的形式不需要一个特定的内容，而是需要一种能力，能被自己知之甚少的依恋惊讶同时又被其确认。对这两个女孩而言，形容这种未经思考的形式的词是“美”，以其惊人的疏离能力吸引人，使她从过去的存在方式中走出来，无论她曾经在那里是否拥有位置。对于这种双重运动，其最具主题性但不是最没有戏剧性的例子是桃乐茜与安娜·格兰特的相遇。桃乐茜解释说：“她告诉我，人类可以在力量与荣誉中生

活，而性实际上是这种力量和荣誉的一部分，而不是其对立面。而她是有史以来第一个做到了这一点的作家。表明性不仅仅是爱，而且是赋权和扩展，不仅是对男人，也对女人。正如你所想的，这对我启发很大。然后剩下的就只是……她思想彻底纯粹的美。”（27）

在这种确定主义思想的领域里，思考和性是男人和女人以同等的力量行使权利的模式。“思考和性”的对句构成了一种乌托邦主义，其暴力和愤怒被首先接纳，成为依恋和亲密的核心：格兰特在她的追随者中引发了“紧迫和需求的无声咆哮”（12）。

桃乐茜和贾斯廷都知道，格兰特的追随者可能是书呆子和流浪汉，因为他们都是专制大师。比如，格兰特所说的伟大的修辞，似乎对许多她的追随者而言是一种温和的尼采主义，拒绝规范的中产阶级秩序中的阉割性的礼节。桃乐茜对确定主义的拥抱有着类似但不同的共鸣。她依恋的是一种特定版本的性解放，其更具颠覆性和风险性，包含一种超越意图和理性的意志的智慧，一种无所畏惧的意志：不怕死，也不怕更可怕的东西，即活着。她所说的这种可能
性的“美”使她愤怒和感激地流泪。因为确定主义是生活的第一哲 141
学，它容纳了桃乐茜对世界的各种回应——她的柔软（对亲密关系的渴望）和她的坚硬（愤怒和智慧）。只有在这个领域，这些回应才是连续的态度和积极的价值观，而不是需要隐藏的可怕脆弱的证据。对桃乐茜来说，发展一个能够强有力地存在的自我，不是为了弥补客观上无力的绝望，而是为了确认她的力量，是为了反抗来自她家庭、她父亲的中伤，和“正常”世界分门别类的残忍。因此，桃乐茜实际上并没有被确定主义改变。这个美丽的想法并没有改变这个女孩驾驭世界的直觉。当我们见到桃乐茜时，她已经退守到青春期的虐待狂想法和饮食安慰的泡沫中了。那么，思想性事件的价

值是什么？

这就是它的美之所在。在冲动之下，桃乐茜决定离开大学，加入确定主义运动。她想："除了我的永无乡，到处都没有我的位置。我可以让（格兰特）进入我窄小但充满活力的永无乡。"她这样想着，感觉到"我幻想的亲密和理解就是这样的，它可以让我蜕掉皮肤"（167）。不过，要做到这一点，她必须想象格兰特会让这个空间美丽起来，就像她让其他空间都美丽起来了那样。桃乐茜说"美是使生活值得活的一个部分"（133），特别是"强烈的、傲视一切的美，除了它本身和它自己的发展，对任何事情都漠不关心"（132）。格兰特合法化了桃乐茜的冷酷无情，认为其不是一种邪恶，而是一种抽象的美。唉，当她们相遇的时候，女孩挣扎着，感到"我崇拜的渴望之下涌动着失望的黑暗浪潮"（169），因为她看到的格兰特"看起来像一个穿香奈儿裙子的中年家庭妇女。不，不，她不应该是那样的。我不想记住这些……她应该有着美丽的眼睑和双眸"，一袭"美丽的黑色披风"以及"美丽的深色皮肤"（28-29）。"然后当光照到她的项链上，珍贵的深蓝色宝石环绕着她，一瞬间，我看到她被灿烂的蓝色光环笼罩，她周围的空气涌动着一股彩虹般的能量……我的幻想猛地鼓起了风帆。"（170）就像她对彼得·潘的幻想一样，这里的桃乐茜无法承受（再一次的）失望；她对美的思想同时浸润抽象和具体的生存领域的渴望，迫使她将美投射到最小的屏幕之上。小说很清楚地展示了，确定主义需要人们忠实于一种想法，即把不可能性（impossibility）误认为美的事物。在评价另一个追随者伯纳德（Bernard）的时候，贾斯廷指出"他将自己的认识变成对美和力量、光荣和奋斗的幻想，这些他在内心深处孕育的幻想……透过这层铠甲，他扭曲的敏感竭力寻找抚慰它的

雷霆般的美和英雄主义的抽象存在”（177）。这是对重复乐观主义
的强迫。后来，遇到贾斯廷后，桃乐茜重复了这种测试模式。她逐 142
段批判着她朋友的身体、心理和智识能力，对于美的思想和它的变
革性承诺而言，是否够格。

在她遇到格兰特的同时，桃乐茜给自己改了名字，从“贪吃桃桃”变成了“桃乐茜·奈娃[1]”，这是一个从彼得·潘那里借来的幻想之名。这次改名否定了她的家庭，标志着她在历史上的匿名性。通过这个想法，她的依恋转变为欲望和意志变革性的和谐状态。格兰特让桃乐茜讲述她的人生故事，然后雇她做秘书和抄写员，负责记录格兰特组织的哲学家圈子的对话。桃乐茜的工作不是去理解那些环绕着她的美丽的思想，而是将它们作为他人的口述记录下来——作为声音，而不是作为意义。

这种经历是如此地充实，如此地令人振奋，以至于我在那些日子里一直生活在我的脑海里，我的胸口剧烈地起伏着，在我废弃身体的凸起之上……最初的几个小时过去后，我那破旧的知觉分成了两个部分，一个浏览文字、短语和思想的景观，另一个吸收说话的声响、转调和音色的样态。第二种感知将词句转化为声音，以温柔、侵略、坚硬、柔软、骄傲和幸福的形态呈现，它们在房间里移动，相互变化并相互重新作用，膨胀、收缩、碰撞家具，用它们流动的、无形的、相互矛盾的活力填满整个公寓，然后逐渐消失。（203，209）

---

① 这里奈娃的英文是 Never，呼应彼得·潘的 Never-Never Land。

“幸运的是，情感上我脑子一片空白。”桃乐茜回忆说（207）。她很欣赏自己后创伤的分离能力，这种能力让她不用与那些她不加理解吸收的声音发生关系。这种吸收标志着她所积累的关于美的形式档案的另一个入口。不出意料的是，这一次，当声音填满她的身体时，她不再需要脂肪的保护套，她减掉了大量的体重。仿佛声音替代了食物，并且谈话有节奏的愉悦升华了吃东西时那种孤独的快感。格兰特宣称，“所有的孤独都是一座尖峰”（163）。这里的孤独不是一种遗弃，而是一种智识亲密的非人格性，它将桃乐茜从补偿性的身体中解放出来，而这种身体是她构筑来对抗湮灭的压舱石。脂肪，是历史伤害凝结的形式：仿佛“身体记得一切”这句话是真的一样，丢掉脂肪后浮现而出的是一个新的桃乐茜。她开始逛街，打造现在令人瞩目的容貌，爱上了她从十五岁起就再也没见过
143 的肌肉并为之努力。她也开始有了性感觉。

从特征上看，贾斯廷的聪敏提供了一种乐观的和专注的场景，就像桃乐茜一样。但对贾斯廷来说，聪敏远没有那么个人化和具身化，也更少地导向“救世主—英雄”的伟大形象。相反，对智识专注的认同是为了发展一种内在的审美，作为可供她想象的一种更好的生活的感觉。这就是说，聪敏并不是生产意义上的乌托邦，而是标记了一种尚未被承认的情感倾向。在论证“孤独之美”和“写作之美的内在价值”时，她并没有将这种联系明确化，然而，写作的与世隔绝为她构建了一种宏伟而没有暴力的空间，一种可能性的空间（175，235）。“赤裸裸的”美是她所选择的一种公共的非人格化模式；通过写作，她隐藏自己的怪诞反常，成为正常人。没人可以看见，或由此触及她的丰富内心，而她自暴自弃的痛苦也因此被保护起来，免受进一步的创伤。

见到面时，桃乐茜感觉贾斯廷是个内向尽责的人，有着“从容不迫的矜持”，在其他方面则“不真实”，而且只是暂时地具有活力（27-29，12）。但在她的脑海中，贾斯廷不是这样的：她像桃乐茜一样善于评价批判，只是没那么夸张，也没那么喜欢大声说出来。她相信她的判断，她的怜悯和厌恶，还有她对事物的矛盾感，以及在极少的情况下——如果有的话——她的认同。不过，在公开场合表现这种宏大气势是很难的。从这个意义上说，她和桃乐茜是彼此怪诞的反面，各自都通过夸张、反讽、超表现（hyperepresentation）和次表现（hyporepresentation）的策略，塑造了非个人的身体以震慑他人。但是，社会化肉身的非人格化并不代表其真正的人格就隐藏其下，或者等待着一个安全的空间，或者等待被修复。她们身体性的实践使其可以负担**知晓**（knowing）她们所能知晓的一切风险，而不用被固定在某种特定的故事中，这个故事将主体性简化为个人经历的总和。具身的非个人性为女孩们提供了时间和空间，让她们得以自由地、愤怒地、茫然地进行评判：寻求宏大感觉的体验，同时保护自己不被暴露。将身体非个人化也让女孩们得以逃出监控智慧的控制，而这种智慧也是她们珍视的东西。

在这个方面，她们对这个想法的高估类似于批判性否定的快感。这个想法使女孩们能够支撑自己，在羞耻感到达顶峰的时候拥抱自己的身体。她们具身的孤独斗篷保卫了对她们而言弥足珍贵的 144
苦涩的优越感和排斥感。然而，比起轻蔑的防御性知识与智识抚慰的力比多刺激之间的关系，更被珍惜的是她们借助求生的直觉而发展起来的距离——干预后创伤（post-traumatic）往复节律的距离。在这里，她们之间（内容而非形式）的差异很重要：对桃乐茜而言，观念思想的培植就像为她自己创造一个真实的世界一样，而贾斯廷则通过思想的他异性，在她所生活的过度密切的世界的他异性中，体验到了一种解脱。不过，对这两个女孩来说，沉浸在精神世界几乎为疲于反应提供了一种有节奏的舒缓，这保护了她们所知晓（但并不真正了解）的与肉身化（enfleshment）、认识论、幻想和亲密之间好的或不那么坏的关系的可能性。

毫无疑问，正是运用这样的策略，亚当·菲利普斯（Adam Phillips）将他关于智识主体性的文章命名为《论冷静》（*On Composure*）。[27] 菲利普斯想知道为什么有些人开始认同他们的思想（minds）——不是将思想当作真正的自我，而是将其作为一种可以做些什么的附属物，可以为了自我的利益，而被训练和培育。例如，一个法官想象她/他自己审判的画面，并以此获得快感，就像审判的器官在别的什么地方一样。菲利普斯认为，处在不稳定的照料环境的儿童有时会转向思想，将其作为更好的母亲。它托住你，为你描绘世界的样貌，而最重要的也许是，它为你和世界之间创造了一个冷静的空间，所以你得以超越应激反应的冲动（“嘿，你！”）。冷静所产生的时间的留白让你得以设定你所要进入的场景，并在某种程度上，使世界在你需要它的时候向你走来。

从这个结构中可以提炼出许多结果。菲利普斯认为，早熟的心智导向型儿童（被称为“知识分子型”儿童）带着“弥漫的怨恨来到这个世界，在乐观和失望的情境中有着某种自我确认和虐待狂般的兴奋。[28] 但为什么会是这样？部分原因是，失望是可以被疏导的，就好像它是一种判断（judgement），而不是一种感觉（feeling），支撑着某种神话素（mytheme），即思想生活的孑然独立先于也优于对亲密关系的简单依恋。另外，没人会感觉被抛弃的体验是一种单纯地让人感觉良好的愉悦。桃乐茜说：“我伸手抓向过去，在那里找不到任何安慰。除非‘安慰’可以在残酷、盲目的爱情的剧痛中找到。恐惧和无路可逃，被我疯狂抖动的记忆相机所捕捉。”（162）

到目前为止，我的观点是，这种认同带来的正是认同本身的安 145
慰或快感，但这不能与被认可或感到幸福等同。思想中断了事物眼下的逻辑，使替代性自我生产的手段和情境得以实现，而不一定要专门培育它们。它是一架摄像机，在必需的地方拍摄，也在你想要的地方拍摄——并不是说意识比无意识更加聪慧或更有创造力（远非如此）。认知跟随着情感（affects）而动。正如桃乐茜所言，通常“在经验的欺骗性和新奇性之下，有一种极端的主体的同一性”（160）。当冷静接近非人格化的姿态时，它保护了主体的感知能力，打压具有威胁性的对象，同时刺激产生新的东西，更重要的是，刺激了刺激本身，激起了新的关注的过程。[29] 至少这就是《两个女孩，一胖一瘦》中专注当下（mindfulness）的反创伤结构。

精神分析将个性普遍化，并将惯例的倾向（比如，个性化和自主是合意的健康状态，总是有意义的且应该被培养）正常化，这经常引起批评家的不安。穿梭于温尼科特和拉康之间，菲利普斯提出了一种不同的观点，他取消了健康与各种外表成功之间的联系。菲利普斯从主体所具有的冷静的能力对其进行分类，以此重新定义了弗洛伊德的疾病类型，指出变态者玩味自己的冷静，而歇斯底里者则把玩着冷静的缺失，等等。换句话说，冷静的概念告诉我们症状所在。当变态者赋予变态以形式时，这实际上是她/他的冷静表现，是在自己准备好之前，一种私人的避开世界的方式。看起来冷静也许是缺乏的，但其完全可能在形式（form）层面存在，而不是在表现（representation）的层面。认同思想的主体，可能有能力通过冷静的外表来否认她/他的依赖和失望，并且她/他可以作为自主的立法者，创设责任、判断和价值的标准，并且用这些标准来衡量自己和世界。或者，在对世界的无家可归感到失望的情况下，主体可能会体验到自主性的偶然性，而其界限被理性意志贬低或高估，这时的冷静可能会让人感觉绝望，就像抑郁症的拖拽或狂躁症的推搡。或者，可能主体将无家可归同化为一种不被爱的荒漠，于是冷静可能无法作为一种行动的条件，而是一种黑暗的无情，或单纯的中立性。我们无法预测，当理智作为受伤的和失望的自我的守护者时，
146 人会如何以及在何时迈向种种可能的认同（identifications）。冷静是幻想的形式主义守护者，而幻想是人们为了创造意义而误认所必需的中介。

快感 3：性

性威胁着冷静，但也提供了一个保持冷静的环境。我们已经看到，在整部小说中，所有的形式（所有可能被“误认”的高质量对象的模式或场景），都是管理性的习惯，协调安排着主体的情感节律，同时将她/他非意愿的暴露和亢奋的风险减到最小。随之而来的是幻想与自我理解之间的复杂关系：被视为亢奋（discomposure）的东西可能是一种不稳定性的惯常风格，而不是一种实际上威胁到主体核心模式的不稳定性——因此，它实际上构成了一种以反面形式存在的冷静。我们不能脱离情境作出判断，或者永远不可能。性把这种未经思考的已知的曲折回旋毫不掩饰地呈现出来。尽管我希望保持自我，我也可能希望体验这种亲密关系的亢奋，但只是想要我能想象的那种亢奋，外加一点点恰当的别的什么，我怎么能冒险体验这之外的任何东西呢？我如何能忍着不去追求那种亢

奋？当接近无法忍受状态的压力可能就是我一开始追寻依恋的动力时，我习以为常的偶然性，我在关系里寻求的偶然性，和那种无法忍受的偶然性之间，是什么关系？在性实践的场景中，这些关于暴露和不稳定的似乎（seeming）和存在（being）的问题对依恋和厌恶的情欲组织具有中心地位。性所能产生的威胁与其具备的确认的能力在客观上无法区分，它同时确认和中断了自我逻辑的模式。你如何知道，这次的改变就是那种让人感觉良好的，丧失自我主权的改变？什么时候对一种（有意识或无意识的）期待的确认，同时是一种让人放心的认同感，何时又只是一种形式上的东西，一种“这就是我”（this is me）而已的东西？

从技术上讲，一个有关性的事件涉及的是日常生活，通常并没有性行为的发生，其大部分时间并没有花在冒险体验一种不同于身心关系的即时愉悦之上。特别具有说服力的是，当两个女孩赋予日常的进食或思考以“女王般的喜悦”这样的特质时，她们看重的是她们能投射到这些行为之上的精神独特性，尽管开启了某种不寻常的大门，这些行为也仍然被视为普通。吃饼干或变胖看起来也许很普通，但在精神上，一个无限乐观的领域被打开，指向一个神秘的地方。相比之下，女孩们看重性的是它的非创造性（unoriginality），147
其涉及的心智劳动越多，就越危险。

比如，性高潮似乎使你与一分钟前的自己截然不同，但在另一个时刻里，你很可能会做一些完全日常的事，比如小便、小声聊天、看向远方，或者走进厨房，打开冰箱门。难道性体验的非创造性，它的庸常，不正是那些让其值得珍惜的东西吗？这并不是一个修辞性的问题，而是一个从方法论上，反对将身体反应视为是显而易见的东西。正如羞耻只是编码性厌恶的一种方式一样，地动山摇并不总会让人感到震撼。比如，多愁善感对某人防御系统的威胁，可能要比任何带有规范意识形态的性事件大得多。[30]

改变是性事件所必需的，当人们同意这种改变的潜在可能，主要是对进入一种空间的同意，这个空间内潜在的意外后果被控制在最小的程度。唯一的要求是，性主体能够处理好由失败而引发的焦虑——达到她们需要或想要的某种状态的失败总是可能的。然而，如果主体能够成功地控制事件产生的不良后果，这种不稳定性有其安抚之处。当乐观地与性爱的非人格性绑定时，她/他不一定需要将**它的**失败人格化为**她/他的**失败，无论在什么情况下都是如此。所以，当一个情人脱去贾斯廷的衣服，她发出“她所希望的迷人的呻吟声”（149）时，以及桃乐茜描述说“男性温柔的神秘像天鹅般包裹着我”（222）的时候，女孩们修辞性地表演了性模拟（mimesis）的令人安慰的惯例，以及自由的性爱社会关系的非人格性。有些关于性的短语人们是可以说的，有些声音是人们可以发出的，有些事情是可以做或不可以做的，有些东西是人们可以想象的。当一个人占据了这些欲望的领域，她/他就在使用幻想的规范来提前塑造什么是性的感觉。性事件可能表达了一个人的真实感受，也可能不表达，它们可能是令人兴奋的、难以承受的、痛苦的或无聊的。不过，人们永远无法确定，自己是否会被自己附加在性事件上的消极或积极影响所证实或威胁。掌控性爱的非人格化的斗争至关重要——如果不是对生活而言的话，至少对小说而言是这样的。正如我已经提到的，特别是对女孩们来说，这是一个根本的经验性的美学问题，一个训练感官，从而在不可能的世界中建立可能的和美丽的世界的问题。

148 由此，性是《两个女孩，一胖一瘦》中高潮性的反创伤的快感。因为当它是关系性的存在时，它对女孩们冷静的挑战也是最大的，甚至比一个深刻的想法或一块蛋糕带来的肾上腺素飙升还要大。肾上腺素是这部小说中让人上瘾的奖品：它的体验总是包含对个人创造力的挖掘，即使刺激性场景重复的是最不令人愉快或让人失望的需求或欲望的冲动。一个想法，一种可能性，占据了女孩们的心。突然间，仿佛她们都是神经末梢，她们转身，返回到狂热状态，去强迫重复。“贾斯廷病态地被自己的迷恋所吸引”（21）；桃乐茜被那些“最狂野的创造……变得越来越兴奋”的场景吸引（17）。浪漫叙事和暴力性爱在这里是双生子，就像这两个女孩，一胖一瘦，是名义上的双生子一样。这些肉身性的体裁（genres）运用高度的肾上腺素（来自渴望和恐惧）来展开对主体、对形式主义本身的依恋的威胁。

所有体裁都从潜在的失败时刻产生戏剧性效果。（什么？爱情可能不会成功，或者它的失败可能不会确证某种难以描述的理想状态的美？英雄可能没活下来，或者他的死亡所要确认的法则不会因为他的死而被确认？）正如思考和进食最终变成了形式上管理社会关系风险的方式，性在这部小说中也是动态的。它外表普通，作为主体的结构性戏剧重复上演的舞台，作为创伤性重复的元注释的场所而运作；并且，它指向的是打破普通人自我复制的意志及其模式的步伐需要的东西，而不是否定它需要的东西。

我已经把女孩们对阅读的依恋描述为一个脱离规范世界的空间，同时培养了一种与之平行的感觉系统。当她们成为读者时，两个女孩都热衷于浪漫的双重历史功能：作为宏大的替代世界和可识别的亲密关系的场所。我们不能低估性别上的划分，这种划分使女孩们认为爱情的情节、智识和性，将使她们从自己世界的沉闷空间中解放出来。她们在维多利亚时代的文学作品中读到了苦难，被它的从属关系的戏剧性所吸引。此外，像20世纪60年代的许多美国中产阶级女孩一样，她们阅读《安妮·弗兰克日记》(*Anne Frank's Diary*）和其他“二战”时期的纳粹幸存者的故事，回味并延展这些青年女孩们的英雄主义形象。

这种关于女性苦难的教育学教会了她们很多东西。女孩们学着
149 体味身体顺从的故事。她们作为知识分子，而不是社会人的时候，更充分地打开了自己全部的感官。通过这一点，她们培植了各种场景，重复了这种顺从，也干扰了它。作为青少年和成年人，她们把一切都当作浪漫文学来读，把乌托邦主义和异性恋欲望的巨大激情融合在一起。尽管，从白人中产阶级郊区女性气质的视角来看，一个女孩看起来很正常，另一个看起来很怪异，但这些公共领域身体的生存形式比她们的精神身体更非人格化。她们最终来到了纽约，在那里，这种非人格化的救赎和痛苦是生活本来的样貌。由此，思想的力量融入了性。

人们可能认为，安娜·格兰特无情强权的意识形态对女孩并没有什么吸引力，因为她们是如此地女性化，如此地“后创伤”。但至关重要的是，安娜·格兰特是通过浪漫小说传播她的意识形态。实际上，她把所有读者转变为青春期女孩。以无情驱动的乌托邦用的是以无情驱动的体裁：如何区分它们？哪个是主旨，哪个是载体？安娜·格兰特的小说《堡垒》（*The Bulwark*）、《最后一个活着的女人》（*The Last Woman Alive*）和《被蔑视的诸神》（*The Gods Disdained*），一再被定性为垃圾和说教的色情作品。它们都是关于“少数遗世独立、高贵的人如何抵御平庸的大多数的攻击，而创造世间所有美好而重要的事物，并与彼此纵情无与伦比的性爱的故

事”（163）。这个明显具有讽刺意味的句子对桃乐茜而言并不讽刺。读到美丽的（虚构的）苏立泰尔·迪安孔蒂（Solitaire D’Anconti）经历创伤，迫使“她痛苦而灼热的愤怒变成了她冰冷的钢铁般的理智”时，这使桃乐茜感到“可能性”，好像感到放逐一个美好的人不是正常的，而是这个恶毒和充满谎言的世界的影响（163-164）。格兰特小说的情节以女性的顺从和男性从这种顺从中获益为特征，本来并没有什么意思。事实上，桃乐茜对贾斯廷的这种说法嗤之以鼻，认为无惧失去的顺从能力是任何人个体性的巅峰——如果她们能承受这种美的话。我们已经看到，当格兰特最终让她们看到，格兰特是她的理论的一个糟糕的实践者时，桃乐茜没能承受其中的丑陋。当一个年轻男性拒绝了格兰特的性请求，她将他公开逐出了领导层，摧毁了桃乐茜渴望她的偶像代表的理想。格兰特对欲望无情的信念原来主要是她自己的欲望，而非所有人的欲望。对桃乐茜而言，这让格兰特的哲学变成仅仅是私人性欲的借口，而不是为了解放的性欲人格而改造世界的方式。

如果她真的遇到了，解放的性欲人格会是什么样子？一个风雅蕴藉之人，在实践中将内心的无情与欲望的美好形式融合在一起。
在桃乐茜理智组织的情感中，这样的人让她感到解放性的力量。然 150
而，当她体验到这些的时候，这个幻想的修辞来源是浪漫小说，而浪漫小说本身就是女性气质意识形态再生产的核心工具。在《两个女孩，一胖一瘦》中，桃乐茜渴求的其中一个涉及性的关系是与奈特·路德洛（Knight Ludlow），“一个富有的纽约金融家”，格拉尼特（Granite）的同事。路德洛已经与别人订婚，但他看桃乐茜的眼神如此令人震颤，以至于她的生活一夜之间发生了改变。她从破旧的公寓搬到高级公寓，丢掉埋汰的衣服，换上精致的服饰，从暴饮暴食变得节制。随着他们成为恋人，描写她的章节的语言也换成了一首浪漫之歌：火花迸射，“彩色的流光”在他们之间摇曳（218）。“我脑海中搏动的叨念逐渐消失，半成形的思想的密闭彗星慢慢变为一摊融化的油脂。流金的小溪，膨胀着炙热的结节，漫过我的四肢。一抹熠熠闪光的血与火之花在我双腿之间绽放，花瓣爬满我的大腿。”（222）

随着路德洛融入桃乐茜的身体，这种激烈的修辞轰然坍塌。她变成了冰，随后融化在了自己的泪水里。这时，她的创伤故事流出，而这增强了他们之间的感情。路德洛抱着她，告诉她自己过去的艰难故事，随后他们一起睡了好几天，直到能够愉快地温存。后来他们吃了一顿丰盛的香槟早餐，他离开去和未婚妻团聚。桃乐茜感到幸福：她已经被理想化了。对她而言，这是性的终结。这个记忆将保持完美，直到它消逝褪色。

贾斯廷的痛苦性经历与桃乐茜的浪漫经历有着类似的发展轨迹。“这份（关于性暴力的）记忆，裹挟着肮脏的情色，丝毫不能激起欲望；然而，她从中发现了某些无法抗拒的东西，一种类似于饥饿动物实验的强迫——一旦按下某个按钮，就会向它提供食物，尽管这个按钮将这可怜的小身体与不断增加的电击量是关联着的。”（235-36）饥饿动物实验的故事表明，促使一个生命走向否定它自己的事物的内容具有赤裸裸的重要性：面对活着的无限需求，困在原地无法忍受的经验也是特定生活形式下具有某种能力的经验。那“可怜的小身体”渴望食物，遭受电击，由于电击导向食物，而不断地被强迫回到那个痛苦之地。或者，小动物感到返回的强迫，因
151 为返回就是它所知晓的所有方式。所有的动物所知道的，也知道如何去做的方式，都被化约为那唯一的一个习惯。智慧的动物没有运

用它的智慧：知识是无用的。通过重复创造一种并不能满足它的生存方式是一种强迫。但它能够承认（recognizes）这种方式，从这个意义上说，这些方式也是能让它满足的。当人从剧烈的冲击中幸存，能够承认自己为某种生存模式提供了根基，而这种生存模式不仅仅是一种“没有死成”的状态。

鉴于贾斯廷的过去，异性恋的规范传统的确是一个痛苦的迷宫，一种变态的欲望。就像孤独一样，S/M 通过将形式和边界情色化，向她展现了正常亲密关系的非正常的一面。这些东西以夸张的痛苦为形式，而她早已将这种痛苦与爱和救赎的情节相联系。她的女性气质与以下事物绑定：在逆境中变得强大的训练，幸福的不可避免性，以及身体快感的痛苦。在这个意义上，性的创伤只是稍微加剧了普通的性行为。因此，一方面，她转向一种形式主义的性模式并不奇怪——这种形式主义的性模式强调和重现了暴力与快感失败的融合。另外，和桃乐茜一样，当贾斯廷遇到布莱恩（Bryan），一个在酒吧勾搭她的艺术家和广告人，贾斯廷的社会自我那种防御性的非人格变成了更加柔软、更加女性化的人格。这种人格读者和贾斯廷自己都未曾见过。布莱恩很快就对贾斯廷曾经玩世不恭和破坏性的人格心领神会。作为对他洞察力的回应，她向他讲述了自己暴力性爱的故事，讲述一个情人如何以她既无法控制也不想控制的方式“进入”并“打开”她的故事。[31] 他接住了她的故事，用“人们被绑住殴打，女人被十几个男人强暴”的画面恐吓她（201）；他们开启了软浪漫和硬性爱的回旋交替。他们的关系感觉很正常、对等——这让人困惑。布莱恩突然的插入扰乱了贾斯廷的理智，撕碎了保护她的孤独“斗篷”，也在情感上重复了童年激烈性行为的惊异（173）。这给了贾斯廷回到那个复杂的戏剧性画面的快感，虽然叙述者清楚地表明，贾斯廷为了从布莱恩那里得到自己想要的回应还在不断转变着自己的位置。但布莱恩知道如何在异性恋框架下为人处世，而且 S/M 的形式主义为贾斯廷开启了一系列新的不稳定的实践。

因此，令人惊奇的是，每个女人都能从她们所同意发生的性行为中精准地得到她们想要的东西。她得以成为默认模式之外的人。由于性行为的模仿性，它的惯例或形式主义，她得以非人格化。同时，她认同这种非人格化，并将其看作新的开启，无论这会不会导
152 向别的什么。最后，每个女孩都体验到了与另一个人在一起的简单感觉。对桃乐茜而言，她可以在社会上体验到拥有无损的“美丽”女性气质的占有。而对贾斯廷而言，脆弱与防御在这个场景下重新联合为一种值得被承认和渴望的人格。换句话说，这些被激发的对简单、流动和正常的欲望，反常地被允许进入对传统女性气质修辞和感觉系统的幻想，而这些东西是被她们特殊的历史排除在外的。然而，这一切都不是明确的或自觉的：就好像是潜在能够打破残酷的乐观主义的小实验，需要与前面章节讨论的直觉和横向能动性的无意识和情感联系起来。

小说的结尾处也表明了这一点。与贾斯廷的相遇使桃乐茜找回了她曾经与确定主义相联系的归属的渴望。这些记忆释放的能量现在附着在贾斯廷身上，而不是她自己的记忆上。这就是为什么桃乐茜将她们的关系描述为“不可思议的”（17）：贾斯廷变成了她最新的对象，她进行理想化和被另一个人理想化的下一个契机。性行为似乎干扰了理想化的过程，但性是通向爱的唯一途径。在小说接近尾声时，布莱恩鞭打了贾斯廷。刚开始是她引导的，但后来却事态升级，超出了她的意愿（310）。同时，桃乐茜在公共场合表现得

非常疯狂和暴力，一边读着贾斯廷在《城市视野》论安娜·格兰特的文章，一边在纽约地铁上大声咒骂，疯狂指责。桃乐茜感到，这篇文章既准确地描述了她，又“强暴”了她。她愤怒地跑到贾斯廷的公寓，怒不可遏地破门而入。但当她看到贾斯廷赤身裸体地被绑在床上，全身伤痕累累、遍布瘀青，虚弱不堪时，桃乐茜像个降临的超级英雄一样暴揍了布莱恩，然后将他赤裸地赶出了房间。贾斯廷和桃乐茜交谈了几句，但由于在这场暴力和释放的表演中筋疲力尽，贾斯廷在桃乐茜的怀中睡着了。这并不是一个严格意义上的同性恋结局，因为筋疲力尽既不是性，也不是爱，更不是对象的选择。它不朝向任何东西。另外，这共同地瘫倒在床不是没有意味，它是别的什么。

尾声：情节剧（melodrama），在创伤之后

这就是我们所得到的：重复的疲惫和僵局。把一种消耗性的东西变成另外的东西或别的什么东西的意义是什么？一个教训？

对于结束时她们充满生命力的悬停，任何评论都可能会违背那一幕的精神，违背那两个女人以本来的样子徘徊不去的形象。她们 153
不再需要警觉地监控了，她们不再往复于创伤和危险之间。追上她们，搞清楚发生了什么，是留给我们的任务。等等！如果我们采取那些在她们的斗争中维系她们的策略，我们可能会回到她们对乌托邦般的美的渴望，回到她们对与解放的图像或声音相协调的专注的渴望。最终，我们将别无选择，而只能感到欣慰：这两个高度警觉的心灵在没有死去或发疯的情况下，在自己的身体里得到了休憩。

可能，遭遇这些紧挨的身体的美需要我们冒险承认，甚至觊觎某种安宁质朴的可能性。毕竟，这一幕与《模式识别》中，恋人在床上漂流的结尾有多大的不同呢？只是在眼下简单纯粹而已，但考虑到曾经发生的事情，这其实一点儿也不简单纯粹。

这种美也脱胎于一种单纯的暴力。这的确离经叛道，打破了长期为她们的少女般的幻想提供内容的异性恋意象（heteroimago）。现在，女孩们已在真正的意义上超越了自己的人生轨迹。不仅如此，对男孩的门也已经被关上了。一种新的更明智的依恋情境占据了上风。这至少为格格不入的女性和性欲（sexuality）——如果不是为了性（sex）的话——建构了一个不那么糟糕的世界。也许它还为记忆创设了新的词汇，突然间贾斯廷和桃乐茜发现她们对曾经遇到的那些男女同性恋者投注了太少的关注（72，116）。从中，我们可以推出各种各样不涉及出身或原生家庭、财富或遗产的亲密关系的实践。它们也没有指向资产阶级的主体性，即那种在反思的个体内部对另类世界的身体和感觉上的培育——这些个体可以相互交换彼此的故事，而不必在实际上改变其生活。盖茨基尔是如此的克制：我们完全无从知晓，结尾的事件会形成怎样的主体。比如，我们可以将桃乐茜解读为仁爱善良，具有一种爱的能力，在浪漫的膨胀和凶残的毁灭中也无须锚定。或者，我们可以将她解读为一个监护者，现在同时拯救和爱抚着成年的但如此弱小的贾斯廷·谢德。她的父亲以一种诡异的方式萦绕在小说潜在的逻辑中，另一个主体也是如此，那就是年轻的桃乐茜。

在小说的前面部分，桃乐茜以她后来阅读其他受难主角的方式，读了《卖火柴的小女孩》（*The Little Match Girl*）。她想象着她救出了这个可怜的小女孩，喂她吃麦片，然后和她一起睡去，“她瘦骨嶙峋的背紧贴在我的胸前，我的手臂环绕着她的腰”（74）。在小说的结尾，贾斯廷**面对**桃乐茜，在她的怀里睡着了（312）。此刻，桃乐茜感到“白色的花朵”在她的心中盛开，那确定主义浪漫史中情色的智慧之士突然消解，“这么久以来”，这个人吸收了她的 154
力比多能量。我们对贾斯廷的感受一无所知——这个可怜的女孩已经睡着了，一如既往地非人格化，但却是以更放松的状态。

换句话说，可以认为这部小说有一个幸福圆满的结局。或者，桃乐茜的画外音可以被当作她对依恋对象疯狂和强迫的投射。因为这个结局再一次展现了桃乐茜的那个习惯，即在保护自己的骄傲的同时，将某些东西理想化，以实现自身的解放。正如在“残酷的乐观主义”一章中对呼语的讨论一样，在这里，塑造了小说最后戏剧性场景的画外音可能会引发更多的问题，而不是解决了更多的问题——当不止一个人醒着，知晓发生了什么，并在同一个房间的时候，亲密关系与乐观主义是否可以承受。

在桃乐茜拯救贾斯廷的故事中，关于叙事基调的其他问题可能会随着类型之谜而被提出。这个结尾处的场景使叙事半影（penumbra）中某些政治性的东西在读者的当下被建构起来。这是一部历史小说，浸润着当时的政治。但这种看待当下的视角的清晰度，仍隐藏在主导叙事线治疗文化语汇的阴影中。尽管如此，在这个双重传记中，我们仍能看到一个浓墨重彩的历史场景，这个结局也是对这个场景的一种回应。整个美国乃至全球的集体性基础设施都正经历着全面崩塌。我将关注两个方面：异性恋家庭经济（heterofamilial-economic）和国家种族规范，它们在这本书中充斥的集体生活的噪声中磨损褪色。

劳动的性别分工是中介政治和主体性的一种形态。就职业而言，父母那一辈可选择的是男性化的职业和女性化的家庭困苦，接下来，女孩们那一代则生活在激动人心但不稳定的权宜职业框架下，并被临时的关系所结构。《两个女孩，一胖一瘦》以其短暂、灵活变换和充满事业心的浪漫，将我们引向早期的新自由主义。但小说的结尾悬置了这一场景，希望读者稍微停下来，看看这两个女孩一起做了什么。它刺激我们将“女孩们”理想化为一种对象，超越对欲爱差异的展现，超越标题描述的肉身类型，超越任何人的声音。它也刺激我们以新的方式将女孩们非人格化。如果我们想的话，我们可以将这一幕解读为在真正女性主义的酷儿理论下更好的美好生活的基础——如果这就是的话，我们可以想象贾斯廷醒来的时候，焕然一新，安然满足，准备产生联结。这将涉及它会经历的所有性行为的反常道路——创伤性的、传统的、浪漫的、实验性
155 的、无意义的、有趣的，还有歇斯底里的。在酷儿女性主义的乌托邦式的阅读中，人们可能会更少地关注身体的内容，而更多地尊重女性在紧急情况下为女性而战的简单必要性。因为这种诉求在所谓的“大背景”中，看起来是如此琐碎、私密、自私自利和无关紧要。为这样简单的愿景和对女性的关注，女性主义者们付出了巨大的代价。有些人把女性主义抛在脑后，将其当作白人、异性恋和资产阶级人群的抽风。有人可能会说，这种对柔情和情感的关注牺牲了结构性分析，因此应该被解读为新自由主义的胜利。有人可能会拼命关注能为集体生活建立新类型的另类可能。《两个女孩，一胖一瘦》的结局为这些观点提供了绝佳的案例。

最后那幕戏剧性场景的简单，确实让美国中产阶级白人的主体性的毁灭性失败得到了缓解，无论这是否为女性主义的。《两个女孩，一胖一瘦》将心理上的内在性与无法否认的创伤性联系起来：

创伤混淆了主体的审查抑制（censor）①，取代了它自己扭曲和重复的狂野美学，并同时为此刻不可能的主体提供了一种伤害她又保护她的反创伤式的骄傲。这部小说为我们提供了一个理解创伤的简单方法：它经由性而发生。但女孩们知道，要扭曲一个人所需的不止于此。首先，她们的家庭是受创的（traumatized），也是创伤性的环境（traumatic environments）。我并不是说所有的家庭都是受创的和创伤性的，但由于她们认同一个其实对里面的任何人都不好的异性恋的美好生活模式，这些特定的家庭在她们的历史环境中被建构为典范。结构化她们生活的“未经思考的已知”是其家庭的性属（sexuality）方式，是其混合的亲密经济及其财政经济，是其关于如何在一个变态的幻想关系中更好地再造生活的决定。而对孕育任何东西来说都是糟糕的环境。性创伤塑造了女孩们已经拥有的知识，而不是作为彻底结构后续意识的事件。[32]

我在这里讲述了一个关于两个女孩依恋意愿的心理学故事，首先因为这是小说解释两个女孩精神纷乱和身体表达的方式，并且我想引出非人格化的概念，它标志着任何普通的主体，也为干预特定负面亲密关系提供了策略——这样，在有一个结构化了的世界之前，就能有一个更好的此刻存在，让人得以情感地体验。但正如卡 156
洛琳·史蒂曼（Carolyn Steedman）所言，通常只有一些人，即中产阶级，能享有（复杂）的心理；而其他人，即底层阶级，注定只不过是生存的社会和物质危机的直接（简单）的后果。[33]

贾斯廷和桃乐茜复杂的内心世界源于她们所接受的美国传统文

---

① 在精神分析理论中，审查抑制存在于前意识中，确定哪些欲望和想法可以进入意识，哪些必须保持无意识。这个概念由弗洛伊德在其早期著作中引入，后来发展为超我的概念。

化的教育。她们浸润于美国从20世纪60年代末到80年代的大众文化符号。就像最近所有关于20世纪60年代的电影一样，这部小说通过描写她们所听的流行音乐、所穿服饰的流行风格、所吃的流行食品和所看的流行电视，标注了女孩们的历史位置。在电视上，她们见证了1963年的民权运动、马丁·路德·金和大都市骚乱。她们的父母隔着安全的距离，站在高处，宣告着众多历史上可预测的温和的自由主义观点。女孩们注意到一些事情，但没有被动员起来。做公民是成年人的事。简而言之，这两个女孩不是典型的创伤主体，不是儿童，不是妇女，也不是任何一种典型的历史主体，无论是国家的、资本主义的，抑或性的。她们是两个美国中产阶级白人女孩，被隔绝在核心家庭中，生活在一个如此"白"的社区，以至于很容易就能远远地看到"犹太人"和"西班牙人"。除了经济上的舒适，她们几乎没有任何资源可以逃离这个既定的世界，除了通过书本和她们自己。完全可以预见的是，她们最终会通过潜入自己的身体和感受来解决她们的问题。从某种程度上，这是一种训练。因为在青春期的时候，她们的父母就送她们去看心理医生。但即使不是这样，女孩们的孤立与隔绝也是专业技术阶层对孩子的期望。她们的内在性是一个产物，是一种代价，是从资产阶级普适价值的视角看待自己的好处，即将自己作为自主的个体，要求获得独立、父母的肯定和私人空间。但如果女孩们所生活的世界中，创造幸福的负担无法根据（男性化的）工作权威和（女性化的）家庭和谐来编目，也无法通过家庭的成就（这种成就是如此完整，以至于它除了自己别的什么都不需要）来编目，那会怎样呢？这些女孩不会是她们自己（无论将其解读为精神心理的范式，或是现实世界动态中的文学人物，或两者都是，都会是这种情况）。在这个意义上，她们人格化的东西也是非人格化的——不是策略性的，而是结构性的，如果从历史的意义上讲。

因此，即使我们可以就最后女孩们相互联结的情感性事件的体裁达成一致，她们的特殊故事也只能部分地被概括，包括异性恋创伤过往导致的耗竭和不安，这是一些白人、专业人士和都市精英的命运。我说这样的话，听起来似乎很有道德感和优越感。但我本意 157
并不想造成这种印象，我只是指出她们戏剧性故事来源的坐标。只有一些人会感到，他们与自我、意志、欲望以及膨胀诗意的内在的培育是紧密关联的。桃乐茜投奔确定主义的行动矛盾地展现了这一点，因为它要求有一种新的风险性的集体认同和去私人化的风格，来促进所有个人意志的合法性。因此，小说标题中双生的“两个女孩”让我发现了第三个，也是最后一个，从这个共鸣的结尾延伸而出的半影。

纳博科夫（Nabokov）为小说所写的序言说道：“一个人所有能做的，只是在阴霾和幻觉中，隐约瞥见前方的真实。”桃乐茜和贾斯廷相依偎的情景可能证实了那种真实。我们也可以将结局解读为未来的新的礼物，对这种未来，我们无法预测，只能凭借直觉。历史是已经造成伤害的东西，并持续制造阴影，而我们永远在此刻的迷雾中，感知新的即将到来的重复——一些可以被意志掌控，另一些则保持神秘难解的状态。我们仍然在学会忘却现实主义表达所提供的作为锚定的细节的承诺，因此也仍然在即兴地发现，哪些别的东西可能需要我们注意。

在阅读过程中，我们也获得了一些帮助。当桃乐茜描述她们身体亲密的最后影像时，她是通过声音描述的。“她的身体贴着我，就像乐句。”（313）这种声音没有伴随着对话；我们仿佛回到了戏剧舞台，在那里，最微小的肢体动作都能表达如此多我们荒芜的语言所不能表达的。一段乐句是强大的，因为它重叠反复：随着我们对它产生依恋，它帮助我们找到了那个地方，在情节上告诉我们它意味着什么以及它在什么地方。在这个方面，情节剧是创伤的完美载体。那些不可言说的与尚未诉说的相遇，音乐绕过冷静的秩序，而与观众的情感智慧直接交融。从历史上看，情节剧总是与政治体制（阶级的、政府的、家庭的）的崩溃联系在一起。这些崩解将社会组织的能量释放到公众中，而这些能量原本被抽吸到制度中。情节剧式情感的透明直接回应了关于此刻的谜团——它们已经不再能从政治遗产及其制度（法律、财产、宗教、家庭）的角度来理解了。这些制度的压迫性历史已经造成了伤害，但也由此相应地组织了生活。我们可以主张，在这个当代的体裁中，情节剧的重心稍有转移。情节剧以一种透明的具身的美学和情感表现安慰它的受众，
158 为那最后的正在消解的过去提供连续性。但新的日常性的美学用此刻制度、情感和身体的难解的气质，让人们感到卑微。这根本上是一种时间的模式，关注的是不稳定性，但也关注与现在博弈的迫切需求，无论是通过我们所熟知的形式（遗产、人格和规范的重负），还是未来导向的形式——关于现在的主张常常被压迫性地推迟到未来。

因此，不把此刻当作持续的过去和沉重的未来之间理所当然的休息站是紧迫的任务，这提供了另一个理由，来以既不乐观又不失望的方式结束这篇文章。干预创伤意味着拒绝它的时间性，拒绝它对此刻的浸润。正如我所描述的那样，每个女孩都单独通过幻想和习惯持续进行反时间化。她们在一起打破了少女时期时间萎缩的框架，最终在彼此的陪伴中得以放松。她们不再生活在理智和情欲依恋和疏离的疯狂中，就着一杯舒缓的茶，她们松懈下来，进入安慰的姿态。依偎在亲密之人的身体上是最具人性的事。但它之所以人

性，是因为这就像睡去的人终于卸下自己所背负深深的匿名性。

我们的塞吉维克教授，其优美敏锐的思想教会了我如何解读充满意义的口吃式重复。她在其他地方告诉我们，不要认为情感仅仅只是构造出来的。我毫不怀疑她是对的，即身体本身就会对刺激报以反应。[34] 我对这个问题的视角稍有不同。对我来说，有证据表明情感的结构（structure of affect）与我们称为情感（affect）的东西之间是有区别的。我可能不知所措，或我可能感到不知所措；我可能冷静，或我可能感到冷静；我的惊恐可能看起来像岩石般冷静，我的冷静却可能是疯狂掌控的意志，抑或不是。在某个年代看起来是羞愧的反应，在另一个年代可能看起来是愤怒。一个人可能感觉由于她/他的独特性，世界不为她/他而存在，或因为她/他的独特性包含的是让她/他看起来像别人的那种东西。结构性压迫下的主体似乎总有说话的语气（tone-of-voice）问题。所有婴儿都会微笑，但那可能是在通气①。真正重要的是关系的重复、积累和压力，这些随着时间的推移，变成一种直觉性的习惯。人们根据协调、追踪重复、形式和规范方面的教育，来评估所面对的情感事件。而且我们想的可能都是错的。相比之下，那种看重幻想之美或者形式之 159
美的美学，会过于相信身体直觉，会指向一些没有被扭曲失真的东西。这是一个悖论，因为美学教育的动机和目的就是训练身体直觉。关于误认的诗学，我最喜欢的一个方面就是，它告诉我们，我们的身体直觉已经被教化过了，而且是可以被教化的。这个观点，也是我之所以觉得非人格性（个人性中断悬置的状态，以及为个人性创造惯例的规范性机制）是一个乐观主义的概念，因为它可以干

① 研究表明，婴儿发笑可能是上呼吸道的通气动作。

预迈向自由主义式自由的个体性（individualities），以及对情感真实性（emotional authenticity）的关注和投入——这种情感真实性结构了资产阶级意识形态以及批判主体性的众多理论。

那么，我在这里试图提出一些相当不同的观点。第一，如果批评家想要干预建构依恋、直觉规范的再造，以及处理关系的身体性能力规范的再造，那么任何关于从属地位（subordination）的模式都不能依赖一种观点，即情感及其在日常表达中的样貌是具有延续性的。在此基础上，我已经论证了，快感并不总是让人感觉良好。并且，对主体与她们自己的否认和不自洽之间的绑定关系的理解，是我们重新书写思考什么将人们绑定在有害的人格习惯之上的关键。第二，情感有内容和形式（词语、诗歌、音乐或声音的重复）。它们不属于纯净的前意识形态，而恰恰相反，它们被教导（“嘿，你!”），几乎不为人所知（“等等!”），而且往往比事件更有意义。《两个女孩，一胖一瘦》阐明了关于感情（emotions）的清晰和不连贯的模糊。正如女孩们发明的三个专注领域，用以干预那让人感到无法逃避的从属地位。第三，对于如何不成为一个案例研究对象，小说的结局没有给予任何结论性的意见，因为它所代表的只是一种幻想，即总有一天，矛盾心理的自我消耗谈判将会停止，主体可以休息。想想创作与冷静之间的关系。学着中断当下可能与学着对当下提出某种政治主张是相关的，但这在小说中并没有标明。小说将进食作为一种自我创造和自我毁灭，将语言作为意义和声音，将理智作为武器和缓冲垫。这一系列依恋的意象和冲动可能意味着任何的东西，也可能什么都代表不了。总体上，这是一个历史性的实验，它动摇了“作为历史”（being a history）和“拥有历史”（having a history）中，什么是人格化的，什么是非人格化的。

Cruel Optimism

第五章

近乎乌托邦，近乎正常

《一诺千金》和《罗塞塔》中的后福特主义情感

近乎（nearly）……

从某种意义上说，这一章从上一章结束的地方开始——在某种 161
场景中，一个可能存在的人间接而令人厌烦地试图通过与一个半陌生人发展某种即兴的关系，来激发一种依恋。这种依恋可能会带来某种团结感，从而为活在这个世界提供更多更美好的牵绊；这是一种对风险性亲密联结的尝试，它更多的是冲动的而不是策略性的，而它的情感回报是未被言明的，同时也是深刻的。在《两个女孩，一胖一瘦》中，这种情况是一种暴力的暂停，将历史性当下映衬而出，作为某种将会被一个彻底的，也许是令人欣慰的神秘未来所克
服的东西。达内兄弟执导的电影《一诺千金》（1996）和《罗塞 162
塔》（1999）中的场景渴望一个容易掌控的当下。电影中两个近乎乌托邦的时刻，标志了这种渴望最内在的绝望和它的历史特殊性。

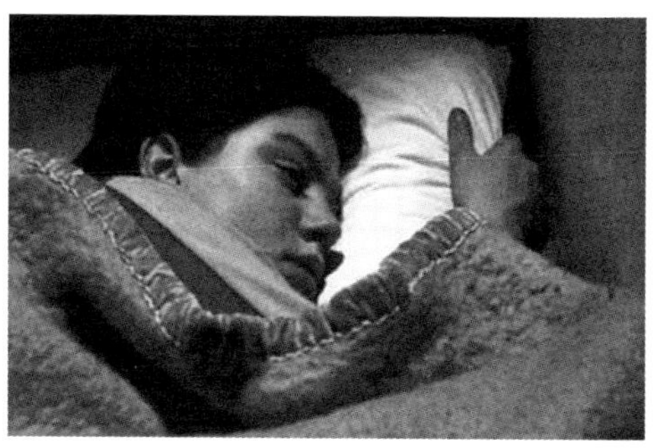

图 5.1　罗塞塔哼着歌哄自己入睡（达内兄弟，《罗塞塔》，1999）

在起初的场景中，我们看到罗塞塔（Rosetta）终于结束了漫长的一天。她结识了一个朋友里克（Riquet），并通过这份友谊，她

在做华夫饼的店铺找到了一份黑工。她逃离了她放荡的酒鬼母亲，并和里克一起度过了一个亲密的夜晚——就像有时朋友或情侣们一起玩儿的那样。她在放松这件事上感到无所适从，但她愿意尝试；为了某种她想要得到的东西，她愿意屈从于别人的快乐逻辑。她入睡时这样描述她所渴望的东西给她的感觉："你的名字是罗塞塔。我的名字是罗塞塔。你找到了工作。我找到了工作。你有一个朋友。我有一个朋友。你过着正常的生活。我过着正常的生活。你不会从缝里掉下去。我不会从缝里掉下去。晚安。晚安。"

《罗塞塔》的许多评论者认为，这段教义问答式的类祷告是影片最令人心碎的时刻：对罗塞塔来说，世界上所有可能的欲望被压缩为一个朋友和一份工作，一种获得最低限度的社会承认的状态。这是一幕关于亲密、归属和关系的情节，但最终，在经常被胃痉挛的痛苦占据的隐秘私人的囤积空间里，罗塞塔只能与自己在一起。这种痉挛的痛苦是一种消耗的状态，影片暗示这是高强度痛苦求生日常的象征和后果，是她为了活着，日日都要经受的东西。甚至，罗塞塔克制的重复语气也只是想要使用法语**休憩**（rester）一词。这个词并不在严格意义上意味着休息，而是指在某处停留一段时间，一个可以返回的地方：我在这里落脚。

当一些比利时人观看《罗塞塔》时，他们将这一幕理解为一种国家危机，政府迅速支持并通过了一项名为"罗塞塔计划"的法案，它迫使企业雇用像罗塞塔一样，在日益全球化的经济中拼命想
163 要站稳脚跟的年轻人。[1]许多当代理论将公民身份定义为一种混合体，包含国家和企业的法律和商业活动，以及个体参与和消费的行为。但罗塞塔从缝中跌落的表达，以及电影化的事件的效果提醒我们，在正式和非正式的社会归属感中，公民身份也是一种情感状

态——在这里，重要的依恋关系得以形成。

在这里，归属的情感与生产领域发生的事情紧密相关。当达内兄弟将《罗塞塔》描述为一部“战争片”时，他们所指向的正是这些日常生活的政治和当代生活中的斗争。[2]的确，影片在镜头和身体的混乱晃动中开场，身材矮小的女孩被解雇，并为了不失去另一份低技能、低工资和重复性的工作，跟两个身形巨硕的男人进行肉搏。最终，她被驱离，继续她每天生活的循环，延续一个模式，从她家，到镇上，到公交车，到一片野地——那里藏着她珍贵的“好鞋”（一双从事服务业时能让她在雇主面前看起来体面些的鞋子），随后来到一个拖车公园，她和她母亲在这里过着穷困狼狈的生活。

因此，当罗塞塔在睡前低语，做那份睡前的确认时，我们知道她感到满足的情感代价：资本主义交换中非人化的节奏对个人，包括身体已产生了灾难性的影响。而现在，在片刻的安全感中，她对成为她自豪地称之为“好工人”的前景感到乐观。这一点非常重要，以至于她拒绝了国家福利，因为她说她想像一个“正常”人一样赢得自己的价值。那会儿她已经把清洁和缝纫的工作带到了家里，但被一个经营着某种工作的陌生人雇用，才能确认她在这个世界上的合法地位。如果没有获得这种劳动大军的成员身份，她丝毫无法为未来的美好生活或美好时光的幻想留出哪怕一丁点儿残破的空间；如果有了一份工作，罗塞塔的幻想并不宏大，而只是唤起了一个完全可以想象的常态的场景，这种场景的单纯性能让她好好休息，不再焦虑，就像在电影中那样——第一次也是唯一一次睡了一个安稳觉。在官僚体制的意义上，她依然处于非正式的状态，或只是一种黑工，但这并不重要。就算是在一个极端的非正式的经济环境中，美好生活的种种美好现在对她来说**感觉起来**是可能的，因

此，这感觉起来像一种确认性的现实，让她在尚未持续实践这一现
164 实的时候就平静了下来。持续的低工资生活前景和无聊的劳动，对罗塞塔而言近乎一种乌托邦；在资本主义体制所提供的通往美好生活的路径中，它让过上一种体面生活的想象成为可能。那条路是不是一种原地打转的生活，罗塞塔并不在意：当世界的存在介于例行的原地打转和险恶的裂缝之间时，她选择原地打转，选择一种僵局。这里运作的是期许的规范性（aspirational normativity）情感，理解它在当代阶级社会底层生存事业中的持续性，是本章的一个解释性目标。

同样，在《一诺千金》中，我们的主人公伊戈尔（Igor）在过度剥削的、非法的、家庭作坊的劳动世界中找到了生存的乐观主义精神。就像在《罗塞塔》中一样，糟糕的工作的好处是拯救灵魂，而不是扼杀灵魂。正如他的名字来源于恐怖电影中的跟班一样，伊戈尔为一个邪恶主谋——他的父亲罗杰（Roger）——工作。罗杰从事诈骗非法移民工人的勾当，为他们提供虚假证件和不合格的、恶臭的住房，以换取源源不断的高额费用。当这些工人不可避免地欠下罗杰的债时，他们为罗杰和他的儿子打工，建造一栋巨大的白房子。同时，罗杰也让伊戈尔去建那幢白房子。罗杰还为移民伪造文件，收取他们的租金，并做一些日常的维护工作。与此同时，伊戈尔还是一名汽车修理工的学徒，这不仅让他学到一门手艺，还让他得以造出一辆小车和伙伴们一起玩耍。而在影片开始时，罗杰坚持要求儿子为他做事，导致伊戈尔被汽修作坊解雇。[3] 罗杰对此非常强硬，因为在他看来，孩子的劳动义务始于家庭内部。

有一天，在建筑工地上，为偿还赌债而工作的非洲非法移民阿米杜（Amidou）重重跌下。虽然这一摔并不致命，但阿米杜很快就

死了，因为罗杰害怕自己偷渡的身份被揭穿，拒绝带他去医院。罗杰和伊戈尔将黑人阿米杜埋在他劳动时死去的那座白房子的地基里，并对阿米杜的妻子阿西塔（Assita）撒谎，说她的丈夫为了逃债从小镇逃走了。

但阿米杜死之前，从伊戈尔那里得到了口头的“承诺”——帮他照顾阿西塔和他们刚出生的孩子。这个承诺萦绕在伊戈尔心头，最终，他的孝顺承诺逐渐被他对父亲的工人的义务取代。同时，阿西塔对罗杰产生了怀疑，最终罗杰为了摆脱她的纠缠，准备将她卖掉当妓女。[4] 此时，伊戈尔把阿西塔藏了起来，让她逃离了这种命运：但他没有告诉她阿米杜已经死了。就像罗塞塔与里克，当伊戈 165
尔与阿西塔进入一个情节（如果不是一种生活的话）时，他并不知道他自己在做什么。他想到一种任性、挑衅而不自洽的解决办法：他抛弃了自己不想要的情感，而冒险去经历那让他无法想象的另一种情感。

图 5. 2—图 5. 3　拥抱与僵局（达内兄弟，《一诺千金》，1996）

为了避难，伊戈尔把阿西塔带到他以前工作的车库，他一直在家外面保留着以前这个家的钥匙。但阿西塔拒绝跟伊戈尔住这个所谓的替代的家，这让伊戈尔感到挫败，因为他无法承受阿西塔不愿向他表达感谢或任何依恋的事实。当他们凑合着建立一种新的关系时，他震惊地发现她并不愿意与他建立相互的关系，或从心里信任他。的确，阿西塔把刀架在了他的脖子上——因为她感觉他向她隐瞒了什么。他们争吵、大叫，但最终他迫使她平静了下来，放弃了歇斯底里的挣扎，并顺从地给了他想要的东西：一个拥抱。

他要她承受的那个拥抱代表了什么？我们知道，伊戈尔曾悄悄跟踪过阿西塔，从他们家门上的针孔里窥视，看到她穿着白色单衣照顾丈夫和孩子。这个拥抱是复杂难解的，就像伊戈尔在那些窥探场景中的表情一样，既不幼稚，也没有情欲，又或者可能两者都有；而且我想，当阿西塔从拥抱中挣脱，她望着他，像伊戈尔一样
166 困惑。在经历了片刻放松的身体间的纯粹拥抱后，伊戈尔走开，独自抽烟，并在黑暗中流下了眼泪。在那个拥抱中，他脑海中浮现出他所渴望的人与人之间的相互关系和相处时不加修饰的情感，并在没有怎么意识到这一点的情况下，将自己献出，只为保证这种情感得以重复。

在这些近乎平和的偶然爆发中，当代资本主义经济生产的不稳定性产生了新的情感实践。在这些实践中，孩子们通过挣脱他们父母获得美好生活的方式，寻找真正的社会归属感。与此同时，孩子们表现出来的需要依恋的强烈意愿实际上并没有被任何人分享，当然也不被那些使其成为可能的人分享。幸福存在于孩子们的脑海中，存在于一种信念中：渴望生活能与他们想要一直体验的情感保持一致。以及，最重要的是，存在于他们意志的胜利中——在帮助他人的时候得到一种沉默，这看起来就像某种同意，从而保证持续体验到亲密和被看重的情感，而这些可能本来是由父母或家庭的形式提供的。[5] 我在这里用“情感”（affect）而不是“感情”（emotion），是为了强调孩子们并不完全知晓他们在做什么。他们在生活

中摸索自己，是为了接近对某种事物的感情。怪异的是，这种事物既复杂难解，又简单纯粹。他们的欲望对象其实是他们自己精心编排的场景，借此体验一种沉浸和忘我的感觉，一种被某种场景托住的感觉，一种拥有互惠的相互关系的感觉，一种在某处可以不焦虑的感觉。然而他们的乐观姿态同样表明，将生活与幻想结合起来是多么具有攻击性。影片追溯了在高压下强行争取接近那甚至是最模糊的、未被明确定义的幸福，意味着什么。

影片中的这些安静的时刻，也是这些孩童故事的高潮。他们表现的不是要为更好的生活获取物质条件，而是一种归属于某个世界的近似感受，目前这种感受并不牢靠。两个孩子都是冲动的：他们急迫地行动着，在情感经济（affective economy）中校准生活，随后再从感情的意义上理解生活。然而，这种通过借助冲动、姿态和情景即兴创作来描述一个世界的培育的方式，并没有将我们同样看到的其他东西考虑进去，即孩子们的创造力被反复重定向，走向对他们父母变态地追求规范性美好生活的某种近似版本的重复。就好像除了那些投射幸福的指标之外，他们一无所知。由此，他们被迫重复对那些无法保证普通人基本尊严的生存形式的依恋，而对处于社会底层的他们，这些形式正是他们各自经历和生存斗争之所以艰险
的核心原因。总体上，本章关涉当下规范性（normativity）的政治 167
和情感经济，即对某种共同意志的欲望的生产。这种意志将自己想象为孤立的行动者，一个能够也必须过上资本主义文化承诺的美好生活的行动者。它站在经济底层无法穿透的充满偶然性的空间，以此为视角讲述了一个故事。这是一个关于精英统治（meritocracy）的幻想，一种关于“我值得”，及其与家庭、工作和消费世界中亲密行动的关系的幻想。这是一个关于富足和匮乏的故事——如此多

的临时工，如此多的糟糕的还不确定能否得到的工作，永远不够的钱，永远不够的爱和几乎不存在的休息，然而无情的幻想却比比皆是。这是一个关于调校互惠关系的故事，以及对当代社会经济底层的一些人而言，接近规范的幻想生活能多大程度地让生活充满活力的故事。

最后，这是对规范性的一种叙述，它将其当作特权的同义词之外的别的什么。然而，在我看来，要理解对充满压力的传统生活的集体性依恋，我们需要把规范性看作是激发人的渴望的东西，看作是一组对当下和未来社会归属感体验的支配性承诺，它不断演变且不连贯，可以通过情感交换的多种方式进入，这种情感交换的发生也伴随着更制度性的交换的发生。

影片中所追踪的昭然若揭的问题根源，是此时此刻那暴虐无常的超剥削企业原子主义的渗透性领域。它被赋予多样的名称，包括全球化、自由主权、晚期资本主义、后福特主义或新自由主义。它是一种混乱的集合，而不是集体性行动的情景。在这样的情境中，你的经济地位越低，你与经济的关系越不正式，你在维系和再造生活的过程中就越孤立。即使有共同体存在，最多也只是脆弱和临时的样子。从这个视角出发的故事关涉的是历史性当下，把它看作一种持续与常态讨价还价的过程。在这个过程中，哪怕是对幻想的回味都很难得到支持。诸如此类的一系列幻想—实践如何变成了政治和社会保守主义的基础？在巴黎（2006 年）、意大利（2008 年）、希腊（2010—2011 年）和英国（2010—2011 年）的抗议浪潮下，学生们游行示威，试图保留国家提供的就业和福利保障，这些保障过去为他们的父辈享有——这一代人从战后西欧对社会民主的承诺中获益。在这些浪潮的背景下，我们如何理解罗塞塔和伊戈尔的特

殊悲剧？当国家关于经济和社会的承诺像其他一切一样被私有化，168
通过非国家机构和正规或非正规经济分配的时候，会发生什么？

在这些影片中，那些本来也许是政治能动（political agency）的东西散布到了社会的角落，因为维系生活的事业吸收了人们绝大部分的精力和创造力，并且其中太多都被残破家庭的戏剧性故事所吸收，而家庭是唯一还存在的能为幻想提供依托的互惠性制度。但这并不意味着在重压下所有建构世界的情境都是一样的：达内兄弟关注的几乎全部是白人工人阶级和底层无产阶级公民，以及移民的命运——在诱发大规模全球移民的力量下，这些人的法律与社会地位持续改变。对任何人而言，无论其民族和种族的出身如何，所有种类的规范性情感——关于美好生活的幻想和现实可能相捆绑——都代表着一种情感冲动，它渴望传统形式所不能提供的更美好的世界。对于白人公民来说，比利时政府仍然在福利和治安官僚体制中提供了一些可见的救济形式。但光有国家是不够的，它是一个摇摇欲坠的环境，那些可能善良或有野心的人试图从中调解，但总是来不及防止危机的发生。而且，虽然它的基础设施尚且能够维持运行和提供救济，但他们并不能公开有力地维系这个世界。与此同时，劳动力的随机性让替代的、非亲属框架下的积极互惠关系的空间成为可能。除此之外，孩子们还参与了自己创造世界的横向模式。这些场景中的任何一个都可能产生新的政治或社会归属感的体裁。但在这些影片中，它们都可以被当作在生产偶然性的褶皱中能被抓住的快乐。在那里，没有区分政治、经济和情感的存在形式的余地，因为构成社会日常环境的亲密关系制度只是发自内心的不同，而实际上，正如我们知道的那样，它与各种制度的、经济的、历史的和象征的机制有着错综复杂的联系。

接下来的内容关注在结构性不平等的背景之下，一些针对社会性依恋关系的精神分析和唯物主义（materialist）解释的讨论。通过这些讨论，我希望了解我们是否能找到一些更好的方法，来理解与日常暴力相关的形式是如何保持可欲的——也许正是因为他们非常熟悉的一种麻醉式/乌托邦式的快乐。借助达内兄弟的电影，以及朱迪斯·巴特勒（Judith Butler）[①] 和莉莉安·鲁宾（Lillian Rubin）[②] 的作品，我将重点聚焦在被征召进父母世界的孩子们的故事，他们父母的欲望世界，以及孩子们看到的失望和失败之间的落
169 差。这是因为，当前儿童与新自由主义之间的接合（articulation），作为一种结构化的从属性（structural subordination）和社会背叛导致的伦理、政治和经济的难题，在学术界、中产阶级公众、社会政策和人权团体具有关键的位置。这个场景也使我们能够将纵向的依恋（如父母和孩子、老板和工人）与横向的、没有那么稳固的依恋（如朋友、同事和情侣）放在一起思考。然而，纵向和横向的关系在这里一直被混在一起：女儿扮演母亲的母亲，父亲让儿子叫他罗杰，并给他一枚戒指来绑定他们的兄弟式关系。这些混乱标志着迫在眉睫的危机，而孩子们正在努力争取摆脱这场危机。

这是描述日常经验特性的方式，是在其肉身的时间性（visceral temporality）的今天，描述托马斯·杜姆（Thomas Dumm）所说的“普通生活、生活世界、日常的、每日的、低级的、普通的、私密的、个人的东西”的方式。[6] 在《一诺千金》和《罗塞塔》中，日常生活围绕对孩子的教唆而组织起来，教唆他们走向一种生活的再生产——我们不应该称之为美好生活，而是“不好的生活”。也就

---

① 朱迪斯·巴特勒，美国学者，著名的后现代主义思想家。

② 莉莉安·鲁宾，美国社会学家、心理分析师。

是说，生命献给了对美好生活的规范性/乌托邦所在的追求，但却实际上陷入了我们可能称为求生的时刻、挣扎的时刻、溺水的时刻、紧紧抓住边缘的时刻、扑腾踩水的时刻——那**无法停下**的时刻。

达内兄弟把20世纪90年代的比利时描绘成了全球化的殖民地，其合法公民努力试图保持对逐渐衰落的自由、主权和经济霸权残余的控制[7]：这是一个经济和社会剧烈震荡的世界，主要是去工业化、小规模经济体，在这里，非人格性和亲密关系被卷入一个复辟的血汗工厂和家庭劳动体制中。[8] 这个世界看起来和实际上都很拥挤，其侵犯既让人感到难以承受，却又没有留下什么激烈的印象——几乎没给人留下什么时间体会它的声音、味道和气味。正如阿基里·姆贝贝和珍妮特·罗伊特曼（Janet Roitman）针对非洲的情境所说的那样，这“表明正是在日常生活中，危机作为一种无限的经验和一个戏剧化特殊主体形式的领域，被撰写表达、获得转译、被制度化、失去其例外的特质，并最终（看起来）成为一种‘常态’，成为平常而普通的现象”。[9]

姆贝贝和罗伊特曼将危机的日常性当作革命意识产生的条件，而达内兄弟的影片没有暗示这一点，也没有迈克尔·哈特（Michael Hardt）和安东尼奥·奈格里（Antonio Negri）在分析当代全球生产模式时，赋予非正式劳动的革命潜力和可能性。[10] 在这些电影中， 170
公民的不满导向了资本框架下对资本和亲密关系规范性承诺的再投入。虽然在任何规范意义上，这种再投入都不是政治性的——这是一种渴望正常的感觉，渴望感到正常，感到正常可以作为可靠生活的基石，这种生活不必被一直重置。这种感觉不需要任何特定的生活形式来刺激它，也不依赖于它所依附的生活形式的繁荣。乐观主义仅仅需要依附于它们的存在本身，感受这种感觉的意愿再次成为欲望第一顺位的对象。但这给社会世界的基础设施的维系带来了压力，尽管它充斥着暴力和否定。

图 5.4　伊戈尔玩味白人属性

《一诺千金》中近乎滑稽的默片风格的一幕很好地展示了这种活动，也指出了全球化的感性肉身的独特之处。伊戈尔的工作是将移民的护照照片涂白，使这些移民看起来已然合法。然而，当他拿到阿西塔的护照，看到她黑皮肤和白牙齿的鲜明对比时，伊戈尔立即走到镜子前，把自己的牙齿涂白，抹去了自己工人阶级的“污迹”，而突出自己种族的白，以此作为对她微笑的致敬，也是对她被抹去的身份致敬。同样清楚的是，他并不明白：他的种族位置，他的公民特权，他对她家庭劳动的依赖。在这个游戏的时刻，什么都没有发生，他的姿态是普通的、可遗忘的、被遗忘的。事实上，在影片中，游戏本身就是在充斥着风险的生活中短暂的特权，这些风险通常伴随着威胁生命的后果。游戏和风险都被当代劳动的重压塑造，其对生存的要求和对幻想的刺激没有支撑，没有安全网，也没有退路。虽然，游戏允许人们感到一种**正常的感觉**，而风险试图在僵局中取得一些进展：游戏是一种在没有风险的情况下中断

（interruption）的表演。然而，在必须承受风险的状况中，它的发生 171
只是一种勉强让人得以享受的喜剧性释放。

因此，如何在危机的背景下，探讨保持与“正常”的紧密关系，是一个理论和政治的问题，而不只是意识的问题。达内兄弟呈现了当下时刻，系统性的经济、政治和亲密关系状况下的意识。在慢镜头的火车事故里，它被吸收在与运动（movement）协商的制度中。这种事故在资本主义灾难性危机的时刻总会到来。在这里，你足够幸运的话，就**可以被剥削**，还可以在轮到你变得毫无价值的时刻，少承受一天作为那种情境下焦点的痛苦——这种情境召唤你又驱逐你。这就是为什么，剥削不是孩子们视作敌人的东西。他们想要被剥削，想要进入破败的服务业中无产阶级的经济体——这种工作太容易被看不起，作为某人失败或悲剧的证明。这样做的风险是选择退出这个游戏。一个人**并不一定**需要家庭或国家才能保有这种感觉，任何互惠性的形式都可以——友谊、共事关系、一个项目、一个国家、一个联盟，任何有这种能力提供情感的，超个人的和谐感、归属感和价值感的存在。

由此，这些影片中围绕孩子的强烈情感（将他们看作保有乐观主义的理由——如果不是为了别的什么，如果他们的生活尚未被摧毁）的历史，获得了它的伦理、政治和美学的意义。观众有责任与孩子不被打败的意志站在一起，尽管被打败和其他东西的区别，只是将对不那么糟糕的未来的乐观附着在一片破败的可能性上。我们受到鼓动，去同情那些没有结果的，甚至是自我毁灭的、残酷的欲望。在《一诺千金》中，后福特主义对公民身份的承诺，不是作为改变世界的能动主体，而是扩散到所有地方（因为每个人都参与了生产）生产制度的内部，与其讨价还价地存在——它通过培育情感性连接或“承诺”实现。在《罗塞塔》中，归属感不是先验的，而是必须通过参与日常经济活动来购买的东西。从这个阶级的视角来看，共同体和公民社会并不会被看作建造任何东西的资源，既不是幻想，也不是可以信赖、寄托的日常生活。依恋与经济系统同样脆弱，都对工人后备军呼之即来，挥之即去。

同样重要的是，这些电影并不是围绕着移民的意识和情感而组织的（这些移民被对更好的美好生活的希望所激励），而是围绕那些合法公民的情感组织起来的——他们认为传统形式的社会互惠关
172 系可以构建生活，而不是磨损生活。对于合法公民（这里指的是欧洲公民）来说，有无证件决定了你可以参与哪些经济体，以及如何参与。然而，纸质身份的可得性造就了一种有保障的社会联结的假象，这模糊了合法和非法的区别。在这些影片的经济生活世界中，没有资本的合法公民和持有假证件的非法移民在结构上和情感上处于相近的、相互依存的小船上。所有人都可以被称作幸存者或拾荒者，他们锱铢必较，以维护一种企业家乐观精神的悖论，以对抗资本主义制度对生活的破坏带来的挫败。[11]

在这种消耗磨损的背景下，孩子们有时会遇到一些人，这些人让难以承受的不平等、不公正，以及在生产模式中得过且过带来的打击得到了缓解——比如，好的雇主。有时候甚至他们自己也是好的雇主：在《罗塞塔》中，那个负责缝制和销售她们制作的衣服的店家女儿，称赞她母亲富有创意的缝纫技术；在《一诺千金》中，伊戈尔向为他工作的漂泊雇员递上免费香烟并给予建议。一些政府雇员也表现得很有同情心，这使得人们可以想象一种政治体，在这种政治体中，生活没有那么糟糕。在这里，友善意味着礼仪，仅此而已。但正如我们将在这里和下一章看到的那样，礼仪也并非一无

是处。与其他的东西一起，它们提供了社会性的基础设施，为繁荣(flourishing)又多提供了一个潜在机会。同样地，有时候也有休闲，特别是在有音乐、饮料和无效率的随意可以舒展的地方，就像《一诺千金》中父子卡拉OK的双人约会和《罗塞塔》中的晚餐跳舞时刻。但是，当镜头往后拉时，我们看到后福特主义实践的日常经验，不仅是在偶尔的情感升华的连接时刻，也是在人和物穿越国界、临时住所、大小企业的不断流动中，更重要的，是在一种由秘密、藏匿、讨价还价和贿赂的非正规经济中。在这里，女人与男孩、男孩与男人联系了起来。

一旦处于这个链条的任意一个部位，他们就能想象自己在更大
的图景中的位置。比如，当罗塞塔对她的母亲大喊大叫并殴打她
时，她是在拒绝母亲为保持她自己对正常生活的幻想所进行的交
易。母亲的崩溃状态使她们沦落到租住拖车公园。讽刺的是，这个
公园的名字是“大峡谷”，是一个充满美国奇迹和休闲的地方。但
当母亲在那里种花，或试图做一顿中产阶级式的晚餐时，罗塞塔将
其破坏，因为在她们的环境中，正常状态的模拟是一种变态。她要 173
的是真实的东西，是一个承诺，以及一种可以作为正常生活压舱石
的照料关系。[12] 她们一起缝制和兜售衣服，试图赚取足够的生活费。
但是当罗塞塔出去赚钱的时候，母亲从拖车公园的主人那里接受通
过性换来的食物和酒；她还提供特殊服务代替女儿给她买水的钱，
这样她就可以买酒喝了。这种非正规经济是如此残酷。罗塞塔让她
母亲去一个国家的戒酒机构，但母亲说她不想戒酒，罗塞塔讨价还
价地回答说，如果母亲去戒酒，她就会给她买一台缝纫机。而母亲
对这一提议的回应却是将罗塞塔一把推入烂泥池塘，差点儿将她淹
死。但是罗塞塔知道如何踩水求生，这是她熟知的东西。

《一诺千金》中也随处都是灰色经济的讨价还价：这是一种强迫性的关系，在这种关系中，高超的操纵技巧会让人觉得是一种能动性。当人们随意“被出现”或“被消失”时，他们并无太多怨言，而且我们注意到，他们所得的钱常常因为赌博输光了。当阿米杜赌博输了，抱怨自己被骗时，伊戈尔说：“你总输，这并不是我的问题。你不应该再赌了。”但在非正规经济中，你也许能为你所做的事情获得报酬，也许不能。在这里，你不存在于国家认可的证件记录中，你只能在私下里得到报酬——如果这钱存在的话。你总是通过重复的欺骗来仰仗一种可能性，去获得资本的压舱石，或仅仅获得一种存在来提供公民身份的社会紧密性，以便与一个互惠的社会世界产生合法的联系。问题不在于将公民身份当作社会互惠性的保证是否为一种幻想，问题是如何以及在什么样的幻想表征中，它以这种特定方式运作。

即使是儿童这个范畴，也像公民和工人的范畴一样不稳定。我将这些主人公称为“孩子”，但事实上这是一个开放的问题，其开放性是一个指数，指征描述一个人的难易程度——这些人存在于当代经济即兴生存习惯的洪流之中。称罗塞塔和伊戈尔为孩子是恰当的，因为他们的故事主要围绕着与一位同住家长的亲密关系组织起来。但与此同时，他们也处于渴望性依恋和性体验的青年阶段的边缘。同时，鉴于他们的日子主要围绕其生活的物质再生产来安排，他们又是经济意义上的成年人。这种错综复杂的求生和卑微期待组成的体制，就是童年在当今时代对越来越多的人所意味的东西：早
174 熟的成年人。乔迪·海曼（Jody Heyman）① 的《被遗忘的家庭》

① 乔迪·海曼，美国作家、媒体评论员。

(*Forgotten Families*)记录了这样的家庭在全球范围内天文数字般地增加。在这些家庭中，父母和年龄稍大的孩子每天工作极长的时间，以维持并不充分的住房和营养，并乐观地希望他们对健康的牺牲能换来让年龄更小的孩子过得更好的东西。[13] 在挣扎求生的底层家庭中，剥削或国家暴力在日常生活中造成的分裂效果，以其公开秘密般的随意性，塑造着想象中归属的近似规范，其理论可用性在全球化僵局产生的求生、失败和失望的情境中，占据了底线和乌托邦的地平线。这就是残酷的乐观主义的悖论。

因此，即使在这两部电影中，亲情的承诺传达的是一种鼓动，鼓动人们将糟糕的生活误认为是美好的生活，这也是一个幻想如何总是以最保守的形式出现在众多阶级结构底层的故事。大人们想要把对承诺的承诺传给孩子。[14] 这可能是孩子们唯一确定的遗产——幻想是唯一可以从一个无保障空间传到另一个无保障空间的可靠资本。当然，在这里，就像在任何地方一样，劳动的性别分工中介了资本和亲密空间的消耗。在这些亲密空间中，人们想象生活的劳动超越了对必需品的需要。正如盖特丽·斯皮瓦克(Gayatri Spivak)在另一个例子中写道："这不是古老的特殊主义/普遍主义争论。这是在性别领域中，全球的共通性浮现出的普遍价值。所有日常生活的多样性都逃避了这一点，但又无法逃避。"[15]《罗塞塔》和《一诺千金》以不同的方式训练不同性别的孩子，不是让他们在规范性的亲密关系制度中占据某种位置，而是在接近这些的某个地方。保持这种接近的高度敏感性是后福特主义情感的主要内在场景。对亲密的幻想会让人**感到正常**(而不是让人在值得依赖的互惠生活中感到安全)，这提供了一种虚假的逻辑，即日常表象和一整套抽象的产生价值的关系之间的对称性和连续性。爱可能会足够好的——这种美学让危机感觉起来正常而普通，让人感觉与在资本主义生活中冒险带来的情感红利相比，它的威胁要更小。

但在达内兄弟的场面调度（mise en scène）中，规范性的亲密关系已经被腐蚀到了其形式和姿态的核心部分。与亲密关系有关的情感，比如温柔，最容易被认为是孩子们为了生存而被迫养成的乞讨式策略。开场时，伊戈尔偷了一位老太太的钱包，但他对她表现
175 得真诚友好；罗塞塔以充满爱怜和保护的方式对待自己的母亲，而在母亲显露出不规范的欲望时对她拳脚相向。罗杰对伊戈尔表示忠诚，虽然他也欺骗他、殴打他，毁掉他做一个孩子以及获得另一种生活的机会（这种生活也涉及建造新事物，但不是建造需要产权的房子，而是可以动的手推车）。然而罗杰仍然可以说："那所房子，所有的一切，都是为了你！"对此，伊戈尔只能大叫："闭嘴！闭嘴！"因为他无法反驳罗杰——没有证据证明那不是爱，或者爱是不好的东西。显然，当面对一个对你毫无义务的世界，而你要处理对它的归属感时，爱是那个可以开始着手的地方。

但这就是为什么，在悲剧性困境中可能产生互惠关系的场景，对归属感的乐观主义在这些电影里不单单是残酷的，尽管它不断重复。这些影片的结局将观众束于替代性互惠认同的结中，在情感和形式上超越了实际的情节。在罗塞塔的最后几个镜头中，她刚刚辞去了她费尽力气才得来的工作，试图照顾她堕落的母亲。她是痛苦的，被自己作为女儿的爱和她的信念打败——她努力遵循那个她感觉合法的互惠关系而生活。

结尾处，我们看到她拖着一个大的煤气罐。不清楚她是要自杀，还是要像往常一样努力做事，但这并不重要：当里克到来时，她已经筋疲力尽地倒下了。里克是她曾经打过的人，是快要淹死时

她却放任不管的人，是被她当小偷告发过的人，是和她曾度过一个奇怪、起伏而无性的夜晚的人——那个夜晚她睡着了，并不孤独，而是对自己亲密地呢喃。[16] 里克跟踪了她，想要报复她抢走自己的工作。他是她唯一可能的互惠性来源。影片结束时，罗塞塔哭了起来，她看着画面外的他，这个近似朋友的人，希望能触动他同情的冲动来拯救自己。随后，影片切入了黑暗。

同样，《一诺千金》的结尾是一幕怀揣希望的孤勇场景。在火车站，正当阿西塔准备逃离比利时，逃离伊戈尔的父亲、伊戈尔和所有的混乱不堪的局面时，伊戈尔坦白了他的部分秘密。他固执地履行又打破了影片借此命名的“承诺”，他赌阿西塔听到阿米杜的死讯后会留下来，而事实上，这确实让她和她的孩子与他绑在了一起，连同无限的未来中这里的危险、暴力和贫困。在最后一幕中，他们逐渐远离镜头，相伴又没有相伴。随着他们变得越来越小，影
片猛地切成了黑色。因此，这两部作品在观众心中留下的都是某种 176
规范性的残留，一种对某种事物乐观主义的残留——这种事物是作品所倡导达成的主人公们所乞求的东西，无论它究竟是什么。

图 5.5　罗塞塔哀伤的祈求

在经典好莱坞电影和许多酷儿理论中，这种预期的“我们所选择的家庭”结局，通常会让影片变成大团圆的喜剧，而我们在过程中感到的焦虑，只是传统类型电影所设置的威胁类型电影失效的东西。[17] 在福柯的演绎中，这种交流的眼泪和忏悔的场景，可能标志着孩子们进入性（sexuality）的领域。也就是说，他们进入了一个领域，在这里，渴望的行为表明了青少年对家庭和社会纪律的澄清分类机制的屈服。在《一诺千金》和《罗塞塔》中，这是使他们性化（become sexual）的地方。但是，这两个澄清社会可理解性的制度——体裁（genre）和性别（gender）——的唤起，可能会让我们错误地识别这些特定情节的调性。在这些场景中，性不仅是对可理解性的一种补充，也是情感贪婪的一种表现，是一种可以注入正常感的情感修复的需求。

图 5.6　《一诺千金》没有结局的结局

想要某种东西的感觉而不是某种东西本身，是什么意思？新兴的私有化体制激起了对情感性社会确认的侵略性幻想，这种社会确认接近政治的领域，但又不在其范围内。在这种私有化的体制下，体裁（genre）的转变可以指向日常生活中理解即兴创作的新路径。在达内兄弟的电影中，体裁和性别形式上的达成并不意味着成功，而是生存。这种生存散发着新体裁混合体的气味，是一种**情境悲喜剧**（situation tragedy），即悲剧和情境喜剧的结合。在情境悲喜剧中，人们注定要时不时地表现他们的问题，一次又一次地重蹈覆辙，没能吸取教训，没能改变，没能释怀，没能变得更好，或甚至没能死去。[18] 在情境喜剧中，人格作为一系列有限的重复被呈现，并且最终不可避免地出现在新的情境中——但使它们成为喜剧而不是悲剧的原因是，在这种体裁的想象中，**世界为我们提供了某种空** 177
间，让我们能够忍受。相比之下，在情境悲剧中，人们游走于拥有太少和被社会彻底驱逐之间。在那里，日子是在价值之外被度过的。在让人恐惧的非地方（nonplace），你只是一个非法占有者，你试图让什么事发生，来让自己对某事或者某人，甚至是一个熟悉的笑话有意义（在情境悲剧中，主人公经常令人心酸地尝试像情境喜剧中那样生活）。[19] 最终，在重新发明某种版本的情侣、家庭或爱的联系的过程中，罗塞塔和伊戈尔重复的是他们自始至终迷恋和渴望的一个愿望：一个简单的最低限度参与这个游戏的愿望。在无法控制劳动条件的状况下，他们在爱欲中占据了某种位置，这至少让人体验到了一种模糊的正常。这种正常感可以在应接不暇的忙碌中，以自创（DIY）的方式获得。他们通过强迫自己产生对某人的义务的姿态实现这一点，而这只是他们渴望认可和一种生活方式的达成。

因此，我们在这里看到的是一种欲望的伪装下对必需品的屈服，一种对他们并不分享控制权的世界的热切依恋，以及一种对接近某种事物的固执坚持和攻击性。如果这些动机代表某种承诺，能为他们提供想要的那种坚持的感觉，那么证明值得为这些形式投入的依据也不会要求太高。依据的标准是非常低的。这里的关键是**附**

近性（proximity）；所有权已被抛弃，成为孩子们的幻想。幻想的地缘政治空间不是一个国家，也不是被地契确定下来的一块土地，而是一个“附近”（neighborhood）。正如这两部电影中主要的职业包括焊接和缝制（这些技术将零件和更大的整体连在一起），它们在结尾处重现了主人公们对半陌生人的强迫性渴望，以寻求救援和
178 互惠，而这个陌生人要做的就是在附近，不要走远。这是一种对“附近式”规范性的呼吁——他们处于家庭之外（在火车站，在空地上）而根本不是太远的空间位置昭示了这一点；最终，他们都处在幻想的诞生地和家的附近。而且，从情感上讲，难道里克不就是那个沉默的罗塞塔必须依赖的男性，而阿西塔不就是那个拿伊戈尔低垂的眼睛和窘迫的词穷毫无办法的母亲/姐妹/情人/朋友吗？

所以，在达内兄弟对当代历史性时刻的展现中，正常所给予的拥抱只是昙花一现。每当它看起来好像已经建立了一种互惠关系时，那可以享受归属体验的时间的、货币的经济就会被其他需求打断——被别人的、似乎永远更具有优先性的需求打断。尽管如此，在物质缺乏和父母缺席的背景下，罗塞塔和伊戈尔挤在可能会发生转变的狭小空间里，试图再维持一分钟他们对拥有一样事物、一份生活的乐观主义，维持一幕在没有什么可期待的情况下，可以被反复诉说、重复和依赖的归属感与尊严的实践。

那么，这些电影的结局再一次激起观众的愿望，希望主人公们最终能够得到他们渴求的帮助（因为这似乎是他们在无处不在的暴力和麻木中，通过对他人敞开以体验到某种好的转变的最后一个机会），这意味着什么？由于对阶级结构的底层而言，“不惜一切代价”并不是什么隐喻，这里的幻想和生存，是情感自身的非正规经济无法区分的效果。**被迫去渴望**一种规范性的残余，让观众练习了

残酷的乐观主义。

因此，孩子们表现出的情感故事，比特定的个体依恋（个体对某天可能在归属感中安歇的乐观主义的依恋）的悲剧要丰富；这里的关键是衡量对主体而言，值得信赖的互惠关系的政治经济分配。比利时是一个典型的移民劳工聚集地（包括非洲，其他法属殖民地，韩国的移民和一般欧洲乡村的移民），在20世纪90年代，非正规经济不断扩张，福利国家出现萎缩的局势。从这个角度来看，《罗塞塔》和《一诺千金》在描述全球化情感后果的时候是精准的，这种精准是有意为之且毫不留情的。为了拯救自己——有时候是他人——不至于被个人和非个人的暴力淹没，如此多的创造力和精力被投入其中。而且，如果在这里，家庭的安抚承担了吸收日常性（ordinariness）的工作，就像它通常为儿童所做的那样，情况只会更糟——因为现在，底层的城市家庭也同样，并且是再一次地成了生产的场所。 179

在《罗塞塔》中，戏剧性被女儿愤懑和充满爱意的渴望激活：她渴望支撑母亲和自己的愿望，渴望拥有一份工作，这样她就可以让她母亲终结她乐观和失望的可悲姿态——“你只知道喝酒和乱交!”罗塞塔反复说。在《一诺千金》中，戏剧性被父亲在儿子身上重复自己的愿望，以及儿子对于复制这种父权式美好生活所带来的多重剥削的矛盾感激活。女人们为自己经营一家生产衣服的血汗工厂；罗塞塔在所有她到过的进行市场交换的场所找工作，如食品店、服装店。罗杰偷渡非法劳工，从他们身上挣钱，让他们深陷债务危机，从而强迫他们修建那座父亲将给儿子继承的房子。

这给了拥有劳动力后备军的比利时家庭一个自相矛盾的社会地位，这一点在孩子们身上得到体现。这些家庭通常作为非正式小资产阶级的一部分，参与非正规经济，有一个由想法类似、灰色经济获利者组成的非正式商会。同时，它们也产生了新的社会位置，即一些无形的空间。这些空间由谁穿过它们以及如何穿过它们来定义，其特点是实践和存在模式如此短暂，以至于难以描述、难以对话、难以直面。相比于其他电影，《罗塞塔》和《一诺千金》中的日常交流就像现在的身份问题一样错综复杂，在过渡、谈判、不真实和焦虑的经济—情感（economo-affective）的滞后中徘徊。它的画外音听起来也许是这样的："留在我身边，不要让我无法承受，什么都不要说，不要干扰我的渴望，我渴望想象我的需求能被你看到的感觉，说些什么吧，给我些什么吧，让我们试试吧，不要说话。"

于是，引人注目的便是公民和移民劳工的时间性想象中，那不约而同地期待的方式：期待出人头地，期待成功，期待到达一种静止的状态，期待去到什么地方，把日子过下去，把活着（existence）执行为一种事实（fact），而不是一个课题（project）。[20]换句话说，在这个版本的跨国阶级幻想中，流动性是一个梦，也是一个噩梦。流动性作为一种无尽向上流动的幻想的终结，和转向对实现某种僵局和止损的愿望，是在当前经济状况下，幻想贿赂（fantasy bribes）交换生活的再生产的微妙重定向。[21]基于这些状况，如果某人是非正式或非官方的工人，几乎无法想象革命或除摇尾乞食的当下之外的任何未来，虽然这种情况也会发生。[22]鉴于这些压力，很容易看到后福特主义的主体性是如何将社会领域的想象压缩
180 为重复的行动，这些行动可能要么为维持失败，要么为避免失败奠定基础。

对不那么糟糕的悲惨生活的渴望包含寻找休息的地方；当休息

被怀旧地想象时，规范性的再造就发生了——也就是说，在本该休息的地方，某种幻想伪装成屏蔽记忆（screen memory）① 或记忆错误（paramnesia）②。人们可能会把这些重复解读为对怀旧的怀旧，一种绝望的倒退，渴望尽快体验到一种**被自己知晓**但从未经历过的想象的安全感；当没有任何期待规范性的基础，而只有对其经久的幻想时，规范性也可以被解读为一种与当下难以承受的东西讨价还价的形式，一种与坠落到裂缝之间讨价还价的形式，一种行尸走肉的重复形式——它离溺水或全速撞向混凝土的死亡仅一步之遥。这是一种生活模式，带着对永恒的当下的恐惧，被所承诺的规范性的抚慰式热闹所淹没。这既是一个经验主义的问题，也是一个理论的问题，但其中一个经验主义的问题是关于幻想的传播、内容、形式和力量。因为为了让规范的保守主义在幻想中占有一席之地，或者为了让幻想加入意识形态，在那里的某个地方，孩子们学会了幻想某种威胁产生不可能性或死亡的悲惨生活**可能**是一种美好的生活——它必须历经所有这些艰苦的劳作才能实现。**感到正常**的强烈需求是由非互惠的经济条件创设的，这些经济条件在家庭中被模仿性地复制，这些家庭试图维系中产阶级交换的情感形式，同时具有一种完全不同的焦虑和经济状况需要处理。在幻想与日常生活的关系中，是什么让处于不稳定忠诚感的孩子们转而连接到亲密实践，而在他们自己的生活中，这种亲密实践的显现很容易导致他们对此的拒斥。

① 精神分析理论术语，指对童年发生的，与重大创伤事件联系的小事的记忆。对这些小事的记忆可能长期被保留，不自觉地抑制对创伤事件本身的记忆以防御痛苦。

② 精神病学术语，又译“错构”，指基于遗忘对所经历事件的时间、地点、情节的错误记忆。

精神分析，伦理学与婴儿阶段

到目前为止，我已经提出，新自由主义经济和社会条件对日常生活的再造塑造了达内兄弟电影中规范性的情感视野。这种方式揭示了一些更普遍的问题，即为什么恶劣生活没有被它所辜负的那些人拒绝。母亲做饭，父亲建造房屋和照料生意，人们大多是值得依赖的，直到事情变得紧张和不方便，而且某种熟悉的温柔是跨代际
181 交换的。所有这些姿态本身并不是欲望的对象，而是一系列紧紧邻接每个人似乎都想要的占位符（placeholder），一种从正在进行的此刻集体解脱出来的空间，在这里，生活是一种不断地踩水求生和在不可靠的依赖中止损的活动。父母的姿态可能会起作用，并滋养成长，但凡他们可以淹没或分散对生存和承认秃鹫般的过度敏感，这些东西就构成了孩子们的主体性实践。但由于孩子们把父母的建造生活、互惠关系和承认的姿态放置于值得怀疑的视角下，影片的戏剧性情节出现，成为一种僵尸形式——通过这种形式，规范性将自己复制为一种无法忍受的激发性欲望。关于爱的现实主义力量迫使情感变成物质主义的，但这并不意味着孩子们脱离了他们与父母之爱相关联的幻想形式，无论其执行得多么差。如何解释孩子们为什么要保护他们对这种幻想的依恋，保护这种最好的情况是焦虑、最差的情况是悲剧的生活？

从女性主义的政治视角来看，长期以来，人们将爱当作一种讨价还价的工具，用于说服他人加入建造生活的事业中来，也同时提供一个出口，通过它，人们无论如何可以在根本上将亲密关系中的

自己看作非工具性的——无私的、牺牲的、慷慨的。[23] 这个出口的暗语是公共和私人领域之间的区分。这种结构也是尤尔根·哈贝马斯（Jrgen Habermas）① 在讨论现代资产阶级时所指出的东西，即其身份在精于算计的市场上的人（man）和亲密展演中安放真实自我的人（homme）之间转换。[24] 在资本主义主体的内部，其工具人格和爱意人格的转换，使他们在追求所有领域的欲望和兴趣时，能够否认那些侵略性的东西，并使其在根本上将自己当作道德的主体，因为他意欲与他所知晓的其他人保持团结一致。这个观点也许表明，达内兄弟影片中的儿童陷入了他们父母的经济—情感实践的矛盾死结中，类似地，这些实践也将亲密、善意的活动当作重要的确证生命的东西，并且只是在一些情况下显得具有侵略性、胁迫性或令人失望。

朱迪斯·巴特勒关于“可哀悼生活”（grievable life）极为出色的研究提供了一种与“糟糕生活”（the bad life）的依恋非常不同的论述。从《权力的精神生活》（*The Psychic Life of Power*）到《脆弱不安的生命》（*Precarious Life*），巴特勒同样对产生于家庭内部错
综复杂、相互矛盾的权力捆绑中的社会不平等进行了阐述。但她追 182
求的是一种政治主体性的**发展**（developmental）模式，这种模式将婴儿期的依赖性作为成人心中某种虐待性规范的种子，这种规范可以被同情情感的道德承诺所中断。在认同以往未被哀悼的“可哀悼生活”时，巴特勒式的进步主体为了与需要被包含进同情的共同体（为了获得进入正义机制）的人们形成一种健康的非主权认同，拆除了她病态的防御性主权或主权冷漠感。

---

① 尤尔根·哈贝马斯，德国当代最重要的哲学家之一。

由于包括比利时政策制定者在内的许多人都对达内兄弟的电影作出了反应，就好像已经接受过训练，将未被哀悼的生命当作他们变革性同情（transformative compassion）的对象，因此，这些电影会启动巴特勒提出的情感工作。然而，正如我们将看到的，通过规范性的方式，巴特勒将精神分析转译为伦理，写出了故事中的无意识，制造了作为伦理意向论的主体。为了实现一种更好的生活，这些主体能够作出认知决策，缩短基础性的情感依恋。人们可能会注意到这种替代回路的政治问题：正如我和其他人所论证的那样，同情式承认（recognition）的事业促生了一种政治混淆的习惯，混淆了情感的和物质的（法律、经济和制度）类型的社会互惠。[25] 为了使政治运动在对抗各种特权的竞争中蓬勃发展，自我变革的同情式承认和与其同源的团结是必要的。但由于同情的演绎在情感上是强烈的，它们同样也提供了一种方式，让微小的结构调整看起来像是重大事件。承认往往变成了一种经验性的目的本身、一种情感的（emotional）事件，保护那些无意识的、非个人的、与任何人维护政治特权意图无关的东西。巴特勒的观点是移情能力对正义而言至关重要。但在这里，我关注的重点不在于这个论点本身，而在于它发展出的一个维度，即认为主权的经验是对婴孩式依赖的反应形式。她认为，“渴望自己的从属状态……需要对自我的坚持——更确切地说，是个体自己的存在，（这样我们）就可以拥抱威胁个体解体的各种形式的权力——管制、禁止、压迫”。通过这样的主张，她将各种不同的现象交织在一起，将依赖与从属、精神的自我剥夺
183 与政治上非正义、个人和政治主体性混合在一起。[26] 在巴特勒的著作中，这种交织混合并不是偶然或无意识的——它是一项明确的工作，解释“我的形态的条件”（condition of my formation）如何在

“政治领域”中表达。[27] 对于我们的目标而言，更重要的是，这本书将婴儿期的依赖等同于规范性依恋，将规范性依恋等同于对权力和特权的依恋。升华为爱的依赖性的婴儿结构真的是所有忍耐非正义的源泉？让我简要地展开一些这种交织产生的问题，包括一般意义上政治主体性的概念，和从经济底层的视角看待后福特主义情感的特殊例子。以下是这个论点最完善的版本①：

毫无疑问，我们的任务是运用“权力”理论与“承认”理论，思考人类易受影响的脆弱特质（impressionability and vulnerability）。关注政治的女性主义精神分析理论当然可以采用这种思路。就其根本而言，无法摆脱“你”的“我”受制于一整套“承认规范”，而此类规范并不是我们其中任何一方独自创造的。“我”这一称谓迟早都会出现，但“我”从一开始就受制于外物。然而，即使制约“我”的因素是暴力、遗弃或自然环境，即使“我”可能会遭受贫困甚至虐待，这也比毫无所依要好；“我”如果一无所有，也就完全不具备生存与发展的条件。……因此，对于婴幼儿而言，悉心照料其最初的脆弱特质仍是伦理问题。此问题具有深远的伦理后果，这些后果不仅影响着成人世界，还关系着政治领域及其内在的伦理面向。[28]

巴特勒和我都不是临床医生：这里重要的是这些观点，它们关涉如何理解对规范性权威和规范性世界的激情或非理性的依恋。对巴特勒而言，回答这个问题意味着将对自主的渴望定性为儿童受损

① ［美］朱迪斯·巴特勒．脆弱不安的生命［M］．何磊，赵英男译．郑州：河南大学出版社，2016：70-71.

自恋的成人症状，而这些儿童处于依赖状态。她坚持认为，当成年人把自主或主权想象成自由的同义词时，他们会表现出一种被欺骗而产生的羞辱反应——从婴儿时期就被骗了，把一种总是自我剥夺的、永远让人失望的爱理想化了。[29] 由此，巴特勒认为，成人拒绝相互依赖，并变得极为专制。她认为，种族主义、恐同和厌女都是这种补偿的表现。[30] 尽管如此，她认为主体对服从之爱（love of subjection）的内部存在着足够多的微妙矛盾，由此，选择不再重复
184 对服从的依恋是可能的。要达到这样的目的，方法是对无意识的依恋进行伦理干预，从而产生一种新的脆弱性，以消解原初的羞辱感。

正如我在下一节中所论证的那样，并不清楚婴儿的依赖性是否为正义的现象学提供了一种糟糕的教育。但让我们暂时接受这样的说法：经由自己从未同意建构的依恋关系，儿童组织了他们（they）对生活的乐观主义，即他们利用周遭可能对其需求给予充分回馈的东西来勉强对付。他们甚至可能会爱上这样的承诺：在他们和世界之间，会有某些东西是互惠的，如果他们是好孩子，即**如果他们是承诺的好的主体**，并且他们可能会把对承诺照顾/爱他们的人的意志的服从误认为是爱。对此，费尔贝恩（Fairbairn）① 提供了一个不同的视角。他认为，儿童不是对从属性的依赖产生了依恋，而是对一种想象的乐观机会的场景产生了依赖，他们想象自己能克服这种依赖所带来的让人感到去权（disempowering）的东

① 费尔贝恩，英国精神分析学家，受到克莱因的客体关系理论影响，发展出不强调任何生物性基础，而完全依赖心理的客体关系理论，其代表作是《人格的精神分析研究》。

西。[31] 同样，克里斯托弗·博拉斯（Christopher Bollas）① 采用了唐纳德·温尼科特的观点，主张不要把欲望的对象看作一种客体（object），而是看作一种转变中的环境。[32] 正如我在“慢性死亡”一章中所说的那样，环境是一种你可以回到的场景，它的特征是具有某种熟悉可辨的气氛。它是松散的、多孔的，是一种你可以以多种方式进入，并在内部进行转变的空间，并且无须僭越基本的依恋关系。像这样的场景吸引了一系列不连贯的对互惠、认可或承认的欲望，它们能汇成一种关于稳固的海市蜃楼——这是一个活力主义的、点画主义的欲望对象的概念。从这个关于爱如何再造规范性的理论角度来看，婴孩的依赖性可能并不是一种依恋统治的经验，而是一种场景，在这个场景中，主体与一系列对承认甚至繁荣（thriving）的多因素决定的承诺协商谈判。它可能更像是一个环境，在这个环境中，主体被训练将欲力集中于乐观主义，一种关系性情感，其实践和对象本身就是被规范性中介的。

我们在这里讨论的是最艰难的问题：理解如何“去习得”（unlearning）对非正义体制的依恋。正义本身是一种推迟或忍耐的技术，它使处于持续的乐观和失望戏剧中的人们保持政治的专注状态。[33] 然而，巴特勒对权力与法律、规范性权威、规范性价值和结构性特权关系的理论立场忽视了其活动展现出的一系列内在的矛盾承诺（关于承认、赦免、保护、补偿或处罚、平衡、授权、规训，以及使其茁壮成长）。它还忽略了《罗塞塔》和《一诺千金》以极 185
为复杂的方式所呈现的东西，即承认和互惠可以采取多种形式，其中有的形式将平等模拟为合作，有的形式在相互依赖中生产信任的

① 克里斯托弗·博拉斯，英国当代精神分析学家、小说家。

环境，有的形式是胁迫性或者策略性的，并且所有的这些形式都极为模糊，充满妥协和不稳定性。

的确，对达内兄弟所描述危机的一种分析，可能会将注意力集中在一项越来越不可能完成的任务上，即在任何社会性（sociality）的尺度上识别什么可以被算作互惠关系。在提供本章案例的经济、国家和跨国生活的场景中，爱的偶然性只比工作略低一点。在过去二十年里，在国家收缩和工作、亲密关系制度的临时文化中，（再）生产的工作已被对灵活性日益加剧的需求塑造，同时也被一种越来越强的期待塑造，即无论是在爱还是在工作之中，一个人都只能作为临时的雇员而存在，没有可靠的情感或物质的福利，无论是当下抑或未来。在这样的时刻，对非冲突的、规范性的生活世界的幻想可以提供一种潜在休憩之地的情感预体验，即使人们知道它最多只是一种关于稳固和稳定性的海市蜃楼。这就是为什么，无论我们对规范性幻想做出何种论述，都需要一种更复杂的对象选择的概念，以及渴望一系列替代拥有世界的情感和感受意味着什么的概念。

接近承诺提供的某种社会性压舱石的模糊对象或场景让人感到舒适，但这种舒适并不等同于享受至上主义的快乐。正如从精神分析的角度来看，误认并不等同于被错误理解（being mistaken）。毕竟，霸权不仅是外表装扮得更道貌岸然——它是一种同意的元结构（metastructure）。将霸权看作统治和被统治，等于否定了可信赖生活在多大程度上依赖彻底乐观的依恋的形式主义。作为霸权社会性承诺下的公民，我们已经同意认可一个美好生活潜在可能的故事，围绕它，人们履行着各种附带的协议。这就是为什么，实施这种即将带来普遍性承诺效果的人，不仅仅是“霸权者”，如首席执行官、异性恋者、英裔美国人和美国人。那些拥有多种权力（包括经济上和亲密关系上）的人执行着对共同意志（General Will）社会的承诺。从这个角度来看，与其把伦理（ethics）作为一种政治的情感矫形术来拥抱，我们还不如关注那些依恋的错综复杂关系，它包含的是，无论在什么情况下，对潜在开放性保持接近的欲望。这种开 186
放性以对美好生活、自我延续性或非冲突生活（unconflictedness）的欲望为特征。

痛苦的世界（worlds of pain）

我已表明，巴特勒解释主体对服从之爱的尝试，将规范性太过狭隘地解读为一种专制的欲望。在试图理解讨价还价如何会与互惠关系混淆、参与经济如何与社会归属相混淆时，这种认识论认为矛盾感（ambivalence）是在客体选择之后出现的，而客体选择从根本上说是绝望的。如果我们把主体化看作是历史地发生的过程，看作是对感官知觉和直觉情感性的训练，会发生什么呢？自 20 世纪 60 年代以来，莉莉安·鲁宾完成了一系列关于美国工人阶级家庭的民族志，希望理解那些将他们与被剥夺场景联系起来的东西。在这些场景中，他们成为社会的一员。鲁宾关于工人阶级依恋的论述，将其与日常生活逼仄的时间性联系在一起，这比“加速”从双薪的工人阶级家庭扩散到专业管理阶层本身要早二十五年。[34]“但正常的家庭生活的时间如此之少，几乎没有空间给外面的人或事。友谊的建立以及成年人的社会活动被搁置，因为父母试图从一周中抽出两天完成需要七天来完成的事情，即为自己和孩子建立一种家庭生活的感觉。对于那些休息时间不匹配的人来说，维持夫妻关系和家庭生活的问题被极大地放大了。”[35]

与此同时，孩子们目睹父母的世界向内收缩，以至于只是熬过一天又一天——压力是如此显见，以至于孩子们学会了尽量少地占据空间。在成长的过程中，他们对自己占据空间而感到愧疚，认为父母已经尽力了，但同样无能为力：

> 无论表达得多么不完美或理解得多么不到位，这类家庭中的孩子都能感觉到成年人的沮丧和无助。尽管他们自己受到了伤害，但对这些孩子来说，把责任归咎于父母并没有什么意义。他们的愤怒要么转向内部，针对自己……要么向外投射，直接针对其他威胁性较小的对象……对所有的孩子来说，生活常常让他们感到恐惧和无
> 187 法掌控。当一个孩子的经历表明，自己生存所依赖的成年人同样没有掌控力，他对不被保护和无法承受的恐惧是如此之大，以至于他必须否认并压抑自己的经历，或屈服于他的恐惧。[36]

因此，工人阶级的孩子被引导远离批判或抱怨。她写道：“所有家庭的孩子都经常是‘孤独或恐惧’的，或两者都有。但工人阶级家庭的孩子明白，他们的父母对此无能为力。他们和他一样被困住了——被他们几乎无法掌控的生活困住了。”[37] 在这里，鲁宾并没有讲孩子们对自己或任何人的从属地位的“同意”，她也没有描述在被放大的父权和母性主义下，为弥补社会性的弱势地位家庭的补偿之爱。相反，在她看来，孩子们是抑郁的现实主义者。在大多数情况下，并没有理想化其父母的挣扎或求生模式，虽然同时希望在父母面对社会屈辱的日常中保护他们。[38] 还有一种说法是，父母的生活必须被严肃对待而不是被当作已经废掉的东西，这甚至发生在

孩子们的生活——作为变革性哀痛的对象——被允许纳入之前。这是孩子们的职责所在。

关于这种幻想如何变成一种“不可能生活”的遗产，华康德（Loïc Wacquant）① 在他关于芝加哥南区的民族志中进行了极好的描述。他的受访者肯尼（Kenny）是一个挣扎在生存线上的人：他以拾荒为生，培养了一些技能又让它们慢慢荒废，但他从未放弃他的梦想。虽然，他的梦想是模糊的：成为一名兽医，拥有自己的生活，成为一名明星拳击手，组建一个家庭。华康德描述说，肯尼对如何实现这些目标没有概念——那个使他前进的幻想，与他所面对的熬过一天的压力处于拒斥性的脱钩状态：“在这种残酷无情、无处不在的社会和经济不安全的状态下，在人的存在被化约为日复一日的生存技巧，并且一个人必须不断地用手头可用的任何东西——也就是最宝贵那一点点东西——去尽自己最大努力的状况下，当下变得如此不确定，以至于吞噬了未来。除了幻想，它阻滞了任何形式的思考……以它自己的方式，（它是）不被言说其名的社会哀悼劳动。”[39]

同性恋，这种不敢明言其名的爱，在这种社会哀悼劳动的表达中得到了呼应：“同性恋”和“社会哀悼劳动”这两个词都是关于某种必须保持隐蔽的东西，以便社会归属感的情境仍旧可以被忍受。这种委婉的表达保护了易受伤害的主体，也保护了那些将他们从“公序良俗”（appropriateness）中驱除出去的社会秩序。在肯尼的例子中，为了不感到挫败，贫困中的社会哀悼必须保持不被直接表达的状态。面对华康德，肯尼在没有明确地感受到它的同时流露 188

① 华康德，美国社会学家。

出了哀伤（mourning），但我们可能会将其称为残酷的乐观主义，一种维系即便是不可行的幻想的投射。[40]

因此，这种失望和保护欲的结合体可能被误读为一种固有之爱的从属性，但我并不这么认为。《罗塞塔》和《一诺千金》以无数种方式展现了孩子们保护他们父母的欲望——希望保护他们免于在家庭内再次体验到羞辱感——在家之外，他们太了解这种感觉了。同时，由于父母无力奋斗，这些孩子们被迫为父母而奋斗，去获得一种尊严感和一种“可能”感——这些他们只作为幻想传给孩子们的感觉。这一点在罗塞塔对母亲营造家的姿态（做三文鱼、在篷车外种植物）的不断拒斥中体现得非常明显，因为这些事情是被施舍和进行性交易的结果，“我们不是乞丐”以及“你不是个妓女”。同样地，伊戈尔从未对他的父亲说“不”，即使是在他们杀了阿米杜之后，他也只是陷入了沉默。尽管他从父亲那里救出了阿西塔，而她想去报警，伊戈尔说，“我父亲是做错了，但我不是告密者”。最后，阿西塔不得不制服罗杰，因为伊戈尔想要保护他免于面对这样的现实：非法的父权主义式的网络已经暴露出来，不是作为讨生活或经营生活，而是作为非正式日常生活层面上剥削工具的小规模再造。伊戈尔逐渐地意识到这一点，但他的身体僵住了，就像罗塞塔的身体被溃疡活活吞噬，使她痉挛抽搐。但他们都不能拒绝父母快要淹死的身体，而这身体也在把他们自己拉下水。这也许是因为害怕变得与警察、国家、老板和督查员一样——这些人只关注别人做了什么，而不关心背后爱的出发点。

对一些儿童来说，只要他们根植于家庭，就会复制这种不好的生活的形式。考虑到影片的地缘政治和历史特殊性，我们通过思考此种解读可以得出什么？我们已经看到，作为从属的主体的儿童，很早就懂得了以下事实：当在这个世界活下去的唯一方式是诉诸非正规经济，连同欺骗的话语，以及对生命权力（biopower）的贿赂和讨价还价时，互惠关系是很容易遭到背叛的。这些影片呈现了年轻人挣扎着在不伤害其他人的情况下，讲出他们自己的真相。但这样做是不可能的，因为在他们的世界里，为保护亲近之人的感情，爱是通过撒谎的行为构成；同时，为了生存，在谎言的面纱背后，所有阶级社会底层的人都必须动员起来的无情，最终会对亲密关系领域产生同样的影响。生存主体需要学会搜刮乞食、折中融合 189
（syncretism）和不信任的技术。几乎没有时间反思归属感，也没有时间对威胁作出反应。毕竟，两部影片让其主人公拥有的一丁点儿道德平和与乐观主义无法凭借个人意志维持，而是被他们并不拥有的资源操控着。

因此，我的结论并不是要为期许的规范性（这在底层感受的惯例中得到表达）的问题提供一个解决方案。这是因为，我认为工人的从属性感觉系统（sensorium）——其愤怒和无情的行为混杂着关怀的形式——是资本主义在无法抵抗的生产性当下对未来性（futurity）的拒绝，与亲密的规范性承诺之间关系的结果。这种关系让我们得以想象，生活真正发生的地方是当我们拥有一个朋友、一个伴侣，或当我们满怀热切地注视着的人，最终对我们的挣扎苦难报以温柔同情的时刻。

Cruel Optimism

第六章

美好生活之后的僵局

《暂停》、《人力资源》和不稳定当下

永远都是现在：情境、姿态、僵局

在本章中，我们对资产阶级家庭的关注延伸到生活再生产和当 191
代资本主义生活场景中生命磨损之间的关系。劳伦·冈泰对 20 世
纪 90 年代末法国劳工的检视——《人力资源》（*Ressources Huma-
ines*，1999）和《失序时代》（*L'emploi de Temps*，2001）① —— 被誉
为新自由主义对过去受保护阶层影响的美学再现。[1] 这些影片记录了
经济不稳定人群提档为乔治·阿甘本所说的新“地球小资产阶级”
（planetary petty bourgeoisie，PPB），他们由工会成员、企业家、小
业主和专业管理阶层组成。影片详细描述了国家、市场和人们生活 192
方式之间重大而细微的关系调整。[2] 这些影片见证了对建设生活乐观
主义的传统支撑的打击，而这种乐观主义维系了向上流动的期许。
同时，影片关注不同类型的人如何适应他们的新状况。

影片甚至认为蔓延的不稳定性提供了当下时刻主导的**结构**和**经验**，跨越阶级和地域。[3] 单是提出这种观点，意味着什么？对这种状况的出现，人们有着广泛的共识，但对受影响人群的描述却大相径庭：从非物质劳动（immaterial labor）② 下的工人，到历史上的工人阶级，再到全球的管理阶层；上大学的新波希米亚人，靠兼职或临时工作生活，有时在创作艺术的同时领取救济金；或者说，身体和

---

① 本片现有的中文译名为《失序年代》，英文译名为《暂停》（*Time Out*）。在本书中，当原文为法语标题“L'emploi du temps”时，译为《失序时代》；当原文为英译名“Time Out”时，译为《暂停》。

② 马克思在《资本论》中，认为非物质劳动是如医生、教师、艺术家的劳动。这些群体不生产物质产品，但也不占有生产资料。

生活都被资本主义力量和节律浸透的任何人。[4] 那么，将这种现象称为新兴的全球性阶级，在何种意义上是准确的？他们的确被冠以“不稳定劳工”（precariat）。[5] 这种新的分类法提出了这样的问题：在何种程度上，“不稳定性”可以被看作一种由部分人口或资本主义主体在一般意义上所承受的经济和政治状况，或一种生活方式，或一种情感氛围，或某种关于生活的不确定性的存在性真相。也就是说，没有什么能够保证一个人意欲营造的生活就可以或将会被营造。[6]

从根本上说，“不稳定性”是一种依赖的状态——作为一个法律术语，“不稳定的”（precarious）描述的是你的土地租赁权掌握在别人手中的情况。[7] 然而，资本主义活动总是诱发生产性破坏的不稳定场景——包括基于市场的指令和意愿对资源、生命推倒又重造。但正如大卫·哈维和其他许多人所认为的那样，新自由主义经济实践以前所未有的方式动员了这种不稳定性。社会福利国家的萎缩，曾经共有的公共事业和机构的私有化，国家、银行和企业养老金风险的增加，以及雇主和工人之间越来越“灵活”的合同实践（这在表面上让企业更灵活，更能回应市场需求），都服务于新自由主义资本拥有者追求利润的利益。与此叠加的是，工会在全球范围内从促进保障和向上流动的力量，转变为控制工人诉求和保障合法
193 性的行政实体。诸如此类，你就可以得到一个新自由主义循环反馈的广阔图景，它横贯整个阶级结构，并在全球范围内分配和塑造不稳定的体验。

许多分析家声称，人们，尤其是西方工业化国家的管理阶层，最近被迫进入一个新的历史阶段。专家们指出，最近美国的银行危机是异常“民主的”，因为它动摇了不同地域和阶层的生活中所遵

循的期望、规则和规范。[8] 理查德·塞内特（Richard Sennett）、迈克尔·哈特（Michael Hardt）和安东尼奥·内格里（Antonio Negri）可以预测到这一点。他们对当代资本主义主体差异性的分析在这一点上是一致的，即他们都注意到安全感（security）的腐蚀成为不同经济和政治特权集中下的工人们的生活条件。[9] 但他们同样指出，在21世纪之交，安全感对于那些较少拥有它的阶层来说，已经不再是一种愿望。的确，这种不稳定的劳动环境给PPB的众多成员带来了一种自由和充满可能的感觉。他们报告说，PPB中的一些人把劳动看作为了打造更令人满意的生活而可以参与的系统，另一些人则从工作至上的意识形态中完全退出，还有一些人则关注于如何发展他们的技能，而非他们的生活方式。

当前发生了某种情感性转变，即从严格意义上向上流动的重视转变到对横向自由和创造性野心的重视。这种转变处于国家诉求的不断扩张和对留在劳动市场本身的疯狂中。在当前的经济危机下它将走向何方，还有待观察。新自由主义利益与工人欲望的转变之间的协同作用的一个具体例子，在“不稳定”运动本身中是显而易见的。比如，“不稳定漂泊者”（Precarias de la Deriva）组织的影片和论辩既讲述了受过教育、未充分就业的欧洲阶层的挫折感，也讲述了自由感给他们带来的快乐。这些人在城市中流动、交易和建立社会网络，并坚持他们在社会中的中心地位而非边缘地位。在照护危机（crisis of care）的修辞中，他们要求为新的社会生态创设互惠关系的新尺度，希望国家保障基本的发展条件（食品、衣物、住所、工作），同时，所有人都不用放弃他们已经开辟的灵活、漂流的生活方式。[10] 这种观点将过去对立的阶级置于明显的团结之中：管理者和大众都在这种转变中嗅到了破坏我们所熟知的工作的极强的潜

在可能，同时期待国家能维持其对经济安全和基础设施稳定的
194 保障。

相比之下，尽管同意不稳定性已经渗透到跨国和跨人群的主体意识和经济生活中，雅克·朗西埃在《对民主的仇恨》（*Hatred of Democracy*）和亚当·菲利普斯在《平等》（*Equals*）中认为，曾经受保护阶层的大多数人越来越“憎恨”构成他们在当代资本主义社会生活的不稳定、不协调、对抗、模糊和混乱。他们认为，PPB 想要为自己囿守的不是高度的灵活性，而只是在相对可预测的安全环境中，适度地进行创造性的生活和工作的特权，同时要求其他所有人服从、温顺、自我管理和可预测。[11] 在他们看来（也是阿甘本的观点），资本的管理者及其服务阶层发现，真正脆弱性的威胁是普通人的危机状况；他们对此的反应在根本上是反民主的，充其量只能与其他不稳定的群体产生表面上的团结。

菲利普斯关于激进民主与精神分析协同作用的观点支撑了这一点。菲利普斯认为，精神分析学的历史使命，即让主体在持续的迷失和不安全感状态下培育生存和发展的能力，应该是与拥抱混乱、对抗和最底层利益的激进民主主义形成统一战线——这些是任何真正的民主应该具有的特征。他强烈主张，平等和民主的核心感官体验是不知道自己所处的位置。但人们开始害怕和憎恨这些过程，因为它们对争取社会位置产生了一种持续的压力。不管是不是残酷的乐观主义，他们都依恋一种不平等的软性等级制度，这为他们提供了一种处在这世界上的**位置感**。资本主义和民主之间的内部紧张关系似乎得到解决，只要有一点点投票权、一点点隐私权和不受阻碍的消费特权，就可以支撑起美好生活属于每一个人的幻觉。那么，在理想的情况下，只要一个人拥抱不稳定性，将其作为存在和归属

的条件，他就可以同时实现心理的健康和对平等的承诺。

冈泰的影片与当代欧洲和美国结构性调整下的情感性无地方感（affective placelessness）的总体描述形成回响。它们没有假设一种关于阶级或美好生活幻想的全球性可比视角——它们不是分析或论辩——因此只能部分地帮助回答从不同的阶级位置进入不安全的状况意味着什么。然而，在这些影片中，即使是最本土化的视角，也是全球化和新自由主义重组的结果。如果不是国家税收、劳工和福利政策的转变促生工会的去权，如果没有压制工资、福利和工人权利的企业文化，以及分散在欧洲、韩国及其他各个地方的生产系统
的随之扩张，影片中所有的故事都不会发生。冈泰的电影聚焦于老 195
板、合同工和相关的亲密人员之间“责任”的经济关系和情感关系的戏剧性重构，展现了当下相对优越的人，距滑向另一群人的情感生活的距离能有多近——后者从未在经济上或制度上有过保障。《人力资源》留下的最后一句台词：**你的位置在哪里**？——这句可以是影片中的任意一个人对另一个人所说的话，是无法回答的，而且是此刻可以想象的最没有修辞性的问题。也许，在过渡性当下的僵局中（情况在持续进行的危机中展开），曾经修辞性的问题变成了真实的问题。

简单来说，新自由主义的利益、精神分析理论和对重振社会生活不确定状况的激进理论承诺之间怪异的统一，表明了当代不稳定性的两个要点。第一，不稳定劳工必须在根本上是一种情感性阶级，因为那些让人们置于其位的经济和政治过程，持续地依据地域、性别、种族、阶级历史和政治特权、可用的国家资源以及技能来构建不平等。[12] 第二，在这个阶级的情感性想象中，对不稳定感的适应让当前的情况变得更加戏剧化。贯穿全书，我一直有意地将

历史性当下称为“状况”，以将其作为一个概念，来追索当下时刻漫长绵延（durée）中的互动。正如我们从情境喜剧中知道的那样，“状况”是一种生活的体裁——人们知道自己身处其中，但又不得不去理解一种嵌入生活中又不受自己掌控的情况。“状况”是一种扰乱，是一种被激活的悬置（而不是被悬置的激活）的感觉类型。它有一个焦点，就像一幅摄影作品；它迫使人们留意，对日常性的某种潜在改变发生兴趣。当一个“状况”展开时，人们试图在其中保持自己的状态，直到他们搞清如何调整适应。

使得当前的历史性时刻成为一种“状况”的，不仅是由于富人终于体验到长期以来分配到穷人和边缘人的物质、感官的脆弱性和不可预测性，而且是由于对适应性紧迫情况（adaptive imperative）的适应产生了一种全新的、不稳定的公共领域。这种公共领域由当下如何重构不安全感的争论来定义，也同样由一种新兴的美学来定义。[13] 这些转变在新自由主义与激进主义对因果关系和未来的分析中引发了奇怪的连续性——比如，为什么事情一定要是这样，以及
196 更好的未来是否可以想象。[14] 在达内兄弟的作品中（见第五章“近乎正常，近乎乌托邦”），游戏—风险和生活—风险在当代资本主义不稳定性的偶然中（从底层的视角），提供了替代性的潜在可能。对冈泰作品中更有特权的人群而言，脆弱性和风险的增加似乎让人对偏好何种调整产生了更多的困惑，而不是乐观。因为定义这种紧迫情况的是活在正在进行的当下的问题。曾持久的当下既过度存在又神秘莫测，这就要求人们在新的存在方式中找到立足点。难以摆脱的问题是，“状况”会吸收掉一个人多少的创造性和超敏能力，直到它摧毁主体本身，或找到一种方式，使其仅仅作为一种稳定的、可忍受的危机的日常性出现。

尽管如此，“状况”最终并不能证明，广泛存在的经济和政治的脆弱性已经产生了一个新的、全球的或大规模同质化的阶级。这还有待观察。而是说，已经出现了否认（disavowal）的大规模解体。对美好生活的承诺，不再掩盖这个历史性当下被体验到的不稳定性。这体现在一种新面具的出现，一种关于“不稳定”的面孔，在当前美化了欧洲和美国的人们如何生活在社会和市场民主的终结的众多叙述：一副经济衰退的怪相（grimace）已然出现，介于皱眉、微笑和紧闭的嘴唇之间。随着越来越多的人，从越来越多的社会位置，看到他们的梦想同时在物质和幻想的层面被剥夺，这副怪相产生了另一层面孔，创造了某种延迟的空间，使主体和世界最终都适应了这一点，即美好生活的梦想是多么深刻的幻想。[15]

冈泰的影片演绎了一种生活的和中介的美学风格，来捕捉这种扰动。在这些影片中，特殊的、同步的，但又是集体的关于不稳定性（正在进行的此刻作为生存基础的不稳定性）的身体展演，从不确定的经济、政治条件中折射出来。这是一种由规范的磨损塑造的美学，也就是“可靠存在”这一体裁的磨损。磨损暗示了一种缓慢、细微和过程性的东西，一种在其自身的时间里发生的东西。在美学意义上，我们主要在混乱的状况、插曲、事件和姿态中观察到这种政治—情感性（politico-affective）的状态，而非通常在戏剧性事件的体裁中观察到。

一种本体感受性的历史，一份身体性的典型的调节档案，为情感性再教育提供了入口。在应对规范性幻想及其相关经济中的压力
性断裂中，这种情感性再教育弥散开去。在《不稳定性：一场通往 197
具身资本主义核心的疯狂之旅》（*Precarity*：*A Savage Journey to the Heart of Embodied Capitalism*）中，希瓦利斯·提斯诺斯（Vassilis

Tsianos）和迪米特里斯·帕帕多普洛斯（Dimitris Papadopoulos）列出了需要关注的一整套神经系统症状——尽管这种分析局限于对非物质劳动主体的不稳定性。[16] 这些症状包括：

（1）脆弱性：在没有任何形式保护的情况下稳定地体验灵活性；（2）亢奋：适应持续被需要状态的强制；（3）同时性：在同一时间处理多种活动的不同节奏和速度的能力；（4）重组：各种社会网络、社会空间和可用资源之间的交叉；（5）后性属（post-sexuality）：他者作为假阳具；（6）流动的亲密关系：身体产生不确定的性别关系；（7）焦躁：暴露于过度的交流、合作和互动中，并试图应对；（8）不安：在不同空间和时间线上持续流动的体验；（9）情感耗竭：情感的过度压榨或将情感作为控制就业能力和多重依赖的重要因素；（10）狡猾：有能力欺骗，顽固，投机主义，骗子。

换句话说，不稳定的身体不仅显示了社会契约的转变，而且显示了日常情感状态的转变。这种不稳定性，如果不要求依随性管理（contingency management）① 中的精神分析训练，也需要开启一个高强度的紧张的学习曲线，了解如何在解体的制度和互惠的社会关系中，稳住阵脚、航向和存在方式，并维系一种新的镇静模式。

作为一种将身体取向纳入循环的情形，酷儿现象学为本体感的兴起提供了另一种智识背景，将其作为理解历史性当下的度量标准。转向在空间中流转的电影性身体，并不是要重新论证电影再现和转变了对世界的某种标记于肉体中的触觉性场景。酷儿现象

① “依随性管理”，又译为“权变管理”或“反应后果操纵法”。在心理学范畴中，指通过控制个体反应的后果，来改变反应发生的可能性或频率的治疗技术。

学——特别是卡米拉·格里格斯（Camilla Griggers）、劳拉·马克斯（Laura Marks）、盖尔·魏斯（Gail Weiss）、埃尔斯佩斯·普罗宾（Elspeth Probyn）和萨拉·艾哈迈德（Sara Ahmed）的作品——要求对身体倾向正在进行的活动，以及主体进入当代世界性（worldliness）、身份和归属的流通模式进行政治分析。美学中介在这里产生了一些事物特殊模式和一般模式之间的示范性转译，这些事物包括：倾向、自我投射、依恋以及针对“附近”的心理、情感、神经的感觉。与提斯诺斯和帕帕多普洛斯的研究相比，酷儿现象学主要不是收集情感损伤症状的证据，而是追随渴望和归属的道路，创造 198
新的生活的可能性，并提供外部生活，或外部归属的方式——它们已经作为其他人重新想象创造和建设生活的机会而存在了。在这部作品中，社会依恋在实践中得到体现，包括感知的实践——它们永远存在于当下，积极而反应迅速，而无须是意识形态、真理或任何东西的表达。[17]

出于对人们如何度过关于“失去”的历史性时刻的兴趣，本章更加局部地聚焦于在历史性当下的生活再生产的条件下身体形态的**故障**（glitches）。故障是某种过渡中的中断。我希望说明，美学的或中介性主体的身体交流，如何吸收、记录、重启、重塑一种针对转型和难题的政治理解，并使之成为可能，而这种转型和难题存在于某种结构性力量的关系中，这种力量转变了一个阶级对事物的感觉。[18] 它涉及遭遇处于转变之中的感觉，以身体在世界中持续存在中使用方式的重新配置，来体现正在进行的社会活动中某种不连贯、无法融合的东西，而不是制度化的历史中的连续性。[19] 它通过观察主体在一个无法穿透的此刻，如何获得、失去和保持他们的方向，来探讨自我感知的系统发生了什么。它试图理解某种行动，这种行动没有展现内在的状态，而是度量了某种情境。亨利·列斐伏尔可能会将其称为“节奏分析”（rhythmanalysis）。但在这里，我关注的并不是日常生活的建筑结构和“驯化”模式所强迫的、使生活得以可能的身体节律。本章是对当前形势的干扰以及围绕它的创造性适应的节奏分析。[20]

这种对适应的具身的扰动关系，是阿甘本提到“到19世纪末，资产阶级已经绝对失去了它的姿态”所指的东西。[21] 他认为，电影通过收集失去的姿态来记录这种“普遍的灾难”，以此来衡量什么是“不再的”（archaic）。[22] 作为一种体裁，姿态（gestures）并不等同于布莱希特式（Brechtian）的“社会姿态”（gustus）概念。后者是一种审美交流的模式，向公众释放关于生产方式及其在典型的个人和集体生活中表现的、隐蔽的、不合法的知识。[23] 相反，对阿甘本来说，姿态是一种中间式行为（medial act），既不是目的，也不是手段，而是处于世界“中间”的标志，也是一种社会性的标志。详细地说，这个版本的姿态并不是某种信息，它比那更正式——它是可能会演化为一种扰动的转型的展演，或是德勒兹所说的“问题
199 性事件”（problem-event）。[24] 这种姿态并不标识时间——如果时间是一种向前的运动的话——而是制造时间，让此刻对关注和不曾预料的改变保持开放。那副怪相就是这样一种姿态。面无表情的不回应也是。一种“状况”可以围绕它展开，抑或不围绕它展开，因为它创造了最小的开口，一种由运动开拓的空间。因此，姿态只是一个潜在的事件，是一种事物的初始状态，这种事物是此刻的，并且可以逐步积累强度，无论它是否具有戏剧性。运动可能会导致一种“状况”，随后这个姿态可能就开始看起来不同了。在这种观点下，此刻并不永远是某种转瞬即逝的事物的感觉，或关于失去的形而上

的体验；它主要也不是一种不合时宜的历史力量的垃圾场。当姿态的扰动被体验为一种调整、补救或适应时，此刻就是一段被感知和塑造的延展的时间——一个僵局。

将行动者行动的现场称为僵局似乎是不对的，因为世界在很大程度上仍然是由非戏剧性的原因、结果和微小转变的集群组织起来的。我将“僵局”同时作为遭遇持续性当下的一个正式术语，也作为一个具体术语，以追踪不稳定性在不同地点和身体之间的流转。当下作为“僵局”这个概念，打开了生活再造规范的中断可以被适应、感受和体验的不同方式。僵局是一个没有叙事体裁的时间跨度。适应它通常需要一种姿态或非戏剧性的行动，指向并修正一个未解决的状况。一个人需要一个通行证来避免某事或到达某地，这是一个正式的运动路线。但僵局是一个死胡同（cul-de-sac）——事实上，“僵局”正是为了取代死胡同这个词而发明的，它在法语中有着不好的含义。在死胡同里，人们一直在移动，但悖论性的是，他们只是在**原地移动**。僵局是一个并不牢靠的、向焦虑敞开的收容站，它在一个轮廓模糊的空间中狗刨式地前进。僵局是分解性的——在延展时间的无限的时间性中，它标志着要求某种活动的延迟。[25] 这种活动可以产生影响和事件，但人们不知道它导向何方。这种延迟让我们能够发展出冷静的姿态、文明交往的姿态以及与世界同在的姿态，同时，还有排斥、拒绝、分离、精神错乱和各种激进否定的姿态。

然而，并不是所有当下的生命和时间都以同样的方式被暂停。随着本章的推进，我将重点讨论两种僵局，同时指向并展演第三种。第一种僵局是在被迫失去的戏剧性事件发生后的僵局（如失
恋、突然的死亡或某种社会灾难），当一个人不再知道该做什么或 200

如何生活时，他必须在这种一无所知的状态下进行调整。第二种僵局是当一个人发现自己在规范性亲密关系或物质互惠关系中漂流，却没有一个事件给这种情况一个名称和管理它的程序时，会发生的事——就像在生活中随波逐流，直到发现失去了牵引力。第三种的僵局是在有些情况下，对存在的问题/事件的处理消解了过去的保障，而迫使人们创造性地思考和反思没有保障的生活（life-without-guarantees）作为乐趣和好处，而不是一种损失。阿涅斯·瓦尔达（Agnes Varda）的影片《我和拾穗者》（*The Gleaners and I*，2000），为“没有保障的快乐生活”提供了一种问题性的、生动的范例，正如美学阐释本身的横向愉悦一样（注意，这三种后乐观主义反应呼应了本书第一章的案例材料）。[26]

无论它是什么，也无论人们如何进入它，历史性当下——作为一个僵局，一个不可穿透的正在持续的时刻，一种可以吸收多种体裁而自身不用被某种体裁定义的状况——是一个没有边界、边缘和形状的中间地带。它在转型和交换中被体验。它是一种空间的名字，在这里，生存的紧迫性再次得到解决，没有未来的保障，但仍然通过对经久的规范的适应进行着。人们在其中被摧毁或打击，但却仍旧维持着，或愉快地处理事情，或玩耍和陶醉。叠加于此的，是安全感和向上流动性的消退，这些成为国家资本主义对当下进行剥削的借口。如果不稳定劳工是一种情感性阶级，那么对于此前在心理上和经济上受保护的不稳定劳工而言，至少有一个持久的、具有集体约束力的损失——那些维系了许多社会民主主义美好生活幻想的否认和矛盾的姿态。这就是解体的细节所在，是它们被具体体现的地方，也是那些仍旧将人们捆绑在幻想中的幻想的所在之处，它们对当下的历史具有政治的意义。[27]

“有点紧张是正常的”:《人力资源》

让-克劳德·巴比尔（Jean-Claude Barbier）经典的《欧洲“不稳定就业”的比较分析》（*A Comparative Analysis of ‘Employment Precariousness’ in Europe*）[28]称，“不稳定”（précarité）一词最初仅指陷入贫困，直到20世纪80年代才与就业联系在一起，当时以灵活劳动力为幌子的新自由主义结构正在成为国家和跨国公司政策中
的关键词。[29]灵活性，作为一种“自由”，同时出售给需要应对日益 201
活跃和不稳定经济的企业，和认为束缚于一种工作妨碍了快乐和向上流动的普通人。许多人写过这种转变对传统的国家—自由主义的社会义务条款的松动和扭曲的后果。巴比尔认为，在法国的例子中，“不稳定”不足以描述在这个国家正在运作的劳动合同的多样性。尽管如此，这个概念已经变得有弹性，描述了一种渗透到所有阶层的情感氛围。最终，在将“不稳定”一词不断地扩展到“不稳定就业”（précarit de l’emploi），进而扩展到“不稳定工作”（précarit du travail）的同时，这种现象在范畴上的第四次扩展带来了“不稳定化”（précarisation）一词的引入，即整个社会变得更加不稳定和在根本上去稳定的过程。

20世纪90年代及以后的法国电影的“新现实主义”——一种“不稳定影像”（Cinema of Precarity）的全球风格——记录了这种不稳定性从有限的结构到普遍的生活环境的转变。[30]“不稳定影像”回到了20世纪三四十年代好莱坞情节剧式的现实主义与战后意大利新现实主义的铰链，它将情节剧和政治融合成为一种更审慎的美

学，以追踪维持国家、社会、经济和政治联系的事物的耗损，以及不同种类的人群被弃之如敝屣的现实。

“不稳定影像”破坏了资产阶级私人化的语汇到国家的公共语汇的顺滑转型。它讲述了公共生活私有化的典型和所有再造生活的制度和空间的脆弱性。这些制度和空间包括亲密关系的、公共的、私人的、国家的、经济的、跨国的和环境的等。它强调，此刻是一种转变性的领域。在这里，无论是现实世界的维度，还是美学的维度，规范形式的互惠性都正在失效。而这阻碍了人们所继承的幻想的再造，即想要生活有意义意味着的东西。它讲述的也就是关于美好生活的故事。在这些时刻，普通生活中的制度、经济和幻想的持续危机破坏了典范性本身。电影记录了独特却又共享的孤独、情感性磨损的影响，以及人们恢复式姿态的微小乐观，这些人身处其中，被迫处理这一切。因此，“不稳定影像”关注本体感受——在空间中移动的身体呈现饱含情感的姿态——以研究新的主体潜在的团结条件。这些主体并不具有相似的历史身份或社会地位，但对新
202 的日常性中浮现的压力，有着类似的调适（adjustment）风格。

冈泰的《人力资源》对这种迈向“常规之外”的转型的描述尤为明晰。它将美学问题与生活、生计问题等同起来。它讲述了关于不稳定性扩散的一个简单的、典型的微观历史故事——在法国近期的一个历史时刻，在一个家庭、一个工厂和一个社区中，两个人之间发生的事情。然而，这个故事的简单性——它从生活再生产的细节中管窥了一种生产方式和生活方式的结束——激起了多重可怕的讽刺。冈泰将他的剧情深深根植在我在文章开头所描述的反讽中。在这里，对重新配置工作的激进想象和渴望更多利润的新自由主义利益，通过对工人和经营更“灵活”的责任和义务关系，形成

了可怕的同盟。特别是这部电影被当作法国社会主义计划将每周工作时间缩短到三十五个小时之前的一个思想实验（1998 年的电影预测了 2000 年的状况，当时颁布了所谓的“三十五小时制”）。由于它涉及重塑劳动公民日常生活的国家行动，这一时刻被记为具有历史性的一刻，是一个集体事件。

通过补贴更平等的分配和扩大就业机会（因为有如此多的人失业，而如此多的人却又处于过劳的状态），社会主义者也对新自由主义企业的主张做出了让步，即劳动力必须变得更加灵活，能够迅速应对市场需求的升降变化。因此，“每周三十五小时”实际上是一个错误的表达，它指的应该是一年内计算的平均值：工人可能被要求在任何时候增加或减少他们的工作时间。同样值得注意的是，在法国，有身份的工作（受法律保护的工作）和没有身份的工作（不稳定的、临时的和偶尔的工作）之间有着显著的区别。资深的工人曾认为他们有终身的工作，通过上班并足够努力，拥有稳定的、可预期的时间，而不是不断地为重新获得工作机会而焦虑。三十五小时工作制带来了合同工的增加和工会力量的削弱，同时带来了国家社会契约的危机——只要这些契约在经济政策中得到体现。[31] 冈泰的影片预言了这一切。

如果说，社会主义和企业利益的合谋本身是不幸的，那么这种相互适应也具有扭曲世界的后果。第二个讽刺涉及一种反常的修辞 203
融合，它从市场风险语言与阶级斗争语言的结合中产生。在《人力资源》中，不稳定性的语言和威胁性“状况”的语言不仅被工人（这些人的生活和生计被工业增加生产和利润的双重压力威胁着）使用，也被管理者自己使用。《人力资源》中的工厂老板鲁埃（Rouet）的第一句台词是：“不要拿我们的不稳定状况吓他。”一个长期的争论是，对个体、大众和国家而言，生活在民主中意味着什么。在工人利益和资本利益激烈争夺的时刻，似乎可以通过另一个断言把这个争论放在一边，或宣称它已过时。这个断言是，资本主义生活中的每个人都处于风险、威胁的边缘，并且所有被自动称为“生活”的东西在每个地方都平等地处于持续焦虑之中。竞争不稳定性可以在某一瞬间变形，听起来就像某种团结的基础。

因此，从某种意义上说，《人力资源》的新现实主义或戏剧性僵局是表面上的，并且不稳定的公众领域只是资本主义/民主危机管理长期嵌入的历史矛盾的发展。毕竟，这是一个故事，在这个故事中，国家管理资本不是代表公民，而是代表少数人在其他地方享受的利润。同时，这个故事依据推定的代表各方的良好初衷，和脆弱性在理论上的平等分摊，维持了一套自由主义城邦式的传统治理方式。然而，使这种情况具有的历史特殊性是，这些斗争是如何在新旧社会语汇的转变中发挥出来的，不仅是在口水战中，而且是根据礼仪的度量标准。

例如，在这部影片中，当工会与管理层斗争时，阿诺夫人（Mme. Arnoux），一个愤怒直接、典型好战的工会代表，不仅被工厂经理们，而且被她的工会伙伴称为发疯的和不理智的人。她拍着桌子，骂老板是粗俗的骗子，而她的男同事们的回应是：“用她自己的话，她其实说的是……”然后他们用管理式的语气重述了她的主张，即理性、信任、冷静和客观的语言。后来，当她被证明是对的时候，她讥讽地说，他们所谓的疯子式的低素质实际上是已经发生的绥靖政策的最后障碍，就像工会的男人们对礼貌的承诺，比所面对的资本占有者利益和工人利益之间那不可比拟的东西更加重要。

全部依从的压力越来越大，而话语团体也越来越脆弱。随着影 204
片的推进，它越来越多地集中于一些微小的时刻，与其说是生活的碰撞，不如说是身体的反抗、回避、犹疑、两面三刀、冲向近前但又回缩退却。我们看到一种生活模式的枯竭，其损失的边缘蔓延成为一种无尽的持续，而后阻断了对接下来可能发生的事情的任何想象，除了对已经实现的美好生活的缓慢蚕食。冈泰的故事版本具有启示性和痛苦的地方在于，他对国家—资本主义结构调整的敏感，将其视作一场从最亲密的空间开始的民主的灾难。一开始舒适的戏谑，到最后只会是一种由失败、焦虑和茫然混合而成的麻木。一种延迟反应的混合空间，可以让亲密的幻想和记忆与经济乐观主义结束的真相一起维持下去。向上的流动性陷入僵局，变成“事实就是如此”这样的一句话。

有两个时刻将这种转变体现得非常明显。影片的镜头在一列火车上开始和结束，但在途中的时候也就是在家中的时候。弗兰克（Franck）从巴黎回到诺曼底，在他父亲工作了三十多年的工厂里担任管理职务。对弗兰克来说，这次回家具有“巨大的象征意义”。他小时候参加过工厂举办的夏令营和圣诞晚会。他明显对父亲的工作生活延展出来的父母的社交生活很熟悉。尽管弗兰克一生都住在离工厂不远的地方，但直到他第一天穿上了那定制的、标志着他与穿制服的父亲的阶级差异的西装时，他才第一次看到了父亲的机器，以及父亲在机器上所做的劳动。“我想让他看看我的机器。”父亲对他的领班说。父亲与他的话语之间有一种歌词般的节律，这些话有节奏地对应着一个个镜头。“你把零件放下。焊机在后面。螺栓会自己落到位。你把零件放在上面。通过练习，你一小时可以做700个。”在这里，就像在家里的木工房一样，儿子静静地看着他的父亲表演技能，他的表情看起来有点儿蒙。但一位领班对这场表演和观看有不同的看法："这里不是马戏团。即使对你儿子来说也是这样……你应该知道这里不是马戏团！"另一位领班打断了这一幕，训斥父亲动作太慢。

弗兰克对他父亲的机器一无所知，这很可能是家庭决定有意为
205 之的结果，可能在儿子有意识之前就这样决定了。弗兰克具身了战后社会民主的契约，它承诺工人阶级有机会"**资产阶级化**"（embourgeoisement）。他的父亲拥有一幢房子，并在自己相当机械化的木工房里制作家具。他的母亲打理家务，说话得体，彬彬有礼，并保持家庭的正常运转。他的姐姐西尔维（Sylvie）也在父亲工作的厂子里工作，并嫁给了奥利维（Olivier），一个长得像父亲的人，也在那里工作。他们有两个孩子，还有一个更大的房子。但弗兰克，这个"孩子"很特别。他具身了家庭向上流动方面的投资。他被送到巴黎并就读商学院，他所受的教育让他对他家庭的工作生活**并没有多少了解**。他被贮藏着、呵护着，是还没有进行投资的文化、社会和经济资本。因此，他被以"金钱"命名是很合适的。相比之下，他的父母在影片演职表中没有名字，而只是对弗兰克而言作为人力资源的"父亲"（le père）和"母亲"（la mère）。[32] 他们在幕后为他投注了自己的劳动，并咽下了母亲所说的他们的"牺牲"。以这种方式在儿子身上投资了金钱、时间、无知和骄傲之后，他们再造了阶级服从的等级制，而这种等级制度的正当性在影片中分崩离析。在第一个家庭场景中，你就可以看到这一点——当父亲在对"我的儿子"（他自始至终自豪地重复着这个短语）的敬畏和软性的家长制之间摇摆不定。你也可以在弗兰克的父母在他工作的时候吵到他而道歉的场景中看到这一点。

图 6.1　弗兰克带来了新常态（冈泰,《人力资源》, 1999）

起初，父亲是如此为儿子感到骄傲，以至于他几乎不能接近他——就像儿子只是一个抽象的概念，是一块幻想投资的屏幕，当儿子回到家时，他的身体就开始局促不安，需要某种调整，这种转变发生在礼仪的层面。“你不过来打个招呼吗?”母亲对父亲说。在火车站的站台上，这位父亲徘徊在亲密的家庭人群的外围。后来，当他们父子坐在沙发上时，父亲感觉舒服了一些后，突然开始给儿子——这个尚未准备好在真实世界生存的人——一些建议。这一幕 206
是在标准的、柔和的好莱坞家庭喜剧的浪漫光线下拍摄的：伴随着环境噪声，摄像机像一个被逗乐的客人，跟着打趣的谈话。这就是那种在日常信息和智慧的代际传承中易于遗忘的对话。但最后的剪辑将其结尾固定在即将到来的情节上。

父亲：明天不要在老板面前装聪明。先弄清楚他想要什么……我是说真的。他跟你的那些教授们不一样。工作和学校不一样。你一定要认真些。

弗兰克：我只是一个实习生而已。

父亲：这不是糊弄过去的理由。

弗兰克：我不会糊弄的……我本来不紧张的。现在我紧张了。你高兴了吧？

父亲：有点儿紧张是很正常的。

弗兰克：我不知道……也许吧。

图 6.2　弗兰克和他的父亲争论对工作的预期

这里的底线是，劳动不是一个随意的空间，成为一个好的工人意味着要成为一个焦虑的工人。第二天，影片就一头扎进了新常态中。这个氛围充满了兴奋、自豪、尴尬和身体的碰撞，同时发明了许多处于这一空间并与之联系的新惯例。在这一天结束的时候，我们看到父亲与弗兰克所代表的新资本是多么的不同步。但弗兰克也快要应付不过来了。他彬彬有礼，吸收着管理办公室和生产车间里各种不满的矛盾情绪。作为向上流动的代价，他似乎接受了这些怨气，但由于在家里或商学院，他都没有学过任何 20 世纪劳工斗争
207 的知识，他没有将这些怨气作为一种政治性的意见。他受到了父亲传统的恭顺主义的保护，也受到了自己将工会作为一种文化力量，而非政治力量的经验的保护。在这种保护下，他保持了一种自由主义的幻想，认为管理层和工会的阵线是统一的，并且很容易陷入一

种普遍不稳定的新模式。他说，他希望灵活用工的新世界会在经济上帮到老板和工人，并且“让员工可以进一步参与到公司的事务中来”。他表达出一种渴望，想让工人的被迫适应感觉起来像是理性的批判性民主，而不是对他们再造生活能力的侮辱。当老板说“我们会一起赢下这局”的时候，他没有注意到其中的“我们”是不包含工人的。当他提出一个绕过工会的计划，直接向工人收集关于“三十五小时制”的信息时，他以为他基于的是经典的公共领域伦理：企业应该代表人们想要的东西，而工会是一个有着自我利益的团体，阻碍了个体主权和个人自决权。他不知道自己在为早已作出的裁员决定提供借口：他还没有对他要成为的阶级产生怀疑。

后来，当弗兰克意识到他被工厂经理用来证明裁员的合理性，包括裁掉他的父亲时，他变得十分愤怒，揭露了管理层的秘密，开始为工会工作，并帮助组织了一次罢工。但父亲对儿子的政治转变感到羞愧。母亲说旧常态的终结产生了“像女人一样”的眼泪。很快，儿子也哭了，不像女人，而是像一个迷路的孩子。泪水是一种撕扯、一种断裂、一种故障。他们接下来该怎么办？在享受美好的生活之后，在享受了庇护之后，在享受了慈爱的家长制之后，在没有弄清楚是什么让牺牲和冒险有意义的情况下，他们接下来要做什么？

弗兰克的回应是用自己的绝望蹂躏了父亲的脸面。他攻击父亲拒绝停止工作和参加罢工，当着整个社区的面，他在工厂里斥责了父亲。儿子代表和挑战资本的新阶段，迫使父亲面对新常态。[33]

弗兰克：你永远不知道停下来。你太可悲了。我为你感到羞耻！明白吗？我从小就感到羞耻。以自己是工人的儿子为耻。现在，我为自己的羞耻而感到羞耻！

阿诺：没有理由羞耻。

弗兰克：告诉他！他就是这么教我的！……为他的阶级感到羞
耻。我有个好消息，你没有被解雇，你是退休了。不是因为你努力
工作了三十年，是老板帮的忙。他是为了我才这么做的。因为他喜欢
我。我们像是平等的人一样说话。这让我感到恶心。就这！你明白这
209 让我感到恶心吗？（姐姐试图拦住他）我知道，这对你不公平。我应
该感谢你。我应该感谢你和妈妈的牺牲。你成功了，你让你的儿子站
在了老板的那一边。我永远不会是个工人了。我会有一份有趣的工
作。我会挣很多钱。我会有责任和权力。有权力跟你这么说话。有权
力像这样开除你。但你把你的羞耻给了我。我一生都要带着它。

208 **图 6.3—图 6.5　弗兰克和父亲遭遇新常态**

这幕尖锐的教育学场景将情感的转型嵌入历史中，将说话和行

动的权力与发自肺腑的羞耻氛围联系在了一起。这种羞耻感从明显的社会表演中脱离出来，却在生活再造的亲密氛围中随处可见。羞耻是不被承认的阶级焦虑的痕迹，是野心的乐观主义的阴暗面。弗兰克告诉他的父亲，现在是他拥有了脱离的权力，充当某种恩惠的父权，如果他愿意的话，假装这种善意与工厂和家庭中令人羞耻的顺从文化没有任何关系。这颠倒了他们的历史性关系，因为他找到了一份好工作，配得上父母对他的投资，这样他们对自我阶级的不认同就不会在他的抱负和成就的失败中表现出来。

出于羞耻感，这些资本主体相互保护，从不进行坦率地交谈，告诉对方在管理构成生计的家庭/工业劳动时，他们**究竟牺牲了什么**。出于爱，这些资本主体通过压制适应劳动的身体和情感需求的成本来保护亲密关系的幻想。出于爱和羞耻感，这些阶级的主体一直都表现良好，表现乐观，建设生活，并希望他们之间作为义务和关怀传递的情感契约不会出错。每个人的得体已然使羞耻感的威胁变成了骄傲。

在某种意义上，工厂里的这种动荡场面不应该让父亲感到震惊。就在前一年，在公司威胁如果不保持足够的利润率就会倒闭的“阴影”下，22 名工人被解雇了。但在这里，父亲起初的随意、亲密、逗趣的玩笑，身体上的安慰以及家长式的专业知识传授，被公开地暴露为一种与家长式的资本主义的社会关系相关联的旧秩序，而这些关系伴随着 20 世纪社会主义和社会民主主义的工人运动所取得的成果。旧常态以一副吸纳了工人阶级规训的弹弓和箭的样子
出现，并将这些转化为一种稳重和安静的优雅。这种稳重使父亲成 210
为一个有价值的同事，他不怎么说话，但一说话就会给出有用的建议——不仅对弗兰克，而且对在生产线上紧挨着他的法裔非洲工人

阿兰（Alain）。阿兰告诉弗兰克，他的父亲是如何教自己操作机器的。现在，阿兰说："你知道吗，有时候，我还是会不自觉地往他那边看……看他是否满意。看他沉着应对的样子，也能帮我应对这一切。"阿兰，而非弗兰克，是父亲对自己阶级依恋的骄傲感的继承者。在某种程度上，这里的应对是一种作为工人阶级的存在方式、一种存在的节奏。而它无法表达人们如何在他们的实践背后情感或情绪地组织起来——纯粹是形式上的，它对自我不连续的表现本身产生了连续性。但是，在《人力资源》和后来的《暂停》中，当摄像机追踪当下的情境时，这种与劳动有关的情感分裂的结构开始渗透到当代经验中。

在旧常态中，父亲的脸和他的身体是一样的：说得少，吸收得多，它是一块屏障海绵，让生活下去成为一件值得期待的事。这里新的东西是，父亲被迫看到，自己将低调的工作欲望当作"政治性的"，以及让政治性充斥于所有他隐秘的幻想、姿态和日常随性。这种双重性消解了他幻想中的工作的合法性，正如阿兰所说，"没有人愿意做这个"。他那种站在一旁、坐在一旁、写支票、低声细语以免给人添麻烦的方式，与老板要求工人交出更多来之不易的权利时顺从老板的方式是一样的。当他们在家里谈及这一切时，他虚张声势，把他的家人赶出去。但在工作的私密空间里，他再也无法获得他的防御。

这位父亲的身体记录了他对这一公共事件的消化，从他那被打乱的冷静表情可以看出，根本不存在匿影藏形的可能。父亲颤抖的嘴唇，不是要说话，而是威胁着即将到来的失控和坍塌。颤抖的下嘴唇表明了此人已被无法言表的回应压垮，也毫无办法来挽回颜面。他被困在当下的僵局中，连自己的嘴唇都没有办法撑起，更不用说整个人了。德勒兹和加塔利广受评论的面相性（faciality）概念认为，面部是主体化（subjectivization）的混乱和符号含义的清晰之间的多孔中继器，是主体的冷静和情感的不稳定之间总是失败的屏障，存在于一个与身体的本体感受动力完全不同的领域。但在这 211
里，身体展演的阶级政治暗示了一种不同的解读方法，它将面部去本体化，并将其震惊的表达力嵌入一个循环、情感管理和自我投射的历史区域。

图 6.6　弗朗克崩溃

冈泰从父亲颤抖的嘴唇切到了空荡荡的工厂，因为这个情况没有可以置身事外的场景。面部戏剧的场景提醒我们，幻灭（disbelief）可以是一种政治感情，但不是在通常意义上的，因为它没有导向某种观点。更确切地说，它是暂停的场景，同时充满了拒绝一种共识真相的未付诸行动的感觉——一个用于调整、裁决的情感时空。像这样的不受约束的感情通常被认为是非政治的，甚至是政治的障碍。并且，从某种程度上来说，消极的政治情感伴随着投票或政治文化上的不合作。我们可以看到，为什么在此种去激情性（dispassionateness）之中，这种疏离的解读惯例持续存在。但幻灭在这里作为一种政治抑郁的类型而存在。我们知道其他透露这一点的征兆是：戏剧性或非戏剧性的无望、无助、恐惧、焦虑、压力、担忧、漠不关心等。父亲在旧常态下的情感中立与他对新常态的幻灭之间有什么区别？中立是向上流动和阶级抱负的载体，幻灭是一种悬置的情感过程，使生活在僵局的神秘难解的空间里不安全地继续前进。

纵观阶级分析式电影的历史，像这样身体困顿的时刻并不是没有先例。当延迟满足的梦想永久地归于推迟时，这种瞠目结舌的景象是斗争美学的一个核心修辞。让这部影片的场景成为当下时刻的一个典型，是它对资本主义现代性梦境（dreamscape）和满足成为过时事物的展演，和它使日常生活能够在偶尔的休闲中被度过的幻想的展演，这些偶尔的休闲承诺在老年的娱乐场景中变得更长久一
212 些。但在电影的最后一幕，父亲适应了，并保留了他的部分梦想——在罢工期间的一次工会野餐会上，他与孙子们一起玩得温和、愉悦，这表明除了此刻和他能往这时刻塞进的任何甜蜜之外，此刻一无所事。他似乎已经与之和解。

与此同时，弗兰克似乎继承了他父亲的幻灭。他年轻的脸已经完全向内塌陷，失去了表情。他坐在人群边上，一动不动，无所适从。他没有一个可想象的未来或可想象的家，也没有回巴黎的计划。他被掏空了信心和冲动，他现在**拥有的**只有无动于衷（impassivity）。就好像所有的不稳定性都悄然渗入了他的骨髓，所以他不得不停止身体与任何东西的交换。在“不稳定影像”中，对静止的描述从规范的、传统的和习惯的稳固，转变为一种活生生的瘫痪、戏谑的重复或生动的静止。这种转变已经成为表现僵局的一种惯例，作为未完成的阶级转变中对致命痛苦的缓解。

为什么就你应该幸免：《失序时代》

冈泰对与阶级有关的各种无动于衷（作为应对新自由主义结构调整的策略和反应）的关注，在他回到《失序时代》的情境中时，有了一套新的含义。《失序时代》描述了一系列的场景，标志了本体感受技能的发展，并在这些技能的案例中，传达出主体在历史性当下的情境中的转变。但与《人力资源》不同的是，在这部影片中，没有任何事件标志着新常态的开始。事实上，这里引人注目的是，在影片对生活磨损状态的叙述中，没有任何保持举止的方式被扰乱。相反，我们在故事中开始，也在故事中结束——这个故事是一个关于漂流的故事。

《失序时代》讲述了文森特（Vincent）的故事。他是一名顾问，在法国 20 世纪 90 年代的某个时候被解除了劳动合同。不过，文森特并没有告诉他的家人他已被解雇。他对父母、妻子和孩子的隐瞒在影片开场时的物质氛围中反复出现，这也意味着影片将历史性当下作为一种“状况”、一种被搁置的时刻来表达。文森特睡在靠近铁路的一辆车里，他坐在副驾驶位置上，他的呼气让挡风玻璃雾蒙蒙的。这是一种美丽的抽象，暗示着现实中存在着某种神秘难解的东西，阻止着我们的凝视。而后，一辆公共汽车驶来，孩子们从车里涌出，从玻璃上尚未起雾的空间前经过。我们想象，此刻即 213
将发生的也许是一场灾难——比如性变态、儿童绑架、撕破脸的离婚或是自杀——换句话说，在这里，一个姿态很可能变成一种行为，破坏当下日常的无意识状态，将我们送入灰色经济、地下世界或什么其他的没人愿意生活在其中（至少是长期的）的世界。

图 6.7—图 6.8　文森特，在僵局中开场（冈泰，《暂停》，2000）

但在《失序时代》中，这些并没有发生。它的英译名是《暂停》（*Time Out*），颠倒了这个词在法语中的方言意味，即时间安排（time-schedule），或者就是安排（schedule）。不过，如果时间是被资本主义生产效率定义的话，那么英译名也是正确的。现在正值白天，但这个男人却没有在工作。他在车里，但车并没有动。当他的电话响起，然后他跟一个亲密的人谈起他如何正处于会议的间隙，我们由此知道这个男人过着双重生活。从看到的画面我们可以得知，他不在开会，而且他也在从对谈话者讲真话的时候抽出一段时间来，进行了某种暂停，这个谈话者相信，他们亲密关系的节奏是由这些时间安排支持的，这种相遇的节奏在管理阶层中产生了价值。[34]

在累积的众多“暂停”中，影片迅速揭示了文森特正过着一种
214 隐秘的生活。隐秘生活是一种存在体裁，发生在社会的无数褶皱中，它被保护起来，不让某人倾向中那些偏航的东西暴露在特定规范性评价的凝视之下。[35] 在第一幕中，我们无法判断文森特的情感是什么，他表露出的情感是普通的充满爱的家庭式的可靠，并且他说出来的时候似乎真的感受到了这些情感。毕竟，他对着电话那头

笑着。但我们知道有些事情是假的，那份我们只能偷听到的生活是不稳定的，这份生活中的人也茫然无知，因为文森特守着这个秘密。

这种职业羞耻感，这种规范性和隐秘生活的掩护和毒害，很可能会出现在法国任何看过这部电影的人的脑海里。影片改编自一个真实的案例，即法国人让-克劳德·罗曼（Jean-Claude Romand）的故事。罗曼是一名医生，他没有通过考试，十八年里一直隐瞒了这个真相。1993 年，他感觉到自己的失败和掩饰即将败露，于是在狂乱中杀害了自己的家人，并试图自杀，但都没有成功。[36] 令人不寒而栗的是，《暂停》也与 2004 年的一个美国案例有不可思议的呼应，即马克·哈金（Mark Hacking）的案件，为了不败露自己是一个失败的医学生，马克·哈金杀害了自己的妻子洛丽（Lori）。[37]

然而，当影片以一种被现实主义打断的抽象的美开始时，我们所害怕的东西不是影片要呈现给我们的，一开始不是，也从来都不是。影片的设定让我们不断地想要期待事件的发生，达内兄弟的电影也是如此，这相当于对公众的情感教育，让我们面对不知道拥有一种生活意味着什么，并且在事态变化中接近谜团和困惑的局面。我们后来意识到，影片中孩子们四处游荡的画面可能散发着某种这个男人认同或想要靠近的东西，是一种游荡的、漫无目的的朦胧，这种儿童的特权被乔斯林·普克（Jocelyn Pook）配乐中美丽且近乎渗入肌理的平静所证实。但没有什么能让我们回到这种宁静的氛围中，宁静是一种扰乱。扰乱的美学不存在于事件情节剧的语汇中，而是在一种尚不存在的语汇中，在一种在僵局中反转生活的语汇中。

后来，文森特以另一种方式注释了开头的这个场景。深夜，他开车行驶在一条狭窄的、结冰的山边公路上——他可能会死，而他的另一面生活里的人没人会知道，也不会知道他为什么会在那里。同样和他在车里的还有让-米歇尔（Jean-Michel）。米歇尔是一个欧洲中年白人，显然是按照职业管理阶层打造的人。他和文森特一样，也在某个地方马失前蹄，现在在跨国灰色经济中假扮合法的商业人士。到这个时候，文森特的生活已经满是谎言，也过着多重的
215 生活，并试图不在所有这些生活中被淹没，这意味着要避免《人力资源》中父亲的命运，即在别人面前丢脸并被否定，否定他的防御，否定他能动的拒斥——否定他维持残酷的乐观主义的能力。

文森特告诉他的家人，他在联合国日内瓦办事处工作，为新自由主义在非洲寻找新的发展机会斡旋。他告诉他的大学同学，他在俄罗斯灰色经济中为超高利率的银行做掮客，基于过去的信任，这些朋友对他的项目进行了投资。他把挪用的钱用来养家糊口。换句话说，全球化让他用手机维持亲密关系这件事在政治上和经济上都变得可以想象：一种后规范生活的轮廓在规范性的堆积中实现，这些似乎是有机地从关系和网络中产生的，而不是从压迫或规训的机构中产生的。我说它们似乎是有机的，因为我们知道，国家致力于培育新自由主义实践（被中断的问责制和衰落的精英统治）是顾问阶层崛起的重要背景，这一群体契约性地实践着偶发的关系，而不是建立制度上形成的长期关系。

在酒店大堂，让-米歇尔无意中听到文森特向他的朋友推销俄罗斯银行项目，而后结识了他。他后来说，文森特是一个糟糕的沉浸式演员（method actor）[①]，自己都不信自己所说的那套要搞倒系

① 沉浸式演员，又译演技派演员，指通过专业技巧，在表演时通过深刻的认同、理解和体验等技法，高度地“入戏”，完整真实地演绎角色。

统的说辞。但文森特的朋友，由于已经相信了他，并没有在意这些细节。因此，不多时他就大赚了一笔。当让-米歇尔质问文森特时，我们以为会出现敲诈的情节，但结果他盗亦有道，没有这么做，因为他自己其实也过着一种反律法的生活，受到秘密契约和灵活规范的约束。为了谋生，让-米歇尔卖假名牌手表，酒店的房间就是他的仓库，而大堂是一个办公室，容纳着一群从管理岗位释放出来的经理们。他们仍在试图做着他们所熟知的事情——达成交易，并留在游戏中。

此外，让-米歇尔服务的是与文森特正在开发的同一类有抱负的消费者，他们热衷于好的交易，不想关注太多的细节。事实证明，文森特就是十年前的让-米歇尔。他过去就是全球斡旋阶层的一员，这些公务员的工作就是低调管理幕后关于此地和现在的政治。但让-米歇尔是个骗子，败露了身份，失去了家庭和他的“名
字”。夜色中流通的灰色经济，是唯一留给他可以模拟主权的东西。 216
同时作为资本家和中间人，他经营着移民劳工的血汗工厂，自己贮存货物，隐蔽地进行跨国运输，并获取暴利。他占据了新自由主义经济中的所有位置——除了制造业，他将其外包给移民。他想让文森特成为自己的伙伴。因为尽管可以模拟管理阶层的合法性，但一个人永远没法成为自己的同事，而隐秘的生活是孤独的。

因此，让-米歇尔是文森特唯一吐露自己生活真相的人。他们第一次一起去偷运假货的那个晚上，车内黑暗而气氛亲密，通往边境的山边公路曲折蜿蜒，十分危险。文森特开着车，让-米歇尔注意到他似乎非常专注，几乎是完全沉静的。文森特的回应是一段戏剧性的独白，主要是在侧面和阴影中拍摄的。镜头不断地扫视着他缓慢行驶的结冰的悬崖，并透过挡风玻璃拍摄汽车自身的盲区。男

图 6.9—图 6.10　文森特在悬崖边上说出了真相

人们在夜间开车的普通事件将观众与这个封闭的场景融合在一起，
在这个场景中，男人们活出了他们的愉悦和对不可知以及不被知晓
217 的风险的依恋。在这个场景中，最普通的跟踪镜头也变成了一种典
范的历史意识，在僵局中表现出必要的高度警惕。

在黑暗中，男人们交谈着。

文森特：我喜欢开车。我刚开始工作的时候，开车是我最喜欢的部分。一个人在车里，什么都不想，抽着烟，听着音乐。我可以这样开上几个小时。我想我真正喜欢这份工作的唯一原因就是开车。这一点最终让我吃了苦头。我在车里感觉很好，我很难离开它。有时我会开 200 英里赴约。没想到我会错过岔口。我会继续往前开。

我的老板后来开始生气了。但事情也许更糟。他们觉得我不再具备企业精神了。没有人想留住我。敲定我离职的事情轻而易举。

对失去企业精神的双向认同，让文森特不仅不再做一个可靠的人，也不再做一个目的明确的人，在新自由主义不确定的当下时刻，他发现自己随波逐流地飘荡着。曾经拥有过企业精神，又失去了它，这意味着什么？这是否与《一袭灰衣万缕情》（*The Man in the Grey Flannel Suit*，1955）① 中所体现的感觉类似，即厌恶公司式向上流动所要求的虚伪自我？企业精神难道是一种情感或感情吗？还是说，同事关系是一种完全基于实践的、规范的“公民身份”的展演，仅仅是一种意识形态素（ideologeme）？或者，比这更深层次的，是一种近乎英勇的举止模式，那种阿莉·霍赫希尔德（Arlie Hochschild）所指出的，当代工作场所对工人主体性的一种独特的矛盾要求，即那种既具有工具性，又能促进持久的、肯定生活的社会性模式？[38] 伊娃·易洛思（Eva Illouz）的《冷亲密：情感资本主义的形成》（*Cold Intimacies*：*The Making of Emotional Capitalism*）讲述了这个故事的其他方面。[39] 在这本书“情感人的兴起”这一章中，她探讨了 20 世纪初心理学话语在工作评估中的植入。对女性工人的科学研究变成了评估工人的普遍模式。突然间，情感谈话充斥着对经理和雇员价值的判断，他们不仅有义务做好工作，而且要让工作场所中的人们既表现良好，又感觉良好。因此，20 世纪见证了企业扩张的要求，即要求工人们充分地创造价值，也要求他们在情感上与工作场所的规范保持一致：责任与互惠性要求情感上的顺从。[40]
这是《暂停》与《一袭灰衣万缕情》的区别之处。在后者中，人 218
们必须作为一个团队成员而存在，但情感工作是在家中完成的，这就是顾问文化和执行官文化的区别。

我们已经看到，沉浸式表演是成为一个成功的企业家或顾问的关键部分。要成为新自由主义劳动的优秀主体，意味着必须对同事

① 《一袭灰衣万缕情》是根据索伦·威尔逊原著改编，由纽纳利·约翰逊执导的电影，讲述了一个年轻的大公司经理，遭遇了职业、家庭和财政危机，最终获得圆满解决的故事。

之间的情感联系抱有渴望和认同，使共同义务的网络比公司的结构性支撑更加牢靠和长久。尽管其存在方式十分模糊，《暂停》的一个小情节明晰地展现出了这种强制性。有一次，一家人用文森特挪用的钱去买东西。在那里，他们遇到了文森特的一个老同事杰弗里（Jeffrey）。他一直在焦急地给文森特的电话留言，但文森特没有回应。但当他们在同一个公共休闲空间相遇时，文森特别无选择，只能扮出朋友的姿态，至少在他妻子穆里尔（Muriel）面前是这样。从这个场景中，我们了解到许多顾问阶层的情感需求和表现规范。杰弗里就像一个旧情人一样抱怨道："这是在开玩笑吗？我们不是很好吗？我们每天一起吃午饭，一吃就是十年。那些深夜的会议……这些什么都不是吗？"然而，最开始，当他们遇到彼此，他们还需要把自己的妻儿介绍给对方。这里的亲密关系是同事之间的亲密关系，而不是共同生活的朋友之间的亲密关系。不过，这并不意味着他们的关系是假的或是肤浅的。这对杰弗里而言是有意义的："文森特，你被解雇了。然后你就彻底消失了。我的担心很正常。"文森特说："我觉得这不正常。我们只是一起工作而已……现在这已经毫无意义。"

因此，从表面上看，文森特从未被管理阶层情感的意识形态所吸引。他在身体上遵从着热情友好的同事关系，但在情感上从未遵从气氛上的要求。但当他与妻子谈论工作时，他与劳动相关的情感性（affectivity）关系就完全不同了。在整部影片中，他把自己不稳定性的感觉描述为对"热情"的丧失。[41] 这是他与穆里尔谈论自己在离开她后所营造的生活的唯一惯用语。

文森特：事情并没有像我希望的那样推进。我知道这需要时间来适应。我没有想到会这么难。

穆里尔：你几周前才开始工作。难道这不需要时间来走上正轨吗？对吧？

文森特：我和我的同事相处得都很好，这不是问题。他们很好相处。气氛很好。但还是有些不对。这让说谎变得容易。告诉自己一切都会好的。但这不是真的。我害怕我会让你失望。 219

穆里尔：害怕什么？

文森特：害怕我会让你失望。害怕我没法做好。

穆里尔：你曾经也这样担心过，但你总是能弄好。

文森特：我现在什么都处理不了。我只是被推着走。有时候我都不知道我该做什么，别人对我的期待是什么。所以我开始慌了。一个简单的电话都让我受不了。我从一个会议到另一个会议，没时间总结一下或退后一步。我没法思考了。我的脑子一片空白。我看着四周，和我一起工作的人。我看到的都是完全陌生的脸。就像断片了一样……对不起，我只是累了。

图 6. 11—图 6. 12　情感上的真相，事实上的谎言

他们一起抽烟，用沙哑的语调说话，举止温柔，灯光暗淡。文森特把头放在她的肩上，她托住他的头。这就是亲密的**行为**，但这意味着什么呢？在每一个温存的时刻，每一次文森特似乎卸下防备

220 的时刻，镜头都没有流露出任何讽刺，召唤观众支持他的热情。在经理人的视角下，这本就是一个关键词——即使我们知道他在欺骗他的妻子。就好像，尽管故事是假的，但他的感情是真的。与此同时，这些感情也是某种情感困惑的占位符，这种情感困惑只有在影片中才能找到它的体裁，而不能在这里描述的生活中找到。

同时，穆里尔流露出对她可能知道的东西的恐惧，尽管她似乎也渴望文森特能够坦诚相待。在整部影片中，穆里尔都无法面对文森特总在预示的可能发生的放弃。无论他讲的故事在什么时候出现危机，她总是急忙用安抚的话来填补：你一直都是这样的，这种感觉是正常的，没什么问题，你的不快乐只是暂时的、偶然的，也是可预见的。她需要他与她保持同步：维系亲密关系需要排除不和谐、恐惧、吃惊、失败以及最重要的——不连贯。举止仪式成为他们将干扰隐于水下的方式，通过他们持久的如此举动的契约和在展演爱的过程中感到的温柔。

所以，当她终于去日内瓦看望文森特时，他没有带她去那所他声称拥有的公寓，穆里尔很失望。但在文森特偷占的那间废弃的、没有暖气的农舍里，她善解人意地尝试适应并与他保持同步。他们的性生活看起来很好，随后，她评价了他身体的部分——大腿变细了，阳具没问题，但“乳房开始下垂”。但他笑着抗议她对自己“苛刻”的评价时，她说：“我的也在下垂，为什么你就应该幸免?”她观察他、检阅他，将他暴露于自己的审视之下，但他更喜欢这种被动的暴露，而不是她关于他工作生活的提问。在这一幕的最后，他用他的身体迫使她搜寻的问题变成了修辞意义上的问题。

因此，我们不断看到的是，文森特回家又离开家，而家就在死胡同的底部。但那些和他一起生活在死胡同规范性里的人几乎不知道他在骗人，而且已经滑远了。他的无动于衷让人觉得很有风度。如果他有钱，他可以无限地让这种节奏维持下去——通过他所擅长的姿态和关怀的语调，亲密空间温和的戏剧性被维系着。我们看到，在其他地方，他欣赏这些姿态和语调，并觉得它们是令人满意且有效的。如果用嘲讽的态度，人们可能会说，他偏好温柔的方式是因为这种方式浮于表面，并且要求不高。对一个亲密的人温柔，对他来说就像与同事相处一样：这种姿态代表着真实的情感深度，却不要求真正实现它。 221

图 6.13　文森特崩溃

尽管如此，当文森特和穆里尔离开农舍时，当她暂时地消失在雪雾中，文森特慌了。像所有爱人一样，他要她待在他需要她在的地方，坚实而可靠，而不是在一旁或者在暗处。他那连接“正常生活”的锚，被证明是重要的，让他不至于变得具有破坏性或疯掉。他阻止了会刺破一切的事件的发生。取而代之的是，他对他的孩子举止恰当，对父母表现出俄狄浦斯情结，对妻子则表现出温和的男子气概——他在不完全漂远或掉入悬崖的前提下，不惜一切地保护随波逐流的特权。

影片的最后，文森特的妻子和家人好像发现了真相，而他的父亲似乎已经帮他脱困，包括为他找到另一个工作机会。文森特别无选择，只能回到PPB规范的情感展演中，僵尸式经理人的热情，像一个公开的秘密弥漫在空气中：脸色苍白，神色暗淡，悲伤地微笑，假装自己想成为没有福利、没有合同，只与一个机构的外壳相联系的销售团队负责人。他是可以想象的最不独立的独立承包商：他在做什么具体的工作并不重要，处在一种劳动的状态下是最重要的，而不是其生产的价值。他无法失去一切，真正地脱离轨道，滑向他消极性的理想。这并不奇怪，因为对他而言，僵局中什么都没有，没有无政府主义的能量，没有戏剧性的拒绝，没有枪，也没有路上的汽油。通过以幸福为交换，他又一次得到了在社会中挣得脸面的机会。从根本上说，互惠性的条款是规范性和姿态性的，而他所采取的“暂停”措施像一些扭曲的田园诗一样隐去了。在此刻的僵局中，他不再是在螺旋式上升，而是在原地打转，在团队会议和欢宴模式中，在“这一切终将值得”的希望里假装乐观。

222 在这个意义上，《暂停》修改了不稳定时代延迟满足的含义。它不再是忍受当下的痛苦，以获得未来的享受，而是在除了当下就别无所有的时刻，在眼下模拟、创造和搜刮一点儿快乐。向上的流动性已经被我们所说的横向或侧向的流动性所取代。在绝对的、精神病性的、脱轨的丧失与可想象的生活之间，冈泰所能找到的唯一的薄膜是举止的乐观主义、镇静，是一种存在的形式主义，它要求最低限度的情感关注或情感表现，从而让主体把一切事务都留给自己，并在私人情感的语汇中代表所有资源的新自由主义私有化。其中，身体是主体情感的容器，而他的脸渴望保持所有的表面。

然而，穆里尔的问题一直困扰着他。为什么你就应该幸免？很明显，穆里尔指的是衰老和死亡，以及滑向性吸引力缺乏的缓慢衰退状态。她还指的是被看见和被知晓，被赋予义务和责任。然而，资产阶级不真实性和隐秘生活的故事并不局限于新自由主义的时空。就像《人力资源》中的“你的位置在哪里”“为什么你就应该幸免”表达了新自由主义时刻不稳定性的普遍存在，这是个过渡时期的修辞性问题，开启了许多政治性、存在性语汇的潜在可能，但尚未抵达任何一个。它是危机的日常性时代中，对归属感和互惠性低标准的衡量方式。生活在现代性的亲密和互惠性保障制度（国家、企业、家庭和自由主义公共领域）的破裂中，冈泰的主人公生活在此刻的僵局中，在颤抖的嘴唇和死亡面具之间，没有一种想象可提供某种条款和证明，以对互惠的社会资源应该被建构的方式提出新的主张。

但这些主张是否应该以新的情感阶级，即不稳定无产者（precariat）的语汇来表达？如此多社会互惠性的历史形式的情感锚定，很好地满足了新自由主义的利益，特别当它们把将要到来，却没有任何社会依托的未来“自由”体验戏剧化了。在这种政治乐观主义的标记中，我们尽情地反抗不稳定性，对什么产生了威胁？这不是一个反问句。它触及了团结的情感性感知和对美好生活的不同想象之间的紧张关系的核心。前者可能经由对规范世界集体性疏离而产生，而后者是美好生活的主体希望形成的东西，以补偿他们深刻的、共同的、物质的和幻想的损失。

Cruel Optimism

第七章

论对“政治感”的渴望

情感、噪声、无声、抗议：氛围公民身份

充斥着政治①的时节滋长了另一种“直接性”（immediacy）的 223
幻想。人们想象着另一种的环境，在那里，真诚战胜了意识形态。真相不会被隐藏，交流起来也是亲密无间、切近和零距离的。在这些时候，即使是政治家们，都想象占领某种后公共领域（post-public sphere）。在那里，他们可能以某种方式向国民进行某种无中介的传输。2003 年 10 月，时任总统的乔治 · W. 布什说：“不管怎样，必须要越过那些过滤器，直接与人民对话。”这呼应了一个经
久弥新的感性政治幻想的传统。随后不久，共和党全国委员会与约 224
翰 · 麦凯恩（John McCain）以及萨拉 · 佩林（Sarah Palin）的总统竞选团队对“过滤器”（filter）进行了谴责。[1] 在这里，需要绕过的“过滤器”到底是什么？布什似乎颠倒了他自己那个复杂隐喻的含义。毕竟，过滤器将噪声从交流中分离出来，从而使交流成为可能。雅克 · 阿塔利（Jacques Attali）② 和米歇尔 · 塞尔（Michel Serres）③ 都认为，没有噪声就没有交流，因为噪声从所有发声的内部介入，威胁着它的可识别性。[2] 因为扭曲的展演构成了沟通本身，所以需要洞察力或过滤。但是，无论一个人多么忠于真相，都无法避免噪声。

---

① 在本章中，‘the political’与‘politics’有重要区别。基于本书关于情感、关系性的关注和强调，译者将前者意译为“政治感”，后者直译为“政治”。同时，在文中加注双引号以示强调。

② 雅克 · 阿塔利，法国经济学家，著有《噪声：音乐的政治经济学》等。

③ 米歇尔 · 塞尔，法国哲学家、作家，著有《万物本源》《生地法则》等。

然而，布什绕过过滤器的愿望表明了他对“政治感”的渴望中有着某种深刻的东西。他想传播的不是**信息**（message），而是**噪声**（noise）。他希望公众能感受到那种恐怖感，感受强度和渴望——这些东西让信息具有情感的直接性、诱惑性和连结性。[3]在他的头脑中，公众与政治联结的最好方式，既不是通过政策，也不是通过意识形态，而是通过**情感性的政治共在感**，一种直接交流真情实感，而不用借助远距离的演说的感觉。[4]在《伦理声景》（*The Ethical Soundscape*）中，查尔斯·赫斯金德（Charles Hirschkind）谈到了“启发性聆听”（maieutic listening）在建构埃及亲密公共政治中的角色。[5]在那里，在集体聆听的时刻，情感性声景（affective soundscape）的感觉音调产生了对政治和社会共同性的依恋和投入。这个过程涉及将共同聆听本身当作一种欲望的对象或场景。对于聆听的公众来说，除了稍后可能由于听到的东西产生的、可以带到特定政治世界中的目标和主张，这种和谐音调的达成产生了一种共享的世界感（worldness）。

从赫斯金德的视角来看，噪声和情感关系的社会性流通，将世界转换为一种道德行动的空间。这种空间似乎与政治并列或邻近，而不被统治社会生活的权力工具所损害。[6]越过过滤器来言说，可能会让所有布什的听者确认，他们已然共享了一个情感环境；动员“耳朵的伦理和治疗的美德”[7]会完成他所保证的东西的内在传递，不仅是他对美国人和全球人类更美好的生活的承诺，而且，从情感性上讲，是对此时此地存在一个更美好的感性世界的承诺——一个更亲密、安全的世界，和媒体通过耸人听闻的分析呈现的世界一样
225 真实。这一愿景将对“政治感”的渴望定位于此刻的另类共同体中。在这里，感知得到确认并流转散播，就像没有中介一样。

过滤器到底有什么问题？在当代美国，被过滤的或媒介化的政治领域从一个危机创造的新日常中，全天候地传送着新闻。在这里，生活似乎化约成生存策略和谁该受责备的讨论。过滤器告诉你，公共领域已经进入一个不知晓其轮廓的历史情境。在大众意识中，它呈现为一种时代性的危机，就像一部灾难片，充斥着人类利益和机构制度丢失方向的故事。[8]这是一个逼近后规范（post-normative）阶段的时刻。在这个阶段，经久的集体性、历史连续性和基础设施稳定性幻想的清晰度已经消失。连同这些一起消失的，还有事件和结果之间可预测的关系。

生活在战争和环境灾难中，人们不断地对那些似乎有或没有变革性影响的事物感到震惊。生活在经济危机之中，人们不断地对道德和情感失范的规模、地点和严重性感到震惊。导致这些失范的原因，是与责任和承认相关规则的逐渐褪色。什么东西能够管理可靠互惠性的条款和关系？——无论这种互惠性是在政府、亲密之人、工人、业主、教会、公民、政党还是在陌生人之间。怎样的生活形态可以保证那种情感性民主的感觉（人们被教化期待从公共领域中获得这种感觉）？没有人知道。无论是刚刚过去的最近的新闻，还是即将到来的未来的压力，都需要不断地进行紧急清理，并对生活在当下（成堆的事情都说不通，或者尚且不能说通）意味着什么进行过度猜测。有不眠的警戒，有目击、证词和呐喊。但目前还没有一个共识的准则将这些事情塑造为“事件”。因此，这种“状况”的情感性结构是令人焦灼的。并且，与之相连的政治情感极速转向，从对已经明显存在的谜题的承认，到一个说得通的解释——一种满意的可以维系持久性的意义。

不确定性是布什希望“括起来”的东西。他对环境噪声（am-

bient noise）、前观点性（prepropositional）传播和直觉互惠性的“政治”的渴望，试图从社会中心置换掉被筛选和过滤完的不稳定和矛盾的故事。他还一厢情愿地想将自我反思、培育的意见和判断
226 从他们核心的公共领域功能中驱逐出去。简而言之，正如雅克·朗西埃所说的那样，布什所希望的感觉是把“政治感”从“政治”本身剥离出去。[9]通过这样操作，相比于政治的情感反馈回路可以让政治家和他们的公众之间真正的心灵联系变得更强而言，他就可以把正在发生的社会对抗现象归于附带的次要领域。福柯曾经把布什想要口对耳、心对心、肝对胆传播的那种噪声式的情感性（noisy affectivity）称为“性欲”（sexuality）。[10]至少，从他的角度来看，政治最好的寄居之地是在欲望（appetites）之中。

这些并不是具有政治偏向性的观察。当布什讲述他那让情感交流变为政治媒介的欲望时，他是在玩世不恭地试图把公众的视线从他的特定行为上引开。但这种寄居在模糊温存的、已建立的、自主的和有氛围感的国民团结性中的愿望，很难说是他的独有的愿望。的确，就他对直接性噪声的偏好而言，他有许多同道中人——尽管在政治上，他与这些人并没有多少共性。这些人偏好在市政厅搞政治集会、党团会议、展演和其他亲密集会，而不是偏好构成大众公共领域非具身的流动性认同的乐趣。布什还加入非统治阶级中，他的对抗者们的行列。而在当没什么规范性制度可以依靠、休憩和返回的时候，这些人通过在公共领域建立一种可栖居的归属感，长期致力于建构亲密共同体，以提供某种邻近感和团结感。

公共领域始终是情感性的世界——当它确实如此的时候——是人们通过持续协商的公共利益（interestedness）的情感投射联结在一起的世界。但一个亲密公共领域（intimate public）是更具体的东

西。在一个亲密公共领域中，人们感到生存的问题极为紧迫。而且，通过叙述和倾听的集体性中介可能会提供一些摆脱僵局、克服此刻挣扎的路径，或者至少如果参与者们在一起，就会有某种承认的感觉。[11]亲密公共领域承诺在其半影中被托住的感觉。你无须为其成员资格而进行某种“试镜”。最多，你只需要进行“试镜”的表演，去倾听和投入场景身体性的直接影响。[12]也许，你是因为对一些与灾难并不关联的小事的好奇而被吸引，比如编织或收集某些东西，或者是进行某种类型的性行为。只是在后来，它变成了一种社区性的支持，提供苦难、幽默或欢呼的调子。也许是某种疾病让人寻求生存策略的共同体。无论是哪种情况，任何人都可以为亲密公共领域贡献一个故事，一个“如何不被难以承受的东西打倒”的个人故事。虽然更有可能的是，参与者带来一些东西，有时传播分享 227
他们所听到的，并加上他们自己的想法和困惑。但他们无须做任何事来获得归属感。他们可以是被动、隐藏的，自己决定何时出现、何时消失，自由地出入并实践自由的主权。

确实，在自由主义社会，自由包括免于关注一些事务的自由，无论是个人的还是政治的——没有人必须有义务在他们的模式或归属的场景中保持清醒或积极。对许多人而言，这意味着政治性的注意力通常是被委任的，政治是某种偷听到（overheard）的东西，是间接地、非系统性地遭遇的东西，更像是通过一种与八卦类似的交流方式得到的东西，而不是由被培养的理性得到的东西。[13]但在本质上，偷听政治并不是消极的或肤浅的。当一个人遇到权力新闻的扩散时，击中他的东西与他的知识多渊博、多通透毫无关系，也与他们如何将这种影响融入生活毫无关系。在我们面对的所有混乱、危机和不公之中，对替代性过滤器的渴望就是对“政治感”的渴望的另一个说法，这种过滤器可以产生一种感觉——如果不是一种场景的话——一种更适宜的、亲密的社会性感觉。

这就是为什么，对“政治感”的亲密依恋会形成一种残酷的乐观主义关系。我在本书中一直认为，当欲望的对象/场景本身是达成愿望的阻碍时（恰恰是这种愿望在最开始让人们卷入其中），其乐观的依恋是残酷的：但它的生活—组织状态可以胜过其导致的损害。尽管我们意识到，在精英那里，规范的政治领域就像是一个萎缩、破败和遥远的活动场所，当政治体（body politic）[①] 的成员定期返回其重新认同的意识和场景中，那就可能是一种残酷的乐观主义的关系。投票是这样的例子，集体的关心、倾听和审视电视广播同样如此。所有这些定向的以及对其有某种感觉的模式，确认了我们对系统的依恋，从而也确认了系统和让人感到与之相联系的情感的合法性。尽管，这些联系的内容体现了讥讽的消极力量或政治抑郁的黑暗侵蚀。

这种依恋是如何以及为何会持续存在的？是出于习惯吗？还是对嵌入在“政治感”中潜力的希望吗？或者，从批判性参与的立场来看，这是对其修复可能性的一种投资？政治抑郁令人筋疲力尽地重复，寻求修复一些东西，它们可能遭到了系统性的破坏。这最终会使乐观主义的活动与其期待和需求相分离。[14]维持这种分裂让人维
228 系对“政治感”本身的依恋，以及在“政体”的观念下，作为其成员的感觉。这种政体是虚拟的——但却是感知性的，而非抽象的——共同体空间。因此，脱离它可能会导致许多潜在的损失，连

① 政治体，直译为政治身体，是对政体（比如一个国家或一个城邦）的一种身体性隐喻，起源于古希腊和罗马。比如，君主经常被比喻为一个政治体的头部，一些哲学家用“受伤”或“怀孕”来比喻城市的政治。

同新形式的自由。

格兰特·法瑞德（Grant Farred）① 认为，在没有对认同、代表和回报的情况下对“政治感”的忠诚，是一种深刻的道德行为（ethical act）。[15]他讨论的典范案例，来自2004年总统选举中非裔美国人的投票模式。但随着奥巴马的当选，他不仅成为美国治理和行政的总统，也成为美国情感基础设施（emotional infrastructure）[16]的总统，对这种道德忠诚成本的焦虑却有增无减。“是的，我们可以”这种对“政治感”的乐观主义，与“政治”在事实上的运作模式之间有什么关联？特别是，考虑到任何总统作为普通日常生活的变革性行动者所具有的有限主权，针对那些历史性地被辜负的人的政治抑郁，奥巴马政治乐观主义的最大化有什么效果？我们如何考察精心编演的政治感情与它们的情感环境之间的区别？在传统上，政治团结更多的是一种结构，而不是一种感觉（feeling）——一种对同样致力于某项事业的人的认同，而不需要情感的延续性，或私人的温存情感来维系。但维持团结需要技巧，以裁决那些与更好的美好生活不相称的生活版本。当“政治”被化约为对情感协调的需求，这些技巧就面临萎缩的风险。因为在这种情况下，归属感被对抗性目标的干扰所威胁。除此之外，还有一种可能性，即我们所熟知的大众民主中“政治感”需要这种依恋和期待的分离。将政治乐观主义与事物本身的样子分开，可以维系许许多多极端残酷的乐观主义。

本章聚焦当代艺术的一些实例，它们位于对“政治感”的渴望之中，通过情感性偷听，试图在历史性当下形成大众媒介的亲密公

① 格兰特·法瑞德，南非文化研究学者、后殖民学者。

共领域中的“直接感”。这种艺术处于无声抗议的传统之下，并在总体上致力于重新调动和定向规范性噪声，这种噪声将政治的情感公众与规范政治的现存样貌绑在一起。当代政治生活的参与者无时无刻不在见证这种美学，从戏剧性的激烈自焚到沉默的守夜，都是便携的和即兴的表演性纪念活动的体裁。在德勒兹和加塔利的意义上，这些是政治抑郁的少数（minor）作品，它们既展示了当下逐
229 渐累积的日常生活的危机引发的普遍虚无，同时，仍旧从政治情感中创造了一个世界。在这个世界中，政治实践可能被发明出来，但目前还不存在。

这种静默直接的美学有着长久的跨国传统，不仅来源于激进艺术，也来源于流行的宗教和世俗非暴力活动，特别是围绕创伤和哀悼的活动。最著名的例子可能是阿根廷梅奥广场“五月广场母亲”（Mothers of the Plaza de Mayo）[①] 的无声视觉表演。在美国，无声抗议源于争取选举权的“无声演说”策略和反私刑抗议的沉默表演。1916 年和 1917 年是这些活动的重要年份。在许多的场合，数以千计的女性不顾“扰乱治安”为由的悖论式逮捕，通过手持横幅和标语，静静地伫立在公共场合，为她们争取选举权的观点辩护。《坚固的橡树》（*The Sturdy Oak*）是一部多人合著的主张选举权的小说，首次发表在《画报评论》（*The Pictorial Review*，1917）上。它戏剧化地描述了这些抗议及其在公众中引起的极端反应——众人无法忍受在女权主义波段之下的情感和伦理主张。[17] 这部小说呼应了当时报业对这种僭越行动所引起的反应的报道：总体上，人们无视

---

① 20 世纪 70 年代，阿根廷处于军政府的独裁统治之下，许多反政府人士遭到暗杀和迫害。为了寻找失散的孩子，阿根廷的母亲们头戴白头巾，每逢周四就在五月广场上绕圈行走，推动了南美国家的民权运动。

无声演说，或表现出对被迫停止感觉的怨恨；有时，他们会感到好奇，并接受这些论点；而有时，那些暂停、沉默和安静缓慢的阅读，扰乱了他们政治取向中一些深刻的东西。

同年，一万余名非裔美国人在纽约市举行了反私刑无声抗议游行，这项极富纪律性的行动是如此壮观，以至于观看的人群也自发地贡献了绝对的沉默。在这两起事件中，沉默都由警察打破的。我们可以想象，警察无法忍受要直面如此富有组织性的政治意志。这种咄咄逼人的被动行为总是寻求暴露政治演说中的腐败或存在于内部的有毒噪声，并衡量政治理想与政治实践之间的反常关系。然而，表演性撤退的姿态也总是比这走得更远，仿佛以电子方式，从良心与知识相遇的地方，为政治潜力诱导新的感官路线。

当下的历史时刻，如此多的艺术—活动主义调动的不是经典公共领域的交流，而是噪声以及具有本能的直接性活动。这些活动被交流合理化，也被交流“括了起来”、理想化或贬低。这说明了什么？为什么在不脱离世界得以再造自身的潜在默许的情况下，脱离生命—破坏性形式的规范政治世界如此艰难？本章试图分析通过一 230
些例子来重新思考公共性。在这些例子中，处于政治抑郁状态的政治体试图打破残酷乐观主义的双重束缚，拒绝重新进入规范性的公共领域，但仍然探索一种方式保持对政治的渴望。

本章重新集结的艺术项目表明，新的危机性日常正在生产类似于“氛围公民身份”（ambient citizenship）的特殊形式——“政治”是一个场景，在这里，情感/噪声的配置的戏剧与运动的脚本相遇。在它们开启的视角中，“政治感”充斥了日常的一切，氛围公民身份是一种复杂的东西。它其实是一种归属感模式，以正式或非正式的方式从“政治感”中和周遭循环中流转。它具有一种情感的、情绪的、经济的和裁决的力量，同时既有澄清性又有扩散性。作为声音，“氛围”提供了一种气氛和空间，在这里，运动经由人群发生。听者融入一个正在进行的此刻，其持续状态既不一定是舒适的，也不一定是不舒适的：既不一定是前卫的，也不一定是通俗的。但在最形式的意义上，它是一个悬置的空间。作为一种由声音的扩散引发的氛围，它是一处没有边缘的居所，一个柔软的僵局。作为运动，作为边界，它与野心（其最初含义是到处拉选票）类似。但即使是这个时候，它也是一种聚集的模式。

与此同时，政治的噪声以多种方式，衡量着地位与权利的物质性。当然，还有再造生活的噪声，它描绘了日常生活中所有权和控制权的关系。氛围公民身份也是这样一些问题出现的地方：“谁的噪声重要”“谁的直接性—压力规定着情况的走向”“谁控制着区隔化的过程”。但这不仅是区分谁更重要以及如何重要的问题。因此，对噪声的道德评估影响了“政治感”中情节剧的地位。有时情节剧式的政治表演声称执行了公正的合法性尺度和措施，有时则主张他人遭受了失控的听觉过载（想一想，谁的愤怒被认为是高尚的，谁的愤怒被认为是威胁，谁的多愁善感是道德美德的标志，谁的软弱需要被管理）。这种对噪声的裁决，拒绝将注意力分配给“具有代表性的”权威，尤其是当一个群体作为“少数”在一个民主政体中发言的时候。一些噪声得到批准，并被邀请进一步发声，另一些噪声则招来了警察。大众政治是情节剧式的，噪声政治位于大众的核心：就谁有正式和非正式的权力占据一个声音空间而言，
231 氛围公民身份记录了规范性的区隔。

处于逆行模式的氛围艺术，是一种适合此刻僵局的反风格（counter-style）。此刻的僵局似乎是退化的、容易激动的，却并非

是开放的。基于第三章“慢性死亡”中对横向能动性的分析，本章深入其更多的内在含义：迂回的运动、听觉的扩散、可被集体性感知的气氛以及对世界的节奏的取向——这种节奏不可预测。这种状态的激进艺术追溯了难以承受的政治体的情感起伏，在活跃和沉静之间游走，并探究它所秉承的政治欲望与其不愿冒险失去的舒适和清晰性之间的关系，以便将这种渴望的表征具体化，它指向的是在方式、规模和强度方面，主权感官系统不必被再造。

所有有声的政治表演性否定行为都是教育性的，是以夸张的方式，体现社会中普遍存在的扭曲的特殊时刻。但是，决心去否定自己的政治发声，这揭示了“政治”和“政治感”的什么呢？沉默的抗议可以是一种战术，以削弱忠于公共性的统治规则。拒绝公共性本身与渴望一般意义上的公共性理想是一致的。或者，它也可以是相反的，即重申对公民社会的承诺，但其目标却与基于统治条款所想象的普遍性不一致。同样，沉默可以保护矛盾的事物。通过那些不言而喻的东西，它可以维系一种政治关系，并由此与规范性进行嘲讽性的、失败的，或有野心的交易。从什么时候开始，政治回撤是一种寻求维系依恋和实现修复的姿态？而这与试图激起他人的良知，迫使他们在管理日常生活的过程中，在情感上体验到失控的政治状况有什么关系？

因此，表演性沉默不是简单的、可能被发表的政治演说。它同样也是真实的沉默，这里的沉默我指的是噪声：那种流转的、超个人的、渗透性的、发自内心的联系的情感氛围，感觉好像它已经逃脱了“过滤器”。无论好坏，它表明的是此刻一个潜在可能的社会世界被当作一种集体情感被体验到，或作为一种重获生机的政治情感被体验到。我的主张是，这种美学模式的当代实例在一定程度上

指向了主流的政治权力模式。而这种权力模式是如此的腐败，以至
232 于否认了对政治演说本身的乐观主义。针对当前转型期多因素决定的状况，它们提供了积极的逆向评价。在这样的转型期，对于互惠性的基本预设悬而未决，掩盖了社会亲密关系的状况。与健康和归属感的基础设施危机迎面相遇的，是有关非正义的问题。噪声会介入（interferes），产生干扰（interference）。在政治沟通中，干扰制造出的巨大声响为调整和反向思考创造了时间。艺术家们以不同的方式反复回到的问题是，如何把对“政治感”的依恋的噪声，转变为对它的干预（interference）。对于许多人而言，这些干预使得“政治”只是一个极端错误的对象选择。

本章聚焦一些先锋艺术的代表性实例，这些实例位于美国的情境之中，但从广义上讲，对欧美的传统都是有意义的。[18] 本章探讨了现代主义和后现代主义风格的反戏剧实践（counterdramatics）或冲击戏剧实践（shock dramatics）。从超现实主义的反资产阶级艺术，到沃霍尔（Warholian）① 式的平面越轨行为，都是与之相关的传统。它以无政府主义者/DIY（自己动手）的日常美学的观察结束。至少，这种日常美学指向了一种政治和美学，它们被实实在在地去戏剧化，并嵌入新的日常状态中。这种新的日常由平庸、灾难和结构性危机的后景观式表达所组织。[19] 这些例子的共同点，是对氛围公民身份声音维度的关注。第一个案例是辛西娅·马丹斯基（Cynthia Madansky）② 的“PSA 项目”（The Public Service Announcements Projects）。这是一个强有力的执行实例，是传统意义上现代

① 即安迪·沃霍尔，美国著名视觉艺术家，波普艺术运动的倡导者和领袖，善于取用流行文化中的元素进行艺术创作。

② 辛西娅·马丹斯基，美国导演。

主义宣传风格的一项先锋艺术，致力于反对伊拉克战争。第二项涉及监控摄像机艺术，聚焦“监控摄像机玩家”（The Surveillance Camera Players，SCP）对当代西方自由主义监控秘密策略的把玩。[20] 第三个案例是“声音活动主义”的“红外线”团队，特别是其作品《将无声组织起来》。这个与酷儿相关的项目出现在后现代和身份政治的交叉点，运用“沉默”来指涉没有政治“声音”或影响的言论。它将这种沉默转化为反思性的政治感情，而非论战。本章的最后几个例子是对一个明显属于政治语汇的一面进行社会评论的例子。它们以并列政治（juxtapolitical）的方式，在政治体的区域徘徊，而并没有提及或重新致力于公民社会的事业。这些由斯莱特·布拉德利和丽莎·约翰逊创作的作品，用环境声代表“政治感”内部的失败所导致的失语。“政治”本身就是一个失落的对象，一个已成定局的结论，处于已经结束的状态。这些作品开启了不同的方式，从公民社会政治的残酷乐观主义中脱离出来，如果不是从对“政治感”本身的渴望中脱离出来的话。问题是这种失去是否以及 233
如何能够打开一个缺口。

让战争发声

长期以来，政治性的视频艺术一直利用原声带噪声作为政治暴力的阐释之镜（interpretive mirror）。辛西娅·马当斯基典范性的PSA项目（2004年至今）是一系列反对伊拉克战争的15个公益广告，每一个都以不同的关键词组织起来，如“占领”“颜色”“赞歌”“皮肤”。[21] 这一系列的词语试图为国家的“脏器”重新编码：

利用恐怖主义的调色板（红色、橙色、黄色、蓝色、绿色，按威胁强度降序排列），并将其转变回国家符号："红色不是恐怖主义，白色不是安全，蓝色不是祖国。"PSA 项目转向传统的先锋性策略，以此为受众直觉性的国家联想重新定向。为了淡化国家认可的宣传产生的渗透式力量，这一作品对现实主义电影和录像进行了再加工和陌生化。为了重塑历史性当下的轮廓，它利用蒙太奇，将关于越战、1968、民权运动和战后商品乐观主义的流行记忆与美国军事行动的当代政治镜头合并。与之交织的是家庭事务的镜头，形象地表现了一些人与战争的共谋，他们认为自己日常的家庭隐私既不是政治的，也不是战争机器的构成部分。

通过这些方式和其他方式，这一系列作品将一些惯常的标志框架化和扭曲。为了国家，这些标志被当作里程碑式的记忆而传播：就像《阿甘正传》和其他后越战时代的编年史一样，它修正了大众记忆，从而为政治直接性提供了一个更具氛围性的、更分散的和更生动的记录。但在这里，随着飞机、炸弹、旗帜、尸体和普通商品的标志属性被强化和扭曲，PSA 项目再现了围绕国家标志的斗争的激昂基调，而这种斗争一直以来都是爱国主义再生产的核心。

马当斯基的历史性此刻本身就是一种战争的遗骸，经常是事件那令人震撼的共鸣的慢动作。这些事件像死亡那样重大，或像一声呼喊或一个眼神那样具有姿态性。这种历史性此刻在处理过的战争图像中快速移动，这些图像早已与军事化的全球日常相联系。当无法把日常事务视作理所当然时，会产生一些深刻的个人后果和集体后果，而这个系列记录了这些后果。录像再现了观众观看行为的不安全感：当眼睛和耳朵受到不均衡和不可预测的召唤时，听和看都
236 变得尴尬。观众应接不暇、随波漂流，被迫对那些无法预期的事物

图 7.1—图 7.3　PSA 项目之一：色彩理论（马当斯基，2005） 234

的影响保持开放的态度，虽然观众并没有准备好接受一切。眼睛被迫从此刻（作为一种延续性或叙事连贯性的空间）分离出去，并感到惶惶不定。但它的使命仍然是见证浸润在日常生活的国家象征符号的缺陷、感受帝国暴力的影响，以及以潜移默化的方式将感官上的愤怒转化为集体性的批判。

与此同时，耳朵被禁止增添意义，并用来在无聊和无趣之间挥霍、漂浮。除了通过冲刷、刮擦、黑化和扭曲视觉领域，来实现感官上的去习惯化之外，PSA 项目还用交替出现的声流充满美学空间，这些声流主要是合成的特雷门琴（Theremin）[①] 式声音，加上

① 特雷门琴是世界上最早的电子乐器之一，由俄国发明家李昂·特雷门于1919 年发明。

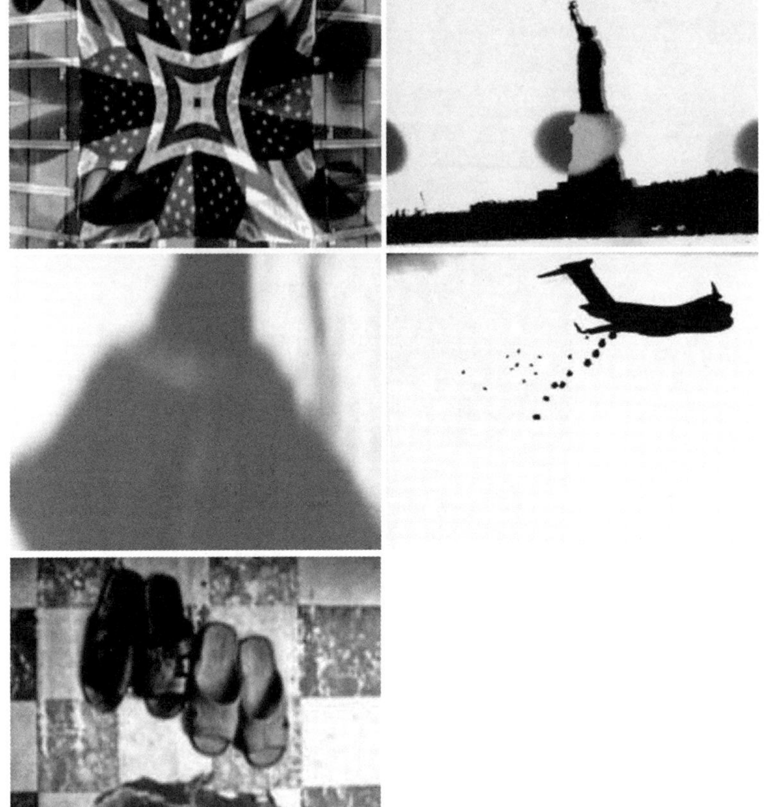

图 7. 4—图 7. 8　马当斯基，PSA 项目：美国日常生活的标志 235

密集的电流嘶嘶声。这一般被看作默片的模式，其决定性的特点不是绝对的沉默，而是言说再现的障碍。

只有一次录像与人的声音配合，并且听起来令人震惊——是一名伊拉克公民被谋杀的声音，以及该地区的一名士兵对其军事能力表示高兴的声音。这种高度中介化的声音的直接表演，让人感到这

图 7.9—图 7.10　平民和士兵打破沉默

是一个客观的评判者遇到的真实的实时发生的事情。就像未经剪裁 237
和编辑一样，观众直接旁观了战争，看到相对静止的摄像机在坦克的运动路径中看到的东西，听到了士兵在开枪射杀敌人时的兴奋高呼。

关于这重复到令人麻木的震惊时刻，人们也许可以讲述产生它的漫长历史。但将历史叙事联系起来并不是 PSA 项目的主要目的：它用震惊的方式将观众带入历史性当下，并将其作为一种时空错乱的感觉体验，将其作为需要被暴露和修复的“我们又开始了”的有毒爱国主义沉沦感。搜刮清理就是这种时刻的一种方法，而 PSA 项目清理的所有景观崩溃的重点都支持了这些东西——地景（landscapes）、声景（soundscapes）和图景（imagescapes）的磨损。然而，马当斯基从未让事情过于失控、过于消极或偏离意义：每一种超现实扩张的章节都有夸张的反霸权主义标题和标语结尾，就像上面的图片那样。

如果这个受众群体的人口范围必定是更小的，同时也是世界性的，那为什么要把这个受众群体称为“政治体”本身？[22] 作为大众传媒的产物，公益广告是与一般公众的直接沟通：它使用将广告与宣传相结合的直接性工具，它需要一种“一般公众”的概念，其福祉需要一些行动的展演。[23] 的确，马当斯基系列作品的体裁证明了公众的道德义务和物质义务，尽可能达到对公众的普遍认同，以便产生一种政治责任的动态关系。尽管其信息是反规范的，在其体裁中也是完全常规的，但是 PSA 项目的构造和它的美学，也假定了一种相当不同的观看场景。一种较小的、非主导的内部空间，由一些反战、反新殖民主义、反保守爱国主义主体性或反布什政府本身的同人志士组成。这一作品的诲育主义（didacticism）、写实主义（literalism）、讽刺和反语假定了一个已经紧密联结的团体，而不是一般性的大众团结。

换句话说，PSA 项目的叙事先锋性和复调的不和谐性确认了其受众的文化资本和情感资本。由此，政治性的先锋艺术为其受众服务，就像生命频道上关于创伤的电影为其受众服务一样，其目的不是让它的观看者更加脆弱——在某种程度上，这些人已经是社会的边缘人了，而是提供一个政治上同在的场景。在表演大规模集体感情的“去认同”（disidentification）的过程中，这里暗含的进步的感
238 官系统作为一个潜在的政治世界的占位符发挥作用。它同样暗示，受众能认同的替代性政治生活的正面内涵可以是不言而喻的，因为它是一种明显已被熟知的进步意识领域，由一种不同的状态划定，而非一般意义上美国政治体的噪声。PSA 项目可以被看作是在对唱诗班布道，因为它并不在政治的维度上挑战受众，而仅仅是在审美上。

对唱诗班的布道总是被低估。但是，作为一种确证世界、展演团结和倡导正义的言说策略，它绝对必要。当一个亲密的公共领域在其自身的噪声中保持隐秘，它就会情感地排演了当它的愿景是获

得大量吸引力时，世界会是什么感觉。但同时，任何政治运动的力量都取决于面对不可避免的各种内部异议时的坚持，这些异议会让矛盾的群体通过批判联结在一起。但也许，加强亲密联结是前卫的反规范政治艺术的主要功能。这些策略及其次要目标（吸引更多公众的政治欲望）之间的关系，提出了不同的也更令人不安的问题。通过一种惊悚和轻微让人感到不适的美学（这种美学让自身的使命和计划保持隐晦）提供团结，是将团结与美学的复杂性混为一谈，即将其与特权阶层的位置混为一谈。

我不是要质疑前卫现代主义的价值本身，而是在讨论政治艺术是如何被诱导意识和融合的紧迫性所塑造的，如何在横跨自我理想化和偏执的平面上，与对“政治感”的欲望互动。[24] 相反的例子是诸多利用超现实主义激发表演策略的监控视频艺术。在对国家和资本权力的讨论中，这种政治美学作品的场景与反威权主义类似，但其模式倾向于外向的和扩张性的。它提供了一种不同的视角，来考察一种由听觉和环境构成的政治主体性的补救如何中断情感协奏的规范性的策略。

监控视频艺术与马当斯基“与你直面”（in-your-faceness）的反公众美学路径极为不同，它为其受众提供了一种“潜在民主”（democracy-in-potential）的情感体验，一种即将到来的亲密公共领域。监控视频艺术传播的流行频率转化并打乱了当代监控视觉文化的流行频率本身。这一流派聚焦观看公众的监控视频和看回监控装 239
置的公众之间不对等的凝视，它利用了权力精英对政治体的表演：在良性的情况下，这只是一种不方便，糟糕的时候则是犯罪——仿佛是对其民主存在本身的威胁。它增强了先锋艺术的声响和酸刻调性，以呈现新情境主义悲喜剧的荒谬性。通常，它会从复杂性的教育学转向狂欢的能量。

现在，商业空间和公共空间也都成了监控摄像机的舞台，它们从来都不是未被区划的或中立的，而是被大量代表着个人、国家和私有财产的集体利益集团控制和规训。然而，自20世纪60年代末美国和英国各地安装了闭路监控视频以来，特别是自2001年和2004年震惊纽约和伦敦的爆炸事件以来，这些监管实践已经更加明目张胆地被公开。在一个一般性的、不再认同国家的新自由主义时期，这种扩张的理由是，国家和资本需要一种更积极和主动的、针对犯罪和反政治的恐吓效果。这就是说，在这一时期，犯罪和反霸权政治似乎被作为威胁和破坏力量的同类事物。

正如塔拉勒·阿萨德（Talal Asad）① 所言，通过将国家暴力的明显展演置于隐蔽的区域（特定的社区和处于空间边缘的监狱），自由主义政治现代性的文明声称，可以让人们能够在日常生活中感到自由。[25] 对资产阶级和那些“有身份”的阶级，这种实践让警察系统看起来不那么像暴力机器，而更像让日常氛围回归秩序的牧羊犬。[26] 但规训监控及其控制机器不再仅限于那个舞台了。即使有良好的举止，也不再保证那些享有特权的种族、性别和阶级的地位不被监控。招摇运行的监控镜头的调控功能，由警察系统和巡视保卫自己财产的私人资本所共享，玷污了他们和公众问责和承担责任的规则。[27] 通过增进一系列对这些动态但又神秘的社会关系的策略性误认，特别是通过将录像机误认为是一种人类或动物感情的情感媒介，监控艺术的反表演（counterperformance）回应了这种新的明目张胆的扩散，它将规训安全的语汇与守护关怀式的语汇融合在

① 塔拉勒·阿萨德，宗教人类学家，著有《宗教系谱学》等。

一起。

关于“视频嗅探”（video sniffing）[28] 和其他信息追踪技术（由私有财产拥有者，包括国家）[29] 的扩散引起的“操控社会”的日常 240
化，已经有了许多批判性的理论和激进工作。从理论上讲，民主的主体是一个没有个性的存在，由于在形式上符合某种规则（血统、出生），人们被纳入某种政治的空间。但信息化公民明显有着不同的地位，被记录的不是人们的公民身份，而是他们潜在意图（“可能成为谁”）的证据。在这种意义上，日常生活的每一个时刻都是对公民身份的试镜，每个“路人都可能是潜在的罪犯”。[30] 在任何警察国家，没人知道公民身份的试镜何时发生、通过什么方式、按照什么标准。针对这一公开的秘密，监控视频艺术也具象化了其场景的这一方面，将当代世界实践性的自由描述为公民享有的小范围游荡的许可，而这种许可是监控机器恩予的。

这里的重点是，与声音扭曲相关的录像机的具体情感和感情特质，以及它们嵌入当代公民身份政治动态中的含义。这些演员扮成公众群体中的模范成员，让自己的身体暴露于外，为分门别类和控制提供依据。他们拒绝参与维系一种虚幻的假象，即录像机只是内建于环境的、相对被动的部分——记录着、偷听着。在这个语境下，不仅仅是当代公共领域的氛围公民看回摄像头的过程，他们还反击，夺取叙事框架，并通过对演说的破坏来执行。纽约“监控摄像机玩家”项目为本章提供了一个典范性的案例。

“监控摄像机玩家”项目是一个具有 DIY 美学的喜剧作品，其灵感源于地下活动或游击活动，但也来自情境主义中复出的狂欢节传统——其旺盛活力很受欢迎，在世界各地被争相模仿。他们的书《我们在看你》（*We Are Watching You*）为其战术性、短暂性和吸引人的活动提供了丰富的记录。书中也随处可见观众很少的失败表演，以及一系列蹩脚的、组织不佳和缺乏效率的合作，以嘲弄和僭越监控系统的操作规范。那些具身“监控国家”的警察似乎也认为这些演员既无害又有趣。因此，尽管 SCP 自我典范性的“政治体”拒绝顺服的展演，比在博物馆、美术馆与其他替代区域进行的高雅艺术所面临的暴力镇压的风险更大，这种更大的风险并没有在寻求回应或取消权力的冷静方面遭遇相应的镇压。这个团队坚持了下来，记录了这些努力和失败，并为未来的失败积累了策略。

242 当 SCP 在监控摄像头前进行表演时，运用的是“无声演说”的方法，这里是默片字幕的体裁。它的方式是戏弄、引诱和接管监控摄像机的凝视。通过喂给摄像机过量的它想要的东西，来获取乐趣和情感上的团结感。通过制造障碍，摄像机无法看到其他东西，除了充斥着镜头的表演者。SCP 篡夺了监控摄像选择其对焦对象的能力，并让附近的非演员有机会真正地自由游荡，并保持某种匿名的状态。

此外，将演员的身体隐藏于纸板之后，描画的是一个抽象的人，这个人正在“对社会有用”的路上（如工作、购物）。SCP 帮助监控系统做了它的工作，即将身体根据实际和潜在的威胁分门别类。因此，这项集体行动迫使公民场景回到被多种因素决定的监控时代，它的纪律表演、它的偏执的结构（其他人是敌人的谜题），以及它的乌托邦主义（警察会将不安全转化为安全）。通过公开体现氛围公民身份，并同时沉默地拒斥再生产监控系统的公开秘密，“监控摄像机玩家”在生活的过程中，改变了构成政治场景的互惠条件和节律。

然而，它的主要目标并不是消解公众政治和感性想象。就像在

图 7. 11—图 7. 17　我们在看你（“监控摄像机玩家”，2001）

241

PSA 项目中一样，SCP 的异轨（détournement）[①] 策略将威胁程度的问题抛回问题的制造者。同样，通过强调实际上日常的游荡如何被法律和情感性嵌入的规则高度操控，这一作品使得氛围公民身份的规范性规则显露出来。在这里，对个人主权的惯常假设显现为普通主体对当代市场化民主一般性归属的表演活动。

这个美学作品将政治体重构为一个有意图的行动者，这个行动者将国家视为一个对话的对象，而非一个结构，其愉悦不在于一种无意识的或随机的自由，而在于创造干扰和生产系统中的噪声。我在前面提到，大多数的政治信息都是被偷听到的：无声喜剧的政治调度的悖论，不仅仅在于它揭示的方式，即在当前的公共安全体制下，偷听是双向的。在公共场所表演“干扰”，有可能让美国“自
243 由主义危机”日常状况中大量的公开秘密变得更加透明。

正如我所说，安保文化（security culture）的一个公开的秘密是，从来都没有什么自由的政治或市场的主权主体，有的只是被监控的主体。如果他们的行为举止不出问题，就会被放过，并允许其继续做他们的事（在目标人群被认为在规范上无力实施有利可图的顺从和互惠形式的领域，监控的强度更加明确，但规范控制和监禁控制之间的区别主要是强调重点不同）。第二个公开的秘密涉及一种假设，即大众民主中的环境式政治体有权在日常生活中享受匿名权。[31]通过拒绝摄像机的匿名性，拒绝承认技术的潜能似乎是中立的、公开的，并保有它将身体变成信息的方式的秘密——只是为了“以防万一”，“监控摄像机玩家”的反美学反驳随机和故意识别的扩张。[32] 当“玩家”们通过颠倒惯常的信息和公民表现的等级制，

---

① 异轨是一种严肃的滑稽模仿，指将旧有的作品用颠倒的方式创作的方法。其原作品应该是一个大众熟知的对象，勾连日常的生活状况。

揭示出普遍存在的安全系统的逻辑时，他们开启了反恐战争以来的情感性调试。我曾经说过，“反恐战争”是一场针对情感的战争，是一场针对感官，并通过感官进行的战争。[33] 我这样说并不是泛泛而谈，也不是偏执狂——毕竟，感官是一切知识和意识形态的中介，而我们所说的“政治说服”的东西必须涉及对政治情感的塑造。但“监控摄像机玩家”的策略提示我们，国家对本能直觉的蓄意侵犯，不仅通过分区、宣传和配置技术实现，而且通过酷刑本身实现，看起来这不再是某种例外，而是政治情感运作的**一种体裁**。

举一个最为戏剧性的例子。有资料显示，美国关押在关塔那摩（Guantánamo）和阿布格莱布（Abu Ghraib）的囚犯遭受了声音的折磨。这些囚犯在单独监禁的牢房里，被安排在彻底的安静以及无法忍受的终日的噪声或刺耳的声音中随机转换，最终精神崩溃。[34] 两种声音策略都完全通过情感产生“政治”，并将主体击垮，使其失去与世界建立互惠关系的能力。纯噪声的政治摧毁了人应对被淹没的防御——一个人不可能在不关闭自己的情况下，关闭所有的感官。斯图尔特·格拉西安（Stuart Grassian）关于单独监禁的心理病理学效果的研究，讨论了感官破坏转变到心理破坏的过程。[35] 包括对囚犯情感能力的密集破坏，这种能力包括感知事件与效果之间不被扭曲的关系、不经意的思维能力和冲动控制的破坏、情感泛滥作 244
为精神错乱的体现、将极小的姿态放大为极大的威胁的偏执表现。

通过重新演绎国家自我保护式的沉默，同时上演政治体与其存续条件的不相关的闹剧，SCP 的艺术行动主义模式模仿了国家的秘密。它呼应的是折磨公民的回音室——这些公民无法控制自己的身体，也无法控制国家宣称哪些信息是其有权控制的。它在行动上要求公众将安全文化理解为浓缩的作品，浸润感官，并建立一种新的日常感——如果不是国家在日常生活中获取的丰富视频数据来验证生活的连续性和反常性，这种日常感就不能被视作理所当然。

SCP 的滑稽闹剧也测量了集体生活的真正损失。国家与资本通过将恐怖主义与日常生活中任何值得注意的场景联系起来，从而将恐怖主义日常化的时候，这种损失就产生了。这种联系的成功启动了一种“政治”，即用无法读懂的姿态与加密的语言，将所有日常活动变为一种普遍的怀疑——任何人都有可能变成恐怖主义者。在这里，喜剧拒绝安保国家对日常的渗透成为无须多言的东西。[36]

的确，卡通漫画一样简明的政治削弱了国家，让它看起来只是一台摄像机，正如它本来的样子。这是一种古老的、在情感上削弱那些难以削弱事物的策略。但 SCP 漫画式的简单愉悦也干扰了“政治”与痛苦、规训、羞耻、压迫、失望的联系，以及与深沉勇气（通常伴随政治抑郁）的自我加压气氛之间的联系。它试图重新打开“政治感”的可能性，将其变成一个真正促进繁荣的空间。

因此，在这种情况下，最强有力的教育学与喜剧所能贡献的鼓舞有关。它激励政治体在日常生活中实践一种亲密的、身体的、在场的互惠模式。监控摄像美学总是设计一种本体感受的教育学，是对当代政治空间的占有者（这些人并不总是公民）进行的复活的、尴尬的、笨拙的“反驯化”（counterdressage）的刺激。为未来公民身份的“试镜”是尴尬的，而且在大多数情况下，表演是失败的。但柏格森（Bergson）写道，喜剧是生活机器的壳，有着人性。[37] 成为像摄像机一样的机器，具身匿名性中的反常，将公民具身为一般而非普遍的卡通画像，是要将政治体制造为一种具身的，而非抽象
245 的存在。它的目标是使它的氛围成为社会责任而非所有权的一部分，是一个归属感的空间。它的规则是在民主的感性时间中协商

的，而非存在于被编辑、渲染和封闭起来的东西中。[38] 同时，默片传统的具象和闹剧式的荒诞性渗入，并试图转变历史性当下的知识和生活的形态。

记录中的沉默

目前，我们一直关注的是当代安保国家如何激发了前卫情节剧和讽刺性悲喜剧。这两种尖锐的模式，都是对某种公共秘密的模拟，即情感政治让大众民主国家的政治主体依附于对“政治感”的渴望。下一个案例是声音活动团队“红外线”，其工作将感性（sentimental）状态的环境噪声重新导向国家失败和居民希望的档案。从某种意义上说，这种政治美学的策略是一种更简单的事业。正如我开始提到的，“红外线”团队的作品《将无声组织起来》在身份政治的传统语汇中理解“无声”。“无声”是对那些没有产生变革性影响的言论的称呼。“红外线”团队从穷人、被剥夺者的视角创作，即那些政治上弱势的群体。因此，那“无声”的集体形象一点儿也不沉默，而是对潜在的变革性政治主张所发生的情况的描述。它驳斥了一种假设，即民主只能在可以被感受到的时候才存在。

由此，对“红外线”团队来说，组织无声和组织政治噪声是相同的。这个团队受到阿多诺的启发，他认为现代的规范感官已经萎缩。[39] 萎缩感官的反面是什么？在这里，他们转向约翰·凯奇（John Cage），把那些“没能茁壮成长”的感官作为回音室。他们想象了一个替代性的感官系统，充满了虽然没能在世界中肆意生长，但在身体中却从未消失的声音。[40] 由此，“红外线”团队开启了一种美学模式，打乱了过度或不足的刺激，无须 PSA 项目复杂的认同和去认同，也无须反监视演员的喜剧表演。在这里，真实至上。“红外线”团队民族志般的严肃性，将政治和社会的疏离转化为进入大众情感性（sentimentality）语汇的材料，而这将取代传统政治言论中，那些被困住的、空洞的亲密形式。

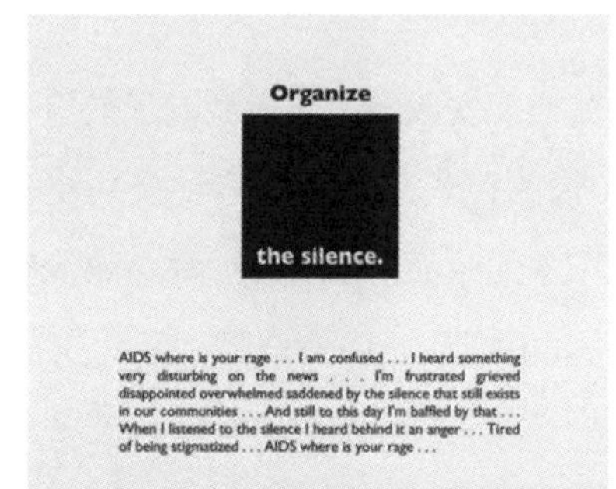

246 **图 7.18—图 7.19　“红外线”团队记录“无声”**

247 “红外线”团队利用精细的实时录音、混音和扩音设备，进入社区并采访活动家、组织者和参与者，他们与被征服或被消声的人一起工作，这些人包括艾滋病患者、囚犯、非法移民和穷人（他们将最近一个作品命名为“向穷人宣战的十五种声音”）。随后，他们邀请部分受访者参与表演，或是在美术馆空间里，或是在户外的城市空间里。在这里，他们邀请参与者将自己的宣言记录在被称为

"公开记录"（the record）的东西上。据我所知，没有人问过那个"公开记录"到底是什么。无须多言的是，"公开"（going on the record）意味着对任何可能接触到这份档案的公众发言，并为他们提供记录。在这新的历史性当下，"红外线"团队记录了表演引发的参与者们的所有陈述。这个合集制造了一种在场的声音循环，渴望变成这个新的历史感觉中枢厚重的集体档案。如果你有一次机会，你会在那里记录下什么？

但是，比起重新生产这个聚在一起的松散团队的所有记录，"红外线"团队使用更多的是一种选择性的方法。"红外线"团队的成员注意到，除了讲述他们经历的不公正之外，他们的受访者还谈到了很多他们的感受，即不平等和政治工作都让他们感觉筋疲力尽、抑郁、沮丧、激动等。所以"红外线"团队启动了一个项目，专门将这些一般性陈述中的政治情感筛选出来。[41] 当受访者将自己的陈述录入记录时，技术人员会对其进行混音处理，并在一个新的针对政治情感的音轨中播放，直到房间里充满着每个人声音的回响和新的集体性氛围的噪声。而后，"红外线"团队创作了一些视频，以便重新呈现这些感受性的陈述，并与马特莫斯（Matmos）这样的声音艺术家合作，制作舞蹈混音 CD。

表演现场和视频的场景调度介于葬礼、公司文化和先锋极简主义之间。这是一个巨大的成就。白色的长桌既代表了未被书写的记录，也象征了棺冢。表演者诉说着"政治边缘"的感觉，那种与理想化的生活再生产的文化模式，以及与死亡的编排无关的感觉。他们穿着体面，举止得体，保持着适度的冷酷疏离，以至于可以说整个场景是忧郁的，或仅仅是抽象的。它不是从嘴巴到耳朵——就像福柯式的性欲结构那样，而是从耳朵到其他所有感官，包括肉体本

248 身。通过历史记录的合法化和重新关注日常政治体的“驯化”（dressage），“红外线”团队兼顾了两者：一方面，为了要在政治上发挥作用，必须有极大的改变发生；另一方面，其音响效果是如此删繁就简，以至于在观看时，观看者可以听到自己的呼吸声。

“红外线”团队的档案记录中，那些重复和不断叠加的言语产生了一种强化的氛围，使从属的戏剧及其日常性与言语/噪声的愉悦融合在一起。这个过滤器并没有把意义从噪声中分离出去，而是让噪声本身有了实质的意义，至少这是它希望达到的目的。换句话说，逐渐明晰起来的是，将“政治感”作为一个反馈回路，是理解经典公共领域氛围的另一种方式。虽然，“红外线”团队利用这一过程的创作，不仅是要培育针对国家或公民社会的新观点，而且是为了新的政治体创造新的噪声、新的发自肺腑的政治声音。随后，这些言论被合成、混音，并分发到其他的社区和场所。因此，“红外线”团队制作的“记录”不是某种为了建立和合法化规范的已归档的死档案，而是一种流通的、可以产生节奏的东西。这种策略并没有将哀伤变为斗争的战鼓，而是再次将“政治”表述为一种“驯化”（dressage），一种存在于当下的习惯。

作为一种历史性当下“政治感”的解读，《将无声组织起来》不仅为问题的描述提供了一种索引，也为政治艺术提供了一种索引。这里的政治艺术是一种新模式的发明，一种新的自处于社会的节奏，一种新的本体感觉的场景。它与那些所谓集体性的、通过特定言语的流通而产生的“意识”相当不同。这就将其先锋性与围绕艾滋病的流行快乐教育学的感性维度连接了起来——后者即塔维娅·尼永奥（Tavia Nyong）在《我为你着迷》（*I' ve Got You Under My Skin*）[42] 中呈现的东西。此外，它与流行的再教育项目一样，都对政治体的主体有一种指引，将其导向对“政治感”的重新依恋，而不必经受主流政治的制度性挫折或意识形态自洽的规训。“记录”指涉的这种“在归属感中获得自由”的感觉，可以让政治体从“自说自话”中释放出来。这样，社会的反馈循环就不再被抛入无意义之中——否则，这种无意义对单独监禁式的声音政治是致命的，它鬼魂般地困扰着对政治紧迫性的噪声的流行动力。

极度不稳定的集体转型时代的艺术作品 249

应对政治遗弃的一种方式就是抗争，即以直接的行动反抗权力。本书关注的不稳定主体通常没有选择直接抗争。为了待在依附于正统美好生活的理想附近，这些主体陷入了调整和姿态转换的循环之中。的确，通过改变对世界中直接事物的感知性体验，本章的案例已然干预了在僵局中挣扎的模式。偷听“政治感”，并从一个不被划为主流的位置进行回应，就是在试图干扰这种反馈循环，其连续性是任何规范性获得效力的核心。干扰一种体裁的反馈循环是一种意识形态破坏的形式。它确认了一种公民社会模式。这种模式是公民性的，但却以一种新的方式体现了这一点。

在传统的意义上，这项工作是激进的。反概念的美学活动家采取干预知识分子的位置，用常识重组了感官。接下来这个日益发展壮大的案例类型有着不同的目标，也极具典范性。就其对亚里士多德式的叙事满足的拒斥，以及对角色认同和其他传统上正常化的氛围公民身份体裁的拒斥而言，其同样是先锋性的。它摒弃了许多华而不实的政治惯例，包括代表、演说、倾听、模仿、旁观和投射认同等。这些作品最能说明的是，通过“转离”（turning away）规范自由公民社会模式，打破这种模式中残酷的乐观主义的可能性。我在这里用“转离”而不是“拒绝”，是因为这些作品并不是一种戏剧性的形态。它们对咄咄逼人的街头抗议有些反感。它们表现出政治抑郁的状态，但试图在主流的、可识别的惯用语中寻求修复的可能。[43]

相反，这种艺术游离于视线之外。在视线之内，事情不言而喻，不是因为它们受到审查或它们是一种规范性的东西，而是因为政治体在日常性危机中茫然徘徊时，人们不知道该说些什么。如果在监控摄像的艺术创作中，国家的摄像头是**沉默的**，那么这些另类的镜头则是**安静的**，它们关注着社会的噪声，并在无须使其回到政治形态的情况下，赋予其形式。虽然，这种僵局不是那么让人舒服，空气中弥漫着不安。关于权力和区隔的规范性语汇完全处于框架之外，但又无处不在地盘旋。

250 斯莱特·布拉德利和莉莎·约翰逊“无声见证”的作品为这一部分提供了绝佳的案例。基于这些作品出现的隐含背景，它们记录了美国民主和社会保障系统的失败。同时，它们指向的是情节剧性霸权制度的衰亡。这种霸权制度既夸大了政治的噪声，以构成政治体中真实接近性的证据，又将传统意义上建构的集体性当下置于创伤和修复的夸张动态之中。艺术家们不仅将灾后生活描述为巨大伤痛之后发生的事情，他们还对灾后长时间延宕的日常性投注了凝视。在这里，那些已经崩塌的东西被衡量、重新捡起，并与尚未被摧毁的东西结合起来，甚至更好、更强大。他们也与间接性的东西产生连接，潜入尚未找到其叙述方式的幻想记录。对这两位艺术家而言，就好像其美学的眼光正四处找寻着政治互惠，但并不准备全盘接受回应这种凝视的东西。

除了借助摇滚视频和迷你剧等体裁进行创作，斯莱特·布拉德利还创作了艺术视频，以记录或重现时间的绵延。这些视频以一种非戏剧性的平静，挑战了越轨式的紧张气氛，而后者如此广泛地塑造了主流先锋政治艺术的传统——如从“超现实主义”（Surrealists）到“批判艺术团体”（Critical Art Ensemble）。布拉德利极力倡导极简概念的实验 DIY 美学，这种实验穿梭于海德格尔现象学意义上的“在手”（present-at-hand）和“上手”（ready-to-hand）①之间。[44]

通过关注美国政治体（以及消费其媒介化戏剧的全球娱乐文化）集体经历的和在单一自主的领域经历的历史性事件，布拉德利的简缩美学（deflationary aesthetic）在因与果、刺激与反应之间延伸出空间。由此，他从反馈循环中分离出循环，将观看者抛入一个尚且无法归入任何体裁的空间。在事件最初发生的源流中，布拉德利看到和听到了构成“事件”的可能性。他坚信，只有在这种可能性被导向一个“尚未定位”（not-yet-being-situated）的空间时，观众的视角才是重要的。同时，因为他的作品与事件的戏剧属性（dramatics）邻接，潜在的政治能动（political agency）空间得以在其氛围中流转。事实上，其影像是一种拆除世界（world-unmaking）的姿态，这与传统创伤性时期灾难性的经验丧失并不相同。

---

① 根据海德格尔的理论，“在手”指工具或事物是现成的，人们的注意力在其之上；而当其是“上手”状态时，人就会从对其的注意力中抽离出来。比如，拿起锤子准备进行操作的时候，是“在手”状态，而当进入用其击打钉子的状态时，则是“上手”状态。

251 图 7. 20—图 7. 27 《小约翰 · 肯尼迪》(斯莱特 · 布拉德利，1999)

有两个视频尤其证明这些命题：《小约翰·肯尼迪》(*JFK, Jr.*, 1999) 和《艺术表达之地》(*The Land of Artistic Expression*, 2001)。第一部影片时长是两分半钟，讲述了一个年龄模糊的女人 252
(可能是15至25岁之间的任意年龄) 将一枝玫瑰放在了其他花束之上，以纪念小约翰·菲茨杰拉德·肯尼迪、卡罗琳·贝塞特·肯尼迪 (Carolyn Bessette Kennedy) 和劳伦·贝塞特 (Lauren Bessette)[1]。镜头置于这位参与悼念的女性所排队伍的后方，而不是直接在她的身后。人群拥挤，但也很安静。排队的陌生人指征着一些什么。镜头拉近，扫过她长有雀斑的手臂、她的脖子和背部，在她环状的大耳环上稍作停留。接着，镜头越过她的肩膀，拍摄她的卡片，而后，当她阅读其他的纪念卡时，又越过其肩膀拍摄这些卡片。然而，如果我们将摄影机不那么平行的机位发出的凝视，视作那个女人或任何人内在状态的表达，镜头并没有采取任何类似于这个她的“视角”。但从这一幕，我们确实更多地了解了这个女人。卡片上写着：

致约翰、卡罗琳和______：

尽管我从未见过你们，我希望你们不要______ (原文如此)，你们会永远快乐。我会永远记得你们。

爱你们的，帕特丽夏 (皇后区，阿斯托里亚)

帕特丽夏 (Patricia) 的身份体现在细节之中：她的名字、社区

---

① 1999年7月16日，约翰·肯尼迪的儿子小约翰·肯尼迪驾驶小型飞机，与他的妻子卡罗琳·肯尼迪和妻子的妹妹劳伦·贝塞特从新泽西州前往马萨诸塞州参加婚礼。飞机升空不久后失事，三人全部遇难。

以及一些与“政治感”邻近，但完全不属于政治语汇的感性元素。正如我之前对这个事件的论述，对于关心这个事件的政治体中的成员而言，小约翰·肯尼迪的死标志着一个政治体典范性成员死亡。[45]肯尼迪几乎代表了一种夸张的代议制政治主权模式，也代表了远离生杀予夺大权的日常公民主权模式。因此，“帕特丽夏”的书写带着与家人对话的亲近，却又是以一个陌生人的姿态。她以一种非常温存的方式，尝试了主权的情感性表演：她表达同情的行为，通过哀悼确认了他的恢复——“你们会永远快乐，我会永远记得你们”。

换句话说，帕特丽夏对着典范化的肯尼迪诉说，就好像民主制度中的任何成员都有权称自己为“典范”，否认结构化政治的等级制和区隔——特别是肯尼迪家族所代表的寡头政治。在这一点上，她度量了本章自始至终所想要探讨的差异，即“**政治**”作为一种对抗感，和“**政治感**”作为一种磁石般的，对亲密、社会关系、情感性团结和幸福的渴望。正如在第一章“残酷的乐观主义”中所论证的那样，对死去的人事的抒情性表达——呼语——在其不在场的时候效果最好。并且，在情感和精神上，对其存在于你“之中”的方
253 式才有主权掌控。帕特丽夏自由表达的条件是她的对话者的缺席。其死亡取消了潜在的地位羞耻带来的焦虑，并使人得以主张对构成“粉丝”文化本身的各种评论、批判和同情的蔑视权。同样，我们并不知道，如果被问及会如何看待自己的行为，“帕特丽夏”会如何回应。

当这一切在屏幕上展开的时候，屏幕本身也发生了变化。镜头从类似带框的画面变为分栏镜头，女孩被挤到了更宽的边框之间，被推到了画面中间的三分之一处，就像一个人在献花和写卡片的纪念仪式的队伍中拥挤等待一样。镜头聚焦于她僵硬的身体动作，将

她行进过程中的更大空间隔绝在外。同时，镜头在流动的画面和一个时断时续的、奇怪的、机器式的画面中转换。同时发生的是，视频在切入无声、切入环境音，又切回无声的过程中循环。因为这是一个循环，装置的流动并不是从充满到耗竭，而是绕回了一种急促不定的节奏，来反抗意料之中的复调。公民与公民的声音并不同步。技术性断续重现的可能是生命川流中的阻隔瘀滞，但它们似乎并不是在模仿死亡，也不要求观众以煽情的方式表演她可能经历的对这些死亡的任何哀悼。它们指向的是知晓如何体现一种活生生的自由民主制的不安全感。有时候，摄像机似乎在跟踪这个女孩，或将她置于嘲弄之中，隐晦地指责她的做作，并评判她措辞失当的写法。但是，由于镜头没有明确做出说明，这种评判可能是观众的声音——她/他反民主的倾向成为"可听到的"。随后，帕特丽夏可能意识到当政治体出现在公众场合时可能出现的所有脆弱性。当她把包好的玫瑰放在花堆上后，她斜着看了看自己的肩膀，而不是看镜头，仿佛在寻找一些关于如何行动的线索。

摄像机"偷听"了她所写的卡片，但由于一些文字被她的拇指遮住，只能看到部分内容。同样，她视线看到的一张题为《谁是英雄》的海报也被垂下的花遮住了部分文字。[46] 不过，这些断句的抒情诗句丝毫没有让人感觉到"不完整"。影片并不是要通过她或任何人来发现自发的情感充溢。过度的公众哀悼是常规的，但这并不意味着它在感觉上很肤浅。在没有公开呈现情感的情况下走过场，那么就算在她内心深处，主体可能会也可能不会感觉到情节剧模式的影响。

就在这种集体创伤的背景下，对情感展演的"不透明性"（opacity）的追求与尊重而言，布拉德利的影片《艺术表达之地》比

254 **图 7.28 《艺术表达之地》(斯莱特·布拉德利，1999)**

上一个例子走得更远。他在 2001 年 9 月 11 日拍摄了这段视频。[47] 在看到电视上的新闻后，他走到自家房顶，打开了自己的摄像机。屏幕上方的边框写着“家庭录像”，仿佛这段录像是从电视机里拿出来的——这是因为，正如监控摄像的例子中所昭示的，人们已经无法看到任何影像，除非其作为某种“**证据**”。

除了麦克风捕获的环境声音外，摄像机的拍摄完全无声。镜头无意中录到了另一个观看的人。在街对面的屋顶上，一个人出现了，站在那里看向曼哈顿。双子塔远远地升起烟雾——足够远，以至于现场的声音是随机的、分散的，几乎没有什么声音。对面屋顶上的邻居也完全是一个人，也没有发出任何声音。他也在记录这个事件，但不是用机器。布莱德利的镜头在这个“非关系”的场景中，在没有任何煽动或更意味深长的邀请的情况下，静静地看着，甚至更加孤独了。

这里没有“共同体”，如果共同体指的是一个积极的、相互依存的关系网，可以提供互惠的认同和情感的同频的话。这里顶多只有一个休眠的共同体，一个情感接近性和政治可能性的共同体。[48] 然而，摄像机丝毫没有呈现任何与渴望归属相关的情感，或在那一刻培育任何乌托邦主义有关的情感，也没有任何（自主或独特的）个体在一个情感连续的区域中产生的乐观主义。影片的循环将创伤投射为无比日常的生活：平淡无奇的屏幕，平淡无奇的情感，它是一个充满了“不那么让人厌烦”的情节剧式的黑洞。这是一种生动的凝视美学，它几乎完全静止，甚至没有证据展现出认同或同情。然而，作为潜在背景的“9・11”事件使其与“政治”或“政治感”都有着某种关联。在影像理解的时空，这种生动的悬置美学展 255
演了一种此刻的僵局。

同样地，丽莎・约翰逊的《10号公路以南》将历史性当下演绎为一个彻底去戏剧化的生存空间。但与布莱德利的美学世界相比，有着更多的人为活动塑造了影像空间。这是一部后“卡特里娜飓风”时代的影片，但它既不在新奥尔良，也不追踪“卡特里娜”这个名称今天指称的多重灾难。片名中的“10”指的是美国10号州际公路，“10号公路以南”指的是受飓风重创的密西西比州的墨西哥湾沿岸。然而，密西西比州本身则被新闻噪声塑造的国家想象绕过了。这些追求典范戏剧感的新闻噪声，偏向哀悼和想象对新奥尔良的救援——一个已然被彻底悲情化的文化生产和种族异域情调的区域。用悲情的珍视来保护一个人看重的东西总是有希望的，但密西西比州摇摇欲坠的政治和物质基础设施对感情所能做的事情施加了限制。这个地方仅被悲情式的新闻点缀性地覆盖，并且长期被肮脏的阶级和种族主义历史蹂躏。在这样的地方考察破坏情况，可能不会遇到人们已经有兴趣、善良和意图良好的证据。

然而，《10号公路以南》并不着眼于过去——过去存在于空气中。虽然，在记录10号州际公路以南的种族和阶级等级化的生活的同时，它也在记录财产所有者和工人们正如何试图厘清当下的时刻。除了正在进行的生活的环境噪声，影片是无声的。人们在养护（tending），养护物件，关注事物，朝向这个方向，而后那个方向。富人通常独自行动，审视着这令人窒息的现场，缓慢地移动。穷人和更受剥夺的人群倾向于具体做些什么：一起在外面待着，放松或拾荒，工作以及恢复。富人多是白人，而且形单影只，而更多的贫穷白人和有色人种的穷人则散布于整个空间。尽管如此，团结的条件依然存在。似乎所有的交谈都已经发生了，每个人都处于求生时间。这一点，而不是政治存在（political being）本身的乐观主义，才是在“10 号公路以南”被危机塑造的日常中，存在于一种松散团结之中的集体性生活的意义。

因此，与前面的例子相比，本片的视角是安静的（quiet）。因为在前面的例子中，无声表现的是一种受阻的公民权，艺术家和活动家通过这种方式重新过滤了明晰的政治感知的直接性。声音将影
257 片镜头朝着正在进行的、**重新**创造生活的活动打开。对沉浸的美学关注，站在后方，捕捉悬浮在不断展开的形势中的历史情绪，是该作品的典范性成就。

《10 号公路以南》片长只有 10 分钟。镜头“坐”了下来，观看着，轻轻移过各式各样枯萎的田地。色调是一个普通的、饱和的晴朗日子的颜色，约翰逊并不过度渲染情绪或者天气的沉重气氛。尽管如此，还是有某种气氛存在。人们可以看到，有些地方看起来很封闭，几乎无风——似乎是一家的几个人在一个狭小的空间移动，想要找一个可以坐下来而不是休息的位子，他们筋疲力尽，没有人说话。[49] 虽然，大多数空间都太大了，需要镜头的平移运动来寻找生命的迹象。工人调整着身体，而后休憩，坐在某个地方张

图 7.29—图 7.31 《10 号公路以南》（丽莎·约翰逊，2006） 256

望，抽着烟；拾荒者在一个空间里徘徊，但其目的并不随机。在眼下已经被毁坏的地方，成年人尽可能地做着他们能做的，开展清理工作，试图搞清如何让这一切再凑成一份生活。没有必要交谈。环境声显示了人们在这一集体性时刻的灵活的接近性。他们向彼此靠近或远离，但在某种意义上仍然是孤立的，就像同处一个荒岛上的弃民一样，都努力继续忙碌，把戏剧化的、表达性的主体性留给“以后”，或永不提及。

同时，《10号公路以南》的确挖掘了自由现实主义与白人式悲情的古老联姻：这种氛围意味着苦难、见证和无辜。[50] 除了记录成年人生活中的种族化和阶级等级，影片还反复从一群可爱的少数族裔孩子们的角度，来展现灾难后的情景。这种一晃而过的指涉，让人对那些美国老式的情节剧，把无辜的、迫在眉睫的、无能的、尚不能负责且还没有溃败的人产生一种认同。然而，卡特里娜危机对管理式现实主义（managerial realism）产生了新的压力，对冷静和态度也产生了新的压力，同样还对体裁、语调和模式产生了新的压力。影片的氛围既不要求也不强调戏剧化的表演——痛苦、移情或其他。更多的是，人们似乎只是陷入了揣测和疲惫，而不是情感的澎湃或崩溃。影片只是“看”着，没有添加任何强烈的东西。这意味着，情节剧模式的减弱伴随的是图像和情感关系的一种新的传统的开启。

《10号公路以南》将灾难后的生活描绘成一个过程，而不是一
258 个受伤或痊愈的生命，在收集、游荡和清扫的僵局时间之中。孩子们既没有显出明显的美德，也没有体现出格外的智慧。他们大多数时间是在玩耍——骑自行车，来来回回。他们玩耍和收集地上的东西，因为那是他们打发时间的惯常模式。但这种与年龄相称的方

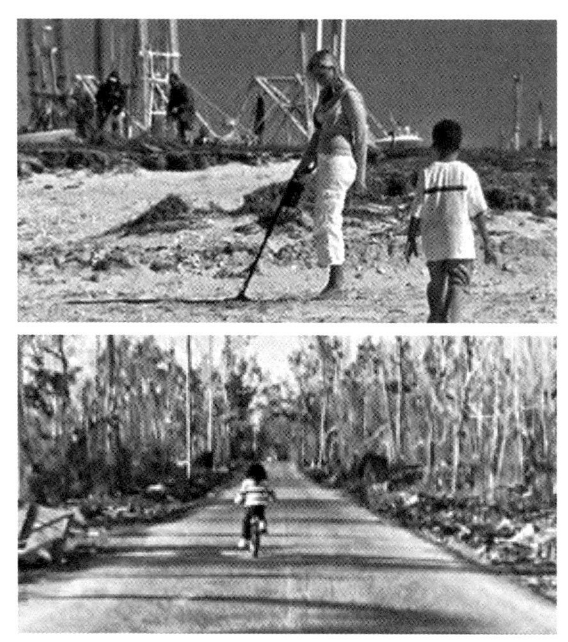

图 7.32—图 7.33 《10 号公路以南》(丽莎·约翰逊，2006)

式，使得传统上悲情的主体和他们的长辈之间形成了一种隐性的对比。对孩子们而言，拾荒是一种游戏；对成年人来说，这就是身处危机中的生活本身。人们发现，危机其实并不是呼啸而过的，而是绵延漫长的：人们劳作、休息、坐下、发呆。这就是 10 号公路以南的生活已经沦为的模样。

在后面的影片中，从灾难中恢复的身体处于主流政治的附近，但除了用其语汇搞清这个历史性当下（无论是实践上还是幻想中），还有别的事情要做。感情（emotion）可能与“政治”交汇，但这只是众多节点中的一个，而且不是最重要的那一个。被危机塑造的当下通过倾向于喜剧和游戏、工作和游荡、专注和分心的时刻，干扰了日常生命磨损的悲剧，而不是通过在直接的接近政治的范围内

占据一个位置，来让政治体相信历史规模的世界建造需要夸张的主
259 权或政治的戏剧。

残酷的乐观主义与对“政治感”的渴望

在一些人看来，这些影片似乎是缄默主义（quietist）的，是对政治的抑郁和厌恶，而没有修复“政治感”的姿态。作为表演，它们的确远离了吸引大多数社会变革真正能量的诱惑和修复的回路。也许，它们所做的是一些微妙的工作，来脱离政治拜物教的残酷乐观主义。但是，由于在其美学视野中没有社会运动，这种拒绝通过忠于“政治”的运动和情感的做法，是否为道德失败的标志？在克莱因和塞吉维克那里，抑郁的立场是被一个主体采取的——她看到了自己与周遭世界互惠关系回路的断裂，但她拒绝把这种裂痕看作最终的结局，而是将其作为一个修复她自己和世界关系的机会。但是，正如安娜·波塔米亚努在《希望：边缘状态经济中的防御》一书中所论述的，这种弧度与节奏也是在为那些无可挽回、不可修复的对象维系一种乐观主义。重复一种有毒的乐观主义的强迫，会将一个人或一个世界缝入一个逼仄、缺乏想象力并只关注重复的空间，只是以防它会有所不同。政治现实主义可以是专制的，它可以成为变革的基础。政治幻想可以是荒谬的、自我摧毁的，它可以基于并维系一种超越实用主义的理想化思维，这种思维坚持一种新的物质主义（materialism）。

当面对这样一个事实，即在“政治感”和“政治”中的任何存在形式（包括脱离这些形式），都不能解决塑造历史性当下的僵

局问题时，还有什么替代性方案可以重塑集体生活幻想/物质的基础设施？难道，现实地说，我们所能希望的最好结果就是坚决集体地拒绝放弃、耗竭和承认失败吗？在这种情况下，乐观主义可能一点儿也不残酷，而是没有放弃社会变革本身的最基础的证据。

事实上，在本书中，我们看到的是：转离“政治”和“政治感”的诸多形式，从绝望的自我囤积（如在《罗塞塔》《两个女孩，一胖一瘦》中），到新自由主义主体渴望的具身化，将企业活动等同于主权和民主的人格（如在《人力资源》《暂停》中）。通过观察政治强度与氛围公民身份表演性的美学扭曲之间的博弈，本章试图在接近当代“政治”的领域中，扩充对“政治感”——也是对归属——欲望的语汇。然而，这个档案可能看起来并不重要，因为它并没有位于我们通常与“政治感”相联系的英雄式的行动姿态中；因为在不寻常的注意力弧线中，它转向了简缩、注意力的分 260
散和随意的摇摆。并且，因为其中一些案例并没有用拒绝的哲学来对抗霸权主义意识形态。然而，通过这些做法，这些案例与全球反资本主义运动的策略产生了共鸣，它们都产生了某种逆流之声（counternoise）。美好生活的经济和幻想性的基础设施的萎缩导致了僵局，而每当这种僵局似乎只是社会各个接缝处的断裂，这些逆流之声就在本书中浮现。

大卫·格布雷（David Graeber）和吉勃森-葛拉罕（Gibson-Graham）出色地表达了重塑政治的身体实践的潜力，以及由此产生的向彼此投射情感支持和团结的政治主体。在他们的作品中，无政府主义（格布雷）和新社群主义（吉勃森-葛拉罕）既不涉及混乱，也不涉及我们通常理解的“社群”所象征的那种认同和亲密。[51] 他们提出了一种哲学实用主义，这种实用主义指出成为一个政治主体，其团结和承诺既不是为了别的目的，也不是为了想象一种共识性共同体的实用目的，而是为了体现创造团结本身的过程。这种将“政治”与“政治感”联系起来的取向，类似于卡维尔式伦理学的怀疑论、完美主义立场，也类似于阿甘本的“无目的的手段”（means without end）。在这种立场下，存在于“政治感”和感性的当下的纯粹“中间性”（mediality）才是重要的，而不是任何目的或前提。

在这种观点下，人们对“政治感”个体性或集体性的依恋，最好是对维持依恋过程本身的依恋。用精神分析的术语来说，无政府主义政治抑郁的修复方式，可能是通过展演一种对修缮“政治”的承诺，而无须对两个传统上合法化政治行动的动机有明确的认识或共识：一种目的导向的，共同持有的对美好生活的幻想，或对个体行动可以进行有效变革的确信。一个人“做政治”（does politics），是为了与他人共处于“政治感”的关系之中，是为了共处于一个“走向民主”（becoming-democratic）的过程中，这个过程包含感知、专注和再次同道而行的默契愉悦之感。实现某种目的，抑或成功，并不是评估对“政治感”渴望是否荒诞的标准，在持续的对抗和争论的噪声中，一种情感上的和谐才是。

这种将民主从社会地位的庇佑中释放出来的感觉，就像朗西埃在《民主的分歧与仇恨》（*Disagreement and Hatred of Democracy*）中的观点一样，即身处创造生活的混乱之中，体现了民主本身最内在
261 的体验。与之类似的，还有吉勃森-葛拉罕的地方美学，它承认“特殊性和偶然性，尊重差异和他异性”，并且在没有（公民及其本地/上级政府之间，或工人与雇主之间）传统义务和信任关系的状况下，培育了“地方能力”和共同体的即兴创造。[52] 这将“政

治”置于对感知此刻的活动的承诺之中。它将公民身份的事业作为一种密集的、对此刻进行展演性归属的感性活动。在这个活动中，潜在的可能得到了肯定。

因此，横向政治以自身的方式模仿了这本书所展示的历史感官，它正在收集当下的混乱。我认为，回归诸如此类的 DIY 实践源于这样的期望，即将政治的白噪声变为此刻具有生命力的东西，以吸引人们从普通“新常态”那令人筋疲力尽的实用主义中，引出美好生活的模样。虽然，把对民粹主义潜力的新的拥护，称为从自由主义到后新自由主义（post-neoliberal）世界强烈转型的症状，但这并不是要贬斥它。这是为了观察欧洲和美国（两者不完全相同，其时间也不同）在感情上（emotionally）被迫适应政治抑郁的生活，这种生活产生于自由主义政治经济中，所有权、控制、安保，以及对这一切进行幻想式合理化的过程所带来的残酷关系。

我在本书中一直认为，新自由主义的当下是一个转型的空间，不仅是生产方式和生活方式之间的转型，也是使幻想得以激活和持续的方式之间的不同转型。这种转型的强度是如此之大、如此现实，以至于它们将历史意识加诸其主体，作为一个没有边界的时刻，刚刚逝去的过去与即将到来的未来融为一体，变成一种延展的时间，人们在其中移动，以搜寻证据并寻找一个非主权立足点（nonsovereign footing）。就目前而言，在危机与对危机的反应的间隙，新常态的氛围与遭遇重塑了主权，安排了政治时间。虽然政治示威仍是例外，但发布点什么、点击链接或发送邮件，延续了公民身份作为意见流通事件的旧模式，现在则被整合进回应下一个新的超强压力的持续要求中，就像回应上一个压力，以及下一个压力一样。

同过去一样，当下这些行动在一种“为时已晚”的氛围，以及
262 对无所谓的愤怒的气氛中浮现。无政府主义/DIY展演性的模式，旨在重新激活政治行动。虽然，它们首先不是通过描绘更好的美好生活，而是通过对政治行动的重视，将其作为未被“政治”消磨的行动。在这些世界中，狂欢和混乱产生了政治抑郁的亲密社会性。在这些狂欢与混乱中，行动被委任给代表，幻想被新式政治的噪声所淹没。这种新式政治认为这些混乱是寻常普通、生机勃勃、引人入胜、个人化、戏谑且让人好奇的。同时，存在某种希望，想要创设新规范、形式、制度和习惯以重新发明公共性。这种希望让活动理论家和艺术家回到这样的问题：姿态采取了何种形式，它拥有何种切近的表现力，以及何种情感教育学可以被它所影响？这就是塞吉维克所说的“弱理论”（weak theory）。我相信，它的回归是希望将政治的白噪声转变为某种集中但多态的东西。这种东西可以吸引人们朝向催生美好生活画面的事业中去，而这种画面从“政治感”领域中存在的松散的团结感里浮现。在日复一日令人筋疲力尽的实用主义中，这种“政治感”现在充盈了日常生活。

但是，这种政治情感直接性的幻想与本章开篇提到的总统式幻想有多大区别？同样有可能的是，这种通过在当下过程中吸收的方式，向更可持续的乐观主义的转变，可能只是新自由主义对政治感情内在脏器的重新编排，导致了问题的失焦，夸大了归属感的相对重要性。这种归属感与政体中分配资源、分摊风险和脆弱性的艰难问题有关。在更具包容性的流行想象出现的同时，地方主义和仇外情绪重新浮出政治地表是一个迹象，表明当下基础设施的压力是多么令人绝望地压倒一切，从环境到经济的分化与耗竭。

因此，我并不是毫无保留地倡导横向政治的替代方案，而是将

我对其乐观主义的乐观置于转型期的噪声中，并且是以这样一种方式，即它通过与一种环境联系起来，让我们对展演性民主活动的凝视慢下来。在这种环境中，团结不是来自确证“政治感”领域内是否还有潜能的焦虑，而是来自千方百计的求生过程，这一过程已经吸走了越来越多人的生活。当务之急是要从生存的境况中重塑“政治感”以及归属感本身的新语汇，这需要我们慎重地思考和讨论，在不久的将来，生存的基础应该是什么样子，而这就是我们正在创造的未来。

《残酷的乐观主义》主张，在国家—公民关系转换为另一种东
西的过程中——人们在一起创造生活时（当他们可以的时候）总是 263
会遇到和发明的东西，一种新的日常已经出现。以这种方式重塑日常生活，是拿传统的、古老的政治情感及其对象/场景的价值冒险。但这就是衡量当下僵局的意义：去看看在远离一个日渐衰微的美好生活的幻想的过程中，那些踌躇停顿、期期艾艾且隐隐作痛的东西是什么；产生一些更好的方法，来中介历史时刻的感觉，这种感觉在社会世界中被情感性地感觉到了，却尚未被定义，而这种感觉本应提供某种归属的舒适感。这样，就有可能想象一个潜在的此刻，可以不再产生过去所有那些惯常的附带损害。

按照齐泽克的说法，那种能量能够产生对拆解（undoing）世界并同时创造世界的持续承诺。而它也需要某种幻想来驱动其行动计划，来以“此刻可以变成的样子”的名义扭曲此刻。它需要一个超现实主义的情感层（afffectsphere），来对抗那已然存在的情感层，并使我们得以直面一个事实，即任何对此刻的诉求，都包含了与世界的锚定脱钩的血肉模糊的过程，也包含了对值得我们依恋的世界的乐观投射。所有有关大规模社会变革的“政治感”的情感悖论，

都从此刻的僵局中被言说，而这种僵局则从残酷的乐观主义的双重捆绑延伸而出。这种双重捆绑是，尽管有某种更好的美好生活的形象来维系你的乐观，但它也是难以使用的，并且它正威胁着要脱离那些已然失效的东西。

注 释

导论：此刻的情感

1. 在新自由主义经济和国家实践的兴起中形成的社会和文化形态的主体性问题已经产生了大量的文献。重点包括大卫·哈维（David Harvey）的《新自由主义简史》(*A Brief History of Neoliberalism*)、温蒂·布朗（Wendy Brown）的《边缘行走》(*Edgework*)、王爱华（Aihwa Ong）的《作为例外的新自由主义》(*Neoliberalism as Exception*)、鲍勃·杰普索（Bob Jessop）的《思索资本主义国家的未来》（*The Future of the Capitalist State*），以及西尔维娅·费德里奇（Silvia Federici）的诸多论著，包括《不稳定劳工》（*Precarious Labor*）以及《全球经济中劳动力的再生产》(*The Reproduction of Labour Power in the Global Economy*)。
2. 我在这里使用"不稳定"这个词，与同时出现的"不稳定"群体的全球政治运动相呼应。这场运动在美好生活的幻想破灭之时出现。这场运动寻求建立跨越范畴的联盟（跨地方、国家、阶级、法律、性向等）以反对日益萎缩的社会民主机构，迈向有效的、关怀的和有政治归属的新共同体，是我在这里追溯的更广泛意义上对僵局和调解状态的政治动员性的回应（更深入的关于不稳定生活和不稳定感的讨论，见第五章至第七章）。需要注明的是，我在这里讨论的"不稳定"（precarity）只与朱迪斯·巴特勒和其他文献讨论的"不稳定感"（precariousness）有间接的联系。巴特勒的用法是专指的，意味着"脆弱"（vulnerable），并不指涉欧洲、南美和美国文化迷因（meme）的政治动员。但从一定程度上说，我们都看到脆弱性被放大导致的感觉上的脆弱性是政治不正确的。从这个意义上而言，我们对政治主体性形成以及它们会如何变化的关注十分一致。

3. 感谢凯蒂·斯图尔特对原文的精简和重塑。
4. 斯里尼瓦斯·阿拉瓦穆丹（Srinivas Aravamudan）向本书贡献了这个表达。
5. 我的《失去感觉的凯瑞》（*Unfeeling Kerry*）一文提出，将“剧烈转型中历史化的此刻”这一概念视为一种文类——“僵局”。而《饥渴的》（*Starved*）一文则论证了性别场景中的即兴与自主性解体过程蕴藏的潜在的积极方面。
6. 阿兰·巴迪欧：《哲学宣言》（*Manifesto for Philosophy*），52–56。
7. 布莱恩·马苏米：“一个技术性的对象持续演化，但不超过其定义。它以明显的方式改变，但不足以被赋予一个新的名称。如果它确实超出它名义上的身份，那也是因为它变成了某种事件。新的东西在这个世界出现了。在某种非常特殊的情境中，一种新的特质闯入，使其重新成为一个有归属的‘情境’。‘更多的’已经来临。一种崭新的生活：更贴近现实。”马苏米：《太蓝：为扩展的实证主义配色》（*Too-Blue：Colour-Patch for an Expanded Empiricism*），183。
8. 德勒兹：《意义的逻辑》（*The Logic of Sense*），19。这种德勒兹式事件的讨论还见马苏米：《资本主义和精神分裂症用户指南》（*A User's Guide to Capitalism and Schizophrenia*），68–69；保罗·巴顿（Paul Patton）：《从内部看到的世界》（*The World Seen from Within*）。
9. 在《后现代主义》（*Postmodernism*）中，詹明信就历史进程的后现代情感厌恶的评价作肤浅的抨击已经成为一种惯例。第二章“直觉主义者”对情感的磨损和消退作了大量论证。这一节其实重新表述了我的论文《论以历史的方式感受》（*Thinking about Feeling Historical*）。
10. 吉奥乔·阿甘本：《无目的的手段》（*Means without End*）。
11. 雷蒙德·威廉斯：《马克思主义与文学》（*Marxism and Literature*），115–35。

12. 詹明信:《可见的签名》(*Signatures of the Visible*), 29。
13. 亨利·列斐伏尔:《节奏分析》(*Rhythmanalysis*), 38–45。
14. 斯坦利·卡维尔:《日常生活的诡异性》(*The Uncanniness of the Ordinary*) 和《维特根斯坦式事件》(*The Wittgensteinian Event*); 微依那·达斯(Veena Das):《生命与言辞》(*Life and Words*)。
15. 泰勒:《档案与剧目》(*The Archive and the Repertoire*)。基于角色的现实主义的延伸介绍可参见坎迪斯·沃格勒(Candance Vogler)的《故事的寓意》(*The Moral of the Story*)。
16. 我首先在《真实感觉的主体》(*The Subject of True Feeling*) 中论述了这一观点,后来在《女性的抱怨》中进一步阐发。也见卡琳·鲍尔(Karyn Ball) 在《创伤性概念》(*Traumatic Concepts*) 中的阐述。
17. 马尔库塞:《发达工业社会的攻击性》(*Aggressiveness in Advanced Industrial Society*), 256。
18. 对于情感(affect) 作为关于感官和感情(emotions) 的元心理活动的集合,而不发源于某种特定的地点的观点,安德烈·格林(André Green) 的《精神分析话语中的情感构造》(*The Fabric of Affect in the Psychoanalytic Discourse*) 提供了支持性分析。格林担心元心理学与现象学之间的冲突。而我认为,由于情感力量是由多种因素决定的,因此需要一种真正跨学科的意识、证据和解释的能力——它以极致的严谨和准确的原则追溯情感逻辑的聚合与离散,而不是简单地在专业的层面复刻某一学科。
19. 何塞·穆尼奥斯:《乌托邦漫步》, 1。
20. 加桑·哈格:《反对偏执的民族主义》, 9。
21. 吉尔·德勒兹和菲利克斯·加塔利(Félix Guattari):《认知、情感和概念》(*Percept, Affect, and Concept*), 163–99。
22. 马苏米:《情感事实的未来降生》(*The Future Birth of the Affective Fact*) 以及《虚拟的寓言》(*Parables for the Virtual*), 35–36。
23. 齐泽克:《无身体的器官》(*Organs without Bodies*)。

24. 特蕾莎·布伦南:《情感的传递》(*The Transmission of Affect*)。

25. 雷蒙德·威廉斯:《马克思主义与文学》(*Marxism and Literature*),132;《漫长的革命》(*The Long Revolution*),63。

26. 对这种未完成但全面的主体性和结构性的决定关系,弗朗哥“比弗”·贝拉尔迪(Franco“Bifo”Berardi)的《不稳定狂想曲》(*Precarious Rhapsody*)中有令人信服的论述。

27. 詹明信对历史的表达与形式审查的经典文章——《理论的意识形态》(*Ideologies of Theory*),第一卷。

第一章

1. 伊曼纽尔·根特(译注:Emmanuel Ghent,美国电子音乐作曲家、精神分析学家)对这句话的贡献是“投降”(surrender)一词。他认为这个词与“屈从”(submission)一词有着重要的性质上的差异。这种区别对本文讨论的被某事物吸收(absorbed)和被其主导(dominated)的区别有重要的意义。这里丹尼尔·斯特恩(译注:Daniel Stern,美国心理学家、精神分析学家)的术语“此时此刻”(the present moment),引入了一种对“此刻”的概念化,即它不仅是总处于失去和转瞬即逝的状态的一种阶段,而且是人们通过投射或进入空间的慢下来的阶段。根特:《受虐狂,屈从与投降》;斯特恩:《心理治疗与日常生活中的此时此刻》(*The Present Moment in Psychotherapy and Everyday Life*)。

2. 残酷的乐观主义的一些案例研究,参见托马斯·弗兰克(译注:Thomas Frank,美国政治分析家、历史学家、记者)的《堪萨斯怎么了》(*What's the Matter with Kansas*)以及迈克尔·华纳(译注:Michael Warner,美国文学评论家、社会理论家)的《“正常”的问题》(*The Trouble with Normal*)。

3. 芭芭拉·约翰逊:《呼语、激活与堕胎》。

4. 在这个场景中,约翰逊的讨论引起的一种可能的理解是拉康意义上“客体小 a”(object petit a)的缺席;但在很多方面,约翰逊关于修辞性主体间性的研究与米克尔·博尔奇-雅各布森（Mikkel Borch-Jacobsen）在《弗洛伊德式主体》（*The Freudian Subject*）里关于模拟依恋中投射的建构更接近。

5. 芭芭拉·约翰逊：《无言的妒忌》。
6. 关于对客体移情的忍受，参见杰西卡·本杰明（译注：Jessica Benjamin，精神分析学家）的《“怎样的天使会听到我?”》（‘*What Angel Would Hear Me?*’）。接受精神分析的人有着在某处被人发现和认可的执着，在解释这一点时，这篇精彩的论文也将正式的依恋的乐观主义本身与自我保护的欲望的情感并列。
7. 芭芭拉·约翰逊的《他们的眼睛看着上帝》（*Their Eyes Were Watching God*）中的“隐喻，转喻词，发声”（Metaphor，Metonym，Voice），以及“差异的阈限”（Thresholds of Difference）。
8. 芭芭拉·约翰逊：《带出 D. A. 米勒》（*Bringing Out D. A. Miller*）。
9. 参见利奥·贝尔萨尼（译注：Leo bersani，美国文学批评家、酷儿理论家）和亚当·菲利普斯（译注：Adam Phillips，英国精神分析学家）的著作《亲密》（*Intimacies*），以及蒂姆·迪恩的《无限亲密》（*Unlimited Intimacy*）。
10. 弗洛伊德：《哀悼与抑郁症》（*Mourning and Melancholia*），244。感谢托马斯·斯蒂林格（Tom Stillinger）在几十年前将它介绍给我。
11. “政治性抑郁”这个概念是从关于公共情感的工作坊讨论中浮现的，特别感谢 Ann Cvetkovich，Katie Stewart，Debbie Gould，Rebecca Zorach，and Mary Patten。
12. 伊芙·塞吉维克（译注：Eve Sedgwick，美国性别研究、酷儿理论家）：《教学/抑郁》（*Teaching/Depression*）。
13. 贝兰特：《美国女王去华盛顿》，222。
14. 阿什贝利：《无题》。此诗后来被修改为“法盲不是借口”（Ignorance of the Law Is No Excuse）。
15. 阿什贝利：《水印》（*Filigrane*）。

16. 邻居已经逐渐成为在不平等权力中，裁决亲密关系、承认和误认的复杂性的人物了。比如，琼·柯普洁（译注：Joan Copjec，美国文化理论家、精神分析学家）在《读我的欲望》（*Read My Desire*）（65–16）中对殖民/被殖民的邻里之间的移情（transferential）关系的分析；齐泽克：《爱邻居？算了谢谢！》（*Love The Neighbor? No Thanks!*）；艾米·亨普尔（译注：Amy Hempel，美国短篇小说家、记者）的小说《海滩镇》（*Beach Town*）。在这个故事中，为了逃避自己枯竭的生活，叙述者坐在后院偷听她的邻居与另一个女人的关于邻居被她的丈夫背叛和抛弃的对话。

17. 齐泽克：《激情——要正常的还是去咖啡因的？》（*Passion—Regular or Decaf?*）。

18. 马克思：《1844年经济学与哲学手稿》，162。

19. “的确，为何不去学习蜜蜂、蚂蚁和蜘蛛的智慧的学校？是怎样智慧的手教它们做理性无法教会我们的事？粗鄙的我们为鲸鱼、大象、单峰驼和骆驼这些大自然的杰作惊叹不已。我承认，这些都是她手下杰出的作品。但在这些精密的引擎下有更奇妙难解的数学；这些不起眼的公民的文明精巧地展现了其造物主的智慧。”布朗：《托马斯·布朗爵士文选》（*Sir Thomas Browne: Selected Writing*），15。其他著名的关于蜜蜂的论述，如维吉尔（Virgil）的，也可能是在这里获得的。

20. 布拉丁·科马克（Bradin Cormack）提示我，在与天堂决裂时，阿什贝利也与弥尔顿决裂了：见《失明若光明》（*On His Blindness*）一诗（译注：弥尔顿44岁失去视力）。该诗以“那些只是站立等待的同样为上帝侍奉”这句话结束。阿什贝利打破了弥尔顿对站立的描述：站立不再受上帝眼光的俯视，而是被“他”的“走来”接近。而这里的等待也在这时变得如此甘甜诱人，充满欲望，敞开且无所遮掩，与侍奉不再有丝毫关系。至于艾略特（Eliot），《圣灰星期三》（*Ash Wednesday*）中的名句这样写道：“因为我不再希望重新转身/因为我不再希望/因为我不再希望转身/觊觎这个人的天赋那个人的能量/我不再努力为得到这些东西努力/（为什么年迈的鹰还要展翅?）/为什么我要悲伤/那寻常的王朝消失了的威力？因为我不再希望重新知道……”有人可能也注意到本诗与西奥多·罗特克（Theodore Roethke）的诗《我认识一个女人》（*I Knew a Woman*）相似：“她的愿望多么美好！轻抚我的下颌/是她教我转、反转和站立/是她教我触摸，那起伏的雪肌/我温顺地轻咬着她递出的手/她是镰刀；而我，可怜的我，只是耙子/由于她的美丽，我来到她身后。”阿什贝利所有的修正都朝向一个激进的模式——美好的平静对某人而言，不意味着行动的反面，而是做合意的东西。

21. 整句话都值得一读：克洛伊喜欢奥利维亚……不要奇怪，不要脸红。让我们私下承认这类事情在我们的社会有时也会发生。有时女人喜欢女人。伍尔夫：《一间自己的房间》（*A Room of One' s Own*）。
22. 被事件捕获即变成主体的过程，其组织围绕对未知的忠诚。而这种未知通过事件的真理过程释放到可能性的领域（the field of possibility）。巴迪欧将爱的邂逅过程中真理的潜力与较少私人性的情感发作联系起来，包括变革性活动。巴迪欧：《伦理学》（*Ethics*），41，43，118。
23. 哈贝马斯：《公共领域的结构转型》，30–50。
24. 库特说到他哥哥的“杰弗里·霍尔德”式的笑声，将故事发生的时期定在20世纪70年代中期，那时候霍尔德因为在《生死时速》（*Live and Let Die*）中的角色和作为七喜的代言人而出名。
25. 约翰逊：《交换价值》，28–29。后文在文本中标注引用。
26. 根据牛津英语词典：“Chump change”：俚语（源于非裔美国人的用法），指少量或可以忽略不计的钱，零钱。
27. 关于工人能力和不健康之间的相关性，见第三章内容。
28. 关于黑人地形研究中心对20世纪70年代美国黑人大都市社区民族主义政治教育项目的重要性，参见尤瑟夫·努鲁丁（Yusuf Nuruddin）在美国黑人争取赔偿联合会（The National Coalition of Blacks for Reparations in America，NCOBRA）中的“赔偿的承诺与陷阱”。

29. 瑞曼:《曾经》,168。后文在文本中标注引用。

30. 德勒兹和加塔利:《什么是少数文学》,59-69。

第二章

1. 这里的“情感现实主义”(affective realism)指的是一种体裁,它涉及对历史性当下发生事件的直接性调节,但并不试图提供一个一般的,或具有历史独特性的关于情感现实主义的理论作为可编纂的审美模式。关于情感现实主义如何架构的精彩讨论可参见 Jernigan,“Affective Realism”;和 Flatley, *Affective Mapping*。关于现实主义缓存(realist cookie),参见 Proust.

2. Bergson, *Matter and Memory*.

3. 当然,在这里我总述的是一个世纪中关于拥有财产与主体隐私关系的研究。关于这种心理性和物质性的区分,Eagleton 的“Capitalism and Form”中有很好的简要的说明。分布式感觉(distributed *sensibilities*)的概念来自 Rancière, *The Politics of Aesthetics*. 对于在规范正统中,未来导向是一种监狱还是一种开放,Lee Edelman 的 *No Future* 和 José Muñoz 的 *Cruising Utopia* 中有不宣的争论。

4. 关于行动中情感的支配性和创造性的多元路径,可参见 Ahmed, *The Cultural Politics of Emotion*; Clough et al. , *The Affective Turn*; Muñoz, *Between Psychoanalysis and Affect*; Probyn, Blush; Staiger, Cvetkovich, and Reynolds, eds. , *Political Emotions*。

5. 前一个段落来自 Berlant,“Neither Monstrous nor Pastoral.”

6. Gould, Moving Politics.

7. Sontag,“The Way We Live Now.”此后在文中注释。

8. Harootunian,“Remembering the Historical Present.”

9. “Plane of immanence”是德勒兹和加塔利的概念,用来表达随着生活的推进产生的同化,嵌入和连续性。参见 *A Thousand Plateaus*.

10. 这里的“无论什么”来自乔治·阿甘本(Giorgio Agamben)的“存在,

总是重要的”（Bing-such, that it always matters）概念。正式的，非人的基点（&punctum）可以是任何人在某个社会中成员身份的道德基石，也是其值得爱的道德基石。“因此，无论什么特殊性（值得爱的点）都从来不是某事物的智慧，这个抑或那个品质，而仅仅只是对一种可理解性的理解（intelligence of an intelligibility）。”参见 *The Coming Community*, 2.

11. Lefebvre, *Rhythmanalysis*, 38-45.
12. “病理地理学”（Pathogeography）是 Mary Patten 和 Rebecca Zorach 为 Feel Tank Chicago 发明的术语，用来描述某一空间的情感温度，是情境主义术语“心理地理学”（psychogeography）的重造。参见 See http://www.pathogeographies.net. 这里，我更关注病理地图学，即情感的绘制。
13. 那么，有人可能会说，事件化一件事可能需要迫使其从对象（object）的状态（使用价值）转变为事物（thing）的状态（反抗性的，吸引人的谜题）。关于对象/事物的区分，参见 Bill Brown, “Thing Theory.” 福柯的事件化和历史性当下的概念，参见“What Is Enlightenment?”以及《知识考古学》（*The Archaeology of Knowledge*）全书。
14. 参见 Postone, “Lukàcs and the Dialectical Critique of Capitalism.” 94-98, 以及 *Time, Labor, and Social Domination*, 特别是第 186-25 页；以及 Harootunian, “Remembering the Historical Present.” “否认”（disavowals）使得日常变得可以忍受——齐泽克对这一点的谴责始于《意识形态的崇高客体》（*The Sublime Object of Ideology*）。
15. Lukàcs, *The Historical Novel*, 32, 38, 48, 58-63, 195-96.
16. Raymond Williams, *Marxism and Literature*, 132, and *The Long Revolution*, 63.
17. Jameson, *Postmodernism*, 10-11.
18. 参见 Berlant, *The Female Complaint*, 3-4. 全书为体裁作为一种情感合约（affectual contract）提供了更详尽的说明。

19. 参见 Rohy, "Ahistorical," 64–68. 我还想感谢 Benjamin Blattberg 与我分享"The Style of the So-Called Inanimate：Commodity Style in Sister Carrie and Pattern Recognition"这篇论文。与所有的对《模式识别》的批评一样，本文将小说中的过去与即将到来的未来联系起来，而不是将其作为此刻的诸种历史（histories）；吸引人的是，这篇文章还提出这部小说在非历史主义（作为内在的，文章认为是好的）和反历史主义（文章认为是意识形态）做出了区分，这种差异可能会有成果地转化为对其美学和历史的自我同时代性（self-contemporaneity）的概念化。

20. Jameson, *The Political Unconscious*, 6.

21. 同上，76.

22. Harootunian, "Remembering the Historical Present," 485.

23. Kristin Ross 对日常生活理论的历史虚空性的批评（及其与殖民主义的关系），参见 *Fast Cars*, *Clean Bodies*.

24. Massumi, "Too-Blue", 177–83.

25. 《直觉主义者》，此后在文中注释。

26. 《模式识别》，此后在文中注释。

27. 直觉主义似乎不是指与 L. E. J. Brower 有关的哲学研究；Whitehead 更可能与 Bergson 对话。

28. 这个简短的总结来自 Bob Altemeyer 的 *The Authoritarians*. 要追溯阿多诺以来的"威权人格"理论的发展，参见 Altemeyer 的引言。

29. Patricia Williams, *The Alchemy of Race and Rights*, 222.

30. Stewart, *Ordinary Affects*, 4.

31. Deleuze and Guattari, "Capitalism：A Very Special Delirium", 216.

32. 参见 Berlant, "Thinking about Feeling Historical."

33. 我完全尊重卡鲁斯的研究和主张，但我认为，就症候暗含的时间性想象而言，创伤与表征风格的关系远比 *Unclaimed Experience* 讨论的还要丰富。卡鲁斯后来的研究将后创伤生活可能伴随的创造性和美学的丰富性归结于生命的驱动力，由此从日常性中保留了创伤的自主性。这与我所论证的背道而驰。

34. 创伤时间性传统的相关分析，参见 Clough et al.，*The Affective Turn*，1–33.

35. Caruth，*Unclaimed Experience*，1–9.

36. Ruth Leys 指出了两类创伤症状，模拟性（mimetic）的和反模拟性（antimimietic）的，认为创伤对边界本身的破坏产生了一种持续的来回转变，在创伤主体被摧毁而产生症状（模拟的）和一种分离解体的状态（反模拟的）之间。我的分析明显在反模拟的侧面，但由于本书的关注点在于历史转型期间调谐剧情（dramas of adjustment）和过程主体性，创伤对例外逻辑的关注低估了在这些延伸的情节中出现的一系列反应模式。参见 Leys，*Trauma：A Genealogy*.

37. Phillips，"Freud and the Uses of Forgetting."

38. 围绕"9·11""坠落的人"的出现和压抑的历史细节，参见 Junod，"The Falling Man." 还可参考 DeLillo，*Falling Man*；以及关于"9·11"的纪录片：*The Falling Man*，dir. Henry Singer（2005）.

39. François，*Open Secrets*.

40. Fred Moten，*In the Break*，特别是第 63–122 页。

41. Spivak，"Forum：The Legacy of Jacques Derrida.""远距创作"（telepoesis）的概念出自德里达，*The Politics of Friendship*，32（英译修正为 teleopoiesis）。还可参见斯皮瓦克在"Harlem"（116）中对这个概念的使用。

第三章

1. 参见 Harvey，"The Body as an Accumulation Strategy." 将哈维的论述称为"好辩的"（polemical）不是要贬低他在理解资本生产性的破坏力上的深远贡献：在他的研究中，"好辩"是对精确性的呼吁，而不是要淹没其他的声音。

2. Mbembe，"Necropolitics，" 12. See Agamben，*Homo Sacer*，*Remnants of Aus-*

chwitz, and *State of Exception*.

3. See Sarat and Hussain, "On Lawful Lawlessness," 1307; see also Hussain, *The Jurisprudence of Emergency*.

4. 有关主权概念形而上学化（metaphysicalization）的相关讨论，参见 Balke, "Derrida and Foucault on Sovereignty." In "The Life and Times of Sovereignty". 对于时间化（temporalize）主权意味着什么，Daniel Morris 帮助我作了阐释和澄清。

5. See Bataille, *Literature and Evil*, 173; and *The Unfinished System of Nonknowledge*.

6. Foucault, "17 March 1976," 238-63.

7. 同上，243-44。根本上，福柯地方病和生命权力模型远比本章更为关注经由代表制国家实践实现的权力分配。

8. 比如，可参见主权概念在概念化社会性和公共性中的位置，Michael Warner 的 *Publics and Counterpublics* 全书对此都有讨论。在"Derrida and Foucault on Sovereignty"中，Balke 认为德里达在晚期作品中同样假设了在西方城邦及其个体的运作中，自我掌控（self-mastery）、自主（autonomy）和主权（sovereignty）之间形而上学的和根本的同一性。

9. 参见 Laclau, "Universalism, Particularism, and the Question of Identity," 107，以及，Gilroy, *Against Race*, 220, 230. 还可参见 Armstrong, *The Radical Aesthetic*, 236. 当代美国的反律法主义（antinomianism）活动表明，在那些本应受法律程序主义义务约束的人手中，那种貌似的，或对主权幻想性的臆想有多么强大。

10. 主体的未来先在性（future anteriority）是 Barthes 在 *Camera Lucida* 和 *A Lover's Discourse*，以及 Cornell 在 *The Imaginary Domain* 中讨论的"生命中的死亡"（Death-in-life）问题的核心。另外，将其作为一个问题，Lee Edelman 在 *No Future* 中讨论了这个模式的将来完成时状态。

11. 最早可见世界卫生组织 1998 年的档案，记录着公共领域对肥胖"嘲笑加威胁"状况的典型焦虑。现在，"全球肥胖"的问题在医疗和商业场所广为流传。比如，参见 Anderson，“Buzzwords du Jour”；Eberwine，“Globesity”；Blackman，“The Enormity of Obesity”；以及 *Journal of the American Medical Association* 和其他医疗期刊上的众多文章。新近的学术讨论，参见 Kulick and Meneley，“Introduction.”

12. 反意志（Anti-will）是 Patricia Williams 使用的极佳术语，指非常本能和充满食欲的大众性人格或集体性身份被其强迫性欲望所定义。Williams，*The Alchemy of Race and Rights*，219.
13. 有关基于精算数据的成熟论述，请参阅 National Center for Health Statistics（Centers for Disease Control and Prevention 的一个分支），“Prevalence of Overweight and Obesity Among Adults：United States，1999-2002”；美国疾控中心关于肥胖的通用网站：http：//www.cdc.gov；International Obesity Task Force，http：//www.obesite.chaire.ulaval.ca；几个世界卫生组织关于肥胖的报告，参见 http：//www.who.int/en；以及 Mokdad et al.，“The Spread of the Obesity Epidemic in the United States，1991-1998.”揭穿这些论点的论述，参见 Oliver，*Fat Politics*，and *Campos*，*The Obesity Myth*，以及 Richard Klein 极有预见性的，*Eat Fat*. 有关地缘政治相对化的论点，参见 Gremillion，“The Cultural Politics of Body Size.”
14. Dumm，A Politics of the Ordinary，10-49.
15. 弗朗索瓦·利奥塔式的“空间的时间化和时间的空间化”的一个很好的应用，见 Quick，“Time and the Event.”
16. Brennan，*The Transmission of Affect*.
17. 针对“事件”这个概念，弗朗索瓦·利奥塔、吉尔·德勒兹、让·吕克·南希、阿兰·巴迪欧和后弗洛伊德主义者都已经有了很多批判性的关注。他们都将事件当作一种激进的偶然经验。鉴于事件总是指向一种冲击性的经验，我同意这种看法。但是，除了弗洛伊德的“事后”（après-coup）和德勒兹的扰动（perturbation）概念之外，关注事件的理论家们都用极端和戏剧化的反基础主义（anti-foundational）语言

（如虚无、崩溃、破裂等），来描述冲击和影响，却忽视事件同时也是日常的、易忘的、迷人的、无聊的、无关紧要的或者微妙的。关于日常性和事件的展开讨论，参见本书导言。这里我的思考借助了詹明信关于体裁的研究，它启动了一种描述事件的方式，允许对事件的共鸣进行校准，以阐明不同的冲击印记（包括模糊的、无效的或者任何的变异）和更加难忘的情感经验的惯例。参见 Jameson，*The Political Unconscious*. 类似的观点，参见 Collins，“The Great Effects of Small Things”；Stewart，*Ordinary Affects*. 对历史性事件延续性的反思，见 Sewell，*Logics of History*.

18. 关于如何思考发达资本主义环境的时间性，有种观点侧重于自然意义上的环境和认识论意义上的环境，参见 Barbara Adam 精彩的 *Timescapes of Modernity*.
19. 在 19 世纪，它可能被称为病态。也就是说，死亡是一种生活方式，但在这个例子中，在慢性死亡中，重点是结构和经验的接合（articulation）。慢性死亡并不是定义一群仅仅患有相同疾病的个人，它描述的是被标记为衰亡的人群。感谢 Dana Luciano 对这一观点的贡献。
20. 更多关于情感的公众政治协奏中，反知识分子实用性的精算想象，参见 Berlant，“The Epistemology of State Emotion.”
21. 这样的描述指向否定性的生活方式，它在“相同”的时间制度或历史视野中滋长，与阿甘本对“无差别区域”（zone di indifferenza）的讨论形成呼应。无差别区域用来描述当代国家/全球法律制度下的政治生活中反律法主义（Agamben，*State of Exception*，23）。依从法律的话语和实践持续，重新神圣化了人类主体的权力的同时，也出现了法律被悬置的各种领域，否定权力保护的惯例，以保护理念本身。这不仅是一种国家实践的现象，也是以法律自由的名义，大众支持中止法律保护的现象。在阿甘本对这种区别叠加以致进入一种矛盾领域重要描述之中，问题是在赤裸生命（被包含的其实是被排除的）的概念中，持续的是一种结构主义。阿甘本过度领土化（overterritorializes）本质上充斥和混淆法律的时间性、象征性和不断扩大的半影（penumbra）。无差别的概念应该更强，以讨论民主实践中对自由/不自由、合法性及其所有正式和非正式方面进行划定的根本性否定。这个有关错置活动的论点与Talal Asad关于制度的虚伪性的讨论呼应。制度的虚伪用以在自由主义法律制度中，保障残酷和非常规的惩罚。Asad强有力地表明了看不见不意味着不被想起。参见Asad，“On Torture，or Cruel，Inhuman，and Degrading Treatment.”

22. Elizabeth Kolbert的“XXXL：Why Are We So Fat?”提供了至今为止关于这个危机演变展开的最佳的简史。Flegal et al. 提供了关于肥胖的最新数据——在2008年，有32%至35%的美国人处于极度肥胖的状态，但在2003—2004年，肥胖状况的增长速度趋于平缓。

23. 参见U.S. Congress，“Personal Responsibility in Food Consumption Act of 2005.”2004年3月在众议院提出并通过，参议院版本的汉堡包法案于2005年10月19日通过。关于这一事件的法律/文化解读，见Lithwick，“My Big Fattening Greek Salad.”

24. 关于执行营养教育的规范和法治的趋势，“公共利益科学中心”（The Center for Science in the Public Interest）有一个经常更新的数据页面：http：//www.cspinet.org. 至于对规范的考察，在早期，法式炸鸡受到了打击，这与“9·11”事件后右翼对传统欧洲的谩骂并没有关系。2005年，《纽约时报》上出现了一篇文章，惊呼炸薯条是美国15个月以上的所有儿童最常吃的蔬菜；这很快被一个有争议的说法所取代，即儿童时期食用炸薯条会导致成人乳腺癌的发病率增加；随后，又很快被迈克尔·波伦那代表良心和健康管理的口号取代：“吃东西，不要太多，主要得吃植物”。参见Tarkan，“Bananas? Maybe. Peas and Kale? Dream On”；Melanie Warner，“Cali-fornia Wants to Serve a Health Warning with That Order”；Rabin，“Study or No，Fries Are Still Bad News.”商界的回应，见Investors.com，“California's Low-Fact Diet”；Pollan，“Unhappy Meals”；De Noon，“Michelle Obama's Plan to End Childhood Obesity Epi-

demic."

25. 奥巴马政府的"Let's Move"项目涵盖了从园艺、锻炼到烹饪食谱和行动方案的方方面面，见 http：//www . letmove. gov。与前几届政府一样，其重点是通过一致的企业和机构的"合作"，改变消费习惯。见 http：//www. cdc. gov.

26. Oliver, Campos, and Klein，他们自己版本的冰冷事实与肥胖流行的"冰冷事实"作斗争。这些事实中的许多来自"脂肪活动家"（fat activists），他们对健康和疾病的定义提出了自己的反主流的分析。通过揭露性的语言，他们用丑闻的叙事淹没危机叙事。他们参与了话语性的和过程性的疾病历史建构，但其写作方式缺乏对其参与的细致理解。见 Oliver, *Fat Politics*; Campos, *Obesity Myth*; Klein, *Eat Fat*.

27. 参见世界卫生组织："Controlling the Global Obesity Epidemic"; MSNBC, " 'Globesity' Gains Ground as Leading Killer"; Dickson and Schofield, "Globalization and Globesity"; and Eberwine, "Globesity."

28. 除了广泛转载的博客"保姆国家解放阵线"（Nanny State Liberation Front）中的大量证据外（http：//nannystateliberationfront. net），雅各布·萨勒姆（Jacob Sullum）的一篇覆盖十多年、论证充分、有据可查的论战，追踪了与肥胖有关的保姆国家社会主义迷因的固化，见"Public Health vs. The Nanny State?"（2000），"The Link between Fat Ad Budgets and Fat Children"（2004），"An Epidemic of Meddling"（2007），"Fat Load：A Slimmer America Won't Save Taxpayers Money"（2009）. 同时，可参见注释 45。

29. 医学社会学和文化流行病学正在研究开创性新路径，将社会资本与其他与健康有关的不平等联系起来。但在思考正式与非正式健康意识形态和基础设施的关系方面，该领域还很年轻。总结性例子，见 Song, Son, and Lin, "Social Capital and Health,"; Muntaner 的一个更批判性的评论，"Commentary"，以及 Lynch and Smith, "Social Capital, Disorganized Communities, and the Third Way."

30. Davidson, "Unequal Burden," http://www.kaisernetwork.org.

31. 关于成瘾对能动性/意志幻想破坏的精彩分析，参见 Brodie and Redfield, eds. *High Anxieties*.

32. 参见 CNN, "Fat Americans Getting Even Fatter." Sturm, "Increases in Clinically Severe Obesity in the United States, 1986-2000." 英国类似情况的描述，见 Economic and Social Research Council, "Diet and Obesity in the UK." 这种趋势同样在青少年中被发现：见 Miech et al., "Trends in the Association of Poverty with Overweight among US Adolescents, 1971-2004."

33. 参见 Gardner and Halweil, "Underfed and Overfed." 亚健康超重的流行病特质在无数的地方被记录。参见研究综述 Kimm and Obarzanek, "Childhood Obesity"; Popkin, "Using Research on the Obesity Pandemic as a Guide to a Unified Vision of Nutrition"; Walker, "The Obesity Pandemic." 虽然，在全球城市、郊区背景中，日益增加的食物同质性让亚健康超重成为一个全球性医学关注，但与此同时，什么构成肥胖证据的规范却维持了严格的地方性。参见 Angier, "Who Is Fat?"

34. 关于美国食品政策和新自由主义市场实践（通常称为改革）对全球食品生产的地方性影响，已有大量文献。Lang 和 Heasman 的《粮食战争》（*Food Wars*）是对该领域的一个很好的一般性介绍。但要了解争论的具体内容，最佳的方式是阅读世界贸易组织和世界社会论坛会议关于粮食生产、政治、政策和后果的一系列报告，见 alternet.org; opendemocracy.org.

35. 每次我讲到本章所依据的东西时，就有人敏锐地指出，肥胖和超重是对生产性/资产阶级身体霸权以及白人阶级所推崇的美的抵抗形式。对此，我的反驳是，虽然许多日常行为形式，都可以被描述为一种阻挡、防御或攻击，但人们比这种定性所表明的东西更为模糊和不连贯。不管在什么情况下，吃和肥胖之间是有区别的，这两种活动都可以是非交流的姿态，或是脱离某一个时刻，又或是中断某一时刻的方式。追踪这种转变主体的活动需要相当不同的想象力，来想象充满抵抗和抗议概念的行动，除了一种变革性的幻想，还意味着什么。这个例子是我们对戏剧性的渴望的一种阻碍。所以，可能是像他们说的那样，并且有时候确实是那样——但绝大多数时候不是。

36. 关于欧洲国家和医学对身体的道德化的历史在食物上的体现，参见 Turner, “The Government of the Body.”

37. Hicks, “America on the Move.”

38. 参见 Surgeon General, “The Surgeon General's Call to Action to Prevent and Decrease Overweight and Obesity”; 稍后的关于他计划的修订，参见 USA Today, “Surgeon General: ‘Obesity Rivals Tobacco as Health Ill,’ ” 以及 CDC 近期的页面，http://www.cdc.gov. 大量的医疗文献回应了这一系列的实证性主张。比如，可参考 Manson et al. “The Escalating Pandemics of Obesity and Sedentary Lifestyle.”

39. Schlosser, Fast Food Nation, 242-43.

40. 肥胖和肥胖相关的疾病导致的泛代际的残疾的相关文献，通常集中于糖尿病和高血压。比如，可参见《纽约时报》关于糖尿病的头版系列报道：Urbina, Kleinfield, 以及 Santora, “Bad Blood,” 和 Scollan-Koliopoulos, “Consideration for Legacies about Diabetes and Self-Care for the Family with a Multigenerational Occurrence of Type 2 Diabetes.”

41. In Harvey, “The Body as Accumulation Strategy,” 103-4.

42. The National Depression Screening Day 的网站是 http://www.mentalhealthscreening.org. 同样，可参见 Jacobson, “The Epidemic of Obesity”; Shomon, “National Depression Screening Day Offers Public an Open Invitation to Learn about Treatment Options, Expectations”; 以及，Simon et al., “Depression and Work Productivity.”

43. 比如，可参考博客“Inquisition 21st Century”中反对将“道德恐慌”与肥胖流行对立起来的观点：http://www.inquisition21.com; 以及自由主义导向的卡托研究所（Cato Institute）网站上的 100 多篇文章

(www. catoinstitute . org)，标题诸如 “Obesity and ‘Public Health’?” “Fat Scare Leads to Government Girth” “What You Eat is Your Business” “Big Reasons for Fat Skepticism.” Rush Limbaugh 甚至将肥胖流行归咎于“左派”、福利国家和联合国，参见 Media Matters，“Limbaugh Blamed the Left for Obesity Crisis.”

44. 1996 年和 2002 年曾有过两次“世界粮食首脑会议宣言”。跨国合作(主要是在财政紧张的国家之间，但也包括美国)的相关档案可在联合国网站上找到：http：//www. un. org. 美国政府的讲话侧重于银行对创业项目的融资。2002 年的宣言明确承认，尽管在这些会议上为消除世界贫困投入了大量的资金、规划和良好的意愿，但在消除贫困方面没有取得任何进展。

45. 所有关于肥胖的统计数据都存在争议，尤其是关于儿童的数据。美国疾病控制和预防中心关于肥胖和超重的页面显示，2010 年全国百分比为 68%，但数据在肥胖和极端肥胖之间随意滑动。见 http：//www. cdc. gov。关于其实证数据的争论，The Journal of Clinical Endocrinology and Metabolism 89, No. 6 (June 2004) 关于肥胖流行病的特刊中有许多侧重于如何诊断和治疗儿童的辩论。特别是 Slyper，“The Pediatric Obesity Epidemic.” 这些医学界争论的文献也产生了一些流行文本，比如 Pick，“Slim Chance”；以及 Brown，“Well-Intentioned Food Police May Create Havoc with Children's Diets.” CDC 关于儿童肥胖的最新数据，可参见 http：//www. cdc. gov.

46. Brownell and Battle Horgen, Food Fight, 15; see also 23-24.

47. 关于恶劣的物质环境与肥胖增加之间的关系已有大量文献。例如，可参见 National Institute of Environmental Health Sciences 关于 Obesity and the Built Environment 的网站：http：//www. niehs. nih . gov.

48. Nestle and Jacobson, “Halting the Obesity Epidemic.”

49. 参见 U. S. Department of Health and Human Services, “Overweight and Obesity.” Daniel Zu 的 “Musings on the Fat City” 充满想象地展示了在城

市日常生活中思考与健康相关运动的问题。

50. Critser, Fat Land, 7.

51. 同上。

52. See Wise, "Collateral Damage."

53. 参见 Critser, Fat Land; Nestle, "Hunger in the United States"; 以及美国市长会议, "A Status Report on Hunger and Homelessness in America's Cities 2001." 关于食品安全危机是否越来越严重的反面观点（关于测量方法的争论), 参见 Nord et al. "Household Food Security in the United States, 2000." 这里重要指出的是, 在当代美国, 严重超重和大规模饥饿导致的大量的健康问题, 不是对立的状态或历史性矛盾, 而是怪异而反常的相互支撑。

54. 参见 Tilghman, "Obesity and Diabetes in African American Women." 以及, Freedman et al., "Racial and Ethnic Differences in Secular Trends for Childhood BMI, Weight, and Height"。

55. See Chang, "The Social Stratification of Obesity."

56. See Adams et al., "Overweight, Obesity, and Mortality in a Large Prospective Cohort of Persons 50 to 71 Years Old."

57. 有关女性饮食和流动模式的多种比较, 参阅 Sobal and Stunkard, "Socioeconomic Status and Obesity," and Lovejoy, "Disturbances in the Social Body." 以及, Chang, "U.S. Obesity, Weight Gain, and Socioeconomic Status"; Chang and Lauderdale, "Income Disparities in Body Mass Index and Obesity in the United States, 1971-2002"; 和 Chang and Christakis, "Income Inequality and Weight Status in US Metropolitan Areas." 单是 Chang 的研究, 就展现了当代肥胖指标关于阶级和种族论述的易变性。在"U.S. Obesity, Weight Gain, and Socioeconomic Status"一文中, 她认为与贫困相关的肥胖代表了对美国医疗保健的巨大挑战, 同时提出当前肥胖的增长率在不同的阶级和地域之间相差很大, 并且中产阶级非白人的肥胖增长率要比非白人穷人要高。但是, 在"Income Inequal-

ity"一文中，她和她的合作者提到，不同大城市地区经济不平等的程度，并不会特别影响个体肥胖的风险，除了对白人女性，她们一直将体型状态作为阶级跃升的手段。后一篇文章暗示美国的收入不平等没有产生与肥胖相关的健康问题；然而，"收入差异"隐含的意思是，个人收入与不健康的体重之间有着高度的关联，因为穷人确实更容易比其他人胖。对于美国体重相关的健康问题是否呈现为一种流行病，一个问题，或甚至是一种有趣的现象，有很多争论。而因果性和相关性之间的张力是导致如此多针锋相对的和方法上争论的原因。

58. 有关当前文献的有益总结，参阅 Brown，"Everyday Life for Black American Adults."虽然，寿命缩短的恐惧已被医疗界和大众媒体关注了很久，但目前就这种现象最清晰的流行病学作品是 Olshansky et al.，"A Potential Decline in Life Expectancy in the United States in the 21st Century."这个辩论还在继续。在 Stein，"Obesity May Stall Trend of Increasing Longevity，"发表不久，就出现了反驳性的观点：Gibbs，"Obesity，An Overblown Epidemic?"

59. See Logwood，"Food for Our Souls，"98.

60. 关于对脆弱人口的规训和道德化问题的一般讨论，参见 Gilliom，*Overseers of the Poor*；特别争论医疗方面的讨论，参见 Fitzpatrick，*The Tyranny of Health*。

61. 历史学和人类学关于吃的动机和规模的调查，参见 Gremillion，"The Cultural Politics of Body Size，"以及 Mintz and DuBois，"The Anthropology of Food and Eating."似乎不可能不将行为视作症候以及某种"更大"社会力量的凝结和错置，并且这种不可能性是极为显著的。作为案例的症候变成了历史领域的地图。它总是一种社会关系的表达。对持不同观点（将涉入当作一种自我悬置的活动）的民族志和观察性的材料，参阅 Shipler，*The Working Poor*，and DeParle，*American Dream.* 也可参见注释 38。

62. See Valverde，*Diseases of the Will.*

63. 我将摄入超过生存最低需要的热量作为一种思考横向能动性。在这样的用法和一些对这种能动性物质化的情景中，我拒绝以下的错误解释：将食欲的主体（人）描述为总是充分代表了他们的动机、欲望、感觉和体验，或甚至是这样渴望的倾向。对此谬误的精彩呈现，参见 Klein, *Eat Fat*。此书覆盖了所有所需的数据的和历史的材料，并坚称有一个超认识的历史行动者，在当下痴迷于饮食和脂肪。Probyn 的 "Eating Sex" 文笔优美，但以更悖论的方式呈现了这个观点。采用德勒兹和加塔利对性和食物的描述，Probyn 悖论性地论证了在过程性的感觉活动的集合中，吃作为一种"成为 x"（becoming-x）的表演性活动，对于正在进行的对主体的解构具有中心的作用。并且，食欲仍然是典型的自我发现、自我确认、身份和伦理的基础性场所。

64. 20 世纪 90 年代在欧洲兴起的"慢食"运动回应了本章详述的许多环境因素；联通对新自由主义农业政策的批判，它还将重组每日节奏的即兴创作转变为一种集体的项目，以清醒的存在方式，反抗焦虑的资本的即时生产。有关这一现象的精彩分析，见 Leitch, "Slow Food and the Politics of Pork Fat."

65. See Rubin, *Worlds of Pain*, and Heymann, *Forgotten Families*.

66. 人们可以用这种能动性的模式来谈论美国选民对选举权的自我剥夺（政治机构的慢性死亡），就像人们可以在不受主权推定的领域中，讨论消极能动的模式一样。同样，可参见本书第七章。

67. 这里感谢 Kris Cohen 提到鲍德里亚的观点。在写作本章之前，我并不知道"慢性死亡"这一术语的历史。鲍德里亚和巴塔耶的情景主义模式展现了资本主义主体的筋疲力尽，虽然这些确实共享了本章对当代社会身体发展障碍的分析，但它没有触及被多重因素决定的其他身体时间性状态，它也没有触及乐观主义的复杂性，而本章展开了这一点，Baudrillard, Symbolic Exchange and Death, 38-42，以及 Lotringer's "Remember Foucault" 为他们对这个概念的使用铺陈了一个极好的丰富的历史。

68. See, for example, Davis, Late Victorian Holocausts.

69. See, for example, *Notes from Nowhere*, *We Are Everywhere*; Sitrin, *Horizontalism*; Shukaitis et al., *Constituent Imagination*; Holmes, *Unleashing the Collective Phantoms*. 同时可参见第五章至第七章关于反资本主义活动的文献目录。

第四章

1. Sedgwick, Fat Art, Thin Art, 160. 本章原本是为纪念 Eve Kosofsky Sedgwick 而作。

2. 我这里的“乐句”同时参考了马克思的《路易·波拿巴的雾月十八日》（*The Eighteenth Brumaire of Napoleon Bonaparte*）和利奥塔的《异识》（*The Differend*）。在那里，“乐句”的概念形成音乐上的共鸣，是一种通过重复而产生的形式，看起来像是意义的起源和限度，而不是其场景；“异识”是超越了乐句的东西；在马克思那里，这是不能公开宣称的，因此也无处不在——它充斥于低俗快乐和日常规训/禁忌的暴力中。

3. 关键词“无意识幻想”（Phantasy），参见 Laplanche and Pontalis, *The Language of PsychoAnalysis*.

4. 就这个问题，可参见 Bersani, *The Freudian Body*; de Lauretis, *The Practice of Love*; Laplanche and Pontalis, “Fantasy and the Origins of Sexuality”; Rose, *States of Fantasy*; Žižek, “Remapping Ideology” and *Enjoy Your Symptom!*, 1–28, 165–93.

5. See Sedgwick, “The Beast in the Closet: James and the Writing of Homosexual Panic” and “Queer Performativity: Henry James's The Art of the Novel.”

6. See Adorno, “Television as Ideology.”

7. Sedgwick, “Paranoid Reading and Reparative Reading.”

8. Christopher Bollas 提出用“未曾想过的已知”（unthought known）来形容那些难以表达或未被表达的知识，那些人们用存在表达而不用语言表达的东西。参见 *The Shadow of the Object*.

9. 从 Elaine Hadley 的 *Living Liberalism* 那里，我认识到，对这种模式的自我反思和自我阐释的高估，是自由主义进程的主要效果，从密尔开始。同样，可参见 Lloyd and Taylor，*Culture and the State*.
10. See Eley，A Crooked Line.
11. See Sedgwick，Tendencies；Fat Art，Thin Art；and A Dialogue on Love.
12. 当然，到最后阿尔都塞式的“嘿，你!”和“等等!”之间的关系是辩证的。但这些言说风格并不是对立的，因为就组织主体的意义与欲望而言，它们分别标记了其的滞后（nachträglichkeit）。
13. 关于重复和惯例如何成为主体无定形的解药，参见 Bollas，*The Shadow of the Object*，以及 Sedgwick，*Epistemology of the Closet*；Bersani，*The Freudian Body*.
14. Jameson，*The Political Unconscious*.
15. Sedgwick，“The Use of Being Fat，” in *Fat Art*，*Thin Art*，15.
16. Berlant，The Queen of America Goes to Washington City，92.
17. Gaitskill，*Because They Wanted To*；*Two Girls*，*Fat and Thin*；and *Bad Behavior*. 其他相关的故事，包括“Suntan”和 Peter Trachtenberg，“Walt and Beth：A Love Story”；“Veronica”（现在已是一部完整的小说）；以及“Folksong.”随后关于《两个女孩，一胖一瘦》的所有参考文献将在文中引用。
18. 感谢 Howard Helsinger 就《微暗的火》的提示。这本小说充斥了重复，其文学历史需要另一个故事来专门讲述。
19. 关于“规范性亲密”（normal intimacy），参见 Berlant，“Introduction，” in *Intimacy*. 关于研究亲密的规范性案例，参见同一论文集中 Vogler，“Sex and Talk”。Vogler 对“更多亲密”的意识形态和对“更少亲密”貌似事实上的需求之间矛盾的讨论，对本文的非人格性的概念化至关重要。我们的研究路径与 Bersani 和 Phillips 讨论亲密的路径非常不同，他们关注的是“非个人性自恋”的更主观化的精神分析模式。
20. 弗洛伊德关于“女性气质”的文章认为，女性受虐狂的出现是由于女性对世界中和对世界本身的合理愤怒缺乏对应的制裁。许多当代女权主义理论都遵循这一路线，德勒兹的“Coldness and Cruelty”则没有，它基本没有想起女性。

21. 我指的是弗洛伊德所描述的，儿童在“去/来”游戏（fort/da game）中学会控制和失去控制的欲望（译注：“去/来”游戏是弗洛伊德讨论）。孩子的“失去”和“失而复得”一般可解读为一种讨价还价，这是任何主体为了维系一种观念都会进行的讨价还价。这种观念是，她/他在世界中的意义和延续性是她/他意志运作的结果。然而，自我通过形式原则回应偶然性的能力，不应该暗示主体“真的”是偶然的，并只以补偿的方式具有掌控性。每个位置，在无数次的重复中，都有其自己的快感。并且，房间里有着无数的可能性，玩耍的孩子也在其中增加着他的能力。

22. 在 Kafka：Toward a Minor Literature 中，德勒兹和加塔利谈到了文化少数化（cultural minoritization）作为一种霸权框架下的取代关系，以及一种理想集体规范内在的外在性的无位置（nonposition）。他们认为，通过吃，文化少数化取代言说和写作而重新运作。吃展现了一种取代关系，而这已经是一种社会事实了：它让嘴巴被塞满，所以无法被听到，除非是以一种扭曲的方式。

23. 在 Julia Kristeva 版本的卑贱（abjection）中，卑贱化的主体变成了一个流浪者，一个颓废者。就我对文本的解读而言，一个人不能拥抱自己的卑贱，因为那暗示了一种能力，可以拒绝将自己排除在人性之外。这就是主体化的从属概念（我是一种怎样的人）和去主体化概念（我不是一个人，我没有形式，我是一个否定性的存在）的区别。我在本文中一直强调，这些位置是不能同日而语的，但又是接近的，都在心理导向的主体性关系中被表达，也在一种非人格的主体性关系中被表达——至少在《两个女孩，一胖一瘦》中是这样，可能在别处也是如此。参见 Kristeva，*Powers of Horror.*

24. See Stewart，*A Space on the Side of the Road.*

25. See Bollas, *The Shadow of the Object*, 4.

26. Bersani and Dutoit, *Caravaggio's Secrets*.

27. Phillips, "On Composure."

28. 同上，44。

29. Phillips, "First Hates," 24.

30. 在这里我提到了我在其他地方提出的一个观点，反对将羞耻推定为性行为的主要影响（同性恋者所认同的东西）的论点。虽然我同意塞吉维克的观点，即主体的反应完全可能与之具体地相连（hardwired），但这对我而言并不重要，因为我认为呈现其场景的情感（affect）和感情（emotional）的白话的区别，和寻找分析主体情感剩余的方法同样重要。世界对主体的多重牵绊（以及世界对主体产生的情感），在关系和直觉的活动中被表达，却很少在精神分析和情感理论中得到体现。这些理论仍然倾向于视主体为一两个主导的经验渠道，因此常常无法描述意识形态、气氛、无意识、分心、矛盾感和注意力的多重决定机制——简而言之，主体在世界或任何一段插曲中定位的多种方式。参见 Sedgwick and Frank, "Shame in the Cybernetic Fold"; Warner, *The Trouble with Normal*; Berlant, "Thinking about Feeling Historical" and "Starved."

31. 这种一个男人引出女主人公自我疏离但兴奋的性暴力的故事，是盖茨基尔作品的重要主题。如："A Romantic Weekend," "An Affair, Edited," "Something Nice," and "Secretary," in *Bad Behavior*, and "The Blanket" and "The Dentist," in *Because They Wanted To*.

32. 在传统上，弗洛伊德式的"事后"（après-coup）被最初的创伤所结构，这创伤在后来的重复中获得其形式（比如童年的猥亵经历在后来的生活中产生症状，在看起来像非理性的病态恐惧发作之后出现）。我认为，在通常情况下，以及在这部小说中，这个关系反过来也一样适用。

33. Carolyn Steedman, *Landscape for a Good Woman*. 有时，这种区隔的存在

是批评家们想要如此，但这也是因为治疗文化的解释模式采取的是区隔的阶级表达。

34. Sedgwick and Frank, “Shame in the Cybernetic Fold,” and Sedgwick, “A Poem Is Being Written,” in Tendencies.

第五章

1. 参见“Belgium: Rosetta Plan launched to boost youth employment,” European Industrial Relations Observatory On-line.《罗塞塔》上映后不久，比利时启动了一项名为“罗塞塔计划”的法案，尝试为离开学校头六个月内失业的年轻人提供更多的就业机会。这个评论表明，电影对经济总体的不稳定状况和青年所面临的情况几乎不是虚构的，但这里罗塞塔被解读为有意愿、有能力但经济上不被承认的典范。
2. Camhi, “Soldiers' Stories: A New Kind of War Film.”
3. 在达内兄弟的下一部电影《他人之子》(2002) 中，学徒关系非人格性的乌托邦式潜力得到了极其复杂的呈现。
4. 该文的重点是劳动、亲属关系和孩子，这些都是达内兄弟影片中的事件场景；但《一诺千金》所特别阐述的体力劳动和性交易的全球流通绝不能被忽视，因为对全球市场中底层无产阶级移民劳工的矛盾态度通常不适用于对性交易的愤怒。这似乎更经常性地激起明确反对契约奴役、身体剥削以及实际或虚拟的奴役的道德讨论。比如，可参见总部设在日内瓦的非政府组织、国际移民组织制作的《移工》杂志。《移工》涵盖了许多生存危机，包括将移工定义为创伤。其最清晰呈现的时刻出现在关于儿童和年轻妇女性贩运的文章中（包括艺人瑞奇·马丁宣布成立一个名为“People for Children”的新组织，这源于他过去在印度遭到性奴役的经历)。
5. 参见 Kehr, “Their Method Is to Push Toward Moments of Truth.” 在这篇文章中，科尔访谈了达内兄弟，认为“虽然达内兄弟的电影属于严谨的自然主义，但它们都属于悬疑电影——尽管是指人物的悬念，而不是情节的。与其说是接下来会发生什么的问题，不如说是角色如何成功抵达，或者没有抵达一个行动的决定。”代际意义上的“性格悬念”在他们的电影中得到了体现：悬念是孩子们会如何行动，而不是大人们，后者已被混乱的欲望霸凌了。

6. Dumm, A Politics of the Ordinary, 1.

7. 凯瑟琳·拉比奥（Catherine Labio）认为，欧盟和新自由主义经济体制带来的转变，对当代比利时的结构和主体性的影响，与在法国或德国所能感受到的完全不同。她将这种转变归因于历史因素，例如比利时在非洲有着长久的殖民历史，但作为联邦制国家的历史相对较短。直到最近几十年，建立国家元文化的项目才开始；与此同时，就像在任何地方一样，这里贫富之间的阶级分化变得越来越严重。参见“Editor's Preface: The Federalization of Memory”; and Murphy, “Landscapes for Whom?”

8. 参见“Uncertainties of the Informal Economy: A Belgian Perspective,” European Industrial Relations Observatory On-line. 同样，关于跨国性的、极有问题的经济不稳定性和欧洲青年“不稳定”的精彩分析，参见 Mitropoulos, “Pre-cari-us?” 同样值得一说的是，达内兄弟在 21 世纪头十年的作品，包括《孩子》和《他人之子》，同样展现了 20 世纪 90 年代相同的“经济情感”的画卷。

9. Mbembe and Roitman, “Figures of the Subject in Times of Crisis,” 155.

10. Hardt and Negri, Empire, 290–94. See also Dyer-Witheford, “Empire, Immaterial Labor, the New Combinations, and the Global Worker.”

11. 关于资本主义如何在创造价值时摧毁生活，参见 Harvey, Spaces of Hope.

12. 罗塞塔对母亲虚假绅士风度拒斥，触及的是一个长久的关于工人阶级“体面”和“尊严”的话题。关于这种现象的经典学术讨论是 Peter Bailey, “Will the Real Bill Banks Please Stand Up?”。近期的分析和贡献，参见 Charlesworth, *A Phenomenology of Working-Class Experience*; Kiter Edwards, “We're Decent People”; Siegel, “The Failure of Condescen-

sion"; and Steedman, Landscape for a Good Woman.

13. Heymann, Forgotten Families.

14. 这种传递对更美好生活的渴望，就像当下不受个人失败或挫败的阻碍，也无须特定历史时刻经济、社会、政治地位的支持。所有主要的对家庭再生产的阶级分析都记录了这种渴望，从 Carol Stack 的 All Our Kin 到 David Shipler 的 The Working Poor. 同样，可参见注释 34 和 39。

15. Spivak, "Other Things Are Never Equal: A Speech."

16. Bert Cardullo 认为这个最终时刻是救赎性。在这个时刻，基督式的怜悯关系得到了表达。参见 "Rosetta Stone: A Consideration of the Dardenne Brothers' Rosetta."

17. "我们所选择的家庭"是 Kath Weston 用来探讨酷儿亲密关系创造性制度的术语。参见 *Families We Choose*.

18. 目前，"情境悲剧"（situation tragedy）越来越流行地用于对某种尴尬的美学流派命名，比如 BBC 的《办公室》或《黑爵士一世》。这种类型下的主人公的人物形象通常陷入绝望，但不是存在主义或英雄主义式的，而是资本主义制度下被日常生活压力塑造的绝望（不是经典意义上的主人公忙着应付的"日常生活"，而是情感管理为体验生存中结构性的偶然提供记录的日常生活）。"情境悲剧"在阿兰·摩尔和大卫·劳埃德的《V 字仇杀队》的反撒切尔主义的插曲"This Vicious Cabaret"中出现。这种类型将严酷的经济的效果与恐色情的政治结合起来，呈现在一个生活在灾难性时代的被震惊的身体政治上。这是一种麻木的但也意识到自己作为公众消亡的旁观者的经历；因为什么都没有解决，而且公众被卡在原地，反复观看自己的毁灭。这就是情景悲剧，而不是情节剧（melodrama）。摩尔和劳埃德并不陌生的反文化想象，将尖锐讽刺的魏玛式低俗颓废与对流行文化的热爱融合在一起。这两者都被认为可以容纳活力、对亲密和互惠性的渴望，以及无政府主义的生活乐趣。他们认为，这种乐趣永远不可能被蔓延或加速的法西斯主义和宪政危机彻底击败。这句话的直接上下文是"终于在 1998

年的演出！/情境悲剧！/肥皂润滑的宏伟剧目！/没有希望的悬念！/被淹了的画廊里的水彩画……”在BBC“肥皂润滑的宏伟剧目”《办公室》中，当大卫·布伦特，作为可能是最搞笑的好老板，终于从他幻想的地方被赶走，他一直待在车里、候诊室和长椅上，试图让什么事发生。当他强迫性地游荡在他旧的“游荡地”的时候，他变成了一个尴尬的形象，一个不能“不”暴露在他受挫的欲望中的人。因此每个人都可能会被放逐到一种社会性死亡的状态，没有工作，没有爱，并且越来越难保护自己不被附近知晓。

19. 马克·欧杰用超现代性的划期语言（periodizing language）来标记新自由主义的崛起。他认为“非地方”（商场、码头、医院）作为偶然经验发生的区域，是当代欧洲管理流民的典范。这将日常生活理论关于日常空间与主体生活的生产之间动态关系的概念复杂化了。他特别关注考量生活在某些社会空间对生活影响的必要性，这些空间扰乱了可理解性（intelligibility）和自我身份的价值和规范的基础性逻辑。我的主张强调情感的维度，即超现代性/新自由主义产生了情境悲剧，借此表达当今社会寻常普通的东西的代价是什么，以及任何基础性的地方变为非地方的可能性何在——在这些地方，任何无利于价值生产的人都突然且再一次地，变得显而易见。参见Augé，Non-Places.

20. “这个‘生活世界’不仅是个体的存在在实践上展开的场域；这是他们执行（exercise）存在的地方——也就是说，过他们的生活并面对他们死亡的形式。”Mbembe，On the Postcolony，15。在这里，针对反人权的生活概念，我们还可以探讨它的替代时间性（alternative temporalities）。正如在阿兰·巴迪欧的Ethics（14-15）中，个人获得主体性的能力，需要一种能超越呈现给他作为经验基础的现实的善的概念；或如乔治·阿甘本对亚里士多德式生活世界扁平时间性（flattened temporality）的概念。在这里，对模糊地带法律/特殊生命力（law/bios）的闪烁其词和临时化，构成了对社会归属感的正式理解，与普通生命力（zoe）形成对照。普通生命力是活着的事实，将活着的事物联系起来，并且，它不需要通过历史化来把世界合法化——这个世界围绕维系它的存在而组织起来。这个观点可以延伸到帕特里夏·威廉姆斯（Patricia Williams）极富远见的The Alchemy of Race and Rights（165）中，所提出的激进权利意识的观点。无论怎样，这里的重点是列举“执行存在”在历史和政治意义上，究竟意味着什么。阿甘本在他所有的作品中，都推崇普遍生命力，而不是特殊生命力，包括Means without End之后的著作。

21. “幻想贿赂”是詹明信的术语，用来描述资本主义，特别是商品类型（genres），为参与者提供的某种情感利益。参见“Reification and Utopia in Mass Culture,” 144.

22. 例如，最近在巴黎和迪拜发生的工人起义，揭露并利用了经济对温顺工人的依赖，迫使对方做出让步。但在很多情况下，罢工威胁到边缘工人本来就太过紧张的生存空间，而对剥削的更常见的回应是咬牙坚持，指望生活能够在被贫穷压垮的过程中建立起来，正如Shipler的*The Working Poor*，以及Heymann的*Forgotten Families*记录的那样。参见Fattah，“In Dubai, an Outcry from Asians for Workplace Rights”；Sciolino, Crampton, and de la Baume，“Not ’68, but French Youths Hear Similar Cry to Rise Up”；and Smith，“Four Ways to Fire a Frenchman.”

23. 此观点的历史，参见Coontz，*Marriage, A History*.

24. Habermas, The Structural Transformation of the Public Sphere, esp. 47–56.

25. 参见Berlant，“The Subject of True Feeling: Pain, Privacy, and Politics”；Povinelli, The Cunning of Recognition; and Markell, Bound by Recognition. 很多相关研究源于芝加哥大学的晚期自由主义项目（Late Liberalism project）。在上述研究中，没有哪一项认为情感承认从未成为边缘群体或被拒斥群体政治、经济和社会赋权的重要部分——它从来都是。但通常，从规模上讲，情感展演的强度与法律、财富分配、机构行政或社区规范性集体时间并不相匹配。

26. Butler, The Psychic Life of Power, 9.

27. Butler, Precarious Life, 27.

28. Ibid., 45–46.

29. Ibid., 26–27.

30. Ibid., 37–41.

31. Fairbairn, Psychoanalytic Studies of the Personality, esp. 59–151.

32. Bollas, "The Transformational Object."

33. On "technologies of patience," see Berlant, The Queen of America, 222.

34. Rubin 的 *Worlds of Pain* 和 Carol Stack 的 *All Our Kin* 为这种现象提供了经典分析；紧随其后的文献数量庞大。一项极好的文献综述是 Gorman 的"*Reconsidering Worlds of Pain*"，关注父母的痛苦而不是童年的阶级体验。这些研究关于作为再生产规范性幻想的防御性情感连接的是发现包含了多种求生的风格。这些发现被随后几十年关于工人阶级儿童和青年的民族志研究所完全证实。不同类型的代表研究包括 Bourdieu, et al., *The Weight of the World*; Hochschild, *The Managed Heart*; DeParle, *American Dream*; and Heymann, *Forgotten Families*.

35. Rubin, Worlds of Pain, xxv.

36. Ibid., 27–29.

37. Ibid., 27.

38. 在 *Landscape for a Good Woman* 一书中，Steedman 表现出了类似的矛盾心理、沉默和隐秘。这都是她在她的工人阶级家庭中对父母之爱的体验。

39. Wacquant, "Inside 'The Zone'", 156. 特别关注青少年群体的阶级社会底层生活与期许的规范性之间的裂缝的类似解读，参见 Connolly and Healy, "Symbolic Violence and the Neighborhood"; Kiter Edwards, "We're Decent People"; Lareau, Unequal Childhoods; and MacTavish and Salamon, "Pathways of Youth Development in a Rural Trailer Park."

40. 这段改写自 Berlant, "Compassion (and Withholding)," 8.

第六章

1. “不稳定性”的文献体量巨大，以下是一个代表性的、资料丰富的集合。See Berardi, “Precarious Rhapsody” and “The Insurgence of the European Precariat”; Neilson and Rossiter, “From Precarity to Precariousness and Back Again”; Grimm and Ronneberger, “Interview with Sergio Bologna”; The Invisible Committee, The Coming Insurrection; “Multitudes, Creative Organisation and the Precarious Condition of New Media Labour,” a special issue of Fibreculture 5 (2005): http://journal. fibreculture . org; Mute Magazine special issue “Precarious Reader” (2005), at http://www . metamute. org; the blogs “Understanding Precarity” at http://precariousunder standing. blogsome. com; Upping the Anti: A Journal of Theory and Action at http://uppingtheanti. org; and European Left at http://www. european-left. org; the journal Multitudes, at http://multitudes. samizdat. net/; and the Preclab, at http://www . preclab. net.
2. Agamben, The Coming Community, 64-66.
3. 关于理解情感（affect）中结构和经验的关系的一个更完善的论述，参见 Berlant, “Thinking About Feeling Historical.”
4. 关于当代“新波希米亚”经济的横向创作，参见 Lloyd, Neo-Bohemia; see also Sennett, The Corrosion of Character, and Ross, Nice Work if You Can Get It.
5. Loïc Wacquant 将“不稳定劳工”一词归功于 Droits Devants，一个与全球无证运动（global *sans-papiers* movement）有关的法国行动主义组织。参见 Wacquant, “Territorial Stigmatization in the Age of Advanced Marginality,” and Droits Devants. See also Neilson and Rossiter, “Precarity as a Political Concept.”
6. 我从斯图尔特·霍尔那里学到，我们需要创建一种分析性的基础设施（“没有保证”），以代表历史性当下被多因素决定的和开放的动态。参见 Stuart Hall: Critical Dialogues in Cultural Studies.

7. “不稳定的”，形容词。[<古典拉丁语，precarius，作为他人的恩惠，取决于拥有租赁权的他人（财产）意志的恩惠，不确定的、怀疑的、卑微恳求的（<prec-，prex 祈祷者，恳求（见 PRECES，名词）+ - {amac} rius -ARY suffix1）+ -OUS suffix. 与法语 précaire 对照，偏向或服务于（拥有权利，租赁权的）。另一个人（1336，出现中古法语的一个孤例中，做 precoire，后从 1585 开始），暴露在风险、不确定和不稳定中（1618）。第一个意思与较早的 PRECARY（形容词）对照。第三和第四个意思与 PRECATORIOUS（形容词）对照，以及早期的 PRECATORY（形容词）。] 1. 特殊用途，权利的、租赁权的等：另一个人享有的偏向其或服务于其；容易受到他人的意志和决定的影响。现在其他用法少见。特例，在涉及租赁权的专业术语中，来自 Oxford English Dictionary Online，s. v. “Precarious.”

8. Krueger，“Does the Financial Crisis Threaten Your Job?”

9. Hardt and Negri，Multitude，133-37，216-19，and Sennett，The Corrosion of Character.

10. See，for example，Precarias a la Deriva，“Bodies，Lies，and Video Tape：Between the Logic of Security and the Logic of Care.”

11. Rancière，Hatred of Democracy，The Politics of Aesthetics，and Disagreement；and Phillips，Equals.

12. 对继续阶级的结构和文化定义探讨的需要，特别参见 Eley and Nield，The Future of Class in History，139-201.

13. See Ross，Nice Work If You Can Get It.

14. “为时已晚”（belatedness）是当代生活存在主义的时间性吗？反稳定性的活动家通过要求一个更好的此刻，调整了资本主义式时间的规则。这如何可能？“紧迫”是当下的另一种体裁。当国家要求社会紧缩以支付资本主义的过渡，这些运动要求在工作、娱乐、亲密关系和安全之间建立更加民主的关系。

15. 关于这副怪相的一份经常更新的档案，参见 http：//topics. ny-

times. com. “Times Topics”板块上的“Foreclosures.”

16. Tsianos and Papadopoulos, “Precarity.”

17. Ahmed, Queer Phenomenology; Griggers, Becoming-Woman; Marks, Touch; Probyn, Blush; Weiss, Body Images.

18. Stewart, Ordinary Affects.

19. 阿甘本的方法模式（model of manner）将其看作一个典型的特殊性，但我关注的是一个阶级的适应。我将这作为回应一种正在进行的生活中集体感知到的故障的典型一般特征。参见 The Coming Community, 27-29.

20. Lefebvre, Rhythmanalysis.

21. Agamben, “Notes on Gesture,” 49-58.

22. Ibid., 51-53.

23. Brecht, “A Short Organum for the Theatre.”

24. See Patton, “The World Seen From Within.”

25. 本段基于 Berlant, “Starved” 的材料改写。

26. 在《我和拾穗者》中，阿兰，一个孤独的男人，每天步行数小时到城市，厌恶正统的生产计划和家庭生活，但非常乐意与人交谈，并向移民教授法语；让-拉普兰什，一个住在葡萄园里的精神分析学家和已婚男人，也许是在理论化那些我们之间作为乐观主义/依恋货币的复杂符号。然后是瓦尔达本人：完全乐于把她冷静的注意力放在周围的任何东西上，无论是否有另一个说话的人，她都会循环播放她的配音，同时寻找没有完全废弃的废物，从土豆到镜子。在《我和拾穗者》中，生活毕竟是被活过了：总是有更多的东西可以依恋，包括垃圾、猫，以及对瓦尔达来说，镜中她自己的脸。她引出一种引人注目的镜像节奏，这样她就从来不是一个人，而是一直与事物的存在讲话。与 Bordowitz 一样，她的僵局是由谈话、旅行、相遇和寻求坚持的扩散而产生的：她充满生命力（élan vital）的风格。她的好奇心和充满感性的捡拾不是一个情节，也不是叙事中的生命题词：它蔓延开来，它就在那里，而且十分可爱。但在这里，另一只鞋也掉了。整部影片的形态不禁指向当代生存经济中的不平等：从继承的东西那里获得的生活，从自己挣得的东西那里获得的生活，从国家提供的东西那里得到的生活，和从每日市场关停废弃那些无法售卖的剩下的东西那里建造的生活。即使在这里，在看起来像僵局中享受能力的民主分配中，拾荒和拾穗之间也有差别，这个故事也是历史性当下的情感故事，它被不平等分配的“自由时间”塑造，而这种时间被淡去的福利国家管理着。拾荒和拾穗者们的生活面临毁灭。那些拾荒—拾穗者们，在田野里寻找被挑剩下的、不要的土豆的农民，正在挨饿。土豆的事业比农民的生活更加繁荣兴旺。农民渴望的不是成为土豆，而是成为比土豆更好的存在，享受剩余而不是成为剩余。到处的拾荒—拾穗者们都无家可归，处于具身化“无用”的风险之中。瓦尔达所具身的拾荒者享受着艺术家的样子、现代主义弗兰纽斯的生活，只要一直流动，生活模式就不会受到威胁，尽管死亡已在地平线上隐约可见——作为知觉感性的悲剧结局。但对多数拾荒—拾穗者们而言，流离失所和无家可归并不是好奇心的隐喻。

27. Ehrenreich, Nickel and Dimed and Bait and Switch; Cottle, Hardest Times.

28. Barbier, “A Comparative Analysis of ‘Employment Precariousness’ in Europe.”

29. Jenkins, Employment Relations in France.

30. 其他强调氛围，关注当代资本主义磨损的见证式电影的编剧/导演包括：达内兄弟（参见第五章），Hooman Bahrani, Cristian Mungiu, Fatih Akin, Jiǎ Zhāngkē, Kelly Reichardt, Mike White, Courtney Hunt, and Debra Granik，以及有时候的 Michael Haneke，正如在 71 *Fragments of a Chronology of Chance*（1994）一样．在最近的“Neo-Neo Realism”中，A. O. Scott 试图定义这些电影人影片中的阶级见证模式。同样可参见，Higbee, “Elle est-où, ta place? The Social-Realist Melodramas of Laurent Cantet.”

31. Barbier, "A Comparative Analysis," 6. There are debates about the trente-cinq's effectivity, though. See Hayden, "France's Thirty-Five Hour Week."

32. 这时候阿诺夫人称呼其父亲为让-克劳德，但在演职员表中没有标记他的名字。

33. "新常态"迷因在乔治·布什（George W. Bush）任期大火，但现在似乎意味着需要进行调整，以适应金融和劳工部门的增长和安全标准的降低，以及需要应对市场、卫生和环境领域日益扩大的不稳定。参见 Carolyn Baum, "'New Normal' Tops 2009 List of Overused Phrases," http://www.bloomberg.com, and Paul Kedrosky's chart at "Infectious Greed," at http://paul.kedrosky.com.

34. 会议和当代时间的体裁，参见 Albert, Parecon.

35. 我从 Emily Shelton 的论文中，学到了如何理解隐秘生活。参见 Shelton, "My Secret Life."

36. 记录罗曼事件的网页，参见 http://jc.romand.free.fr.

37. 关于马克和洛丽，参见 TruTV, available at http://www.trutv.com/library/crime.

38. Hochschild, The Managed Heart and The Commercialization of Intimate Life.

39. Illouz, Cold Intimacies, especially 1-39. See also Ehrenreich and Sennett.

40. 参见 Cottle, Hardest Times, and Hochschild, The Managed Heart and The Commercialization of Intimate Life. 情感的语汇同样充斥着关于事业的政策文献，在这些地方，长期失业的群体被称为气馁的工人，同时被描述为一种经济的和情感的阶级。

41. Barbara Ehrenreich 指出，热情的生产也是美国失业白领的一个主要的表演性要求。参见 Ehrenreich, Bait and Switch, 230-46.

第七章

1. 参见 Bumiller, "Trying to Bypass the Good-News Filter." 另见布什总统和

肯尼亚总统姆瓦伊·齐贝吉的新闻发布会：http：//findarticles. com. 共和党全国委员会对“自由媒体过滤器”的部署，参见“GOP Seeks Donations to Get Bush Plans ‘Past the Liberal Media. ’ ”麦凯恩/佩林的竞选运动也在其对媒体的攻击中，注入了“绕过无良过滤器”和表演“政治直接性”的幻想。比如，佩林在与约瑟夫·拜登副总统的辩论中的发言：“甚至，我乐意回答这些尖锐的问题，如果没有主流媒体过滤器，告诉人们他们刚刚听到了什么。我更愿意就像刚才那样直接跟美国人民说话。”文稿可以在 CNN. Com 上找到。后来，佩林甚至在 Facebook 和 Twitter 上开通了每日真实声音的活动。早期关于奥巴马政府的新闻报道也频繁提到，总统绕开“媒体过滤器”的能力；“Organizing for America”组织经常大量发送总统及其下属的“私人化的”邮件给大众。

2. Serres, The Parasite; Attali, Noise.
3. 经典的“生动性”文献包括：Auslander, Liveness; Doane, “Information, Crisis, Catastrophe”; Feuer, “The Concept of Live Television”; Halttunen, Murder Most Foul; Phelan, Unmarked; Dolan, “Performance, Utopia, and the ‘Utopian Performative. ’ ” See also Berlant, “Live Sex Acts,” in The Queen of America.
4. See Berlant, “The Subject of True Feeling. ”
5. Hirschkind, The Ethical Soundscape, 22.
6. 关于亲密共同体“邻接政治”（juxtapolitical）本质的更多内容，参见 Berlant, The Female Complaint, 22.
7. Hirschkind, 9.
8. Stewart, Ordinary Affects.
9. 关于“政治”（警察、权力艺术）和“政治的”（代表不同人群、不同政见的领域和活动）之间的区别，见朗西埃，*Disagreement*，特别是第一章和第二章。关于“新常态”，可参见第六章“美好生活之后的僵局”。现在，由于记者们记录了紧急和情感扰乱之间深刻和混乱的关系，新常态中生存姿态的不连贯或“精神分裂症”已被冠以“新异常”。参见

Leonard, "The New Abnormal."

10. 不将性欲的传送记作一种生殖器的活动，而是一种嘴对耳的转变（将性欲看作是一种以头脑中专业知识为中介的话语），是福柯《性经验史》的一般性主题。将性欲看作从嘴到耳的特定譬喻，可在"The Confession of the Flesh"第218页中找到。
11. 参见 Berlant, The Female Complaint.
12. 长期以来，"听"一直是公共领域理论的核心，虽然它并不是一个话题或问题。例如，在 *Publics and Counterpublics* 一书中，迈克尔·沃纳（Michael Warner）将偷听作为质询公共性的来源的例子。
13. 值得注意的是，在阿尔都塞之后所有关于公共领域的讨论中，对政治的"偷听"都占据中心地位——Michael Warner 在"Public and Private", Publics and Counterpublics 中的例子在这里就是一个典范，将阿尔都塞在《意识形态和意识形态的国家机器》一书中关于询唤的阐述重新定位。虽然重点似乎始终是评估演说事件中的主权能动性，这种事件根据传统的政治流派组织世界。以类似思想思考的杰出例子，参见 Weinberger, "What I Heard about Iraq in 2005."
14. 我从 Melanie Klein 那里学到如何通过这种补偿模式思考，从 Eve Sedgwick 那里，更是强有力地学到了这一点。见 Klein and Rivière, *Love, Hate, and Reparation* and Sedgwick, *Touching Feeling*.
15. Farred, "A Fidelity to Politics."
16. "情感基础设施"一词得益于我与 Ruthie Gilmore 的交流；我在 http://supervalentthought.wordpress.com. 中详细阐述了这一概念。
17. Jordan, The Sturdy Oak. 关于无声演说体裁的完整历史尚未被书写。当代的参考文献包括：Anthony, Gage, and Harper, History of Woman Suffrage, vol. 6, 285, 386, 533; National American Woman Suffrage Association et al., The Handbook of the National American Woman Suffrage Association, 35, 43, 118; Oldfield, International Woman Suffrage, vol. 1, 68; Constable, "Women's Voiceless Speech"; Blatch and Lutz, Challenging

Years, 191–92. More recent historical references and discussions include: Baker, Votes for Women, 167; DuBois, Harriot Stanton Blatch and the Winning of Woman Suffrage, 153; Cohen, "The Impersonal Public Sphere"; and Southard, "Militancy, Power, and Identity." 反私刑的沉默游行在最近以及它存在的当时都被广泛记录。关于这次游行,《纽约时报》的报道发表于 1917 年 7 月 29 日。许多文档可以在哈莱姆(纽约黑人住宅区):1900~1940 的线上展览上找到, http://www. si. umich. edu. 美国各地都有关于无声抗议的模仿行动。参见 Wintz and Finkelman, Encyclopedia of the Harlem Renaissance, vol. 2, 751–752. 同样,还可以参见 Zangrando, The NAACP Crusade Against Lynching, 1909–1950, 37–38; Ellis, Race, War, and Surveillance, 129; and Jackson, "Re-Living Memories."

18. 一些关于这种先锋艺术传统特定特征的背景,参见 Rees, A History of Experimental Film and Video.

19. 关于 DIY 美学的一个导论性介绍,参见 Lupton, "Why DIY?"

20. 有关监控摄像的简史,请参见 Roberts, "All–Seeing Eye"; Abbas, "CCTV"; the article "Closed–Circuit Television" at http://www. absoluteastronomy. com; and Norris, McCahill, and Wood, "The Growth of CCTV." See also Norris, Moran, and Armstrong, Surveillance, Closed Circuit Television, and Social Control. 有关监控摄像艺术的精彩档案,参见 "The Video Art History Archive," at http:// www. arthistoryarchive. com; and the website "We make money not art," at http:// www. we–make–money–not–art. com. 未被明晰讨论的特定艺术家仍然有助于我对这一媒体的概括,包括: Heath Bunting, Irational, at http://www. irational. org; Sophie Calle, Two Works [with Fabio Balducci, Unfinished (video that absorbs Cash Machine) and Cash Machine (installation)] at http:// www. eai. org; The (in) security camera, an in stallation created in 2003 by Benjamin Chang, Silvia Ruzanka, and Dmitry Strakovsky at http://silvia-ruzanka. com/; David Claerbout, "Still, Moving," at http:// touching-

harmstheart. com; Darko Fritz, Self-Surveillance, at http: //darkofritz. net; Jill Magid, Evidence Locker, at http: //jillmagid. net; Norman, The Contemporary Picturesque; Shannon Plumb, Shannon Plumb: Behind the Curtain, at http: //www. aldrichart . org. 我还想向大家介绍哈里·希勒（Harry Shearer）在 2008 年总统竞选中的无声视频片段，名为“无声辩论”，网址为 http: //www. mydamnchannel. com

21. 马丹斯基的网站对此有着完备的记录：http: //www. madansky . com.

22. PSA 项目在全世界范围的艺术馆和艺术节进行展出，同时在 Sundance Channel 播放——一个美国的艺术电视频道。

23. 作为一种展演性体裁（performative genre），公益广告令人着迷的历史仍有待书写。它为国家及其相关系统与政治体之间的关系注入了直接性（immediacy）。公益广告是第二次世界大战（1941 年）期间在美国发展起来的，旨在为战争创造牺牲的欲望。其目的本身就是要生产一种对当下的意识，将当下作为一种持续进行的历史时刻，其轮廓受到无数个体主权的行动的影响。相关的基本档案，参见 Pimlott, “Public Service Advertising.” 以及 Fleegler, “‘Forget All Differences until the Forces of Freedom Are Triumphant.’”

24. 参见 Berlant, “Opulism.” See also Mazzarella, “The Myth of the Multitude.”

25. Asad, “On Torture, or Cruel, Inhuman, and Degrading Treatment.”

26. 有关举止、身份和阶级区隔，参见 Skeggs, “Ambivalent Femininities” and Class, Self, Culture.

27. Schneider, The Explicit Body in Performance.

28. Motevalli, “‘Video Sniffers’ Subverting Surveillance for Art.”

29. Deleuze, “Societies of Control” and “Postscript on the Societies of Control.”

30. Graham, “‘Every Passer-by a Culprit?’”

31. 我很感激，在与 Eduardo de Almeida 准备考试的过程中，我学到了思考匿名性。

32. 关于作为启发式现实主义题材的场景，参见 Taylor, The Archive and the Repertoire, 特别是第 53-78 页。因为有时候所有者是已知的，因此监控摄像机可能不是匿名的；但只要（a）看起来其镜头是无兴趣的、中立的和普通的；（b）录像中的人所变成的信息是匿名的；（c）它成为公共性基础设施的一个日常部分，作为已知处于雷达之外的雷达的时候，那么它就总是匿名的。

33. 更多关于“反恐战争”作为一种情感战争的讨论，参见 Berlant, “The Epistemology of State Emotion.”

34. 关于关塔那摩和阿布·格莱布监狱用声音折磨囚犯的记录流传甚广，必不可少的介绍见 Kusick, “Music as Torture/Music as Weapon,” and Shatz, “Short Cuts.”

35. Grassian, “Psychopathological Effects of Solitary Confinement.”

36. 从 Abbas, “Chen Danqing: Painting After Tiananmen”; and Yurchak, “The Cynical Reason of Late Socialism” 这里，我学会将喜剧视为一种与政治区隔却不分开的薄膜。齐泽克的整个职业生涯也是这种切近策略的测试，另见 Anna Tsing 半开玩笑的 “Inside the Economy of Appearances.”

37. Bergson, Laughter.

38. Rancière, Hatred of Democracy.

39. “红外线”团队的宣言可以在这里找到：http://www.ultrared.org.

40. 参见 Ultra-red, “Deadrooms: From the Death of Ambient Music to Listening Material,” at http://www.ultrared.org.

41. 一些“红外线”团队的样本，参见 http://www.myspace.com/publicrec.

42. Nyong’o, “I’ve Got You Under My Skin.”

43. 这里我指的是“异识”，是让-弗朗索瓦·利奥塔的《异识》中的术语，其通过不相称的不满、控诉和正义的语汇衡量权力。

44. 关于海德格尔概念（出现在《存在与时间》中）的介绍，参见 Inwood, A Heidegger Dictionary.

45. Berlant, "Uncle Sam Needs a Wife: Citizenship and Denegation," The Female Complaint, especially 161-67.

46. 下画线的部分标出了纪念牌上被遮住的文字:

谁是英雄?

他什么时候跟你说过他是英雄了吗?

他只是一个平易普通的人。

他就像所有人一样,有着一个普通的生活。

他什么时候跟你说过他是英雄了吗?

从他______孩子的礼物,

谁没有过______

在______像鹰一样翱翔或亮相

他什么时候跟你说过他是______

现在他永远不会得到______

47. 2004年3月21日,在芝加哥当代艺术博物馆,布拉德利在"死亡的观看:灾难与悲剧在塑造社区中的角色"工作坊中讨论了"艺术表达之地"的创作过程。

48. 这里的共同体概念,尚未通过规范性的筛选,而是在共时同步、特殊性和潜在团结中形成。它出现在政治理论的多重空间中,现在常与自治政治和新无政府主义联系在一起。参见本文的下一部分,以及 Nancy, The Inoperative Community; Agamben, The Coming Community.

49. 约翰逊告诉我,这个场景发生在联邦紧急事务管理局(FEMA)的预告片中。但这部作品中没有任何关于场景的背景:观看者要么需要本土知识,要么需要直面屏幕上情感性的、景观性的展现。

50. See Berlant, "The Subject of True Feeling," and *The Female Complaint*, especially "Poor Eliza."

51. 见 Graeber, *Fragments of an Anarchist Anthropology and Possibilities*;以及 Gibson-Graham, *A Postcapitalist Politics*. 我将他们聚焦为典范,但新无政府主义最广泛地体现在与美国有关的自治运动上,以及安东尼奥·

奈格里（Antonio Negri）在意大利更广范围的系列活动。例如，可参见 Virno, *A Grammar of the Multitude*, 以及 Berardi, *Precarious Rhapsody*. 我不认为这与齐泽克对德勒兹和朗西埃的回应中被贬低为“后政治”的混乱民主机器是相同的。更一般性的问题是，当与一个被政治塑造的国家相联系，与国家与警察的混同相联系，以及与政治诉求的中和相联系时，重塑政治是否需要从政治中撤出。这个问题在政治理论中仍然是一个有争议的议题。见 Žižek, *Violence*, and Rancière, *Disagreement*.

52. Gibson-Graham, “An Ethics of the Local,” 51.

参考文献

Abbas, Ackbar. "Chen Danqing: Painting After Tiananmen." *Public Culture* 8, no. 3(1996): 409–40.

Abbas, Niran. "CCTV: City Watch." In *London from Punk to Blair*. Edited by Joe Kerr, Andrew Gibson, and Mike Seaborne. London: Reaktion Books, 2003.

Adam, Barbara. *Timescapes of Modernity: The Environment and Invisible Hazards*. New York and London: Routledge, 1998.

Adams, Kenneth F., Arthur Schatzkin, Tamara B. Harris, Victor Kipnis, Traci Mouw, Rachel Ballard- Barbash, Albert Hollenbeck, and Michael F. Leitzmann. "Overweight, Obesity, and Mortality in a Large Prospective Cohort of Persons 50 to 71 Years Old." *New Eng land Journal of Medicine* 355, no. 8 (2006): 763–78.

Adorno, Theodor. "Commitment." Translated by Francis McDonagh. *New Left Review I*(1974): 87–88.

——. "Television as Ideology." In *Critical Models: Interventions and Catchwords*. Translated by Henry W. Pickford. New York: Columbia University Press, 1998.

Agamben, Giorgio. *The Coming Community*. Translated by Michael Hardt. Minneapolis: University of Minnesota Press, 1993.

——. *Homo Sacer: Sovereign Power and Bare Life*. Translated by Daniel Heller- Roazen. Stanford, Calif.: Stanford University Press, 1995.

——. *Means without End: Notes on Politics*. Translated by Vincenzo Binetti and Cesare Casarino. Minneapolis: University of Minnesota Press, 2000.

——. "Notes on Gesture." In *Means Without End: Notes on Politics*. Translated by Vincenzo Binetti and Cesare Casarino. Minneapolis: University of Minnesota Press, 2000.

——. *Remnants of Auschwitz: The Witness and the Archive*. Translated by Daniel Heller-Roazen. New York: Zone Books, 1999.

——. *State of Exception*. Translated by Kevin Attell. Chicago: University of Chicago Press, 2005.

Ahmed, Sara. *The Cultural Politics of Emotion*. Edinburgh: Edinburgh University Press, 2004.

——. *Promise of Happiness*. Durham, N. C.: Duke University Press, 2010.

——. *Queer Phenomenology: Orientations, Objects, Others*. Durham, N. C.: Duke University Press, 2006.

Albert, Michael. *Parecon: Life after Capitalism*. London: Verso, 2003.

Altemeyer, Robert. *The Authoritarians*. 2007. http://home.cc.umanitoba.ca/~altemey. Althusser, Louis. "Ideology and Ideological State Apparatuses." In *Lenin and Philosophy*. Translated by Ben Brewster. New York: Monthly Review Press, 1971.

Anderson, George. "Buzzwords du Jour: Prosumers, Metrosexuals, Globesity." *Retail Wire*, September 26, 2003. http://retailwire.com.

Angier, Natalie. "Who Is Fat? It Depends on Culture." *New York Times*, November 7, 2000: F1.

Armstrong, Isobel. The *Radical Aesthetic*. Oxford: Oxford University Press, 2000.

Asad, Talal. "On Torture, or Cruel, Inhuman, and Degrading Treatment." In *Social Suffering*. Edited by Arthur Kleinman, Veena Das, and Margaret Lock. Berkeley: University of California Press, 1997.

Ashbery, John. "Filigrane." The *New Yorker*, November 7, 2005: 89.

——. "Ignorance of the Law is No Excuse." *New York Review of Books* 51, no. 5(March 25, 2004). http://www.nybooks.com.

——. "Untitled." The *New Yorker*, November 7, 2005: 88.

Associated Press. "GOP Seeks Donations to Get Bush Plans Past the Liberal Media." *Editor & Publisher*, January 26, 2005.

Attali, Jacques. *Noise: The Political Economy of Music*. Translated by Brian Massumi. Minneapolis: University of Minnesota Press, 1985.

Augé, Marc. *Non-Places: Introduction to an Anthropology of Supermodernity*. Translated by John Howe. London: Verso, 1995.

Auslander, Philip. *Liveness: Performance in a Mediatized Culture*. New York: Routledge, 1999.

Badiou, Alain. Ethics: *An Essay on the Understanding of Evil*. Translated by Peter Hallward. Introduction by Slavoj Žižek. London and New York: Verso, 2001.

——. *Manifesto for Philosophy*. Translated by Norman Madarasz. Albany: State University of New York Press, 1999.

Bailey, Peter. "'Will the Real Bill Banks Please Stand Up?': Towards a Role Analysis of Mid-Victorian Working-Class Respectability." *Journal of Social History 12*, no. 3(1979): 336-53.

Baker, Jean H., ed. *Votes for Women: The Struggle for Suffrage Revisited*. New York: Oxford University Press, 2002.

Balke, Friedrich. "Derrida and Foucault on Sovereignty." *German Law Journal* 6, no. 1(January 2005). http://www.germanlawjournal.com.

Ball, Karyn. "Traumatic Concepts: Latency and Crisis in Deleuze's Evolutionary Theory of Cinema." In *Traumatizing Theory: The Cultural Politics of Affect in and Beyond Psychoanalysis*. Edited by Karyn Ball. New York: Other Press, 2007.

Barbier, Jean-Claude. "A Comparative Analysis of 'Employment Precariousness' in Europe." Paper presented at the Economic and Social Research Council's seminar "Learning from Employment and Welfare Policies in Europe," Paris, March 15, 2004. http://www.cee-recherche.fr.

Barthes, Roland. *Camera Lucida: Reflections on Photography*. Translated by Richard Howard. New York: Hill and Wang, 1981.

——. *A Lover's Discourse: Fragments*. Translated by Richard Howard. New York: Hill and Wang, 1978.

Bataille, Georges. Literature and Evil. Translated by Alastair Hamilton. London: Calder and Boyars, 1973.

——. *The Unfinished System of Nonknowledge*. Edited and introduction by Stuart Kendall. Translated by Michelle Kendall and Stuart Kendall. Minneapolis: University of Minnesota Press, 2001.

Baudrillard, Jean. "From the System to the Destiny of Objects." In *The Ecstasy of Communication*. Edited by Sylvère Lotringer. Translated by Bernard Schütze and Caroline Schütze. New York: Semiotext(e), 1987.

——. *In the Shadow of the Silent Majorities . . . Or the End of the Social and Other Essays*. Translated by Paul Foss, Paul Patton, and John Johnston. New York: Semiotext(e), 1983.

——. *Symbolic Exchange and Death*. Translated by Iain Hamilton Grant. Introduction by Mike Gane. London: Sage, 1993.

Baum, Carolyn. "'New Normal' Tops 2009 List of Overused Phrases." *Bloomberg*, December 22, 2009. http://www.bloomberg.com.

Benjamin, Jessica. "'What Angel Would Hear Me?': The Erotics of Transference." *Psychoanalytic Inquiry 14* (1994): 535–57.

Berardi, Franco "Bifo." "The Insurgence of the European Precariat." 2006. http://www.generation-online.org.

——. *Precarious Rhapsody: Semiocapitalism and the Pathologies of the*

Post-Alpha Generation. Edited by Erik Empson and Stevphen Shukaitis. Translated by Arianna Bove, Erik Empson, Michael Goddard, Giusppina Mecchia, Antonella Schintu, and Steve Wright. Brooklyn, N. Y.: Minor Compositions, 2009.

Bergson, Henri. *Laughter: An Essay on the Meaning of the Comic*. Translated by Fred Rothwell. New York: MacMillan, 1914.

——. 1912. *Matter and Memory*. Translated by Nancy Margaret Paul and W. Scott Palmer. New York: Zone Books, 1991.

Berlant, Lauren. *The Anatomy of National Fantasy: Hawthorne, Utopia, and Everyday Life*. Chicago: University of Chicago Press, 1991.

——. "Compassion (and Withholding)." In *Compassion: The Culture and Politics of an Emotion*. Edited by Lauren Berlant. New York: Routledge, 2004.

——. "The Epistemology of State Emotion." In *Dissent in Dangerous Times*. Edited by Austin Sarat. Ann Arbor: University of Michigan Press, 2005.

——. *The Female Complaint: The Unfinished Business of Sentimentality in American Culture*. Durham, N. C.: Duke University Press, 2008.

——. "Introduction." In *Intimacy*. Edited by Lauren Berlant. Chicago: University of Chicago Press, 2000.

——. "Neither Monstrous nor Pastoral, but Scary and Sweet: Some Thoughts on Sex and Emotional Performance in *Intimacies and What Do Gay Men Want?*" *Women & Performance: A Journal of Feminist Theory 19*, no. 2 (July 2009): 261-73.

——. "Opulism." SAQ 110, no. 1 (winter 2011), 235-42.

——. *The Queen of America Goes to Washington City: Essays on Sex and Citizenship*. Durham, N. C.: Duke University Press, 1997.

——. "Starved." SAQ 106, no. 3 (2007): 433-44.

——. "The Subject of True Feeling: Pain, Privacy, and Politics." In *Left Legalism/Left Critique*. Edited by Janet Halley and Wendy Brown. Durham, N. C.: Duke University Press, 2002.

——. "Thinking about Feeling Historical." *Emotion, Space, and Society 1* (2008): 4-9.

——. "Two Girls, Fat and Thin." In *Regarding Sedgwick*. Edited by Stephen M. Barber and David L. Clark. New York and London: Routledge, 2002.

——. "Unfeeling Kerry." *Theory and Event 8*, no. 2 (2005).

Berlant, Lauren, and Michael Warner. "Sex in Public." *Critical Inquiry* 24, no. 2 (winter 1998): 547-67.

Bersani, Leo. *The Freudian Body: Psychoanalysis and Art*. New York: Columbia University Press, 1990.

——. "Is the Rectum a Grave?" *October 43* (winter 1987): 197-222.

Bersani, Leo, and Ulysse Dutoit, eds. *Caravaggio's Secrets*. Cambridge, Mass.: MIT Press, 1998.

Bersani, Leo, and Adam Phillips. *Intimacies*. Chicago: University of Chicago Press, 2008.

Blackman, Stuart. "The Enormity of Obesity." The *Scientist* 18, no. 10 (May 24, 2004): 10. Blatch, Harriot Stanton, and Alma Lutz. *Challenging Years: The Memoirs of Harriot Stanton Blatch*. New York: G. P. Putnam's Sons, 1940.

Blattberg, Benjamin. "The Style of the So- Called Inanimate: Commodity Style in *Sister Carrie and Pattern Recognition*." Unpublished paper, 2007.

Bnet.com. "The President's News Conference with President Mwai Kibaki of Kenya." October 6, 2003.

Bollas, Christopher. *The Shadow of the Object: Psychoanalysis of the Unthought Known*. New York: Columbia University Press, 1987.

——. "The Transformational Object." In *The Shadow of the Object: Psychoanalysis of the Unthought Known*. New York: Columbia University Press, 1987.

Borch-Jacobsen, Mikkel. *The Freudian Subject*. Translated by Catherine

Potter. Introduction by François Roustang. Stanford, Calif. : Stanford University Press, 1988.

Bourdieu, Pierre, Alain Accardo, Priscilla Parkhurst Ferguson, and Susan Emanuel. The *Weight of the World: Social Suffering in Contemporary Societies*. Stanford, Calif. : Stanford University Press, 1999.

Brecht, Bertolt. 1949. "A Short Organum for the Theatre." In *Brecht on Theatre: The Development of an Aesthetic*. Edited and translated by John Willett. London: Methuen, 1964.

Brennan, Teresa. *The Transmission of Affect*. Ithaca, N. Y. : Cornell University Press, 2004. Brodie, Janet Farrell, and Mark Redfield, eds. High Anxieties: Cultural Studies in Addiction. Berkeley: University of California Press, 2002.

Brown, Bill. "Thing Theory." *Critical Inquiry* 28, no. 1 (autumn 2001): 1-22.

Brown, Debra J. "Everyday Life for Black American Adults: Stress, Emotions, and Blood Pressure." *Western Journal of Nursing Research 26*, no. 5 (2004): 499-514.

Brown, Harriet. "Well-Intentioned Food Police May Create Havoc with Children's Diets." *New York Times*, May 30, 2006.

Brown, Wendy. *Edgework: Critical Essays on Knowledge and Politics*. Princeton: Princeton University Press, 2005.

Browne, Sir Thomas. *Sir Thomas Browne: Selected Writings*. Edited by Claire Preston. New York: Routledge, 2003.

Brownell, Kelly, and Katherine Battle Horgen. *Food Fight: The Inside Story of the Food Industry, America's Obesity Crisis and What We Can Do about It*. Chicago: University of Chicago Press, 2004.

Bumiller, Elisabeth. "Trying to Bypass the Good- News Filter." *New York Times*, October20, 2003.

Butler, Judith. Bodies that Matter: On the Discursive Limits of "Sex." *New York*: Routledge, 1993.

——. *Gender Trouble: Feminism and the Subversion of Identity*. New York: Routledge, 1990.

——. *Precarious Life: The Powers of Mourning and Violence*. London: Verso, 2004.

——. *The Psychic Life of Power: Theories in Subjection*. Stanford, Calif.: Stanford University Press, 1977.

Camhi, Leslie. "Soldiers' Stories: A New Kind of War Film; Work as a Matter of Life and Death." *Village Voice*, November 3-9, 1999.

Campos, Paul. *The Obesity Myth: Why America's Obsession with Weight is Hazardous to Your Health*. New York: Penguin, 2004.

Cardullo, Bert. "Rosetta Stone: A Consideration of the Dardenne Brothers' Rosetta." *Journal of Religion and Film 6*, no. 1 (April 2002).

Caruth, Cathy. *Unclaimed Experience: Trauma, Narrative, and History*. Baltimore: Johns Hopkins University Press, 1996.

Cavell, Stanley. "The Uncanniness of the Ordinary." In In Quest of the Ordinary: *Lines of Skepticism and Romanticism*. Chicago: University of Chicago Press, 1994.

——. "The Wittgensteinian Event." *In Philosophy the Day after Tomorrow*. Cambridge, Mass.: Harvard University Press, 2006.

Center for Science in the Public Interest. "Menu Labeling," http://www.cspinet.org/menulabeling.

Centers for Disease Control and Prevention. "Childhood Overweight and Obesity" homepage. http://www.cdc.gov/obesity/childhood.

——. "Obesity" homepage.

Chang, Virginia W. "The Social Stratification of Obesity: Bodily Assets and the Stylization of Health." PhD diss. University of Chicago, 2003. AAT

3077046.

——. "U. S. Obesity, Weight Gain, and Socioeconomic Status." *CHERP Policy Brief 3*, no. 1 (fall 2005).

Chang, Virginia, and Nicholas A. Christakis. "Income Inequality and Weight Status in U. S. Metropolitan Areas." *Social Science & Medicine 61*, no. 1 (July 2005): 83-96.

Chang, Virginia, and Diane Lauderdale. "Income Disparities in Body Mass Index and Obesity in the United States, 1971-2002." *Archives of Internal Medicine 165*, no. 18(October 10, 2005): 2122-28.

Charlesworth, Simon J. *A Phenomenology of Working-Class Experience.* Cambridge: Cambridge University Press, 2000.

Cixous, Hélène. "The Laugh of the Medusa." Translated by Keith Cohen and Paula Cohen. *Signs 1*, no. 4 (summer 1976): 875-93.

Clough, Patricia Ticineto, et al. *The Affective Turn: Theorizing the Social.* Durham, N. C.: Duke University Press, 2007.

CNN. "Fat Americans Getting Even Fatter: Extreme Obesity is Ballooning in U. S. Adults." October 14, 2003.

Cohen, Kris. "The Impersonal Public Sphere." Unpublished paper, 2005. http://www.studioincite.com.

Collins, Douglas. "The Great Effects of Small Things: Insignificance with Immanence in Critical Theory." *Anthropoetics 8, no. 2* (fall 2002/winter 2003). http://www.anthropoetics.ucla.edu.

Connolly, Paul, and Julie Healy. "Symbolic Violence and the Neighborhood: The Educational Aspirations of 7-8 Year Old Working-Class Girls." *The British Journal of Sociology 55*, no. 4 (2004): 511-29.

Constable, Anna. "Women's Voiceless Speech." *New York Times*, January 5, 1913.

Coontz, Stephanie. *Marriage, a History: From Obedience to Intimacy, or*

How Love Conquered Marriage. New York: Viking, 2005.

Copjec, Joan. *Read My Desire: Lacan against the Historicists*. Cambridge, Mass.: MIT Press, 1994.

Cornell, Drucilla. *The Imaginary Domain: Abortion, Pornography and Sexual Harassment*. New York: Routledge, 1995.

Cottle, Thomas J. Hardest Times: *The Trauma of Long Term Unemployment*. Westport, Conn.: Praeger, 2000.

Critser, Greg. *Fat Land: How Americans Became the Fattest People in the World*. London: Penguin, 2003.

Cusick, Suzanne G. "Music as Torture/Music as Weapon." *TRANS Revista Transcultural de Música 10* (2006). http://redalyc.uaemex.mx.

Das, Veena. *Life and Words: Violence and the Descent into the Ordinary*. Berkeley: University of California Press, 2007.

Davidson, Patricia. "Unequal Burden." Paper given in Washington D. C. at the National Black Women's Health Project conference, April 11, 2003, www.kaisernetwork.org.

Davis, Mike. *Late Victorian Holocausts*: El Niño Famines and the Making of the Third World. New York: Verso, 2001.

Dean, Tim. *Unlimited Intimacy: Reflections on the Subculture of Barebacking*. Chicago: University of Chicago Press, 2009.

Debord, Guy. *The Society of the Spectacle*. Translated by Ken Knabb. London: Rebel Press, 1983.

de Lauretis, Teresa. *The Practice of Love: Lesbian Sexuality and Perverse Desire*. Bloomington: Indiana University Press, 1994.

——. "Statement Due." *Critical Inquiry* 30, no. 2 (winter 2004): 365–68.

Deleuze, Gilles. "Coldness and Cruelty." *In Masochism: Coldness and Cruelty, and Venus in Furs*. New York: Zone Books, 1991.

——. The Logic of Sense. Edited by Constantin V. Boundas. Translated by

Mark Lester and Charles Stivale. New York: Columbia University Press, 1990.

——. "Postscript on the Societies of Control." *October 59* (winter 1992): 3-7.

——. "Societies of Control." *L'autre journal*, no. 1 (May 1990).

Deleuze, Gilles, and Félix Guattari. "Capitalism: A Very Special Delirium." *In Hatred of Capitalism*. Edited by Chris Kraus and Sylvère Lotringer. New York: Semiotext(e), 2001.

——. *Kafka: Toward a Minor Literature*. Translated by Dana Polan. Minneapolis: University of Minnesota Press, 1986.

——. "Percept, Affect, and Concept." In *What Is Philosophy*? Translated by Hugh Tomlinson and Graham Burchell. New York: Columbia University Press, 1994.

——. *A Thousand Plateaus: Capitalism and Schizophrenia*. London and New York: Continuum, 1987.

——. "What is a Minor Literature?" *In Out There: Marginalization and Contemporary Cultures*. Translated by Dana Polan. Edited by Russell Ferguson et al. Cambridge, Mass.: MIT Press, 1990.

DeLillo, Don. *Falling Man: A Novel*. New York: Scribner, 2007.

De Noon, Daniel J. "Michelle Obama's Plan to End Childhood Obesity Epidemic: Goal; Cut Child Obesity From 20% to 5% by 2030." *WebMD Health News*, May 11, 2010.

DeParle, Jason. *American Dream: Three Women, Ten Kids, and a Nation's Drive to End Welfare*. New York: Viking, 2004.

Derrida, Jacques. *The Politics of Friendship*. Translated by George Collins. New York: Verso, 1997.

Dickson, Geoff, and Grant Schofield. "Globalization and Globesity: The Impact of the2008 Beijing Olympics on China." *International Journal of Sports Management and Marketing 1*, no. 1/2 (2005): 169-79.

Doane, Mary Ann. "Information, Crisis, Catastrophe." In *Logics of Television: Essays in Cultural Criticism*. Edited by Patricia Mellencamp. Bloomington: Indiana University Press, 1990.

Dolan, Jill. "Performance, Utopia, and the 'Utopian Performative.'" *Theatre Journal 53*, no. 3 (2001): 455–79.

Dubey, Madhu. *Signs and Cities: Black Literary Postmodernism*. Chicago: University of Chicago Press, 2003.

DuBois, Ellen Carol. *Harriot Stanton Blatch and the Winning of Woman Suffrage*. New Haven: Yale University Press, 1997.

Dumm, Thomas L. *A Politics of the Ordinary*. New York: New York University Press, 1999. Dyer- Witheford, Nick. "Empire, Immaterial Labor, the New Combinations, and the Global Worker." *Rethinking Marxism 13*, no. 3/4 (winter 2001): 70–80.

Eagleton, Terry. "Capitalism and Form." *New Left Review 14* (March/April 2002): 119–31.

Eberwine, Donna. "Globesity: The Crisis of Growing Proportions." *Perspectives in Health Magazine* 7, no. 3 (2002): 6–11.

Economic and Social Research Council. "Diet and Obesity in the UK."

Edelman, Lee. No Future: *Queer Theory and the Death Drive*. Durham, N.C.: Duke University Press, 2005.

Edwards, Margie L. Kiter. "We're Decent People: Constructing and Managing Family Identity in Rural Working Class Communities." *Journal of Marriage and Family 66*, no. 2 (May 2004): 515–29.

Ehrenreich, Barbara. *Bait and Switch: The Futile Pursuit of the American Dream*. New York: Henry Holt and Co., 2005.

——. *Nickel and Dimed: On (Not) Getting By in America*. New York: Metropolitan Books, 2001.

Eley, Geoff. *A Crooked Line: From Cultural History to the History of Society*.

Ann Arbor: University of Michigan Press, 2006.

Eley, Geoff, and Keith Nield. *The Future of Class in History: What's Left of the Social?* Ann Arbor: University of Michigan Press, 2007.

Ellis, Mark. *Race, War, and Surveillance: African Americans and the United States during World War I.* Bloomington: Indiana University Press, 2001.

European Industrial Relations Observatory. "Belgium: Rosetta Plan Launched to Boost Youth Employment." *European Industrial Relations Observatory On-line, November28*, 1999.

——. "Uncertainties of the Informal Economy: A Belgian Perspective." *European Industrial Relations Observatory On-line*, August 28, 1998.

Fairbairn, W. R. D. 1952. *Psychoanalytic Studies of the Personality.* London: Routledge, 1990.

Farred, Grant. "A Fidelity to Politics: Shame and the African-American Vote in the2004 Election." *Social Identities* 12, no. 2 (2006): 213-26.

Fattah, Hassan M. "In Dubai, an Outcry from Asians for Workplace Rights." *New York Times* March 26, 2006.

Federici, Silvia. "Precarious Labor: A Feminist Viewpoint." http://inthemiddleofthe whirlwind. wordpress. com.

——. "The Reproduction of Labour- Power in the Global Economy: Marxist Theory and the Unfinished Feminist Revolution." http://caringlabor. wordpress. com.

Feuer, Jane. "The Concept of Live Television: Ontology as Ideology." *In Regarding Television: Critical Approaches; An Anthology.* Edited by E. Ann Kaplan. Los Angeles: American Film Institute, 1983.

Fitzpatrick, Michael. *The Tyranny of Health: Doctors and the Regulation of Lifestyle.* London: Routledge, 2001.

Flatley, Jonathan. *Affective Mapping: Melancholia and the Politics of Modernism.* Cambridge, Mass.: Harvard University Press, 2008.

Fleegler, Robert L. "'Forget All Differences until the Forces of Freedom Are Triumphant': The World War II- Era Quest for Ethnic and Religious Tolerance." *Journal of American Ethnic History* 27, no. 2 (winter 2008): 59–84.

Flegal, Katherine, Margaret D. Carroll, Cynthia L. Ogden, and Lester R. Curtin. "Preva lence and Trends in Obesity among U. S. Adults, 1999–2008." *Journal of the American Medical Association 303*, no. 2 (2010): 235–41.

Foucault, Michel. "17 March 1976." Translated by David Macey. In *Society Must Be Defended: Lectures at the College de France*, 1975–76. Edited by Mauro Bertani et al. New York: Picador, 2003.

——. 1969. *The Archaeology of Knowledge and the Discourse on Language*. Translated by A. M. Sheridan Smith. New York: Pantheon, 1994.

——. "The Confession of the Flesh." Translated by Colin Gordon. In *Power/Knowledge: Selected Interviews and Other Writings 1972–1977*. Edited by Colin Gordon. New York: Pantheon Books, 1980.

——. 1978. *The History of Sexuality*, Vol. 1. Translated by Robert Hurley. New York: Vintage Books, 1980.

——. "Questions of Method." In *The Foucault Effect: Studies in Governmentality*. Edited by Graham Burchell, Colin Gordon, and Peter Miller. Chicago: University of Chicago Press, 1991.

——. "What is Enlightenment?" Translated by Catherine Porter. In *The Foucault Reader*. Edited by Paul Rabinow. New York: Pantheon Books, 1984.

François, Anne- Lise. Open Secrets: *The Literature of Uncounted Experience*. Stanford, Calif.: Stanford University Press, 2008.

Frank, Thomas. *What's the Matter with Kansas? How Conservatives Won the Heart of America*. New York: Metropolitan, 2004.

Freedman, David S., et al. "Racial and Ethnic Differences in Secular Trends for Childhood BMI, Weight, and Height." Obesity 14 (February 2006): 301–308.

Freud, Sigmund. 1917 [1915]. "Mourning and Melancholia." In Vol. 14 of *The Standard Edition of the Complete Psychological Works of Sigmund Freud*. Translated and edited by James Strachey. London: Hogarth, 1957. Hereafter S. E.

——. 1933. "Femininity." Lecture 33, *New Introductory Lectures*. In S. E. 22.

Gaitskill, Mary. *Bad Behavior*. New York: Vintage, 1988.

——. *Because They Wanted To*. New York: Scribner, 1997.

——. "Folksong." Nerve (1999). http://www.nerve.com/content/folk-song-1999.

——. "Suntan." Word, July 12, 1999. http://deadword.com/site/habit/suntan/index.html.

——. *Two Girls, Fat and Thin*. New York: Vintage, 1991.

——. "Veronica." POZ (August 1998).

Gaitskill, Mary, and Peter Trachtenberg. "Walt and Beth: A Love Story." Word, July 7, 1999. Previously available at http://www.word.com. Print copy in possession of author.

Gardner, Gary, and Brian Halweil. "Underfed and Overfed: The Global Epidemic of Malnutrition." *Worldwatch* (March 2000), http://www.worldwatch.org.

Ghent, Emmanuel. "Masochism, Submission, Surrender: Masochism as a Perversion of Surrender." *Contemporary Psychoanalysis 26*, n0. 1 (1990): 108-36.

Gibbs, W. Wayt. "Obesity, An Overblown Epidemic?" *Scientific American*, May 23, 2005. Gibson, William. *Pattern Recognition*. New York: Putnam, 2003.

Gibson- Graham, J. K. "An Ethics of the Local." *Rethinking Marxism 15*, no. 1 (2003):49-74.

——. *A Postcapitalist Politics*. Minneapolis: University of Minnesota Press, 2006. Gilliom, John. *Overseers of the Poor: Surveillance, Resistance, and the Limits of Privacy*. Chicago: University of Chicago Press, 2001.

Gilroy, Paul. *Against Race: Imagining Political Culture beyond the Color Line*. New York: Belknap Press, 2000.

Golding, Sue. "Curiosity." In *The Eight Technologies of Otherness*. Edited by Sue Goulding. New York and London: Routledge, 1997.

Gorman, Thomas J. "Reconsidering Worlds of Pain: Life in the Working Class(es)." *Sociological Review* 15, no. 4 (2000): 693–717.

Gould, Deborah B. *Moving Politics: Emotion and ACT UP's Fight against AIDS*. Chicago: University of Chicago Press, 2009.

Graeber, David. *Fragments of an Anarchist Anthropology*. Chicago: Prickly Paradigm Press, 2004.

——. *Possibilities: Essays on Hierarchy, Rebellion, and Desire*. Oakland, Calif.: AK Press, 2007.

Graham, Colin. "'Every Passer- by a Culprit?'" Third Text 19, no. 5 (September 2005): 567–80.

Grassian, Stuart. "Psychopathological Effects of Solitary Confinement." *American Journal of Psychiatry 140* (November 11, 1983): 1450–54.

Green, André. 1973. *The Fabric of Affect in the Psychoanalytic Discourse*. Translated by Alan Sheridan. New York and London: Routledge, 1999.

Gremillion, Helen. "The Cultural Politics of Body Size." *Annual Review of Anthropology 34* (October 2005): 13–32.

Griggers, Camilla. *Becoming-Woman*. Minneapolis: University of Minnesota Press, 1997. Grimm, Sabine, and Klaus Ronneberger. "Interview with Sergio Bologna: An Invisible History of Work." *Springerin 1* (2007).

Habermas, Jürgen. *The Structural Transformation of the Public Sphere: An Inquiry into a Category of Bourgeois Society*. Translated by Thomas Burger. Cambridge, Mass. : MIT Press, 1989.

Hadley, Elaine. *Living Liberalism: Practical Citizenship in Mid-Victorian Britain*. Chicago: University of Chicago Press, 2010.

Hage, Ghassan. *Against Paranoid Nationalism: Searching for Hope in a Shrinking Society*. Annandale, NSw, Australia: Pluto Press, 2003.

Halttunen, Karen. *Murder Most Foul: The Killer and the American Gothic Imagination*. Cambridge, Mass. : Harvard University Press, 2000.

Hardt, Michael, and Antonio Negri. *Empire*. Cambridge, Mass. : Harvard University Press, 2001.

——. *Multitude: War and Democracy in the Age of Empire*. Cambridge, Mass. : Harvard University Press, 2004.

Harootunian, Harry. *History's Disquiet: Modernity, Cultural Practice, and the Question of Everyday Life*. New York: Columbia University Press, 2000.

——. "Remembering the Historical Present." *Critical Inquiry* 33 (spring 2007): 471-94.

——. "Shadowing History: National Narratives and the Persistence of the Everyday." *Cultural Studies 18*, no. 2/3 (2004): 181-200.

Harvey, David. "The Body as an Accumulation Strategy." In *Spaces of Hope*. Berkeley: University of California Press, 2000.

——. *A Brief History of Neoliberalism*. New York: Oxford University Press, 2007.

——. *The Condition of Postmodernity: An Enquiry into the Origins of Cultural Change*. Cambridge, Mass. : Blackwell, 1989.

——. *Spaces of Hope*. Berkeley: University of California Press, 2000.

Hayden, Anders. "France's 35-Hour Week: Attack on Business? Win-Win Reform? Or Betrayal of Disadvantaged Workers?" *Politics and Society 34*, no. 4 (December2006): 503-42.

Hempel, Amy. "Beach Town." *In The Collected Stories of Amy Hempel.*

New York: Scribner, 2006.

Heymann, Jody. Forgotten Families: *Ending the Growing Crisis Confronting Children and Working Parents in the Global Economy*. New York: Oxford University Press, 2006.

Hicks, Bernard. "America on the Move: The National Health Campaign for 2003." *American Fitness* (January/February 2003).

Higbee, Will. "'Elle est- où, ta place?' The Social- Realist Melodramas of Laurent Cantet: *Ressources humaines and Emploi du temps*." French Cultural Studies 15 (2004): 235-50.

Hirschkind, Charles. The Ethical Soundscape: *Cassette Sermons and Islamic Counterpublics*. New York: Columbia University Press, 2006.

Hochschild, Arlie. *The Commercialization of Intimate Life*: *Notes from Home and Work*. Berkeley: University of California Press, 2003.

——. *The Managed Heart*: *Commercialization of Human Feeling*. Berkeley: University of California Press, 1983.

Holmes, Brian. *Unleashing the Collective Phantoms*: *Essays in Reverse Imagineering*. New York: Autonomedia, 2008.

Hussain, Nasser. *The Jurisprudence of Emergency*: *Colonialism and the Rule of Law*. Ann Arbor: University of Michigan Press, 2003.

Illouz, Eva. *Cold Intimacies*: *The Making of Emotional Capitalism*. Cambridge, U. K.: Polity Press, 2007.

Investors. com. "California's Low- Fact Diet."

The Invisible Committee. *The Coming Insurrection*. New York: Semiotext (e), 2009.

Inwood, Michael. *A Heidegger Dictionary*. London: Wiley- Blackwell, 1999.

Jackson, Phyllis. "Re-Living Memories: Picturing Death." *Ijele*: *Art Journal of the African World 5* (2002). http://www. africaresource. com.

Jacobson, Miriam. "The Epidemic of Obesity: The Costs to Employers and

Practical Solutions." Paper given at the Washington Business Group on Health Summit on Obesity, Cardiovascular Disease and Diabetes, December 5, 2002.

Jameson, Fredric. *The Geopolitical Aesthetic: Cinema and Space in the World System*. Indianapolis:Indiana University Press, 1992.

——. *Ideologies of Theory: Essays, 1971-1986. Vol. 1, Situations of Theory*. Minneapolis:University of Minnesota Press, 1988.

——. *The Political Unconscious: Narrative as a Socially Symbolic Act*. Ithaca, N. Y.: Cornell University Press, 1983.

——. *Postmodernism, or, The Cultural Logic of Late Capitalism*. Durham, N. C.: Duke University Press, 1991.

——. "Reification and Utopia in Mass Culture." *Social Text 1* (winter 1979): 130-48.

——. *Signatures of the Visible*. London: Routledge, 1992.

Jenkins, Alan. *Employment Relations in France: Evolution and Innovation*. New York: Kluwer Academic / Plenum Publishers, 2000.

Jernigan, Adam. "Affective Realism: Economies of Feeling in Postwar American Fiction." PhD diss. University of Chicago. Forthcoming.

Jessop, Bob. *The Future of the Capitalist State*. Malden, Mass.: Polity Press, 2002.

Johnson, Barbara. "Apostrophe, Animation, and Abortion." *Diacritics 16*, no. 1 (1986):26-47.

——. "Bringing Out D. A. Miller." *Narrative 10*, no. 1 (2002): 3-8.

——. "Metaphor, Metonym, Voice in *Their Eyes Were Watching God*." In A World of Difference. Baltimore: Johns Hopkins University Press, 1987.

——. "Muteness Envy." *In The Feminist Difference: Literature, Psychoanalysis, Race and Gender*. Cambridge: Harvard University Press, 1998.

——. "Thresholds of Difference: Structures of Address in Zora Neale Hurston." *In A World of Difference*. Baltimore: Johns Hopkins University Press,

1987.

Johnson, Charles. 1986. "Exchange Value." In *The Sorcerer's Apprentice: Tales and Conjurations*. New York: Plume, 1994.

Jordan, Elizabeth, ed. 1916–1917. The Sturdy Oak: A Composite Novel of American Politics. Columbus: Ohio State University Press, 1998.

Junod, Tom. 2003. "The Falling Man." Reprinted in Esquire, September 11, 2008.

Kedrosky, Paul. "Infectious Greed." http://paul.kedrosky.com.

Kehr, Dave. "Their Method Is to Push Toward Moments of Truth." *New York Times*, January5, 2003.

Kimm, Sue Y., and Eva Obarzanek. "Childhood Obesity: A New Pandemic of the New Millennium." *Pediatrics 110*, no. 5 (November 2002): 1003–7.

Kiter Edwards, Margie L. "We're Decent People: Constructing and Managing Family Identity in Rural Working- Class Communities." *Journal of Marriage and Family 66*, no. 2 (May 2004): 515–29.

Klein, Melanie, and Joan Rivière. *Love*, *Hate and Reparation*. New York: W. W. Norton and Co., 1964.

Klein, Richard. *Eat Fat*. New York: Pantheon, 1996.

Kolbert, Elizabeth. "XXXL: Why Are We So Fat?" *The New Yorker*, July 20, 2009. http://www.newyorker.com.

Kristeva, Julia. *Powers of Horror: An Essay on Abjection*. New York: Columbia University Press, 1982.

Krueger, Alan B. "Does the Financial Crisis Threaten Your Job?" *New York Times*, September29, 2008.

Kulick, Don, and Anne Meneley. "Introduction." *In Fat: The Anthropology of an Obsession*. New York: Tarcher/Penguin, 2005.

Labio, Catherine. "Editor's Preface: The Federalization of Memory." *Yale French Studies102* (fall 2002): 1–8.

Laclau, Ernesto. "Universalism, Particularism, and the Question of Identity." *In The Identity in Question*. Edited by John Rajchman. London and New York: Routledge, 1995.

Lang, Tim, and Michael Heasman. *Food Wars: The Global Battle for Mouths, Minds, and Markets*. London: Earthscan, 2004.

Laplanche, Jean, and J. B. Pontalis. "Fantasy and the Origins of Sexuality." *In Formations of Fantasy*. Edited by Victor Burgin, James Donald, and Cora Kaplan. London: Methuen, 1986.

——. *The Language of Psychoanalysis*. Translated by Donald Nicholson-Smith. New York: W. W. Norton and Co., 1967.

——. "Phantasy." In *The Language of Psycho-Analysis*. Translated by Donald Nicholson-Smith. New York: W. W. Norton and Co., 1967.

Lareau, Annette. *Unequal Childhoods: Class, Race, and Family Life*. Berkeley: University of California Press, 2003.

Lefebvre, Henri. *Rhythmanalysis: Space, Time and Everyday Life*. Translated by Stuart Elden and Gerald Moore. London: Continuum, 2004.

Leitch, Alison. "Slow Food and the Politics of Pork Fat: Italian Food and European Identity." *Ethnos* 68, no. 4 (December 2003): 437-62.

Leonard, Devin. "The New Abnormal." *Bloomberg Businessweek*, July 29, 2010.

"Let's Move" Initiative. http://www.letsmove.gov.

Leys, Ruth. *Trauma: A Genealogy*. Chicago: University of Chicago Press, 2000.

Lithwick, Dahlia. "My Big Fattening Greek Salad: Are French Fries the New Marlboros?" *Slate*, *August 14*, 2003.

Lloyd, David, and Paul Thomas. *Culture and the State*. London and New York: Routledge, 1998.

Lloyd, Richard D. *Neo-Bohemia: Art and Commerce in the Postindustrial*

City. New York and London: Routledge, 2005.

Logwood, Dyann. "Food for Our Souls." In *Body Outlaws: Young Women Write About Body Image & Identity*. Edited by Ophira Edut. Seattle: Seal Press, 1998.

Lotringer, Sylvère. "Remember Foucault." *October 126* (fall 2008): 3–22.

Lovejoy, Meg. "Disturbances in the Social Body: Differences in Body Image and Eating Problems Among African American and White Women." *Gender and Society 15*, no. 2 (April 2001): 239–61.

Lukàcs, Georg. 1962. *The Historical Novel*. Lincoln: University of Nebraska Press, 1983. Lupton, Ellen. "Why DIY?" *Design Writing Research*, August 2009.

Lyotard, Jean- François. *The Differend: Phrases in Dispute*. Translated by Georges Van Den Abbeele. Minneapolis: University of Minnesota Press, 1988.

MacTavish, Katherine A., and Sonya Salamon. "Pathways of Youth Development in a Rural Trailer Park." *Family Relations 55* (April 2006): 163–74.

Manson, JoAnn E., et al. "The Escalating Pandemics of Obesity and Sedentary Lifestyle: A Call to Action for Clinicians." *Archives of Internal Medicine* (February 9, 2004): 249–58.

Marcuse, Herbert. "Aggressiveness in Advanced Industrial Society." *Negations: Essays in Critical Theory*. Boston: Beacon Press, 1968.

Markell, Patchen. *Bound by Recognition*. Princeton: Princeton University Press, 2003. Marks, Laura U. *Touch: Sensuous Theory and Multisensory Media*. Minneapolis: University of Minnesota Press, 2002.

Marx, Karl. *Economic and Philosophical Manuscripts*. Translated by Gregor Benton, 1974. http://www. sozialistische- klassiker. org.

——. "The Eighteenth Brumaire of Napoleon Bonaparte." In *The Marx-Engels Reader*. Edited by Robert C. Tucker. 2nd ed. New York: Norton, 1978.

Massumi, Brian. "The Future Birth of the Affective Fact." Paper presented in Montreal at the conference "Genealogies of Biopolitics," 2005.

——. *Parables for the Virtual: Movement, Affect, Sensation*. Durham, N. C.: Duke University Press, 2002.

——. "Too-Blue: Color-Patch for an Expanded Empiricism." *Cultural Studies 14*, no. 2(April 2000): 253-302.

——. *A User's Guide to Capitalism and Schizophrenia: Deviations from Deleuze and Guattari*. Cambridge, Mass.: MIT, 1999.

Mazzarella, William. "The Myth of the Multitude, or, Who's Afraid of the Crowd?" *Critical Inquiry* 36, no. 4 (summer 2010): 697-727.

Mbembe, Achille. "Necropolitics." Translated by Libby Meintjes. *Public Culture 15*, no. 1(winter 2003): 11-40.

——. *On the Postcolony*. Berkeley: University of California Press, 2001.

Mbembe, Achille, and Janet Roitman. "Figures of the Subject in Times of Crisis." *In The Geography of Identity*. Edited by Patricia Yaeger. Ann Arbor: University of Michigan Press, 1996.

Media Matters. "Limbaugh Blamed the Left for Obesity Crisis." August 29, 2006.

Miech, Richard A., et al. "Trends in the Association of Poverty With Overweight among U. S. Adolescents, 1971-2004." *Journal of the American Medical Association 295*, no. 20 (May 24/31, 2006): 2385-93.

Milton, John. "On His Blindness." In The *Poetical Works of John Milton*, vol. 3. London: Bell and Daldy, 1866.

Mintz, Sidney W., and Christine M. Du Bois. "The Anthropology of Food and Eating." *Annual Review of Anthropology 31* (October 2002): 99-119.

Mitropoulos, Angela. "Precari- us?" *Mute*, January 9, 2006.

Mokdad, Ali H., et al. "The Spread of the Obesity Epidemic in the United States, 1991-1998." *Journal of the American Medical Association 282*, no. 16 (October 27, 1999): 1519-22.

Moore, Alan, and David Lloyd. V *for Vendetta*. New York: DC Comics, 1982–1985.

Morley, David, and Kuan-Hsing Chen, eds. *Stuart Hall: Critical Dialogues in Cultural Studies*. London and New York: Routledge, 1996.

Morris, Daniel. "The Life and Times of Sovereignty." Unpublished paper, 2002.

Moten, Fred. *In the Break: The Aesthetics of the Black Radical Tradition*. Minneapolis: University of Minnesota Press, 2003.

Moten, Fred, and Stefano Harney. "Policy." Roundtable: Research Architecture. http://roundtable.kein.org.

Motevalli, Golnar. "'Video Sniffers' Subverting Surveillance for Art." *Reuters*, May 27, 2008.

MSNBC. "'Globesity' Gains Ground as Leading Killer: Weight Problems Spreading to Even Poorest Countries." May 10, 2005.

Muñoz, José Esteban. *Cruising Utopia: The Then and There of Queer Futurity*. New York: NYU Press, 2009.

——, ed. "Between Psychoanalysis and Affect: A Public Feelings Project." In *Women and Performance 19*, no. 2 (2009).

Muntaner, Charles. "Commentary: Social Capital, Social Class, and the Slow Progress of Psychosocial Epidemiology." *International Journal of Epidemiology 33* (2004): 1–7.

Muntaner, Charles, John Lynch, and George Davey Smith. "Social Capital, Disorganized Communities, and the Third Way: Understanding the Retreat from Structural Inequalities in Epidemiology and Public Health." *International Journal of Health Services 31*, no. 2 (2001): 213–37.

——. "Social Capital and the Third Way in Public Health." *Critical Public Health 10*, no. 2 (June 2000): 107–24.

Murphy, Alexander B. "Landscapes for Whom? The Twentieth-Century Remaking of Brussels." *Yale French Studies 102* (2002): 190–206.

Nancy, Jean-Luc. *The Inoperative Community*. Translated by Peter Conner et al. Edited by Peter Conner. Minneapolis: University of Minnesota Press, 1991.

Nanny State Liberation Front. http://nannystateliberationfront.net.

National American Woman Suffrage Association, Harriet Taylor Upton, Susan Walker Fitzgerald, Hannah J. Patterson, Nettie Rogers Shuler, Justina Leavitt Wilson, League of Women Voters (U. S.). Congress. *The Handbook of the National American Woman Suffrage Association*. 1912.

National Center for Health Statistics. "Prevalence of Overweight and Obesity Among Adults: United States, 1999–2002."

Neilson, Brett, and Ned Rossiter. "From Precarity to Precariousness and Back Again: Labour, Life and Unstable Networks." *Understanding Precarity*, July 31, 2006.

——. "Precarity as a Political Concept, or, Fordism as Exception." *Theory, Culture, and Society 25 (2008)*: 51–72.

Nestle, Marion. "Hunger in the United States: Policy Implications." *In Food: A Reader*. Edited by Carole M. Counihan. New York and London: Routledge, 2002.

Nestle, Marion, and Michael F. Jacobson. "Halting the Obesity Epidemic: A Public Health Policy Approach." *Public Health Reports 115* (January–February 2000): 12–24.

New York Times. "Negroes in Protest March in Fifth Avenue." *New York Times*, July 29, 1917.

Nietzsche, Friedrich. *On the Genealogy of Morals*. Edited by Walter Kaufmann. New York: Vintage, 1967.

Nord, Mark, et al. "Household Food Security in the United States, 2000." *Food Assistance and Nutrition Research Report*, no. 21. Washington, D. C.: US-

DA, Economic Research Service, 2002. http://www. ers. usda. gov.

Norman, Nils. *The Contemporary Picturesque*. London: Book Works, 2000.

Norris, Clive, Mike McCahill, and David Wood. "The Growth of CCTV: A Global Perspective on the International Diffusion of Video Surveillance in Publicly Accessible Space." *Surveillance and Society 2*, no. 2/3: 110–35.

Norris, Clive, Jade Moran, and Gary Armstrong. *Surveillance, Closed Circuit Television, and Social Control*. Aldershot, U. K.: Ashgate, 1998.

Notes from Nowhere. *We Are Everywhere: The Irresistible Rise of Global Anti–Capitalism*. London: Verso, 2003.

Nuruddin, Yusuf. "The Promises and Pitfalls of Reparations," http://www. ncobra. org. Nyong'o, Tavia. "I've Got You Under My Skin: Queer Assemblages, Lyrical Nostalgia and the African Diaspora." *Performance Research 12*, no. 3 (2007): 42–54.

Oldfield, Sybil, ed. 1912–1913. *International Woman Suffrage: Jus Suffragii*, 1913–1920. Vol. 1. London: Routledge, 2003.

Oliver, J. Eric. *Fat Politics: The Real Story Behind America's Obesity Epidemic*. New York: Oxford University Press, 2006.

Olshansky, S. Jay, et al. "A Potential Decline in Life Expectancy in the United States in the 21st Century." *New Eng land Journal of Medicine 352*, no. 11 (March 17, 2005): 1138–45.

Ong, Aihwa. *Neoliberalism as Exception: Mutations in Citizenship and Sovereignty*. Durham, N. C.: Duke University Press, 2006.

Palin, Sarah, and Joseph Biden. "Transcript of Palin, Biden Debate." October 2, 2008. http://www. cnn. com.

"Partnership for a Healthier America." http://www. ahealthieramerica. org.

Patton, Paul. "The World Seen from Within: Deleuze and the Philosophy of Events." Theory and Event 1, no. 1 (1997).

Phelan, Peggy. *Mourning Sex: Performing Public Memories*. New York:

Routledge, 1997.

——. *Unmarked: The Politics of Performance*. New York: Routledge, 1993.

Phillips, Adam. Equals. New York: Basic Books, 2002.

——. "First Hates: Phobias in Theory." *In On Kissing, Tickling, and Being Bored: Psychoanalytic Essays on the Unexamined Life*. Cambridge, Mass.: Harvard University Press,1993.

——. "Freud and the Uses of Forgetting." *In On Flirtation: Psychoanalytic Essays on the Uncommitted Life. Cambridge, Mass.*: Harvard University Press, 1994.

——. "On Composure." *In On Kissing, Tickling, and Being Bored: Psychoanalytic Essays on the Unexamined Life*. Cambridge, Mass.: Harvard University Press, 1993.

Pick, Grant. "Slim Chance." *Chicago Tribune Magazine*, April 25, 2004: 12-17, 26.

Pimlott, J. A. R. "Public Service Advertising: The Advertising Council." *Public Opinion Quarterly 12*, no. 2 (1948): 209-19.

Pollan, Michael. "Unhappy Meals." *New York Times*, January 28, 2007. http://www. nytimes. com.

Popkin, Barry M. "Using Research on the Obesity Pandemic as a Guide to a Unified Vision of Nutrition." *Public Health Nutrition 8*, no. 6 (September 2005): 724-29.

Postone, Moishe. "Lukàcs and the Dialectical Critique of Capitalism." *In New Dialectics and Political Economy*. Edited by Robert Albriton and John Simoulidis. London:Palgrave, 2003.

——. *Time, Labor, and Social Domination: A Reinterpretation of Marx's Critical Theory*. Cambridge and New York: Cambridge University Press, 1993.

Potamianou, Anna. *Hope: A Shield in the Economy of Borderline States*.

London and New York: Routledge, 1997.

Povinelli, Elizabeth A. *The Cunning of Recognition: Indigenous Alterities and the Making of Australian Multiculturalism*. Durham, N. C. : Duke University Press, 2002.

Precarias a la Deriva. "Bodies, Lies, and Video Tape: Between the Logic of Security and the Logic of Care." Diagonal (February 2005). http://www.chtodelat.org.

Probyn, Elspeth. Blush: *Faces of Shame*. Minneapolis: University of Minnesota Press, 2005.

——. "Eating Sex." *In Carnal Longings: FoodSexIdentities*. London: Routledge, 2000.

Proust, Marcel. 1913. *Swann's Way*. Translated by Lydia Davis. New York: Viking Press, 2003.

Quick, Andrew. "Time and the Event." Cultural Values 2, no. 2/3 (April 1998): 223-42.

Rabin, Roni. "Study or No, Fries Are Still Bad News." *Newsday*, September 20, 2005.

Rancière, Jacques. *Disagreement: Politics and Philosophy*. Translated by Julie Rose. Minneapolis: University of Minnesota Press, 1998.

——. *Hatred of Democracy*. Translated by Steve Corcoran. London and New York: Verso, 2006.

——. *The Politics of Aesthetics: The Distribution of the Sensible*. Translated by Gabriel Rockhill. New York: Continuum, 2004.

Rees, A. L. *A History of Experimental Film and Video*. London: BfI, 1999.

Renov, Michael. "Video Confessions." *In Resolutions: Contemporary Video Practices*. Edited by Michael Renov and Erika Suderberg. Minneapolis: University of Minnesota Press, 1996.

Roberts, Nahshon. "All- Seeing Eye: The History of Video Surveillance." http://www. ez- surveillance. com/blog/.

Roethke, Theodore. "I Knew a Woman." *In Words for the Wind: The Collected Verse of Theodore Roethke*. Bloomington: Indiana University Press, 1961.

Rohy, Valerie. "Ahistorical." GLQ 12, no. 1 (2006): 61-83.

Rose, Jacqueline. States of Fantasy. New York: Oxford University Press, 1995.

Ross, Andrew. *Nice Work If You Can Get It: Life and Labor in Precarious Times*. New York: NYU Press, 2009.

Ross, Kristin. *Fast Cars, Clean Bodies: Decolonization and the Reordering of French Culture*. Cambridge, Mass.: MIT Press, 1995.

Rubin, Lillian B. *Worlds of Pain: Life in the Working Class Family*. New York: Basic Books, 1977.

Ryman, Geoff. *Was*. New York: Penguin, 1992.

Sarat, Austin, and Nasser Hussain. "On Lawful Lawlessness: George Ryan, Executive Clemency, and the Rhetoric of Sparing Life." *Stanford Law Review 56* (April 2004):1307-44.

Schlosser, Eric. *Fast Food Nation: The Dark Side of the All-American Meal*. New York: Houghton Mifflin, 2001.

Schneider, Rebecca. *The Explicit Body in Performance*. London and New York: Routledge, 1997.

Sciolino, Elaine, Thomas Crampton, and Maria de la Baume. "Not '68, but French Youths Hear Similar Cry to Rise Up." *New York Times*, March 17, 2006.

Scollan- Koliopoulos, Melissa. "Consideration for Legacies about Diabetes and Self-Care for the Family with a Multigenerational Occurrence of Type 2 Diabetes." *Nursing and Health Sciences 6*, no. 3 (September 2004): 223-227.

Scott, A. O. "Neo- Neo Realism." *The New York Times Magazine*, March

22, 2009.

Sedgwick, Eve Kosofsky. "The Beast in the Closet: James and the Writing of Homosexual Panic." *In Epistemology of the Closet*. Berkeley: University of California Press, 1990.

——. *A Dialogue on Love*. Boston: Beacon, 1999.

——. *Epistemology of the Closet*. Berkeley: University of California Press, 1990.

——. *Fat Art, Thin Art*. Durham, N. C.: Duke University Press, 1994.

——. "Paranoid Reading and Reparative Reading; Or, You're So Paranoid, You Probably Think This Introduction Is about You." *In Novel Gazing: Queer Readings in Fiction*. Edited by Eve Kosofsky Sedgwick. Durham, N. C.: Duke University Press, 1997.

——. "*Queer Performativity: Henry James's The Art of the Novel*." GLQ 1, no. 1 (1993):1–16.

——. "Teaching/Depression." *The Scholar and the Feminist Online 4*, no. 2 (2006).

——. *Tendencies*. Durham, N. C.: Duke University Press, 1993.

——. *Touching Feeling: Affect, Pedagogy, Performativity*. Durham, N. C.: Duke University Press, 2003.

Sedgwick, Eve Kosofsky, and Adam Frank. "Shame in the Cybernetic Fold." *Critical Inquiry 21*, no. 2 (winter 1995): 496–522.

Sennett, Richard. *The Corrosion of Character: The Personal Consequences of Work in the New Capitalism*. New York: Norton, 1998.

Serres, Michel. 1980. *The Parasite*. Translated by Lawrence R. Schehr. Minneapolis: University of Minnesota Press, 2007.

Sewell, William H. *The Logics of History: Social Theory and Social Transformation*. Chicago: University of Chicago Press, 2005.

Shatz, Adam. "Short Cuts." *London Review of Books*, July 23, 2009.

Shelton, Emily. "My Secret Life: Photographs, Melancholy Realisms, and Modern Personhood." Ph. D. diss. University of Chicago, 2002.

Shipler, David. *The Working Poor: Invisible in America*. New York: Vintage, 2004.

Shomon, Mary. "National Depression Screening Day Offers Public an Open Invitation to Learn about Treatment Options, Expectations." About. com, October 2001. Shukaitis, Stevphen, David Graeber, and Erika Biddle, eds. *Constituent Imagination: Militant Investigations, Collective Theorization*. Oakland, Calif.: AK Press, 2007.

Siegel, Daniel. "The Failure of Condescension." *Victorian Literature and Culture 33*, no. 2(2005): 395–414.

Simon, Gregory E., et al. "Depression and Work Productivity: The Comparative Costs of Treatment Versus Nontreatment." *Journal of Occupational and Environmental Medicine43*, no. 1 (January 2001): 2–9.

Sitrin, Marina. *Horizontalism: Voices of Popular Power in Argentina*. Oakland, Calif.: AK Press, 2006.

Skeggs, Beverley. "Ambivalent Femininities." *In Formations of Class and Gender: Becoming Respectable*. London: Sage, 1997.

——. *Class, Self, Culture*. London: Routledge, 2004.

Slyper, Arnold H. "The Pediatric Obesity Epidemic: Causes and Controversies." *The Journal of Clinical Endocrinology and Metabolism 89*, no. 6 (June 2004): 2540–47.

Smith, Craig S. "Four Ways to Fire a Frenchman." New York Times, March 26, 2006. Snediker, Michael D. *Queer Optimism: Lyric Personhood and Other Felicitous Persuasions*. Minneapolis: University of Minnesota Press, 2009.

Sobal, Jeffrey, and Albert J. Stunkard. "Socioeconomic Status and Obesity: A Review of the Literature." *Psychological Bulletin 105*, no. 2 (March 1989): 260–75.

Song, Lijun, Joonmo Son, and Nan Lin. "Social Capital and Health." In *The New Blackwell Companion to Medical Sociology*. Edited by William C. Cockerham. Chichester, U. K.: Wiley- Blackwell, 2001.

Sontag, Susan. 1986. "The Way We Live Now." In *The Way We Live Now*. Susan Sontag and Howard Hodgkin. London: Jonathan Cape, Ltd., 1991.

Southard, Belinda A. Stillion. "Militancy, Power, and Identity: The Silent Sentinels as Women Fighting for Political Voice." *Rhetoric and Public Affairs 10*, no. 3 (2007):399–418.

Spivak, Gayatri Chakravorty. "Forum: The Legacy of Jacques Derrida." *PMLA 120*, no. 2(March 2005): 492.

——. "Harlem." *Social Text 22*, no. 4 (2004): 113–39.

——. "Other Things Are Never Equal: A Speech." *Rethinking Marxism 12*, no. 4(2000): 37–45.

——. "The Politics of Translation." In *Destabilizing Theory: Contemporary Feminist Debates*. Edited by Michèle Barrett and Anne Phillips. Stanford: Stanford University Press, 1992.

——. "Subaltern Studies: Deconstructing Historiography." *In In Other Worlds: Essays in Cultural Politics*. New York: Routledge, 1987.

Stack, Carol. All Our Kin. New York: Harper and Row, 1974.

Staiger, Janet, Ann Cvetkovich, and Ann Reynolds, eds. *Political Emotions*. New York and London: Routledge, 2010.

Stanton, Elizabeth Cady, Susan Brownell Anthony, Matilda Joslyn Gage, and Ida Husted Harper. *History of Woman Suffrage*, Vol. 6. New York: J. J. Little and Ives Co., 1922.

Steedman, Carolyn. *Landscape for a Good Woman: A Story of Two Lives*. New Brunswick, N. J.: Rutgers University Press, 1987.

Stein, Rob. "Obesity May Stall Trend of Increasing Longevity." *Washington Post*, March17, 2005.

Stern, Daniel. *The Present Moment in Psychotherapy and Everyday Life*. New York: W. W. Norton, 2004.

Stewart, Kathleen. *Ordinary Affects*. Durham, N. C.: Duke University Press, 2007.

——. *A Space on the Side of the Road: Cultural Poetics in an "Other" America*. Princeton, N. J.: Princeton University Press, 1996.

Sturm, Roland. "Increases in Clinically Severe Obesity in the United States, 1986–2000." *Archives of Internal Medicine*, October 13, 2003: 2146–48.

Sullum, Jacob. "Are You Sure You Want Fries With That?: Mandatory Calorie Counts cross the Line between Informing and Nagging." *Reason*, August 20, 2008.

——. "An Epidemic of Meddling: The Totalitarian Implications of Public Health." *Reason*, May, 2007.

——. "Fat Load: A Slimmer America Won't Save Taxpayers Money." Reason, August5, 2009.

——. "The Link between Fat Ad Budgets and Fat Children." Reason, June 11, 2004. Sullum, Jacob, and Thomas J. DiLorenzo. "Public Health vs. The Nanny State?" *The Independent Institute*, October 26, 2000.

Surgeon General. "The Surgeon General's Call to Action to Prevent and Decrease Overweight and Obesity," http://www.surgeongeneral.gov.

Tarkan, Laurie. "Bananas? Maybe. Peas and Kale? Dream On." *New York Times*, June 21, 2005.

Taussig, Michael. *The Nervous System*. London and New York: Routledge, 1991.

Taylor, Diana. *The Archive and the Repertoire: Performing Cultural Memory in the Americas*. Durham, N. C.: Duke University Press, 2003.

Thrift, Nigel. *Non-Representational Theory: Space, Politics, Affect. London: Routledge, 2007.* Tilghman, Joan. "Obesity and Diabetes in African American Women." *Journal of the Association of Black Nursing Faculty 14* (May/June, 2003).

Tsianos, Vassilis, and Dimitris Papadopoulos. "Precarity: A Savage Journey to the Heart of Embodied Capitalism." *Transversal* (October 2006).

Tsing, Anna. "Inside the Economy of Appearances." *Public Culture 12*, no. 1 (2000):115-44.

Turner, Bryan S. "The Government of the Body: Medical Regimens and the Rationalization of Diet." *The British Journal of Sociology 33*, no. 2 (June 1982): 254-69.

Urbina, Ian, N. R. Kleinfield, and Marc Santora. "Bad Blood." *New York Times*, January9-12, 2006.

USA *Today*. "Surgeon General: Obesity Rivals Tobacco as Health Ill." December 13,2001.

U. S. Conference of Mayors. "A Status Report on Hunger and Homelessness in America's Cities 2001: A 27- City Survey." December 2001.

U. S. Congress. House. "Personal Responsibility in Food Consumption Act of 2005."HR 554. 109th Cong., 1st. Sess. *Congressional Record* (October 19, 2005).

U. S. Department of Health and Human Services. "Overweight and Obesity: What You Can Do."

Valverde, Mariana. *Diseases of the Will: Alcohol and the Dilemmas of Freedom*. Cambridge:Cambridge University Press, 1998.

Virno, Paolo. *A Grammar of the Multitude: For an Analysis of Contemporary Forms of Life*. Translated by Isabella Bertoletti, James Cascaito, and Andrea Casson. New York:Semiotext(e)/MIT Press, 2004.

Vogler, Candace. "The Moral of the Story." *Critical Inquiry 34*, no. 1 (autumn 2007):5-35.

——. "Sex and Talk." In Intimacy. Edited by Lauren Berlant. Chicago:

University of Chicago Press, 2000.

Wacquant, Loïc. "Inside 'The Zone': The Social Art of the Hustler in the American Ghetto." In *The Weight of the World: Social Suffering in Contemporary Society*. Edited by Pierre Bourdieu et al. Stanford, Calif.: Stanford University Press, 1993.

——. "Territorial Stigmatization in the Age of Advanced Marginality." *Thesis Eleven91* (2007): 66–77.

Walker, Alexander R. P. "The Obesity Pandemic: Is It beyond Control?" *Journal of the Royal Society for the Promotion of Health 123* (*September 2003*): 150–51.

Warner, Melanie. "California Wants to Serve a Health Warning with That Order." *New York Times*, September 21, 2005: C1.

Warner, Michael. *Publics and Counterpublics*. New York: Zone Books, 2005.

——. *The Trouble with Normal: Sex, Politics, and the Ethics* of a Queer Life. New York: Free Press, 1999.

Weinberger, Eliot. "What I Heard about Iraq in 2005." *London Review of Books 28*, no. 1(January 5, 2006).

Weiss, Gail. *Body Images: Embodiment as Intercorporeality*. London and New York: Routledge, 1998.

Weston, Kath. *Families We Choose: Lesbians, Gays, Kinship*. New York: Columbia University Press, 1997.

Whitehead, Colson. *The Intuitionist: A Novel*. New York, Doubleday, 1998.

Williams, Patricia. *The Alchemy of Race and Rights: Diary of a Law Professor*. Cambridge, Mass.: Harvard University Press, 1991.

——. *The Rooster's Egg*. Cambridge, Mass.: Harvard University Press, 1995.

Williams, Raymond. *The Long Revolution*. London: Penguin, 1965.

——. *Marxism and Literature*. Oxford: Oxford University Press, 1977.

Wintz, Cary D., and Paul Finkelman. *Encyclopedia of the Harlem Renaissance*. Vol. 2. New York: Taylor and Francis, 2002.

Wise, Tim. "Collateral Damage: Poor Whites and the Unintended Consequences of Racial Privilege." *Z Magazine*, October 5, 2003.

Woolf, Virginia. 1929. *A Room of One's Own*. New York: Harcourt, Brace, and Jovanovich, 1957.

World Health Organization. "Controlling the Global Obesity Epidemic," http://www.who.int/en.

——. *Obesity Reports*, http://www.who.int/en.

Young, Iris Marion. *Throwing Like a Girl and Other Essays in Feminist Philosophy and Social Theory*. Indianapolis: Indiana University Press, 1990.

Yurchak, Alexei. "The Cynical Reason of Late Socialism: Power, Pretense, and the Anekdot." *Public Culture* 9, no. 2 (1997): 161–88.

Zangrando, Robert L. *The NAACP Crusade Against Lynching, 1909–1950*. Philadelphia: Temple University Press, 1980.

Žižek, Slavoj. *Enjoy Your Symptom! Jacques Lacan in Hollywood and Out*. New York: Routledge, 1992.

——. "Love Thy Neighbor? No Thanks!" In *The Psychoanalysis of Race*. Edited by Christopher Lane. New York: Columbia University Press, 1998.

——. "Neighbors and Other Monsters: A Plea for Ethical Violence." In *The Neighbor: Three Inquiries in Political Theology*. Chicago: University of Chicago Press, 2005.

——. *Organs without Bodies: Deleuze and Consequences*. London and New York: Routledge, 2004.

——. "Passion—Regular or Decaf?" *In These Times*, February 27, 2004.

——. "Remapping Ideology." In *The Sublime Object of Ideology*. London:

Verso, 1989.

——. The *Sublime Object of Ideology*. London: Verso, 1989.

——. *Violence*. New York: Picador, 2008.

Zu, Daniel. "Musings on the Fat City: Are Obesity and Urban Forms Linked?" *Urban Geography 24*, no. 1 (2003): 75-84.

图书在版编目（CIP）数据

残酷的乐观主义 /（美）劳伦·贝兰特著；吴昊译. —北京：
中国工人出版社，2023.6
书名原文：*Cruel Optimism*
ISBN 978-7-5008-8132-2

Ⅰ.①残… Ⅱ.①劳… ②吴… Ⅲ.①经济哲学－研究－西方国家
Ⅳ.①F0

中国国家版本馆CIP数据核字（2023）第105510号

著作权合同登记号：图字01-2021-6709

残酷的乐观主义

出版人	董　宽
责任编辑	孟　阳
责任校对	张　彦
责任印制	栾征宇
出版发行	中国工人出版社
地　　址	北京市东城区鼓楼外大街45号　邮编：100120
网　　址	http://www.wp-china.com
电　　话	（010）62005043（总编室）
	（010）62005039（印制管理中心）
	（010）82027810（职工教育分社）
发行热线	（010）82029051　62383056
经　　销	各地书店
印　　刷	宝蕾元仁浩（天津）印刷有限公司
开　　本	880毫米×1230毫米　1/32
印　　张	13.625
字　　数	313千字
版　　次	2023年7月第1版　2023年7月第1次印刷
定　　价	78.00元